HIRAOKA MASAAKI COLLECTION OF WORKS

平岡正明 著作集

【下】

月曜社

目次

収録にあたって表記、固有名などの統一は最低限にとどめた。
あきらかな誤りは修正した。

平岡正明著作集【下】

フランツ・ファノンのビーバップ革命理解

チャーリー・パーカーはほんとうに二十年前に死んだ男なのだろうか。なあに、いたずらだよ、と言ってパーカー自身が一つつつみのディーン・ベネディッティのコレクションを長椅子の上に放りだして、テープの束が長椅子の上で踊っているうちに、さて、生身のおれはと切り裂くようなフレーズをアルトから立てそうな気がする。そのフレーズは、次のような内容を持っている、としよう。

――世のコレクターが王家の秘宝でも探すように夢中になっていたベネディッティのテープは、じつは余自身があずかっていた。余は二十年の時をパーカーなき空白にあたえた。ジャズに試練が必要だったのだ。右に左に、南に北にぶれて、そのぶれが、このチャーリー・パーカーのしめしたジャズの王道をはずれて白人覇道文明に屈するか、それともジャズはやはりジャズなのか、その試練のために、余はひとたび姿を消した。余は、ジャズの最良の継承者たちが、それぞれのクライマックスで余、チャーリー・パーカーの名を呼ぶのを魔天にあって聴いた。ジャズのスタイルが変化し、ジャズの定義がますます困難になっても、ジャズはジャズだということは、このパーカーが提示した可能性がまだ喰いつぶされてはいないからである。エンブレーサブル・ユー……。

ジャズはかならずパーカーにかえる。ブルースにではなく、バップにかえって、ふたたび、みたび、パーカーから放射していく。俺はいま自分のドグマをパーカーに言わせてしまいたい。現代音楽を見るに、東洋の音楽が艶歌に帰し、西欧音楽が白人ニューロック主義に帰し、第三世界の音楽がサンバとフォルクローレの興隆を得てジャズ―サンバ―民俗音楽の三軍を形成しようとするいま、三軍を叱咤するためにバード・チャーリー・パーカーが魔天から降りてくるのだ、と。

ここで自己省察をふくめて、若干の、現在のパーカー理解を物語ろう。ボブ・G・ライズナーが『チャーリー・パーカーの伝説』の本文インタビュー内容を、アンジェロ・アスカグニの回想からはじめたことはパーカーの生涯とジャズに魅惑的な欠如感をあたえることに成功した。というのは、アスカグニの口から、パーカーの狂信者であり、彼のソロを膨大なテープに収めたままイタリアに客死し、彼の死と同時にテープも失われたパーカーの記録者ベネディッティの想い出もひきだされるからである。この人物のコレクションについて粟村政昭「ダイヤル盤七枚組パーカー集・解説」から引用しておこう。

「ベネディッティは元々はアルト奏者であったが、パーカーに心酔のあまり、ホーンを捨てて録音機に持ち換え、バードの出演先を追って全米を廻ったのである。彼がある時はクラブの植木鉢の中にマイクを隠し、ある時はステージの上の部屋から天井に穴をあけてマイクを吊したというすさまじい録音への執念は、最も熱狂的なパーカーファンさえも思わずたじろがせるほどの激情的なものであったが、後年その彼がイタリアの地で肺炎のために客死した時、積年の汗と脂の結晶とでも言うべき膨大なパーカーのエア・チェックもまた、かき消す如くに地上から姿を消してしまったのであった。彼はこれらのテープを常に大切に携帯していたと言うから、恐らく旅先で判らぬままに紛失してしまったのであろうが、こうしたエクセントリックなベネディッティの生涯こそ、まさにパーカーの伝説の影の部分を形造る最大のものであったと言うべきであろう。」

俺がベネディッティについて知っていることはあとほんのわずかなことだ。家を捨て、バッパーたちのルンペン・プロレタリア的な生活に全身没入して、自分自身の稼ぎといえばトイレットのわきでビート族たちにマリファナを売ることだ、といった彼のパーカーへの異常な心酔ぶりはホモ・セクシュアルなものを感じさせる。そんな、ほんのわずかの知識にもかかわらず、ベネディッティの気持もわかるような気がするのは――想像してみるのだが、ベネディッティというイタリア系の名の彼がイタリアで客死したというのは、彼は一度故郷へパーカーのテープとともに帰りたかったのであり、港か飛行場か停車場かでテープ・コレクションを失くし、雨のなかを探し歩いて肺炎にかかり、失意のうちに死んだのだと思う。ベネディッティの臨終の床にはすでにテープは失われていたと想像する――この日本に、そのような情熱のありかたを、一度は見かけたことがあるからだ。

われわれはコルトレーンに殉じた立花実を知っている。彼は一九六八年三月コルトレーンの死の約半年後、仙台市で自殺した。享年三十四、入水自殺と伝えられている。『スイング・ジャーナル』誌と、というよりもSJ誌的なジャズ評論の枠、つまり業界通信とわれわれの間をぶれ、貧しかったために自分のレコード・コレクションを持たずにジャズ喫茶でレコードを聴いてノートし、ハートがあるが見当ちがいのジャズエッセイをこつこつと各誌に発表していた。自殺した原因の一つは、彼が克明にとっていたノートをなくしたからだという。この話を、当時「オレオ」の女主人だった松坂比呂さんと「オルニス同人」だった浜野サトルからきいた。かれらが立花実の遺著『ジャズへの愛着』をまとめた。

かりにディーン・ベネディッティがテープのために、立花実がノートのために、気落ちして死んだのだとすると、俺はこれをばかばかしい情熱のありかたとは思わないが、あるいは現代の情熱とはかならず偏向の所産であるのだが、しかしそれは倒錯にはちがいないと思う。他者愛に倒錯された自己愛、あるいはその逆……。かつて立花実を、下半身が音響学、上半身が形而上学ときめつけたこともある。彼は、あきらかに彼とは異質なジャズ批評の方向を急速にかたちづくりつつあった相倉と俺のラインに論争を吹っかけてくれれば、そうすれば、彼自身の自我による自我の包囲、すなわち自家中毒を破れたかも知れなかった。ちえっ、今さらなにを、正月早々、水っぽくなっていけねえ、われたお皿が一枚、二枚……、番町皿屋敷を好かないのさ。

テーマである。フランツ・ファノンはみごとにビーバップを論じた。

「われわれは第二次世界大戦後に、ビーバップのような新しい様式が安定した仕方で結晶したときの、白人ジャズ専門家たちの反応を、ありありと想起する（この例は、ことが必ずしも全面的に植民地の現実にかかわるものでないだけに、かなりの重要性を帯びている）。それというのも、ジャズとはほかでもない、五杯のウィスキーに酔った老ニグロのつぶれた絶望的なノスタルジー、彼自身への呪詛、白人に対するその人種憎悪である筈なのだから。ニグロが自己を把握し、世界を違った目で把握するときから、ニグロが希望を生み出し、人種差別の世界に後退を強いる時から、明らかに彼のトランペットはよく透り、彼のしゃがれ声は澄んでくる。ジャズにおける新しいスタイルは、経済競争のみから生まれるものではない。そこに疑いもなく合衆国南部世界の、緩慢ではあろうとも避けられぬ敗北のひとつの結果を見なければならない。五十年もすれば、呪われた哀れなニグロの発するしゃがれた叫びといったジャズのカテゴリーが、白人たち――人間関係の一タイプ、ネグリチュードの一型式の、停止したイメージに固執する白人たち――の手によってのみ擁護されることになると考えるのは、あながちユートピア的発想ではない。」

これはおそろしく深い考察であり、かつフランツ・ファノンがビーバップを論じたたった一箇所の文章であるから、出典を正確に記しておく。『地に呪われたる者』第四章「民族文化について」付章〈民族文化と解放闘争との相互基盤〉からのものであり、この付章は一九五九年ローマで行なわれた第二回黒人作家芸術家会議におけるファノンの報告である。邦訳はみすず書房『現代史・戦後篇(16)フランツ・ファノン集』(鈴木道彦訳 三二一ページ)

周知のように『地に呪われたる者』はファノンの主著であって、この本が一九六一年に完成されたとき、第三世界革命論の心臓部が提出されたのである。引用箇所はこの主著のなかにおさめられた付章としての一九五九年の報告の一部であり、ファノンがこの報告をローマで行なった時点は、パーカー死後四年、オーネット・コールマンが登場した年にあたる。ファノン自身は主著を完成した年、一九六一年に死ぬ。チャーリー・パーカー死後四年、オーネット・コールマン登場の時点で、フランツ・ファノンによって描きだされたバップ革命理解を絵解きする前に、絵解きの恣意性を排除するために、その三行先をいま一つ引いておこう。

「民族闘争の政治的ないし武力的段階よりもはるか以前に、注意深い読者は、清新な力があらわれ、闘いが迫りつつあることを、かぎつけ理解することができる。」

疑問の余地はない。ファノンはこういっている。――バップ革命は黒人革命に先行した、と。バップは革命である、と。しかり、しかり、まさにそうなのだ。ファノンのこの箇所をわがもの顔で引用する権利を有することを愉快に思う。

第一に絵解きすることは、仏領マルチニック島に生まれ、アルジェリアに赴任し、祖国フランスを脱走してアルジェリア革命に投じたこの黒人革命家が、バップ革命を、第三世界革命に先行する黒人の世界観の一大変化の証拠としてみていたということだ。バップ革命は「かならずしも全面的に植民地の現実にかかわるものではないゆえに」、先進国アメリカ内部の黒人における世界観の大変化であるがゆえに、かえって重要だ、と認知していたことだ。この発想はマルクス主義に特徴的なものである。すなわち、今日イギリスで起っていることが、明日ドイツで起り、明後日世界中でおこるがゆえに、イギリスで『資本論』を書いたマルクス発想を継承し、かつ植民地解放闘争の現状においてバップをみつめたファノンの発想が、植民地インドではなく大英博物館で資本主義の分析を行なったマルクスを超越していると言おう。

第二に、明日世界をゆるがす植民地革命の予感を昨日のバップ革命に見るファノンは、バップ革命を、ニューヨーク五十二番街のできごとに限定せず、合衆国南部の敗北の一つの結果として見ていることだ。すなわち、ブルース地帯の、近代奴隷制生産社会の敗北の一つの結果として、このことによって、ファノンは、バップ革命を音楽上の孤立した現象とみなさず、合衆国黒人の歴史全体のうえにすえなおしているのであるが、音楽的にも、南部↓北部という矢印のありかたは正しい[1]。パーカー自身が言っている。バップは、カンサス・リフがニューヨークの速度と合体したときに成立した、と。

ビーバップ成立の要因として、純粋に音楽的な観点とはべつにファノンにつけくわえることは、第二次世界大戦における黒人出征兵士ということである。

第二次世界大戦で、民族として、自ら海を渡ったことのない黒人たちが、はじめて大規模に、そして米軍兵士として積極的に海を渡り、ヨーロッパ戦線でドイツと闘い、太平洋で日本と戦った経験は、アフリカ黒人ではなく、南米の黒人にでもなく、アメリカ合衆国黒人固有の世界体験として注目されるべきである。[2]

戦場での平等、すなわち、兵士は白い部品か黒い部品かであるという平等さにおいて、軍隊では市民社会よりも人種偏見が後退する。ベトナム戦争における黒人反戦兵士の出現ないしは黒人兵の厭戦気分とは異り、第二次大戦にアメリカの黒人は積極的に参戦して行なった。ここで戦争とバップの関係について象徴的なエピソードを二つかかげよう。

油井正一のみごとな状況把握によれば、出征して行くカーキ色の軍隊の背に、ビリー・ホリデイの「アイル・ビー・シーイング・ユー」が歌いかけられていた。

レスター・ヤングの繊細な感受性をメチャメチャにした一九四四—四五年の軍隊体験は、レスターの終焉であると同時に、ビーバップの受肉の時期であった。（バップの第一期はチャーリー・クリスチャンの一九四一年といわれる。しかし、バップ生成期の音楽史的な出来事、戦争によるビッグバンド維持の困難さや、レコード吹込みストライキやらについてはあらためて言うまでもないだろう。ただこれまであまり人の言わなかったことはノーマン・グランツのＪＡＴＰの介在であり、ＪＡＴＰは、戦後、アメリカ軍の進駐する地点をつないでジャズ・ブームを世界にひろめたということである。これは、戦前の日本の歌謡曲が、日本軍とともに東南アジア、朝鮮、南洋諸島に渡ったこととあわせて考察されるべきである。）

そして第三に、ファノンは、五杯のウィスキーにイカれた老いたるニグロのくりごとを擁護するのは五十年後の白人たちかも知れぬという展望を、それから約十五年後の、日本におけるブルース・ブームの顔面に叩きつけていることにわれわれはドキッとしていいはずだ。

彼は、一言に要約して、ブルースの擁護者は白人になるだろう、という痛烈な逆説を提示した。具体的には、ファノンは五〇年代の「ディキシー・リバイバル」（バップ革命の反動として、白人学生たちがジョー・ルイスやバンク・ジョンソンを再発見したこと）をさしていると理解できるが、この白い運動の精神は――ファノンになりかわっていえば――「めざめた黒人などごめんだ、黒ン坊ってのは、五杯のウィスキーで頭をやられて、獣と人間の中間あたりで、ひたすら自分の肌の色を呪うことだけにとどまっていればいい」という白人のエゴイズムに根拠をもつ。

正しい。まさに正しい！　われわれの乏しい経験もファノンの正しさを裏書きする。ブルースとは五杯の安ウィスキーにいかれた老ニグロの呪詛であれかしと願っている白人のエゴイズム――これをわれわれの語では〝文化防衛論〟という。これが右翼の切り札だ。金閣寺を焼いた破戒僧を描いた三島由紀夫が、死の数年前からは文化防衛論に後退していたことを俺は思いだす。堕ちよ、堕ちよ、古刹の十や二十を焼き払ったところで、日本人が生きていれば日本文化など心配することはない、と断言した坂口安吾（『堕落論』）こそが革命的であり、太宰がもてはやされて安吾が沈む戦後一時期の風潮をなげかわしいと言ってのけた三島由紀夫の後退がここにも如実であった。ファノンの革命思想の透徹は、バップ革命時に教養ある白人ジャズ・ファンがしめしたバップへの嫌悪感の根拠を指呼したことだけにあるのではない。ファノンは、植民地世界の、古い、伝統的な芸術様式が、植民地人民の覚醒によって変化をしめしはじめたとき、いちばんはやくそれに気づき非難の声をあげるのは帝国主義本国の専門家、民族学者であるとも述べている。「植民地主義者的な専門家たちは、この新しい形式を承認しようとせず、土着社会の伝統を救いにかけつけてくる。植民地主義が土着の様式《スタイル》の擁護者となるのだ。」

同様に、ブルースが変貌しようとすると、教養ある白人ジャズ・ファンが伝統を救いに駆けつけてくる。バップ革命時の白人ジャズ専門家たちの反応として、ファノンは〝ディキシー・リバイバル〟

を想起したとおもわれるが、あるいは、ユーグ・パナシエのバップ嫌悪を念頭に置いていたのかもしれない。ファノンはパリで医学を修めているから、いちはやく、そして典型的に、反バップの論陣をはったパナシエの言動に、まるで奇妙な生き物を見るように注目した、ということもありそうだが、これは証拠がない。ただパリでフランツ・ファノンが、ニューヨークのバップ革命と、カリフォルニアの学生たちによるディキシー・リバイバルと、西欧のパナシエの言動をじっと見ていた、という構図を、ことを理解するうえでおもい描いておいてもいいと思う。

しかしファノンはもっともっと深いのである。彼は原住民知識人の三つの発展のステージを描き出している。まずかれらは貪婪に西欧文化のなかに飛びこむ。占領者の文化に同化を欲する時期であり、西欧文化の複製をつくりだす時期である。第二段階でかれらは民族的伝統のなかに沈潜する。民族的で伝統的なすべてを過度に賞揚し、民衆のなかに埋没し、「民衆と共に自己を失おうと試み」る時期だ。

「民族的真理を描こうと決意するこの創造者は、逆説的に過去へ、現実的《アクチュアル》でないものへと向ってゆく。彼がその深い志向において目指すところのもの、それは思考の排泄物であり、外側であり、死骸であり、決定的に膠着した知識である。」(邦訳、三二〇ページ)

第三の段階が闘争の開始である。「民衆の惰眠に特典を与えるのではなく、自ら民衆の覚醒者になりかわるのだ。」

高密度のファノンの展開を要約してしめせば、三つの段階にかかわる論理の骨組は以上のとおりであるが、その何が革命的なのかといえば、植民地の現実においてファノンの描きだした原住民知識人の変貌の様子が典型的だ、ということにある。

西欧文明への同化——民族主義への回帰——戦争による民族文化の創出、というこの三段階のパターンそのものは、おおかれすくなかれ、遅れて近代に入った諸民族のなかの知識層のしめす類型なのであって（たとえば明治期の日本）、それを指摘すること自体が革命的だというわけではない。そうではなく、ファノンが偉大なのは、こうした問題が植民地の現実にあっては地上のどこよりもくっきりとしており、極端であり、したがって世界をはかる目盛の鮮明なものさしとなっていることを彼が描きだした点にこそある。

この目盛が鮮明だから、帝国主義本国内植民地（たとえばゲットー）の、あるいは帝国主義本国内左翼の、といった中間的なものの動きが正確に把握できるのである。ファノンは彼自身の伝記的洞察をもふくめて、三つのレベルが植民地的現実にあっては一人の人格のうえで実現されることを証明した。一人の、間然としたところのない……したがって原住民知識人が思考の排泄物、死骸に耽溺している段階に対してもファノンは愛情をもって描くことができるのだ。しかし、植民地以外での現象は、それぞれのレベルが、流派として、傾向として、個別運動として、ばらばらに、あるいは並行してあらわれるという中間的性格をおびる。たとえば、共同体志向《コミューン》として、原始回帰論として、自然食主義として、神秘主義として、いちばん小さいところでは幻の名盤ノスタルジアとして。

植民地においてこそ、各レベルが武力闘争へとむけてながれる一貫した変貌過程として把握しうるものであること。この認識が、ファノンをして「徐々にアメリカのニグロは気づいたのである——彼らに提起されている実存的諸問題は、アフリカのニグロが直面している問題に合致するものではないということに」と書かせたのだ。

しかし、ファノンはもっともっと、さらにもっと深いのだ。アフリカの黒人とアメリカ黒人の問題のたてかたはべつであること――これを一九七〇年代に言うのは常識であるが、五〇年代末に、つまりアメリカの黒人闘争がアフリカ諸国で開始された独立戦争からの影響をたくわえつつある時点に言うのは先見的であるが、それだけではなく、アフリカ人の実存とアメリカ黒人の実存とに架橋する努力を、ビーバップ革命のなかに、ひとつのモデルとして見出したという点でファノンは驚異的である。かくしてわれわれははじめの問題にもどる。もう一度、五杯の安ウィスキーにいかれた老ニグロの呪詛という、最初に引用した箇所を読み返していただきたい。ファノンを言いかえてみよう。

――バップ革命の勝利という例は、ことがかならずしも全面的に植民地の現実にかかわるものでないだけに、そこで黒人と白人の間に行なわれたことは、明日の、アメリカ黒人およびアフリカ人のニグロの二つの戦線で行なわれるだろうことの予行演習として十分の注意をはらうべきであって、たとえば、ブルースの、いかにもニグロの独自性をしめすような諸特徴を擁護したものは白人であり、白人は黒人の独自性の擁護をするようにみせかけながら、黒人がひたすらおのが運命を呪っている受動的な存在であることをのぞんだのだ、と。

しかし、ファノンは言う。黒人が、世界と、世界における自分の意味（あるいは位置）をみつけた時から、彼のトランペットはよく透り、その声が澄んでくる、と。じつにそのことがバップ革命の本質である。

さて、ここで問題が生じる。

ファノンは、一見哀れなニグロが発するしわがれたブルースを排し、よく透るバップのサウンドを肯定しているかのように見える。そしてこの見解は、一見、奴隷時代のいまわしい記憶のつきまとうブルースを嫌悪し、さらに、どうやら性的卑語に語源をもつらしいジャズという音楽型式を嫌悪してあたしの演奏する曲はジャズではなく音楽といってほしい、と語る一群のガクタイ屋、たとえばチック・コリア、キース・ジャレット、アンソニー・ブラックストーン、新シカゴ派（シカゴ前衛派とも言う）などを承認するように見える。

しかし、一見、だ。ファノンの言わなかったことを俺が言ってやろう。――白人化した黒人は、白人よりもしまつに悪い。

俺は昔からジャズという語を嫌悪するジャズマンを疑わしく思ってきた。それはジャズへの背信であるように思ってきた。ことにチック・コリアとアンソニー・ブラックストーンが嫌いだった。ジェリー・ルイスみたいな顔で、朝鮮人でもないのにコリアなんて名乗るのがけしからんとヤツあたりをした。くやしかったら艶歌でも弾いてみろと皮肉った新シカゴ派についても一言――かれらが来日し、主として油井正一の指摘によって、俺は新シカゴ派をある程度、好むようになった。俺なりに言えばシカゴ派とは、冗談音楽である。その内実はアメリカ都市黒人のニヒリズムである。アフリカ人のふりまでしたところの。[3] ジャズのアフリカ帰りがいけないわけではないが、今日アフリカに向って飛びこしたのと等価に、明日西欧に向って飛びこすこと、つまりジャズのアフリカ音楽化と現代音楽化とがおなじ水面で行なわれることはニヒリズムである。かれらの道化ぶりを見ていると、適当にサボるところが味なエディ・コンドンなどの、全体として飄々としたシカゴ・ジャズの現代版である。

アメリカ都市黒人のニヒリズムにもとづくシカゴ前衛派の冗談音楽は、日本都市黄人のニヒリズムにもとづく俺の冗談思想にくらべて、すぐバレるだけ壮絶さが欠如している。シカゴ前衛派をこむずかしく論じる人々――敵意はないので名は出さないが――は、ようするにイナカッペなのであり、黒人的なものに対する自分の劣等感を表明しているだけである。

音楽は一面において技術である。したがって、バップの確立した技術的水準があともどりすることはないし、バップ革命のすき透る声が、たんに声帯上の問題ではなく世界にすき透る声が、技術的に継承されるということはありえまだ。すなわち、「クール」派といわれるまでにすき透ってしまった音楽型式が、バップの胎内から、そしてレスター・ヤングのサウンドの継承として生まれたのも不思議ではない。

ファノンの提示したジャズ史上の問題は、それ以後、大きく、二つのテーマをわれわれに課す。すなわち、一つは「方法悪としての西欧近代」であり、二つは「準決勝時代」という概念である。

フランツ・ファノンは先進国アメリカの黒人によって生みだされたものであるがゆえにそののち植民地の現実にかかわるはずの民族文化の先行的範例としてビーバップ革命を高く評価した。したがって、ファノンの問題提起を継承して植民地の現実から直接生まれたのではないがゆえに、あるいはゲットーの住人によって担われたゆえにますます第三世界の運動形態を先行して実験的ともいえるかたちでみせてくれるものであるために、ビーバップが白人アメリカによってどのように包囲され、変質させられていったかというプロセスもまた、第三世界革命の視点から論じられなくてはならない。

この地点で、俺には、バップの成長─変質過程と、日本の戦後艶歌の生成─変質過程とがパラレルに見える。

チャーリー・パーカー――マイルス・ディヴィス

笠置シヅ子――美空ひばり

この関係の類似は、たんに、戦勝国と敗戦国のあいだに、たまたま生じたものだけであろうか。そうは思えない。

過去二年、水滸伝の名を冠して俺は自分なりの過渡期世界像を提出してきた。『闇市水滸伝』は、戦前・戦中に強制連行されてきて、鉱山、炭鉱、土木、港湾などの生産部門（地理的には辺境）で強制労働させられてきたアジア人たちが、日本の敗戦直前に各地で暴動を起す第一段階、ついで都市に流れてきて闇市を主導的に形成し、闇市における〝三国人暴力〟を、旧日帝の残滓および占領米軍と半武装対峙しながら、ついに日本敗戦革命をなしえなかったことの物語り的な記述である。歌謡曲論を主題とした『歌入り水滸伝』は、艶歌を在日朝鮮人のココロとする理解を持続低音としたものである。[4] 構想は三部からなり第三部に『ビーバップ水滸伝』を予定し、出版契約をとりかわしながら、足かけ三年、足ぶみをしている。理由は、チャーリー・パーカーの及びがたい巨大さである。

おお、人類革命の終局的目標は、男が男の子を産むことだ。永遠の単性性殖の願望が叶えられた時に、はじめて人類史は、なにか別のものになるのだ。しかしこの単性生殖の夢は、思想の領域では先行的に可能である。

闇市・歌入り・ビーバップと群をなす現代水滸伝三部作の共通関心は、その三者のいずれもが、国内植民地における闘争と文化のありかたを問うていることに集約されるのである。艶歌、ジャズ、サンバ、フォルクローレのいずれにも共通することが混血音楽ということである。すでにそれらは、すすき河原への郷愁であり、五杯のウィスキーにアタマをやられた老ニグロの呪詛であり、奴隷船で連れてこられたアフリカ人の悲嘆であり、無表情のまま地にうずくまった原住インディオの涙であることは、なくなった。

これらの声はすき透っている。

混血、売血、出血の方向でインターナショナルなものへとむきなおりはじめており、「方法悪としての西欧近代」と対決することで、パワーアップされているのだ。

　不可避の西欧近代的方法との対決、これが必要悪ということの内容である。地球上の、伝統のある、かつ広大な地域、中国、インド、そしてそのような相対化のもとにいえば西欧などのように、民族文化の蓄積が十分に行なわれていて、いわば自然発生的に民族性がたちあらわれる地域と異って、一度ねこぎにされた人々が民族文化を形成するにあたっては、西欧近代との対決は不可避であり、あらたに運動的に形成されるそれらの文化の中軸は、多かれ少なかれ暴力的なものである。ここで必要なのはヘゲモニーという概念であると思われる。植民地の現実に圧倒的にかかわるとはいえないアメリカ黒人のジャズ、ことにビーバップは、ここでも先行して、方法悪としての近代西欧のなかに、黒人のヘゲモニーを手放さずにいる。ジャズのスタイルの交代のなかで、スタイルの基調が白人的であった時代の次にかならず黒人的なスタイルが巻き返し、この巻返しのなかで黒人のヘゲモニー意識がますます強化されるということ三十年ほどのジャズの歴史がその回答である。ジャズはだれの手にあるか、という問に、黒人だという答えがはねかえってくるあいだは、ジャズのスタイルが、ある時黒人的になり、ある時白人的になろうと屁でもない。

　ファノンはパーカーを聴いたことがあるのかもしれない。短くフランツ・ファノンの年譜を記しておこう。一九二五年、カリブ海の仏領マルチニック島の生まれである。パーカーより五歳年下だ。第二次大戦、志願してフランス軍に参加。島を離れる。戦後、リヨンで精神医学を専攻し、一九五二年、処女作『黒い皮膚・白い仮面』を刊行し、この年、白人女性と結婚。このころ『エスプリ』誌に論文を発表し、フランス知識人との交流が密だった。五三年、アルジェリアの精神病院に医長として赴任、それ以後、アフリカ時代に入るから、ファノンがパーカーを聴いたとすれば、彼が二十代のフランス時代である。パーカーの第一回渡欧は一九四九年五月のパリ行きと、第二回目が五〇年十一月のスウェーデン、およびフランス行きで、二人が出会うとすればこの時期以外にない。五〇年代最初のパリで、精神病医のファノンと、患者に近いクレイジーなパーカー（彼は第二回目のパリで、三日三晩のドンチャン騒ぎをやっている）とが出会ったとしたら、これはおかしい。まあ実際には、パーカーの演奏をファノンがクラブで聴いたといったようなことはなかったと思うが。

ファノンは、五三年の末にアルジェリアに赴任し、翌五四年にアルジェリア戦争が勃発するとともにFLNを支援し、五六年には祖国フランスを捨てて全面的に解放戦争に投じる。FLNの機関誌『エル・ムジャヒト』に依って、革命の現実を嚮導する。六〇年三月、FLNの駐アクラ大使としてガーナに赴き、ギニヤ、マリ、コンゴの解放戦線と結んで汎アフリカ革命を構想し、オルグ活動および軍事行動にとりくむ。この間の足跡が『地に呪われたる者』『アフリカ革命に向けて』にしるされている。一九六一年十二月六日、アルジェリア独立を目前にして、白血病で死す、三十六年の生涯である。チャーリー・パーカーは、一九五五年三月、ファノンが病院長としてFLNを支援しているころ、ニューヨークで死ぬ。奇しくも両者とも三十六年間この世で生きた。二人の黒い革命の巨人（一人はジャズの革命家だったが）が、もしすれちがったとしたら、一九五〇年頃のパリだったという以上の可能性はない。会ったかどうかをこれ以上ほりさげても意味はないと思うが、いずれにしても、黒人の思想と行動に決定的な影響をあたえたこの二人の巨人がすれちがい、ファノンが、パーカーのピーバップ革命の意味を、繊細な、といってもいいまでの正確さでつかんでいたことは記憶される必要がある。

力学的明晰さを期すべく、俺はここで、第二の、「準決勝時代」という概念をもちだそう。

クラシックという下品な音楽が存在する。それは、自分が世界音楽だといううぬぼれにおいて存在する。

しかし、アフロ系混血音楽、インディオ系混血音楽がうまれた時に、それはヨーロッパ地方音楽として存在していたのにすぎない。そのように相対的に存在することを自認するのならば、下品だとか神聖だとかいう問題は、趣味の世界で語ればよろしいということを承認してもいいだろう。ところで、このヨーロッパ地方音楽は、どのように存在してきたのか。

日本では前近代音楽としてのクラシックが存在する。明治期、薩長藩閥政府によって輸入され、音楽教育の公準として君臨し、そして現代では、特殊な音楽教育、特殊な師弟関係、楽閥によって徒弟教育的に支えられた体系として存在する。

ヨーロッパ地方以外の国々では、それは権力機構によって支えられた組織体としてしか存在しない。交響楽団、鑑賞団体、音楽教育体系としてはじめてクラシックがでてくるのであって、一人の裸の古典音楽家が、町角でチェロを弾いている光景なんて見たくったってありゃしない。乞食が百人辻公園に集って第九合唱付を演奏するなどというシーンが見られないのがクラシックのだめなところだ。

資本主義的世界市場が成立した段階で、ヨーロッパ民族音楽を起源とする西欧ブルジョワ階級の音楽が、世界音楽であるかのように錯覚されてきたのである。

それらのことへの無知によって、クラシック音楽は、吐き気がするほどのナルチシズムをかなでる。自分は美であり、美であるがゆえに鳴る権利を有するということを信じて一度として疑わない無恥にへきえきすることがある。

世界的な音楽市場を前提にして、ヨーロッパ音楽をふくめた各民族音楽が、ジャズ、サンバ、艶歌、フォルクローレに関しては急速に自己を形成しながら、一種の準決勝戦的競合状態に入ったのが第二次世界戦争後の現代であると見る。

いま一つのマルクス主義の考え方を述べよう。人類が人類全体として解放されるということはユートピアであり、プロレタリアートが自らを解放するたたかいのなかに、あるいはそれにひきつづくそののちに人類の解放がある。この理論によってマルクス主義はプロレタリアート独裁を承認するのであり、これがマルクス主義のもっともリアルで、もっとも頑強な党派性の根拠である。このテーゼは実践的な課題である。

俺などにはほとんど生理的感覚にまでになっているこの理解はただちに、ジャズを飛びこしてミュージックといいたがるジャズマンの上昇志向を、ジャズから飛びおりて逃げだすことだと直観させるのだ。それはジャズから空虚への逃亡だ。

したがって、準決勝の時代、ジャズはジャズであり、ジャズからミュージックへと「すき透ってしまう」ことはたえがたいことである。いますき透ることは明日白人音楽に叩頭することである。来年の今月今夜、三年後の今月今夜、チック・コリアだとか、ウェザー・リポート的な群演奏だとか、ハービー・ハンコックのニュー・ファンクだとかをみると、かならず、今流行のスタイルは古くさくきこえる。昔懐しゴルソン・ハーモニーみたいなものにきこえるはずだ。パーカーが新しい。

なぜか？　ジャズの価値はアドリブの内容にある。バップは、アルトとトランペットの高音域の、けたたましいユニゾンに古めかしさを感じさせるものの、チャーリー・パーカーのアドリブに入ったとたん、いぜんとして神的な深さを感じさせる。パーカーは、われわれの思想が深まるに応じて、より深まって聴こえる。

俺は、現時点でジャズがすき透ってしまうことへの疑念を呈した。同時に、ジャズを、五杯のウィスキーに酔痴れた老黒人の呪詛（つまりブルース的なもの）に限定して、そのようなものを擁護するのが白人だろうとするファノンの提示に同意した。ここでも、一見八方ふさがりのように見える。

これに答えるためには若干の現状分析を試みなければならない。

俺は過去一年、芸能の世界戦略とでもいったものを構想し、その前哨戦をほんのすこし眺めた。そのなかで奇異に見えたことは、過日の第一回ブルース・フェスティバルとマレーネ・ディートリッヒのショーに日本の二十歳代の人々が熱狂したことである。

俺はチッともうれしくない。

油井正一の意見によると、若い層がスリーピー・ジョン・エスティスやロバート・ロックウッドに熱狂したのは、模造品のニューロックに飽きて、本物をもとめたためだろうとのことだった。ディートリッヒ作戦の演出者竹中労によると、だめな三十歳代と異り、二十代の若い層が、時代の三〇年代回帰傾向にナイーヴに反応したのだ、ということだった。これは熱狂に対するいずれも好意的な見解である。

俺はいずれもこの二十歳代の熱狂を疑問視している。日本の若い層がすこし前進してすこし堕落したブルースと手をとりあい、同様にすこし堕落したディートリッヒと握手したのだと判断する。つまり、日本の若い層の白人化がすこし進んだのだ。スリーピーたちは、安心していられる絵にかいたようなニグロを演じてみせたのではないだろうか。ディートリッヒはそのファシスト的な迫力を薄めたのではないだろうか。

マレーネ・ディートリッヒはファシズムの名花ではない。彼女はゲッペルスのオルグをはねつけて、英語圏へ亡命し、ナチス第三帝国の女神となることを拒否したのだから、その意味では反ファシストである。しかし彼女の妖艶さは「世界を統べる金髪の野獣」に、金髪女の美をもって対抗したところにうまれたのであり、頽廃的なジプシー・ヴァイオリンの伴奏による彼女の歌は、オーストリア＝ハンガリー帝国の混濁を背後にひめたものであり、ちょうどフルトベングラーの指揮するワグナー楽劇がそうであるように、背後に、いやおうのない、時代の、ファシズムの影を揺曳していなければならなかった。それが彼女の美の権力である。だから、カーテン・コールにこたえて日本の若い層と握手したりせず、黄色人種の手を握るとシミがつく、といった傲慢な風情がほしかった。俺の美意識ではそうなる。一方、日本の若者からすれば、すでに敗戦の汚泥のなかにかいまみた威圧的な金髪の美神という沼正三的な世界から離れ、かれらがそれだけ、ハーフ的に白人化したのだと見る。ようするに偏見を失った分だけパワーを失ったのである。したがってかれらは次の第三世界革命の波濤にたえられないと思う。

これが、俺がちょっともうれしくないと述べた理由だ。だから、三〇年代回帰という潮流の鼻先でファシズムに先制攻撃をくらわすというプランにとって、スリーピー・ジョンやディートリッヒはいささかこころもとなかった。しかし、ポインター・シスターズがあらわれた。

彼女ら四人組の三〇年代ファッションと、音楽的な、先頭切っての回帰傾向は、黒人の三〇年代への痛烈な復讐であった。白人が五杯のウィスキーでいかれた老残のニグロの救済にかけつけるのと、黒人がそのまねをしてみせるのとはちがう。後者は自己批評が即、復讐なのだ。三〇年代の黒人、かれらは映画で「オラ、死グノ、イヤダダ」と言わされる役をもらっていたにすぎない。いま一つ注目すべきことは、彼女らが教会音楽畑の出身だということだ。聖歌を昨日歌っていた娘たちの今日の蓮っ葉さのすばらしさ。「そこに疑いもなく、合衆国南部世界の、緩慢ではあろうとも避けられぬ敗北の結果を見なければならない」（ファノン）のである。

結論である。バップ革命の深刻さは、歴史を鋭い危機と飛躍において、重ねあわせて見る者によって、真に、深層で理解される。歴史を、バップの次にクールが来て……というように受動的に見る者によっては、バップの鋭角と現代の鋭角との合致をつかむことはできない。日本人が白人化し堕落したことは世界革命の一つの希望である。

1　バップ革命の勝利は合衆国南部世界の敗北のあらわれだというファノンの思想にいささかの異議もない。ところが、ベトナム戦争開始以後、カーター政権成立までのアメリカ史は、南部のまきかえしと、北部から南部への権力の再移動の時期であり、現在は南部の勝利が確定した時点である。ひそかに第二の南北戦争が行なわれていたのである。その内容を列挙しておこう。

(1)ベトナム戦争の敗北
(2)アメリカのアジア内陸部からの後退
(3)WASPの後退
(4)ヨーロッパ的原基（すなわち、ホワイト・アングロ＝サクソン、プロテスタント）の消耗によるアメリカの文化的模索
(5)アジア内陸部からの後退による、米―日―豪による新太平洋戦略の提出（アメリカは太平洋国家だという政策の強調）
(6)テキサス、カリフォルニアなどの南部サンベルト地帯の経済上の急激な向上とアメリカの南進策
(7)南北両アメリカ大陸運命共同体の強調
(8)建国イデオロギーの書きかえ、ことに黒人をくりこむことを主眼とした多民族国家のイメージ〔ブルース＋草の根民主主義〕

(9)ブラック・ブルジョワジーの育成を主政策として国内少数民族（インディアン、プエルトリカン、メキシコ人）の再分断と新・差別主義

(10)人権外交による攻勢点の模索

……etc。これらのことは何回も指摘してきたので、いま一度、布川徹郎『バスタード・オン・ザ・ボーダー』と豊浦志朗『叛アメリカ史』をふりかえることをすすめる。

このことが七〇年代におけるブルースの再々評価（それは原始ブルースというよりも、ソウル・ミュージックというかたちになっているが）とジャズの南進傾向を解く鍵なのである。ブルースは、すでにアメリカの〝草の根〟なのである。ソーローやホイットマンの白い草の根だけではなく、ブルースという黒い草の根の承認に白いアメリカがすすんだということなのだ。

しかし、そう指摘するだけではいけない。ジャズの南進傾向は、あるいはサルサやレゲエなどのカリブ音楽や、ブラジルのサンバへの注目には、アメリカ黒人のルーツの発見と、きたるべきプエルトリカンやメキシカンとの合衆国黒人の結合の予感という革命的側面がかくされているのだということにも着目しなければいけない。なお、後の註で言うが、カリブ海素通りのルーツの発見には疑問がある。

2

旅行と長征を分つものが、ただ志にだけあって。外面的特徴にはないように、自ら渡ること（越境すること）と運ばれることのあいだにも外形的な差異はない。しかし主体として行くことと、客体として運ばれることとの間には厳として差があるのであって、フランツ・ファノンやマルコムXの回心のしかたこそ、依然として、というよりも〝ルーツ探求〟のような家系図づくりの物語が普及してきた現在ますます偉大な指標となる。

第二次大戦への黒人兵士の参戦はアメリカ黒人固有の世界体験だという断定ははやすぎた。アフリカにおける黒人兵士の対独戦参戦の事実があるのだ。豊浦志朗は『硬派と宿命』（世代群評社）第二章「匿名の硬派たちの白昼の夢」でマダガスカル島の幻の蜂起について記しており、旧仏領であったアフリカのこの島から兵隊八千、壮丁七千人がフランスに行き、そのほとんどが対独抵抗運動に参加したことを述べている。そしてレジスタンスから生き残って帰島した若者が一九四七年に母国フランスに宣戦布告し、約九万人が虐殺された。マダガスカル島の戦争は、次の段階で東洋に移る。仏印戦争時、ホー・チ・ミンのベトミン軍を鎮圧するために、ふたたびマダガスカル人が仏政府に徴用された。かれらはベトミ

ンと戦わされ、この戦争の本質を知ったマダガスカル兵は続々と母国フランスを裏切り、ベトミン軍に投じたという。マダガスカル人の戦争は、第二次大戦にはじまり、仏印戦争とアルジェリア戦争をつなぐのである。

世界の革命運動はまさにそういう動き方をする。これはブルジョワジーの歴史教科書にはけっしてでていない人民の底流である。われわれは第二次大戦における合衆国黒人の参戦を、アメリカ黒人運動史の観点から見るのではなく、アフリカ人兵士の参戦を一方においた第二次大戦の黒人革命史における位置という統一した視点をもたなければいけない。

するとどうなるか？　ベトナム戦争における黒人兵の反戦運動は、合衆国黒人の地歩向上という面からは前進と評価することができるとしても、戦略的には敗北した。

3

アレックス・ヘイリーの『ルーツ』に気をつけろ！　アメリカの国策小説の要素がある。

われわれはファノンのテーゼを下敷にして次のように言う。――六〇年代末から七〇年代はじめのアメリカのジャズ・シーンに見られたような、ジャズのアフリカ回帰と西欧現代音楽への接近が等価におこなわれた現象は、ことが直接に合衆国黒人の革命運動にかかわるものでないだけに、かなりの重要性をもっている。それというのも、アメリカ黒人のルーツを直接アフリカにもとめるアレックス・ヘイリーの作品の成功が、アメリカ黒人の関心をしてカリブを飛ばしてしまうように作用するおそれがあるからである、と。

カリブを飛ばしてしまっては、かつてジャズがアフリカ回帰と現代音楽化とを等価にやったように、黒人がアフリカ系だということの重大な意味を、任意の、観念的な〝民族移行〟におわらせる。

アレックス・ヘイリーはけっして反動的なイデオローグではない。彼は強烈な民族主義者で、かつて『マルコムX自伝』の筆者アレックス・ハレイとしてわれわれは知っているのである。にもかかわらず『ルーツ』は、黒人の精力をくりこんで米合衆国が帝国主義として生きのびるという建国二百年祭後の国策にからめとられたと断定するよりない。

〝ルーツ〟のような関心を白人に簒奪されないためには、アメリカ↕アフリカ二大陸連続革命の展望を提出することである。合衆国が建国二百年にしてヨーロッパ的な原基を喰いつくし、南部への権力移動《パワーシフト》の完成をカーター政権の成立をもって宣言した現時点は、アメリカがアフリカによってひっくり返されるようになった時点である。合衆国は世界帝国であるから、対ヨーロッパ軸、対東洋軸、対南米軸、対アフリカ軸をもっているが、これまでは見えにくかった対アフリカ軸がはっきりあらわれてきたのが七〇年代中期なのである。その意味で〝ルーツ〟の問題は甚だ重要である。

一つの重要性はブルジョワ的である。今後、ブラック・ブルジョワジーの形成は急激に行なわれる。その黒い資本家が、ルートをたどって対岸のアフリカに行き、ポンと肩をたたいて、よう兄弟、というケース。

いま一つは、南米およびカリブの黒人闘争を媒介にして、アフリカ革命がアメリカ合衆国に上陸するケースである。汎アフリカ革命→汎アメリカ革命という展望はやがて黒人革命家によって語られるだろう。その時『ルーツ』は本来の位置で転生する。

4　最近、俺は艶歌韓国主力説に傾いている。(日本)艶歌の主力が在日朝鮮人の心にあり、東洋の代表的音楽が艶歌になるだろうという理解の一歩先に出て、そのように考えるようになった。それは日本と韓国の近代の比較から生れた見解であって、日本の近代のあまりの畸型的進行は、日本の艶歌からメロディーの内発力を奪っている。韓国と日本の艶歌の類似性は、日本の艶歌が古賀メロディーを通じて韓国歌謡曲の影響をこうむったものであると同時に、韓国の歌謡曲は日本統治時代の朝鮮民衆の怨嗟に発するという相互性によってもたらされたものだ。李成愛の登場は、やがて韓国の艶歌が日本をリードする予告なのかもしれない。

5　方法悪としての近代という概念を提出したのは足立正生である。この概念は第三世界の革命家たち、ことにファノンによってしつこいほど綿密に述べられているが、ブラジルの映画作家グラウベル・ローシャを論じながら足立正生が独自の提出のしかたをしたことは事実である。それは方法悪というものが存在するという認識に力点をおくのではなく、方法悪をどう身にひきうけるかという点に力点があった。

現代世界の普遍性というものはヨーロッパ・モデルであるが、それはヨーロッパ世界が過去四百年ほどの覇者であったというだけではなく、植民地、半植民地、そしておくれて近代国家をつくりだした民族の知識人たちが強烈なヨーロッパへの帰属願望をもつからだ。これを奴隷の願いと言いたければ言ってもさしつかえないのだが、その奴隷の願いがまたヨーロッパをヨーロッパたらしめ、ヨーロッパ世界の普遍性に寄与しているからやっかいなのだ。それは任意の植民地世界からうまれるとんでもなくバタくさい芸術家を考えるよりも、日本の知識層を見ればいい。すなわち、被征服者は征服者をより純化してみるものであるから、したがって、ヨーロッパ人以上にヨーロッパ的な人士があらわれるといった冗談みたいなことも生じるのだ。

ヨーロッパ文明は優秀である。本家のヨーロッパ文明自体はその内発力をはなはだしく弱めており、異種文明の刺激をうけないとやってゆけなくなっているが——ヨーロッパ文明が循環コードにおちいった証拠が、あらゆるもののファッション化と既存のパターンのくりかえしにある——、しかしその成果の優秀さは、盗んでやるだけの質をもっている。第三世界はヨーロッパ世界を掠奪するようになるだろう。お気の毒だがやむをえない。

石化しつつあるヨーロッパ文化と、うまれつつある第三世界の民族文化が交替し、まだ確たる姿をあらわしていない民族文化が、普遍性を獲得するために避けてはいけないことは、戦争に勝つことだと思う。ヨーロッパ世界の軍隊を破ることが第一テーマである。

攘夷論と言わば言え。この際言っておけば、近代日本の起点は攘夷論だったからだめだったのではなく、本気になって攘夷をやらなかったからだめなのだ。比喩ではない。幕末維新期に日本に対西洋との戦争で他の東洋の国々に比していちばん日和った。ペルシャ、インド、中国、朝鮮はもっと本気になって欧州の軍隊と戦争したのである。

ヨーロッパ式戦争に人民戦争が勝つこと、地球上のあらゆる地点で帝国主義の戦争が人民戦争に破られること、これが、植民地の民族文化が、次の世界史的な普遍性に成るための必須の条件である。同様に、ジャズはクラシックに勝たなければいけない。クラシックに勝つ前にジャズがジャズでなくなってしまうのは武装解除としか俺は思わない。

山口百恵は菩薩である

恋文二度三度——菩薩テーゼあわせて一〇八

山口百恵みたび

一九七九年にはいってから、山口百恵は感覚の全解放期からパワーの全解放期にさしかかっているようにみえる。かくして二十歳をむかえた彼女の四半生記は四段に分かたれる。

第一段——生いたちからデビューまでの貧しい少女としての原体験。一歳〜十四歳。

第二段——デビュー曲「としごろ」から、「横須賀ストーリー」を歌う前までの、つくられた少女としての屈辱の追認。十四歳〜十七歳。

第三段——「横須賀ストーリー」から「横須賀サンセット・サンライズ」までの感覚の全解放と、解放された感覚による体験の昇華の時期。十七歳〜二十歳。

第四段——「曼珠沙華」から「マホガニー・モーニング」「夜へ…」とつらなる現在は、自分への確信の強さに裏づけられたフルパワー期である。

そして、第四段のフルパワーのうちに彼女の第五段を示すものが見えかくれしている。見えかくれしているものは、菩薩である。以下証明する。

一　人触れれば人を斬り、馬触れれば馬を斬る現在の山口百恵の、手のつけられない快走に大衆だけがついていっている。ただいまこの山口百恵は、歌唱力の充実や成熟寸前の美しさやといった部分の足し算ではなく、雰囲気ないし風格といった総体の魅力が前面に出てきた状態にあるからであり、大衆もまた総体である。部分的な大衆というものはない。山口百恵と大衆の関係は相互の丸噛りである。

二　山口百恵は美空ひばりを指呼の間にとらえている。やがて抜くだろう。その根拠は、他流試合の豊富さと〝傑作の濫発〟という二点で美空ひばりをうわまわっているからである。

三　デビュー時、足が太く、沈む眼をした、歌もかくべつうまくなかった少女歌手が、その後六年間につんだ内部競合の激しさは想像以上のものがある。桜田淳子、森昌子、アグネス・チャン、麻丘めぐみらの同性同年代歌手をごぼう抜きにし、先行する天地真理、小柳ルミ子、南沙織を陥没させ、沢田研二を追いつめて男性歌手の牙城をおびやかし、内藤やす子の一時退場という不運もあったが艶歌から時の流れのハンドルを奪い、李成愛の引退もあったが日本人大衆の心にひたひたと下降してくる韓国勢をはね返し、ニュー・ミュージックの良質の部分を吸収して一群の〝翔んでる〟女性歌手の昂揚に道を開き、そのように同時代歌手をごぼう抜きにしただけでなく、いしだあゆみを抜き、越路吹雪を抜き、西田佐知子の全盛時の歌唱力を超え、ついに美空ひばりを指呼の間にとらえた。

山口百恵ファンは、最小限、美空ひばりの次の曲を聴いていただきたい。日付にも注目されたし。

昭和三十一年十二月「波止場だよ、お父つぁん」――西沢爽＝作詞・船村徹＝作曲
昭和三十二年三月「港町十三番地」――石本美由起＝作詞・上原げんと＝作曲
昭和三十五年七月「哀愁波止場」――石本美由起＝作詞・船村徹＝作曲――これはひばり二十三歳時。
昭和三十七年十月「ひばりの佐渡情話」――西沢爽＝作詞・船村徹＝作曲
昭和三十八年四月「哀愁出船」――菅野小穂子＝作飼・遠藤実＝作曲
昭和四十一年六月「悲しい酒」――石本美由起＝作詞・古賀政男＝作曲

これを美空ひばり不滅の名唱と呼ぶことに異論はないはずだ。彼女の真の自己確立は六〇年安保の年の七月、「哀愁波止場」で、この前後の美空ひばりの雰囲気は現在の山口百恵と驚くほど、人によっては「意外なほど」と表現するだろうが、似通っていた。横浜の少女美空ひばりと横須賀の少女山口百恵は、成熟の時点で、驚くほど似てきたのである。

山口百恵の成熟に関しては、七九年三月三十日午後八時からの一時間番組、NHK特集「山口百恵激写／篠山紀信」というみごとな表現があり、一九六〇年後半の美空ひばりにはそれがないが、だれもいない夜の波止場で波にただよう浮標《ブイ》を見つめる女の視線を美空ひばりが「哀愁波止場」で歌いはじめると、波止場も浮標もメロディーもただ歌に溶けこんでしまい、テレビ画面に眼が集中するのではなく、バラバラに、男たちが立って腕組みをし、眼をつぶって自分の心にひき込んだ闇の印象をおぼえているのである。美空ひばりとはだれか？　ギリギリ簡潔に以下述べる。

四　美空ひばりは戦後三十年間の歌謡曲の集成であり、源泉であり、頂点であった。昭和四十六年（一九七一）美空ひばり芸能生活二十五周年段階でコロムビアから出版された『美空ひばり1〜15集』

で、ＬＰ三十枚、収録曲目四百二十一曲である。

五　集成・源泉・頂点の三位一体、しかるがゆえに女王である。歌謡曲は日本の現代音楽の中軸であるから、歌謡曲の女王とは日本の音楽全体の女王ということである。美空ひばりによって三位一体化されている戦後日本歌謡曲の内容は、クラシックとジャズと朝鮮のメロディーが三層化されている艶歌であるということだ。

六　三層化は日本近代の帰結である。すなわち明治の開国、東洋各国への侵略と植民地化、そして世界戦争と敗戦である。東洋の他の国に先んじて日本が近代社会にはいった時、日本近代音楽として歌謡曲は萌芽した。古賀メロディーである。

七　戦前の古賀メロディーの全可能性は戦後の美空ひばりによって実現された。古賀メロディーはその朝鮮のメロディーに重なる部分をクラシック歌手出身の藤山一郎によって、ジャズ的部分を大学生ジャズマン（ドラマー）出身のディック・ミネ（三根徳一）によって戦前すでに表現されていたのであるが、その統一した実現はなかった。軍部によって軟弱音楽として禁圧されたからである。

八　古賀政男メロディーの十全の実現のためには第二次世界大戦と日本の敗戦という民族規模での近代のいま一度の洗礼が必要だった。かくしてそれは戦後、庶民の少女歌手、美空ひばりによって実現された。古賀政男自身はひばりのレパートリー中、「悲しい酒」など数曲を提供しているだけだが、古賀政男―船村徹というラインで彼女の最良の歌は歌われている。

九　国民歌手の条件は、クラシックなりジャズなりのできあいの音楽体系《メソッド》を身につけた職業歌手ではだめなのであり、国民的体験は色に染まっていない少年少女歌手とその成長過程に宿る。美空ひばりと山口百恵の本質的一致はそこにあり、そこだけにあり、その他の点ではこの二人の偉大な歌い手はきわだった個性の対照をみせる。

だから、百恵よりひばりの方が高域にのびがあるとか、いや百恵も最近作「マホガニー・モーニング」でみごとな高域を聴かせ、ファルセット（裏声）と地声の中間のあたりで、ひばりは竹笛を思わせ、百恵はビオラを思わせるとか、ひばりより百恵の方が美人であるとか――そのいずれも大切なスターの条件ではあるが――といっても、てんでだめなのである。これはギリギリ簡潔のテーゼのあいまに、ちょっと述べてみたこと。

十　美空ひばりの背負った歴史の必然性というものがそのようにあるがため、日本よりわずか遅れて近代社会にはいった東洋各国は、それぞれの国の内的発展に応じて――物真似ではなく――美空ひばり型の国民歌手を生んでいる。韓国の李美子、台湾の包娜娜《ハオナナ》、香港の徐小鳳、マレーシアの黄暁君などだ。

十一　美空ひばりから山口百恵への転換は戦後史の転換である。高度成長経済下に第二の脱亜期をむかえて、いまそのなんらかの反省期にある日本社会が山口百恵登場の基盤である。高度成長期には、少年少女歌手はジャリタレというばかにした語で呼ばれてブラウン管の消耗品だった。これは渡辺プロ全盛時に対応する。山口百恵登場の時点はその余波のなかだったが、歌手としての成長期に日本が高度成長経済の反省期にはいっていたことがさいわいした。

十二　日本の戦後過程のこの転換は、わずかのタイムラグをもって東洋各国で行われる転換であるから、今後は東洋各国に山口百恵型の歌手があらわれるのである。今年の後半、俺はそのような歌手を発見しに各国を旅したいと思っている。

十三　空間的に、美空ひばり以上に山口百恵がうわまわるだろう可能性は、彼女が大陸中国にもあらわれるだろうという予測のなかにある。

「たまたま、お隣の国・中国で、百恵のブロマイドが、飛ぶように売れているニュースが入った。原因はよくわからないが、百恵のどこかに、大陸的なスケールの大きさが秘められているのだろうか」

——森田潤『A Face in a vision』のライナーノート

気づいている人もいるのだな。最近の例をもう二つ。

「相手方は女子三名、男子三名だ。女子の中に山口百恵のそっくりさんがいるので日本側応援団は色めきたつ。」——浅葉克己「キングゴング中国へ行く②」『話の特集』一九七九年五月

デザイナー浅葉克己の卓球チーム『キングゴング』が中国で親善試合をし、雲南省昆明の卓球協会チーム中に、潘圣洁という選手を見かけた時の記事だ。

一瞬、これは山口百恵ではないかと錯覚させるほど歌い方が似ている歌手はジュディ・オングだ。エーゲ海のイメージソング「魅せられて」がそれだ。作詞が阿木燿子だから（作曲＝筒美京平）、という以上に、山口百恵とジュディ・オングの歌い方は似ている。これらの現象をつなぐものはなにか？

十四　日本は朝鮮で異化し、朝鮮は中国で異化し、中国は韃靼《だったん》で異化する。

十五　山口百恵が、中学二年、十三歳時、決勝に退出しホリプロにスカウトされた昭和四十七年十二月の『スター誕生！』第五回決勝戦大会で、百恵の外にスカウトされた者が三人いて、キングから「さすらい」を出した宮本賢治、ビクターから「花嫁の父」を出した松下恵子、いま一人が韓国人女性のシルビア・リー（李銀珠）だったというのは象徴的である。記憶にまちがいがなければ、帰国した李銀珠は本名でフォーク歌手になっている。山口百恵誕生の瞬間、彼女と同じ場所でスカウトされた韓国人歌手がいたという構図と、一九七七年、李成愛が韓国からやってきて、夜の深さと、一人称の直情的な激発ではなく相手の悲運を慮って二人称的に歌う心の広がりが歌謡曲には必要だということを目から鱗を落とすように教えてくれて以来、艶歌が韓国勢に包囲されかねない情勢のなかで、山口百恵がポカリと大陸中国に浮上しそうな近未来的構図の対応は、これは運命的だったように感じる。

十六　山口百恵が疑問の余地なく歌謡曲歌手であるにもかかわらず、艶歌歌手といわれない理由は、古賀メロディーからきれているからだ。彼女がファースト・アルバムの『としごろ』B面でポップスを歌い、セカンド・アルバム『青い果実／禁じられた遊び』のB面で「わたしの彼は左きき」等、他の歌手のもち歌を歌ったことを除いて、ポップスも歌わず、他の歌手の歌も歌わずに、ずっとオリジナルで通してきたことは重要である。

十七　〈山口百恵・なつかしのメロディー集〉とか、〈山口百恵・古賀政男を歌う〉というアルバムは考えられない。彼女は不可逆性の歌手である。彼女が「ひと夏の経験」をいま歌ったらパロディーである。なぜか、という問に古賀メロディーの歴史的終焉があって、山口百恵は宇崎竜童・阿木燿子の実現であり、宇崎・阿木の音楽は山口百恵の実現である、という歌謡曲の性格変化があるからだ。

十八　宇崎竜童はことによると日本のデューク・エリントンになる逸材である。古賀政男は音楽家であった。歌謡曲が未分化だった。戦後、歌謡曲は作詞、作曲、編曲、ディレクト、演奏というように分極化していった。これをプロジェクト・チームとして集約する方向にもっていったのが阿久悠である。宇崎竜童はふたたび音楽家である。作曲家、演奏家、歌手、グループ・リーダーであり、ある意味でプロデューサー、オルガナイザーであり、しかもだれも彼を自作自演者《シンガー・ソングライター》とは呼ばない。彼はそれを超えている。

十九　美空ひばりと山口百恵の対比でいえば、石本美由起・船村徹・ひばりというトリオよりも、宇崎竜童・阿木燿子・編曲の萩田光雄・百恵というカルテットの密集力の方がずっと上だ。それは歌謡曲の意識性が煮つまってきている証拠である。密集力、これが〝山口百恵の傑作の濫発〟の背景にあって、「横須賀ストーリー」「夢先案内人」「パールカラーにゆれて」「I CAME FROM 横須賀」「ミス・ディオール」「イミテイション・ゴールド」「COSMOS（宇宙）」「口約束」「プレイバックpart2」「絶体絶命」「ラスト・ソング」「いい日 旅立ち」「曼珠沙華」「美・サイレント」「横須賀サンセット・サンライズ」「マホガニー・モーニング」「夜へ…」と、多様、多彩、多角にラッシュする山口百恵を支えている。美空ひばりがSP時代の歌手、山口百恵がLP時代の歌手だから、というだけではない。

二十　歌謡曲の意識性のアップ、これが山口百恵の越境、クロスオーバーの背景を支えている。男の世界を食い破ろうとする意識性（内藤やす子「想い出ぼろぼろ」→沢田研二「勝手にしやがれ」↔山口百恵「プレイバックpart2」）でも、ニュー・ミュージックへの侵略においても、ライバル歌手との競合でも、「夜へ…」でのシャンソンとの、「美・サイレント」でのサンバ・カンサウンとの、「横須賀サンセット・サンライズ」でのレゲとのクロスオーバーにおいても、それら他流試合では山口百恵が美空ひばりをうわまわっているのである。

二十一　したがって美空ひばりは一発KO型の強打者としてあらわれたのであり、山口百恵は連打KO型の強打者としてあらわれているのである。

一九七九年一月、二十歳をむかえた山口百恵は『二十才の記念碑 曼珠沙華』を出した。これは彼女自身の手になる二度目の中間総括である。最初の中間総括は、十八歳時、『百恵白書』によって行われている。四月、『A Faci in a Vision』を出して新境地を拓いた。新境地というのは、「マホガニー・モーニング」ではじめて父を、「夜へ…」ではじめて夜を歌ったことである。このアルバムは

「山口百恵　激写／篠山紀信」と一対《つい》になっていることでも画期的である。縦横無尽である。まさしくパワーを全解放したのだ。

　これをもって八〇年代の歌を領導するのは山口百恵であることが印象づけられるが、山口百恵にとっては、そんなことは一九七九年の次が八〇年だというあたりまえのことにすぎないだろう。

二十二　「夜へ…」ではじめて夜を歌った。彼女は夜を語ったことはない。デビュー前、横須賀の丘の上、２ＤＫのアパートで、目の前の墓地がこわく、日が落ちきらぬうちにカーテンを閉め、テレビとラジオの音量を大きくして妹と二人で母の帰宅を待っていた少女の夜へのおびえが、この歌で克服され、昇華されている。曲の情感は、未知の恋人に抱かれにいく女のおびえである。まだおびえが残り、「夜へ…」であって夜そのものではなく、抱かれる決意があって、まだ抱かれてはいない。曲の分析は別章をたてて論じる。ここでは予測する。

二十三　未知の領域に踏み込んで彼女の世界は、倍とはいわないが、数割方拡大するだろう。夜に踏み込み、性の快楽のただなかまで、いつか山口百恵は歌える。ジャズにその模範例があるのだ。ジュリー・ロンドンの「アイム・イン・ザ・ムード・フォー・ラブ」やペギー・リーの「ユー・アー・マイ・スリル」だ。暖炉の前に裸身をのべて、恋に火照ってゆくような雰囲気がある。ただしこの雰囲気は、まだ北方狩猟民族時代の気風を残す白人女性歌手だからかもしだせるのかもしれず、また相手の男が、胸毛が生えていなければならないという条件が必要なのかもしれないが。山口百恵にはジューン・クリスティ的なクールネスも似合うのだ。谷村新司の曲「いい日 旅立ち」にはその片鱗がある。

二十四　生粋の、黒人女性歌手のジャズ・フィーリングは山口百恵には似合わないと思う。生粋のジャズ・ヴォーカルは皮肉が強すぎ、器楽的なスキャットは彼女には似合わない。

二十五「夜へ…」の、きれぎれなまでの流れ――「修羅 修羅 阿修羅 修羅」という字面を眺めると文字通りきれぎれで、歌の情感をもってゆるやかに結合する――は、矢野顕子が、山下洋輔のピアノの猛襲を自分のピアノでは受けかねて、中山晋平「砂山」の「海は荒海 向こうは佐渡よ」の、その「荒海」を、「ア・ラ・ウ・ミ」ときれぎれに歌い、「ア・ラ・ウ・ミ」が、ジョン・コルトレーン『至上の愛』のテーマ、A Love Supreme というヴォイスのように聞こえたこととともに、美は痙攣的なものであろう、さもなければ美は存在しないだろう、というアンドレ・ブルトン『ナジャ』の結論を想起させた。NHKテレビ「山口百恵　激写/篠山紀信」と、山下洋輔vs.矢野顕子の初デュオが新宿ピットインで行われたのは、奇しくも、一九七九年三月三十日、午後八時の同刻である。

百恵、顕子両輪説がその夜証明されたかたちになったのはうれしい。両者は〃異種音楽〃に属するから直接の比較はできないが、山口百恵の空間がいかに拡大しても侵犯できないいま一人の魔女が矢野顕子なのである。彼女は、未発であるが、確実にその存在が予定されている。〃世界音楽〃という幻想レベルから逆落としをかけてくる唯一の歌手である。矢野顕子が歌いはじめ、演奏しはじめると、どこか外側から地球をのぞき込んでいる音楽を聴いているような不思議な気持になる。

認識の全体性があるからだろう。私見によれば、異常なまでに鋭敏な感受性で、世界をワッとつかむような時期が女には二回ある。最初はしゃべりはじめた幼児期だ。わずかな語彙で、幼児は世界の全体像を、つまり自分の手の届く範囲を断片的にではなく完結した全体として認識しているようにみえる。二回目は少女から女への移行期だ。山口百恵にあっては「横須賀ストーリー」から「イミテイション・ゴールド」の時期だ。世界が波動しているようなあの感じをいう。一方の矢野顕子は、人妻だけれども、幼児の丸ごと認識と、少女から女への移行期の初恋的認識法を二つ重ねもっていて、これを駆使して、四歳の息子風太の世界にもどったり、娘時代にもどったり、時間を自在にくぐれるらしい。「らしい」というのは、そう信じてはいても、証拠のつかみようがないからだ。矢野顕子と山口百恵という二人の天才の間に時空が圧縮される。

時間の秘法、矢野顕子
空間の秘法、山口百恵

二十六　「マホガニー・モーニング」は山口百恵がはじめて父を歌ったものである。花びらの散る下にすわっている老人は父親であると解する。この曲は彼女の空間転位の秘法の極致で、帽子、褐色の肌の少年、という森村誠一『人間の証明』的な阿木燿子の歌詞を、末期の老人の心象に歌い変えてしまった。まさに菩薩である。曲の分析は別章をたてて行う。

二十七　時間の秘法はあまり得意ではない。二十歳をむかえた山口百恵が、十八か十九の時代に無理

してのびさがっている曲が『曼珠沙華』『A Face in a Vision』にはふえた。前者では「夢のあとさき」「ひとふさの葡萄」、後者では「おだやかな構図」がその典型例（悪い方の）である。彼女は不可逆性の歌手である。

二十八　のびさがりは、作詞・作曲者が悪い。おそらく、宇崎竜童や谷村新司らを別にして、音楽評論家のみならず、実作者たちの側にも、「COSMOS（宇宙）」から「プレイバックpart2」への彼女の飛翔を追いきれなかったものが多かったのだろう。すなわち、対応する男性（父のイメージと恋人のイメージ）の欠如を、山口百恵は「COSMOS（宇宙）」で少年愛の世界に一度身をちぢめて幻想的に両性具有することで助走し、一挙に「プレイバックpart2」へ飛びあがった内なるドラマを読みきれなかったのだと判断する。

二十九　外側からは読みきれない女心の謎が、阿木燿子の〝虫くい文字〟シリーズと対応しあっている。「曼珠沙華」は曼珠沙華、おのれ、罪つくりと解すべきてある。そうするとあなたへの手紙に書けなかった最後の一行は、不倫とか、道ならぬ恋、ということになる。

三十　「曼珠沙華」の不倫は、「絶体絶命」の三角関係の内面的深化である。

三十一　「絶体絶命」で山口百恵が分泌した肉という物質の不消化感は、これは「曼珠沙華」で彼女自身がみごとにそれを浄化したからいうことだが、少女時代彼女が苦しんだ、父と母と正妻の三角関係を山口百恵が納得しきっていなかったからにちがいない。白状するが俺はそのことに気づいていたが、「山口百恵ふたたび」では、音楽上の経過分析にとどめ、それに触れなかった。立派ではないか、山口百恵は！　デビュー以前、中学一年の夏休み、朝四時半に朝刊配達のアルバイトをし、新聞の束をかかえてアパートの五階へ駆けのぼったり、丘をかけおりたりする途中見たであろう屋根のきれめの横須賀の海を、「横須賀ストーリー」で、〽急な坂道駆けのぼったら　今も海が見えるでしょうか、と歌って感覚を全解放して、原体験の昇華を歌で行って以来、歌をもって、貧民的実存を民衆の品位に昇華しつづけている。

三十二　ジャズをもって、黒人的なものを燃焼し、二面感情を統一しようとしたジョン・コルトレーンの奏法シーツ・オブ・サウンド（音の敷布）と山口百恵の唱法がふと似るのは当然である。

三十三　〝虫くい文字〟シリーズは「プレイバックpart2」にはじまる。真紅なポルシェを駆る女にバカにしないでよ！　と叫ばせた相手のことばはなにか？「いいご身分だな」でなければならない。「馬鹿にしないでよ、そっちのせいよ」というつらなりのために、俺は「ヘタッピイ」とか「女だてらに」といった類の言辞だと思っていた。不明、不明。バカにしないでよ！　は「これっきり　もうこれっきりですか」の激発したかたちである。

三十四　感情激発を経過したために、「横須賀ストーリー」以来のこの町を「横須賀サンセット・サンライズ」でみごとに総括することができた。この曲は、過去でもなく、未来でもなく、現在の自分への確信の力によって、力強く歌われている。

三十五　「美・サイレント」は〝虫くい文字〟シリーズの普及版である。

三十六　普及版は必要である。「マホガニー・モーニング」「夜へ…」はハイブラウな曲だ。大衆は支持するが、支持するまでにはタイムラグがかかる。クラシックではない。ことは歌謡曲だ。流行歌である。歌われ、人気投票に上位を占める曲と思いきりやりたい〝難解な〟曲の同時並行をやるのがスターである。

以上の二十六から三十五にかけての十項目が二十歳をむかえた心理の基層である。ごらんの通りの快進撃である。しかしまだ欠落部分があって、二十歳の自画像は完全ではない。すなわち谷村新司と組んだ方向が十全の開花をみていない。

浅利慶太との対談で山口百恵は述べている。

浅利　若い人で、好きなのは？

山口　アリスの谷村新司さん。

浅利　（頭をかいて）今度、必ず聴いてみるよ。

山口　谷村さんもすごくシャンソンが好きなんです。そんなところで、すっかり話が合ってね。（いきいきした顔になって）芝居では、泣いてことばが途切れがちになるってことありますね。

あたし、そういう歌にめぐり会ったことがなかったんで、谷村さんに頼んで、書いていただいたの。LPなんですけども……もし、自分の心に響かなかったら、どうしようと思っていたけど、詩が今のあたしの状態に近かったんてす。これならなんとかいけると思って、歌ったら、気分がのったっていうか、自分の気持がパーンとのぼっていったんで、ほんとにやってよかったと思いました。――『週刊現代』一九七九年一月四・十一日号

三十七　浅利慶太との対談に出てくるLPと曲は『ドラマチック』を指すだろう。この盤で谷村新司は「サンタマリアの熱い風」「ヒ・ロ・イ・ン」「ラスト・ソング」の三曲を提供している。「ヒ・ロ・イン」「ラスト・ソング」の二曲が「泣いてことばが途切れがち」になる曲だ。谷村新司の曲はその後『曼珠沙華』では「いい日旅立ち」が、『A Face in a Vision』では「悲しきドラマー・マン」が歌われ、彼は山口百恵の歌唱にとって宇崎竜童につぐ重要な作詞・作曲家になりつつある。宇崎・阿木組と組むにあたっても、谷村新司と組むにあたっても、組みたいという山口百恵の意志が強かった。

三十八　なぜ谷村新司の曲が、という説明は山口百恵の発言につきるが、屋下屋を架すと、彼女は、泣きたいのだと思う。涙を見せようとする時に谷村新司の曲が似合うのだと思う。ツッパリの宇崎と超感覚の阿木燿子組の曲ではとてもそうはいかない。フッと二十歳の娘にかえって泣きたいと思っても、宇崎竜童の曲に直面したときには山口百恵自身にとっても意外な自己発見の連続を強いられることになる。すなわち、谷村新司の曲は山口百恵における〝ヴィズ・ストリングス〟的な部分だと判断

する。

三十九　たぶんそのためなのだ。激しく歌うことを要求される場合の谷村の曲は失敗する。「サンタマリアの熱い風」はできそこないの「絶体絶命」であり、「悲しきドラマー・マン」はできそこないの「チャンピオン」（アリスの曲）じゃないか。

四十　「サンタマリアの熱い風」は、駄作ではないが、しかしあまり意味のある曲とはいえない。歌に方向感がないのが最大の欠点だ。〽オーレオーレ　血の酒を飲め。カンテ・フラメンコ風の曲想である。カンテ・フラメンコという音楽ジャンルが山口百恵に似合わないとはいわない。ジャンルはなんでもいい。シャンソンでも、サンバでも、タンゴでも。この曲への批判はそういうところにはなくて、だれがだれに歌うのかという方向感がきまっていないから駄目なのである。〽遠くに聞こえる遊牧民の終わりを告げるレクイエム、といったイメージが大衆の何に対応しているのかがわからない。

四十一　こういうことはピンク・レディーがうまい。UFO、ペッパー警部（警視庁にもロス警察にもいなくて、ファントマやルパンのように子供の冒険の夢のなかにいる）、孫悟空、船乗りシンドバッドが、アラビア砂漠のベドウィン族やジプシーと同様に日本の現実にいなくても、ピンク・レディーはそれに方向感をあたえている。

四十二　サンタマリアとは、地名でも聖母マリアでもなく、サルサの代表的コンガ奏者、モンゴ・サンタマリアでありたい。彼の新譜『レッド・ホット』A面三曲目の「ハイアライ」に、オーレ！というのはどういう気分で歌えばいいかの手本がある。宇崎竜童ならこの感じを下敷にしたのではあるまいか。

四十三　宇崎竜童の作曲した「横須賀サンセット・サンライズ」はレゲの注目株〝サード・ワールド〟の新譜と同水準にのしあがっていて、アッと驚いた。「ジャーニー・トゥ・アディス」（アディスへの旅　邦題「エチオピアへの道」）である。

四十四　山口百恵はサンバ・カンサウンもうまいのである。というより、「COSMOS（宇宙）」「たそがれ祭り」「プレイバック part2」「美・サイレント」のような重要な曲がサンバである。サンバは謝肉祭の群衆がいなければ成立しないが、サンバ・カンサウンは恋人のイメージを設定できれば歌える、という秘訣を彼女は血肉化した。メロディーの回復というポピュラー音楽の世界的風潮の先頭に立ったのがブラジルの歌姫たちであったが、山口百恵の大地母神《バチャママ》のような埋蔵量がはやくもそれにこたえたのである。

四十五　「サンタマリアの熱い風」に方向感をあたえることができたなら、「山口百恵　激写／篠山紀信」の肝腎なところ、すなわち、砂浜に横たわり、しだいに肌が熱くなっていって、その連続する数十葉にかぶさるカンツォーネ、イヴァ・ザニッキの「心遥かに」が処女から女への官能の移行を示すシーンに、自分の曲をかぶせることができた。

イヴァ・ザニッキのカンツォーネはすばらしく効果的だった。連想させたのはブリジット・バルドー『戦士の休息』だった。バルドーの乱れる髪にかぶさるカンツォーネは「コ・メ・プリマ」だったと記憶する。相手役はロベール・オッセン。一時期の山口百恵に阿木燿子がブリジット・バルドーのイメージを焼き重ねていたような気がするが、篠山紀信の手にかかると山口百恵は映像の上でもブリジット・バルドーといい勝負をする。イヴァ・ザニッキ「心遥かに」起用を決定したのは篠山紀信である。

中村とうよう宅でビデオを見せてもらった時には彼にも曲名がわからず、さっそく調べてくれて、歌手、曲名が判明。原曲はブラジルのロベルト&エラスモ・カルロスのものだ。中村とうようはレコード出版元に手配して盤を送ってくれた。それを見ると、イヴァ・ザニッキの「心遥かに」は、ルキノ・ヴィスコンティの半自伝的作品『家族の肖像』主題歌だった！　ヴィスコンティはミラノの貴族に生まれ、赤い伯爵と仇名された巨匠で、貴族趣味とルネッサンス以来の美術品にかこまれて貴族たちが狂冷的《クレージー・クール》に頽廃していくさまを描く作風では第一人者である。『山猫』『地獄に堕ちた勇者ども』『夏の嵐』などの傑作を残した。一九七六年三月、死去。ヴィスコンティ映画の主題歌と山口百恵がピタリと合った！

四十六　横須賀の海、ギリシャ的といえなくもない三島由紀夫の『潮騒』の瀬戸内海を経て、「横須賀ストーリー」における感覚の解放以来、山口百恵は少女時代の貧しさのディテールを一曲ごとに昇華し、一曲ごとに美しくなり、ついに優雅な美しさに達した。

四十七　その秘密は、なんの虚飾もなしに自分をみつめ、歌ってきたからである。

四十八　三眼あり。光る眼、けむる眼、沈む眼である。光る眼は伝達しようとする闘志に適しているが、目薬でも目は光る。けむる眼は恋する女の眼だが、近眼女がコンタクト・レンズをはずしても目はけむる。沈む眼だけは人為的に出せないし、演技もできない。虚無の底をのぞき込まないと沈む眼にはならない。デビュー時、十四歳の山口百恵はすでに沈む眼をしていた。

四十九　十四歳で虚無の底をのぞき込んでしまうことがあり得るか、といえば、あり得る。私生児として生まれ、生活保護を必要とした母子家庭に育った山口百恵は、少女時代に底を見てしまったと断言したい。メキシコの農民やインドのドラヴィダ族にくらぺればそのくらいの不運はものの数ではないというういい方はまったく無効。彼女は生活のために歌手になったのだ。それ以外の理解は枝葉。

五十　「青い果実」「禁じられた遊び」「ひと夏の経験」時代の山口百恵は、不運な少女の屈託の追認時代である。もてはやされることをもてあそばれると感じ、無表情に、平板に、あなたに女の子のいちばん大切なものをあげてもいいわと歌いながら、この世界を手放してもとの生活にもどってはいけないと自分にいいきかせ、十四歳になれば女の子の大切なものが処女だということぐらいだれでも知っているのに、まごころ、と答えさせられる自分に泣き出したかっただろう。

五十一　媚びず、心もこめず、歌っていたのがそのころの山口百恵である。現在の彼女の心理をおしはかれば、彼女は自分の不運な生いたちと貧乏な過去とを、いじくりまわして、商品にして群がったジャーナリズムを憎んでいるはずだ。菩薩は女性形の仏である。したがって女の特性をそなえているから、夜叉にもなりますぞ。

デビュー曲「としごろ」（千家和也＝作詞・都倉俊一＝作曲）はヒットしない。半年後、性典もの路線にきり変えて、山口百恵ブームがくる。この間の事情を伝える千家和也の回想記から引用させていただきたい。


時計の針は、午前二時をまわりました。

親しい女性の友達からだろうか。今日はもう外へ出る気もしないなあ。

「もしもし、千家さん。酒井です。夜分どうもすいません。やっと妙案が浮かんだんです。次回作、『青い果実』でいきましょう」

青い果実といわれて、僕の頭にひらめいたのは、長門裕之、南田洋子さんの若かりし頃の、日活の性典映画だったのです。

ギラギラ照りつける、真夏の太陽の下で、青春のエネルギーというんでしょうか、若さをぶつけあい、俗にいう、太陽族の映画なんです。

「それです、そのイメージなんですよ。都倉俊一さんの曲がまもなく届きます。よろしく！」

酒井さんは何かを感じたらしい。妙に明るい、弾んだ声で電話を切りました。

カセットから、作曲の都倉さんのカン高い声と、たたきつけるように激しい、ピアノが聞こえてきます。

ターンタ・ターンタ・タタタタタ・タタタ、タタタ、タタタタタタ……。

聞きながら、背すじが寒くなってきました。ペンを握る指が、小刻みにふるえだしました。

すごいぞこりゃあ！

思った瞬間、原稿用紙の上を、すごい勢いでペンが走りはじめた。（これはまあ、オーバーで、本当はもっと格好悪い）

あなたが望むなら私、何をされてもいいわ。いけない娘だと、噂されてもいい。

書き終わって大きなため息フーッ。――「千家和也の〝男の生理〟」――『女性セブン』一九七九年二月一日号

CBSソニー酒井政利ディレクター、都倉俊一、千家和也とインスピレーションがまわっていく順序がよくわかる。この勢いは篠山紀信に届く。彼が「性に怯えながらも、好奇心にみちあふれた、あぶなげな十代」のイメージを山口百恵からひき出したことで、スター山口百恵の像は定着した。ことに雨にたたかれて舗道を歩くセーラー服姿の彼女は話題になった。

五十二　俺には「青い果実」のよさがわからない。ロシア民謡「バルカンの星の下に」のメロディーに「あなたが望むなら　私何をされてもいいわ」という歌詞がのっているようで笑い出した。ここは遠きブルガリア……ジャムでもなめてろって！「バルカンの星の下に」↓「バルカン戦争」↓ウィル

ヘルム・マイステルのポルノグラフィ→性典路線という連想がはたらくだけだ。これが三十七万枚売れた。

五十三　ただし、俺は正しくないらしい。大衆は支持し、百恵ブームがきた。この百恵ブームを、終末に向けて衰亡するきざし、とからかった週刊誌があったが、そちらのほうが不健全で、大衆の選択が正しかったというよりない。

五十四　足の太い、沈む目の新人を発見した堀威夫、酒井政利、都倉俊一、千家和也、篠山紀信、はやくも山口百恵の埋蔵量をみぬき支持の筆をとった野坂昭如などの眼力に脱帽する。

五十五「文明発展の新しい一歩が、新しい種類の芸術をよびおこすとき、社会の思想を半分しか表現しないたくさんの才人が、それを完全に表現する一人か二人の天才のまわりにあらわれる」――イッポリート・テーヌ『イギリス文学史』

五十六　多くのしあわせをのぞんで、祖父が百恵という名をつけた時、彼女の運命は方向づけられた。多すぎるしあわせをのぞんで、千恵と名づけられたら、平凡な一生を送ったかもしれない。ドイツとオーストリアを分かつライン河畔の町フラウナウで生まれたアドルフという名の少年が、私生児だった父が三十九年間名乗っていたシックルグルーバー姓を受け継いだなら、ドイツ第三帝国の独裁制のありかたは変わっていただろう。「ハイル・シックルグルーバー」ではサマにならない。ヒットラーのことだ。

五十七　名は体をあらわし、体は名を実現しようと欲する。そのことを自覚した曲が、『百恵白書』（十八歳時）のA面四曲目、四人の少女に捧げる歌「約束」である。明るい女の子、明子、素直な直子、友達の友子、そして「幸福薄い少女 幸子《さち》」（阿木燿子＝作詞）と歌われて、これはテレビドラマの登場人物の名だったかもしれないが、その考証とは別に、鍵は、幸福薄い幸子にある。この少女は白血病で死ぬ。

五十八　「羽山についた女は雪子と言った。どういうわけか弘子とか雪子とかいう名の女は薄幸の運命にある者が多いが、このバーの雪子も、寂し気な眼差しと、折れそうに細い首を持っていた」——大藪春彦『復讐の弾道』

五十九　『百恵白書』は「横須賀ストーリー」以来の彼女の最初の中間総括である。このなかで、四人の少女を歌った「約束」はよくない。山口百恵が自身の感傷に密着しているからである。

六十　「横須賀ストーリー」は、ドル箱になってからのアイドル歌手山口百恵が、宇崎竜童とダウン・タウン・ブギウギ・バンドの「涙のシークレット・ラヴ」を聴いて、宇崎・阿木の曲を一度でいいから歌ってみたいとはじめて自己主張して採用された。ここにけたちがいの歌手とけたちがいの音楽家の結合はなる。この自己主張は、それまでじっと沈む目で、周囲の熱狂も、ファンの熱狂もわきに、自己主張をおさえてきた彼女の大きな自由の発顕である。

六十一　人気が出てきたとともに、小さな自己主張をしていたら、山口百恵はフォークか、シンガー・ソングライターの水準に終わっただろう

六十二　十七歳「愛に走って」（千家和也＝作詞・三木たかし＝作曲）「昨夜からの雨」（千家和也＝作詞・馬飼野康二＝作曲）などのラブ・バラードを歌って、歌い出しの瞬間にはゆたかな情感をあらわしながら、サビの部分から先しぼんでしまう山口百恵の、開きかけてはしぼむ感覚が「横須賀ストーリー」では、がぜん、水を得た魚のように、一句ごと、一節ごとに、全感覚を解放していく。これ以後、山口百恵は、佳曲に出会うたびに、プロレタリアートの実存を昇華させていくのである。一つの音楽の方向が、「社会の半分を表現する多くの才人」ではなしに、まさに山口百恵によって開花していったのは、山口百恵におけるプロレタリアートの勝利である。

六十三　自分の煩悩を歌に昇華させた山口百恵は、他人の煩悩にも鋭敏に反応するだろう。他人の煩悩を自分の悲劇にくり込んで山口百恵はさらに大きくなるだろう。すなわち菩薩である。

山口百恵ふたたび

分析はあとでやる。肝腎なことを叩き出してしまう。

一 「横須賀ストーリー」から「プレイバック part2」までの山口百恵の二年間は、第一に少女から女への成熟過程と、第二にニュー・ミュージックの良質な要素のすべてを歌謡曲に吸収し歌謡曲に賦活させながら彼女が歌謡曲の頂点に立つ過程と、第三に女が男を制する過程との、その三つを同時に、間断なく、無類の緻密さをもって跡づける記録である。

二 「横須賀ストーリー」の核心は、〈貧しい少女の初恋〉という点にある。曲のふるえがくるほど瑞々しい情感はその一点にあるのであり、その地点からはじめた山口百恵の階級性の大きさが、中産階級の自画像を歌ってけっしてそれから出ないニュー・ミュージックを凌駕する真の原因である。

三 それから二年、「プレイパック part2」と「絶体絶命」の二曲の連鎖は山口百恵が、ややはやめに、肉という物質のにごりを分泌したものであって、このにごりははやめに浄化してしまった方がいい。〝激しい女〟というものの、歌謡曲でいえば美空ひばりによって確立されている激しさのステロタイプにおち込む危険がある。それはふつうの少女の歩一歩の正確な成長をしるしてきた山口百恵の美点を損ねる。

四　あるべき方向はどこか？　予言しておくが、あと一年後に山口百恵は『サムシング・クール』のジューン・クリスティの域に達する。さめかけたコーヒー・カップに口紅のあとを残して、去っていく都会の女の悲恋をいちはやく歌えるようになるのは山口百恵である。そういう山口百恵をわれわれはソフィスティケーテッド・レディと呼ぶ。

五　「プレイバックpart2」はここ数年間の、すなわち一九七〇年代後半という一時代の、女の主導性の勝利宣告であった。「馬鹿にしないでよ」という一句で内藤やす子を包摂し、「勝手にしやがれ」という一句で、昨夜別れた男が、ちょっとかっこをつけてみたかっただけなんだと気づいて、真紅なポルシェのホイールスピンの音を残してUターンし、女の優位性のもとに男のもとに帰っていくという心理ドラマを歌いきって、そのようにして山口百恵は沢田研二的なものを超えた。その先はなにか？

六　「絶体絶命」の三角関係ではまだはやすぎるのである。はやすぎ、無理をしているから、肉の物質的なにごりを分泌せざるをえない。はやすぎた原因は何か？　一つは阿木燿子にある。阿木燿子は前作で山口百恵に女の勝負を挑み、二十歳の山口百恵に二十代後半の女を歌わせた。しかしこれは副次的なことである。主要な原因は男の側にある。山口百恵の成長に対応する男のイメージが日本では育っていないのだ。歌の世界では、男が女におくれをとっていること――これは、ここ数年の音楽シーンを解く鍵である。

ちょっと別のことを。わが錬金術でいえば、山口百恵の恋人役にはカエターノ・ヴェローゾを推選したい。ことに「僕をつかまえておくれ（波と風のたわむれ）」の、歓喜のあまりのシュールレアリスムといった曲を。「クモがいなかったら、クモがいなかったら、苦悶もクルマを困らせず、クルマも高慢を困らせない、でかいぞ、でかいぞ、君は何かをたくらんでいる」というムチャクチャな歓喜の表情がそれで、ギターを爪びいてじっと心を見つめた曲「すべては変わった」から一転して、ジルベルト・ジル的なよろこび（アレグリア）の表情に出るカエターノという男はすてきなやつだと思うのだ。山口百恵とサンバ・カンサウンというのは唐突な組み合わせとは思わない。彼女は「COSMOS（宇宙）」と「たそがれ祭り」でサンバを歌い、なぜ前曲でギリシャ神話的な少年愛に身をよせ、あるいは「イミテイション・ゴールド」のぬれ髪のにおいと陽光がたわむれているような少女の情感（俺はこの曲をセロニアス・モンク十八歳時の作品『ラウンド・アバウト・ミドナイト』のように好きだ）から一時的に後退し、なぜ「たそがれ祭り」で、ラーラヤラ、という柔らかいハミングの雰囲気を出せなかったかといえば、恋人役を発見できなかったからである。異国の男には、カーニバルの群衆がなければサンバは成立しない。しかし女には、恋人かいればサンバは成立するのである。彼女はジルベルト・ジルとナラ・レオンの「二人のカーニバル」の前までいって、そこで立ちどまってしまった。さて山口百恵のテーゼにもどろう。

七　「絶体絶命」を肯定的に評価できる一点は、百恵が恋に敗れた側に立つことである。恋敵役の女は可憐型で、コーヒー茶碗をこきざみにふるわせているのを見て、つき合いきれないよ、バイバイ。バイバイの軽さがいい。うまくなった。

八　二十五歳を過ぎるまでは、別れは軽く歌ってもらいたい。山口百恵には、少女の残酷さがあって、それが他のアイドル歌手と彼女を分かつ歌いまわしの深みになっていたが、年齢とともにそれは権高さに変わるおそれがある。別れの慟哭の烈しさは美空ひばりほど歌い込めるものはいない。古賀政男の死を知らされた梅田コマ劇場での「悲しい酒」を聴いたか？　山口百恵はまだ若い。別れは、まだ、軽く、軽い羽根のように歌え。「口約束」は別れ歌の名唱である。「何も言うなよ」と呟いて汽車にのりこむ青年との別れのシーンは、軽いから、哀切だ。それでいい。いい調子だぞ。

九　しかしこれをもって、山口百恵は悲恋の女であると宿命づけられたのではないか？　ニューファミリーの枠におさまる女ではない。恋多き女のはずであるが、恋の遍歴は美空ひばり型になるだろう。力を吸い取られた男は棄てられる。

十　前項の判断の根拠は「秋桜《コスモス》」のつまらなさである。「秋桜《コスモス》」のつまらなさは「COSMOS（宇宙）」の少年愛の世界および同タイトルのLP全体で相殺されてはいるが、「イミテイション・ゴールド」から「秋桜《コスモス》」へと落ち込んだ理由は、嫁入り前の娘が母親をいたわるというルール違反を犯したことにある。それは、生みの母、育ての母、子供が一人、という構図ではハンカチを三枚御用意願います、といった安易さに通じるルール違反である。酷ないいかたになるかもしれないが、なぜ母に語りかけ、父に語りかけなかったかというテーマを山口百恵は避けた。答は彼女の少女時代にある。すなわち父母の生別である。これ以上やるとフロイト心理学になるからここでとめる。ようするに「秋桜《コスモス》」はきれいごとすぎる。他人(作詞家・作曲家)にあたえられた歌を歌うことに、そこまで個人の実存がかけられるはずがない、と反論されるかもしれないが、そこまで歌い手の実存をかけられるのが歌だ。むしろ他人の歌を歌うことは、作詞・作曲・演唱が小さく一体化し、小さく自足するシンガー・ソングライターよりも大きな表現行為なのである。

かくして女性的原理が主導的である時代の典型例を山口百恵にみる。ジャズを諸王の王と信じる俺のような男は、平板な時代における子供を産むことかできる女というものの威力を過小評価してきた。男は自己の縮小された遺伝精虫(アイデンチイチイと読んでいただきたい)を吐きだすのみ。女は異質なものを受け入れて子供を産むのである。

「ポップス」と分類されるジャンルから、女のソロシンガーが簇生《そうせい》し、ぐんぐんよくなってくる現象は、異質なものを受け入れて産むという女の本性にしたがったものである。一方にフォークありき、他方に歌謡曲ありき、その中間がポップスだというのが富沢一誠『ニューミュージックの危険な関係』における見取図であるが、ではその中間地帯と目されるところから、女性ソロシンガーがぐんぐんのびてくる現象をどう解くか？ クロスオーバー現象を、中間地帯の主体性なき中間主義と解くかぎり、この現象には明日はない。だが歌謡曲とフォークの、歌謡曲とロックの、歌謡曲とジャズの、そうした狭間で、女たちはなにごとかふっきれ、なにごとか良質のものを作りだし、エンターテイナーとして成長しているのが現在のニュー・ミュージック・シーンである。

化粧のしかたに注目してごらんなさい。一例が庄野真代である。新譜『ルフラン』のジャケット写真を見た時、なんでこの女はキック・ボクサーみたいな目つきで写真に写っているのだろうと思った。「飛んでイスタンブール」を聴いて解けた。ヴェールで顔をおおった回教徒女性の目もとを模したからだ。この曲は、いい。九月中旬現在（一九七八年）、ピンク・レディーに次いでヒット・チャート二位の曲で、その現象も悪くない。私見では、これはかなり複雑な曲なのである。

導入部がタンゴである。歌詞内容は、男の残していったジタンの空箱に托した淋しさで、淋しさの核が「かすり傷のひとつ　残せもしないひと」にかかる。この曲を目して、生活感がない、という評を読んだことがあるが（『週刊現代』の記事だったはず）、俺には生活感が感じられた。生活ということが、沢庵で茶漬をかき込んでいることだというならたしかに生活感はないが、日野皓正のトランペットの音が、ベランダで牛乳を飲みながら新聞を読んでいる都会の青年の生活感を伝えているのと同程度に俺は庄野真代の歌に生活感をおぼえる。日野皓正の例はたまたまもちだしたのではなく、日本人のトランペットからはじめて生活感のある音が出たと十年ほど前に若いジャズ・ファンが感銘した当のものなのだ。

ジタン（トルコ葉をつかった労働者タバコ）、トルコの都イスタンブール、導入部のタンゴ、とつなげると、「飛んでイスタンブール」という曲の鍵になるムードは、タンゴの鍵ことばでもある郷愁《ノスタルヒアス》である。タンゴに関して、オズバルド・ベリッジェリの「イデンティフィカシオン」（自己確認）という盤を聴いてわかったことがある。アルゼンチンのタンゴ奏者にとっても、ラ・ボカは郷愁の対象であって、実体に同致するのではなく郷愁に同致することによって自己確認を得る、あるいは青春を追体験し得る、という信仰みたいなものがあるのだ。その結果がどうかといえば、ベリンジェリの音楽は全然タンゴらしくなかったのだが。ベリンジェリも中近東を舞台とした男である。推定だが、「飛んでイスタンブール」(ちあき哲也=作詞・筒美京平=作曲)は五木寛之『燃える秋』の歌謡曲化だと思う。ちなみにいえば、タンゴの復権を数年前からとなえているのは五木寛之である。

タンゴについていま一つのことをいっておくと、歌謡曲メロディーをのせやすいのだ。渡辺真知子「迷い道」もタンゴの変型である。タンゴの前身はミロンガ、その前身がハバネラで、いずれも素性卑しき音楽であり、ハバネラのリズムは日本歌謡曲の標準型でもある。タンゴと歌謡曲が歌い替えやすいというヒントを教えたのは、たぶんグラシェラ・スサーナである。

「飛んでイスタンブール」は、ジタンの空箱につめたイスタンブールという浮遊するイメージである。「蜃気楼真昼の夢」だ。その証拠にトルコ大使館が、わが国には砂漠はないのですよ、と笑って曲をほめてくれた。そしてイメージないし想念が浮遊しているのであって、庄野真代という歌手の実在感がふわふわしているのではない。これは新しい歌謡曲である。浮遊するイメージと、歌謡曲的にましていく実在感——庄野真代の歌い方は由紀さおりに似ている——を正確に表現しているものが、彼女の化粧である。

男は思想を変えるためには肉体を変えねばならない。女は化粧を変えればいい。ニュー・ミュージック系の女の化粧が変わっていくことは、ジャンルが移ったり、ジャンルからこぼれたりした結果ではなく、女の本性にしたがっているということだから、その結果「ポップス」の領域が充実してくることなのだということに気づかなければいけない。このもっとも正確な定義は、クロスオーバーということである。
ジャンルが問題なのではなく、新しいタイプの女が続々と出ながら、音楽における女の主導性が浮上しているということなのである。笠井紀美子を別格として、しばたはつみ、庄野真代、渡辺真知子、岩崎宏美、桑名晴子、尾崎亜美、そして矢野顕子と、どのジャンルからこようと、女たちが一定の方向、「ポップス」と称される方向に一斉に向きはじめている。これはたいへんなことなのだ。この動向を集約しているものが、山口百恵である。

では女性的原理とはなにか？

十一　歌、恋、巣ごもり、これが女の主導的な時代である。楽器演奏、暴力、革命、これが男の主導的な時代である。男の世界における暴力の欠如――これが最近の日本の音楽シーン全般にわたる最大の特徴である。

これを別の方向に集約させるかもしれないのが矢野顕子である。新譜『ト・キ・メ・キ』はすばらしい。一作目より二作目……三作目より四作目がいい。彼女は歌手というより、ピアノ弾きないし音楽家なのであって、美空ひばりの引力圏、あとで詳述するが西田佐知子の引力圏からも自由である。秋吉敏子を超えるものが出るとすれば、矢野顕子である。彼女は、ニュー・ミュージックの他の歌手たちから影響は受けないだろうが、他に影響するだろうし、この影響のしかたは、ソウルの方面ではなくテクニックの方面に顕著で、テクニックというより、ノウハウといった方がいいような技法をニュー・ミュージックの歌い手に残すと思う。

笠井紀美子は別格の歌手であるが、しかし黒人ジャズマンを驚かすことはない。矢野顕子は黒人ジャズマンを驚かせるはずだ。百恵と顕子が両輪の時代になれば痛快である。

十二　したがって男性歌手で支持したいものはロックンローラーの系統であって、フォーク系統ではない。宇崎竜童、矢沢永吉、ジョニー大倉、ジョー山中がよく、俺は世良公則やチャーや原田真二やあがた森魚は好まないし、フォーク歌手では三上寛だけが好きだ。ソフト&メロウか、キンタマのあるのが男だろ？　ぜんぜんニュー・ミュージック畑ではないが、見上げた男は美川憲一である。マリファナで御用になっても、音楽的にはぜんぜん改心せず、一貫不惑の不健康ムード、おかまムードを捨てないのは立派だ。今後は森進一以上に支持することにした。

十三　思想の重力は暴力である。それは国家と民衆の双方からくる。

十四　現下の歌謡曲シーンの鍵は、山口百恵を集約点として同一の方向に動きだしている一群の女性歌手と、韓国人歌手によって復活されるだろう西田佐知子メロディーの再現との間ということになるだろう。そして第二の鍵をにぎるものはピンク・レディーである。

十五　ピンク・レディーはニュー・ミュージックに先んじている。彼女らのいちじるしい特徴は二つあって、曲と曲の間に内的関連がまったくないことと、幼児退行現象を起こしていることだ。ピンク・レディーは歌うアンドロイドに近づきつつある。「ペッパー警部」や「ウォンテッド」の時代には〝あぶな絵〟的な要素があったが、「UFO」「サウスポー」「モンスター」「透明人間」「スーパーモンキー孫悟空」とたどる現在の流れはテレビのアニメ番組に沿っている。これはピンク・レディーをピンク・レディーたらしめるものはミーの側にあるということである。ケイは独立してソロ・シンガーになれるだろうが、ミーはまったく未知数。

十六　ピンク・レディーは女ビートルズではないか。

十七　山口百恵の「COSMOS（宇宙）」とピンク・レディーの「UFO」を比較する。サンバ・カンサウンの十七旋律にのせてギリシャ神話的な少年愛の世界に出る「COSMOS（宇宙）」には、『さらば宇宙戦艦ヤマト』のラスト・シーンに通じる思想性がある。仲間たちを退艦させたあと、古代進が死んだ恋人森雪を自分の横にすわらせて「雪、やっと二人きりになれたね」と話しかけて敵艦に体当りするシーンがそれだ。このシーンには無名戦士の悲哀を描いてすぐれる松本零士的なもの、人間的なものを捨てきれぬサイボーグ戦士を描いてすぐれる豊田有恒的なものが投影されていて、その背後の全体に、第二次大戦で敗れた日本の共通理解が流れている。そして性愛の排他的な性格（婚姻においては一夫一婦制として実現する性格）と大義との調和をはかろうとする近代社会の努力が、その調和は妻の死としてしか実現できない悲劇をも投影している。映画では、ヤマト自爆後、沢田研二の歌「ヤマトより愛をこめて」が流れるが、ここは山口百恵の「COSMOS（宇宙）」がふさわしい。なぜならユリーディスの死であるから。山口百恵にあっては「イミテイション・ゴールド」から「COSMOS（宇宙）」への一歩後退は、「プレイバックpart2」への布石として内的に関連づけられるのであるが、ピンク・レディーの「UFO」から「サウスポー」への移行には、内的関連性は何もない。彼女らはほんとに「地球の男に飽きた」のだ。

十八　「地球の男に飽きた」といっているピンク・レディーはけっして虚空に孤立しているわけではない。桑名晴子、庄野真代（この二人はグループ「サディスティックス」と組んで歌った経歴がある）、尾崎亜美らは〝日本の男に飽きた〟といっている同傾向の女性歌手である。〝翔んでる女〟といわれるタイプは日本の男に愛想づかししているとみていい。ジャズ・フィーリングの周辺から歌謡曲に接近してきた彼女らは、民族性が稀薄であるにもかかわらず歌の実在感を失っていない。語を変えれば歯の浮くような西欧かぶれを感じさせない。民族性が稀薄でかつ歌の実在感を失わないもの、これは、都会を前提にし、アフロ的要素を主導的なものにしながら西洋・東洋・アフリカの三軸で成立する現代の大衆音楽の世界性に達しているからである。

いま一つの大テーマが韓国からくる。

十九　この先半年ほどの間に、韓国歌謡曲との接点で浮上してくるテーマは西田佐知子メロディーの復活である。

二十　李成愛の歌った「アカシアの雨が止むとき」「女の意地」はその予兆である。李成愛は許英蘭という女性歌手を自分の後継者に指名したらしく、ほんらい自分が歌うはずだった曲目を許英蘭にあたえ、特訓しているらしい。許英蘭はいまのところ伝不詳であるが（十月になればわかるだろう）、基地のディスコで歌っていたソウル歌手で、歌謡曲は一度も歌ったことがなかった。「カスマプゲ」も知らなかったという。手元のテープによれば、日本デビューにあたって彼女が歌うものは、A面六曲中三曲が西田メロディーである（B面は韓国歌謡曲）。「東京ブルース」「赤坂の夜は更けて」「女の意地」がそれで、残りの三曲が矢吹健の「うしろ姿」、藤圭子の「京都から博多まで」、いしだあゆみの「ブルーライトヨコハマ」である。歌謡曲を知らなかった新人を起用し、西田メロディーを配すこと、さすがに李成愛のやることだ。

二十一　西田佐知子メロディーとはなにか？　これまでテーマとしてきた女性歌手たちの祖形である。

二十二　六〇年七月の美空ひばり「哀愁波止場」、六〇年「アカシアの雨がやむとき」の西田佐知子、この二人は六〇年代はじめの女の像を二分した。浮標《ブイ》を見つめながら帰らぬ男を思慕する女と、自分の冷たくなった死体というイメージを男の心にすべり込ませてつきはなす女。「アカシアの雨」は、七三年の金井克子「他人の関係」を一度くぐって、山口百恵「プレイバック part2」に集約される。

　二十七歳まで歌謡曲が嫌いだった俺が、西田佐知子の二十五センチLPを持っている。「欲望のブルース」「コーヒー・ルンバ」「スクスク」「刑事物語」など、いまでは忘れられた曲のはいったレコードで、デビュー当時の彼女である。西田佐知子はたんにムード歌手なのではなく、じつにうまい歌手である。一聴してわかる特徴はノン・ビブラートのハスキー唱法で、楽器的な歌い方だ。マイルスとはいわないが、チェット・ベイカーのトランペットを思わせるところがあり（じっさい彼が歌うと西田佐知子によく似ている、時間的には逆だが）、それが艶歌のなかにあって、ひときわ湿度の低いものと印象された。呼吸《ブレス》をうまく使ってストップ・タイムの感覚を出すこと、ラ行をL音で発音し、バ行をV音で発音して余韻を残す方法など彼女があみ出したものである。〈クール・ジャズ＋サンバ〉がボサノバなら、〈クール・ジャズ＋艶歌〉が西田佐知子ムードだった。歌謡曲における新しい波だったことは疑えない。

西田佐知子は歌謡曲における〝呪われた世代〟である。五年前（一九七四年）、『歌入り水滸伝』で西田佐知子に半章を費したのち、彼女のチロチロ舌を出す青い情炎はもう一度燃えあがるだろうと俺が結論を出した時、深夜、酔った友人から猛烈な抗議の電話がきた「俺は酔っているぞ、だからほんとのことをいうぞ、おまえはバカだ。佐知子は結婚して引退した。すっぱり身をひいた彼女の断念の深さがおまえにはわかっていない。西田佐知子と越路吹雪に半章ずつを割くおまえの論文構成も気にいらん。半章ずつ割くなら、なぜ克美しげるにしないのか。佐知子と同時にデビューしながら蔭にまわって消えていった克美しげると重ね合わせてこそ、歌謡曲にも呪われた世代というものがあることがわかろうものじゃないか」。正論である。その後一年、克美しげるは愛人絞殺事件を起こした。いい添えておくが、電話の主は、芸能記者ではない。理論経済学畑の若手として仲間うちでは知られた男である。西田佐知子という歌手は六〇年安保世代からその程度の愛を受けていた。一方の俺はといえば、美空ひばりと李美子の環として西田佐知子を把握するところまではきていたのだった。そしていま俺はいうだろう、李成愛のステージをもう一度聴きたいだって？　おまえはバカか、李成愛の断念の深さを知らないのか。

二十三　一時代を代表する歌手として大衆的な人気をもちながら、ストンと一度きれる歌手は、戦前のディック・ミネ、敗戦直後の笠置シズ子、六〇年代前半の西田佐知子である。

二十四　六〇年代前半にチロチロと燃え、中断された西田メロディーは六〇年代後半にいしだあゆみがひき継ぐ。彼女はヘタな歌手である。あまりのヘタくそさに俺は彼女が可能性の便秘状態にあると推定した。声は出ない、音程は狂う、楽団が変わるとリズムがスリップする、これはきっとなにかが変わる予感だ、と俺は考えた。万に一つの可能性だが、いしだあゆみは大歌手になるかもしれないと書いたら仲間に笑われた

二十五　この時期は、藤圭子の登場、田端義夫のカムバック等を軸に、艶歌ルネッサンス期であった。青江三奈、クールファイブ、森進一、都はるみなどによって、モダーン艶歌唱法（ブルース・フィーリングの強化）が確立され、艶歌歌手たちは他を断然ひきはなして、歌がうまかった。いしだあゆみはフォーク歌手なみのヘタさを示した

二十六　可能性の便秘をドラスチックにしたものが現在のクロスオーバー女性歌人たちである。彼女らは16ビートにのって軽々と歌う。英語の発音がいい、字余り歌詞を、楽々とあやつって日本語をカンツォーネのように歌う、日本語と英語のつなぎがじつにうまい……等々。桑名晴子は「Set Me Free」で「cry cry 部屋の中で」と歌う。庄野真代の「飛んでイスタンブール」中、「だからであったひとも金嬉老　真昼の夢」と聞こえて俺はころげ落ちそうになった。蜃気楼だった。女たちはなにか

一つ発音とリズムののり方のこつをのみ込んだのだ。ヒントになったのはスサーナかもしれないし、韓国人歌手だったかもしれない。しかし重要なことは次の三つである。

二十七　標準語ニヒリズムの勝利。関西フォークの関西弁ではなく、海援隊の九州弁でもなく、吉川《きっかわ》団十郎、千昌夫らの東北弁でもなく、むろん喜納昌吉の琉球弁《しまことば》でもなく、それらの「地方主義」の上にではなく、女性歌手たちのクロスオーバー現象はNHK標準語の上で起きている。

二十八　生活のポリリズム化。これは過去に何回も述べたこと。

二十九　ジャズの影響。ジャズは音楽の全領域にあまねく影響を及ぼしている。ここで問題視したいのは、韓国、台湾、香港などの歌謡曲シーンでは、ジャズの影響が自国語のリズム構造や音韻体系の一部分までを変えてしまうほど直接にはあらわれないだろうということだ。ジャズは日本文化になった。なぜ他の東洋諸国にくらべて、日本でだけジャズが自国文化になったかというテーマは、客観的要因については次のように解かれる。第一に、日本が植民地をもっていたこと。ことに昭和十年代の大連と上海のジャズ・シーンが注目に値する。昭和初年の大正デモクラシーは十年代にはいって内地では窒息させられたのであるが、大連と上海には自由の気風が残っていた。第二に日本がアメリカに敗戦した国であり、戦勝国の文化にも屈したこと。じっさいには日本は中国戦線でも敗北していたのだが、その認識は極少数意見だった。第三に高度成長下に集中した富と、札ビラをきってアジア的貧困を急激に脱出した六〇年代の第二の脱亜期。ことに農業社会からの脱出と人口の都市集中。東京は日本のなかのもう一つの別の国家のようになっているのであり、このるつぼが歌謡曲の本流たる艶歌の変質とジャズ化を準備した。

三十　ジャズは方法であり、生き方である。現今のジャズが調子が出ないということをも無視して、依然としてジャズは現代思想の中核であり、諸王の王である。ジャズは自分で変わり、周辺を変え、アメリカではポピュラー音楽、日本では歌謡曲が変わる時にかならず影響力を強める、という通性をもっている。

俺は三上寛以外のフォークを聴いていない。今回、岡林信康、井上陽水、小室等などを聴いてみたが、詳しく聴いていないのだから、その代わり断定する。決定的にだめなことは反社会性がないことだ。反体制まではいく。しかしそこでとどまり、中産階級の自足のなかにひき返す。思想本来の姿では反体制は変態性を通って反社会性に出るのであるが、フォークはそれを遮断し、シカトウを決め込んでいる。反社会性の核心は、破壊ということである。個人原理を社会性や国家の上位におき、快楽と労働の嫌悪と暴力と、総じてルンペン・プロレタリア的実存のもとに、改良ではなく、革命を熱望するこころである。ジャズ、艶歌、ロックンロールにはこの方向がある。フォークは安全音楽である。

自作自演を金科玉条にすることも解せない。ジャズ即興演奏の武力ともいえる強烈な力を想起せよ。あれが自作自演の見本だ。流行歌は歌い手と作詞・作曲家が別の方がいい。女性歌手が自作自演にこだわらなくなったのはいいことだ。山口百恵と阿木燿子の一曲における女の争いのようなダイナミズムは自作自演では無理だ。流行歌は作り手と歌い手の角逐のなかに聴衆という巨大な第三者を吸引するのであって、大衆の欲望と誤解の総体を乱反射させて、歌手や作曲家を超えて勝手に一人歩きするから、だから流行歌なのである。これに反して、自作自演者《シンガー・ソングライター》は一つはばの正解だけを要求する方向に成立する。その正解とは、中産階級の日常生活における感傷の代弁――あいつは俺そっくりにくよくよしているということである。

ファンを含めてフォーク系の人々が根本的なところで誤解していることは、芸術を民主主義だと信じていることではないか。芸術は独裁でよろしい。フォーク・ソング運動を邪魔する気はないが、運動の集約がフォーライフレコード社の創業だったといった方向は退屈である。編曲家にも印税を支払うようにすること、芸能プロの中間搾取がない分だけ増収すること、レパートリーや盤制作の合議制、既存販売店網によらず、通信販路を開拓したりすること、などの方向をめざすのが運動か？　経営方式というのではないのか。歌謡界のよどんだ体質にそれらを対置して肯定する論者が、三橋一夫であり、富沢一誠であり、なんと猪野健治であるというのには驚いた。『月刊ペン』でフォーク運動論を展開した猪野健治は『戦後水滸伝』の彼と同一人物か？　俺にはやくざ以上にヒッピー・ブルジョワジーがたえがたい！　音楽産業の体質改善をやるのなら音楽著作権協会をなくせ。映倫とか著作権協会という民間団体はつぶしたほうがいい。さて、情勢論の集約点にきた。

三十一　古賀政男が亡くなり、戦後艶歌三十年の円環が閉じられようとした時に、山口百恵の成長が間にあった。

三十二　日本人の生活が変わったのだから歌謡曲が変わってあたりまえ、という晩年の古賀政男の言葉は無類に正確である。

三十三　古賀メロディーは朝鮮のメロディーとジャズのインパクトを受けて成立した。前者の影響を受けたのが第一作目の「影を慕いて」であり、後者の影響を受けてできたのが第二作目の、みずから都々逸《どどいつ》のジャズ化だと語った「酒は涙か溜息か」だった。

三十四　古賀メロディーは、「影を慕いて」ができた当初から古すぎるといわれ、ジャズ的部分で新しすぎるといわれただけの両面の異質性を、ことに中山晋平メロディーに対する異質性をもっていた。

三十五　古賀メロディーは、朝鮮のメロディーとジャズ的なものとを戦前に統一できたとは思わない。軍国時代、軟弱との理由で一度つぶされている。彼は一曲だけ、軍歌「勝利の日まで」を作って沈黙している。

三十六　古賀メロディーが十全の開花をみるのは美空ひばりの登場によってである。美空ひばりのレパートリー中、古賀政男作品は「娘船頭さん」「柔」「悲しい酒」などで、意外に少なく、万城目正、上原げんと、船村徹の曲が多いのだが、なおかつそれらが古賀政男の提示した歌謡曲の可能性の開花であったことはまちがいない。古賀政男―美空ひばり、このラインが歌謡曲の本流である。

三十七　艶歌の中心が韓国へ移行する、あるいは帰る時代と古賀政男の死が奇しくも一致したことを韓国歌謡曲サイドから見れば、いま変わりつつある韓国の歌に、日本との接点で、ジャズ系ないしポップス系シンガーが艶歌歌手に変わるという現象があらわれたという複合的性格のものになるだろうが、韓国歌謡曲が日本艶歌にたいして堅持しなければならない優位性は、その母性的な包容力と品位でなければならないと考える。その点でも李成愛は文句のない歌手であった。

三十八　なぜ李成愛だったか、という問題は、俺は彼女の品位にあったと信じている。歌謡曲は外側からはたかれて回りつづける独楽《こま》であるが、李成愛のインパクトは、欧陽菲菲や、スサーナや、ユパンキが送り込んできた使節ともとれるソンコ・マージュや、喜納昌吉のインパクトよりも大であった。

三十九　品位なき韓国歌謡曲と日本歌謡曲の野合については金芝河が「糞氏物語」で痛烈にたたいていることを知るべきである。すなわち妓生《キーセン》パーティーでの日韓合唱。

四十　金芝河「糞氏物語」における、韓国が戦後日本社会に収奪された部分を認識のバネとした痛罵のことばは、日本に取り込まれた傷の部分をバネにして琉球から東京を撃つ喜納昌吉「東京讃美歌」に近しい。

四十一　西田佐知子メロディーの復権をめぐって日韓歌謡曲が接戦状態にはいることはのぞましいし、李成愛と山口百恵が西田メロディーをはさんで対峙するという構図もあったのだ。第三ラウンドがはじまるだろう。山口百恵が韓国勢の前に立ちはだかる番だ。

四十二　今年香港の歌謡曲シーンに多少の知見を得たのであるが、香港にもニュー・ミュージックの陣営はできているように思う。香港歌謡曲シーンも多様である。徐小鳳らの広東語流行歌を一極とし、管理者イギリスのポップスそのままに歌う歌手群を他極として、シンガポール（張小英）、マレーシア（黄暁君）、台湾（鄧麗君＝テレサ・テン）の諸要素に支えられている香港歌謡曲シーンのなかから、国家でもなく、すでに植民地でもない超国家的存在としての都会そのものという香港の性格を背景に許冠英・許冠傑兄弟の、阿Q型ビートルズとでもいうべき奇怪なニュー・ミュージックが生まれている。

四十三　テレサ・テンは日本、台湾、香港の三地点をカバーする艶歌歌手である。彼女のような歌手の存在と、香港が日本の東南アジア貿易のキー・ステーションであることを考慮すると、想像できることは歌謡曲のより一層の南進である。香港以南にも艶歌の星があらわれる可能性がある。

四十四　日本の歌謡曲の東洋各国への伝播は、旧日本軍によってもち運ばれたという側面があって、戦後の艶歌にはそれらの地からの逆流現象を指摘できる。フィリピンから次の波がくるかもしれない。加藤登紀子がそれに気づいているようだ。フィリピンでもっともすばらしい歌手はピリタ・コラレスだと信じる。ピリタの「ダヒルサヨ」を一度読者に聴かせたい。朝倉喬司が一枚もっている。

四十五　汎アジア規模で歌がおもしろくなり、女性主導型というのも汎アジア規模ではないかと思うのだ。山口百恵と矢野顕子がいるから日本は負けない。俺は国粋主義者ではないはずだが、彼女らの奮戦を目のあたりにして感銘し、ポンと尻を一つたたいてやりたい。

みたび、ふたたびと時をさかしまにきりこんだ片手なぐりの一〇八のテーゼは記述されたのである。

〈上海一九三〇―横浜一九八〇〉ケイ、黄金時代を夢みなさい

五月二十三日朝、七時十分前に、ソウル・プラザホテルの部屋に幽霊が出た。部屋はツィンで、俺は壁際のほうのベッドにもぐりこんでいて、その壁には李舜臣将軍の亀甲艦の絵が飾ってある。眠りにつく前、四条の探照燈が投げあげられた戒厳令の町を眺め、町を眺めている俺をだれかが眺めている、という視覚の二重性にすこし気味がわるくなったので、窓際の寝台から離れて眠ったまま、カーテン越しの朝日の縞のなかで幽霊をむかえた。半睡の状態だった。左側の壁がなくなっていて、原野が現われ、こどもたちが凧を上げており、寝台から原野につきでた俺の足首を黒衣の女が両手でおさえこんでいる。老婆なのか、娘なのかわからない。足を引いたが動かない。まずい、と思った。そのとき、自由な右足にカラテの蹴りがあるじゃないか、ということに気がついた。奇妙なかんじだった。身体の左半分が眠っていて、右半分が的確に意志の命にしたがうのだった。俺は寝台の中で右足をおりたたみ、踵が尻の穴をふさぐほど十分にひきつけて、体をひねりざま無声の気合を発してフルパワーのまわし蹴りを女の肋骨に蹴りこんだ。ズカッときまった。ドンという手ごたえとともに女は吹飛んだ。ベッドの反対側に降りて反撃にそなえたが、毛布がすっとんでいるほかは、原野も消えてお

り、壁には李舜将軍の像が、かたむきもせず、昨夜のままそこにあるだけだった。時計を見ると七時十分前だった。

たしかに俺は幽霊を蹴った。ドン、という手ごたえをまちがえるはずはない。あれはたしかに、しかも基本どおりに正確な蹴り技が決ったときのインパクトだ。しかしそこには何もなかったのである。壁にあたったのではない。壁にあたったのだとしたら、あれだけ力をこめて蹴込めば壁に穴があくし、足の骨が痛む。ためしにもう一度ベッドから壁を蹴ってみると。おもいきり足をのばしても壁まで三十センチ以上も余地をのこしている。

あぶなかった。自由な右足にカラテの技がなければ俺はそのまま幽霊に魅入られたかもしれない。半失神状態で戦ったことが何回かあるので、眠っていても、神経系統を別のチャンネルに切りかえれば、無意識のうちに本能と技術が技を出すまでに俺は鍛え込まれていたから逆襲に成功したのである。

それからもう一寝入りして遅い朝食を食べにラウンジに行くと、宮本典子の所属するプロダクション「トマト」の代表田中亨が、しきりに仲間たちに弁解している姿があった。

「ベッドが二つとも寝乱れていたのは、ぼくが寝たからだ。女をひき込んだんじゃないよ。壁際のベッドに寝ていたら、何かがいる気配がして気味悪くなって窓際に移ったんだ。嘘じゃない」

彼がまじめに主張するほどにまわりはからかった。「何時ごろですか?」と俺はきいた。「七時ちょっと前だった」と彼は言った。

一つへだてた彼の部屋にも幽霊は出たのだ。彼の言うのは嘘じゃないよ、と俺も朝がたの話をし、この国は夜間外出禁止のため、幽霊も朝出るのだろうと冗談になって、他愛のない話のうちに幽霊騒動は忘れられた。

しかし帰国後、幽霊を蹴ったことが、なぜとなく心が痛む。それもアバラ三枚の急所に思いきり蹴込むとは。たぶん地縛霊という不幸な魂だったのだろう。台湾でも話に出たことがある。さる近代ホテルのロビーわきに幽霊がたたずんでいるという話だ。改築の際に中庭を掘り返すと、鎖につながれた人骨が出てきて、その骨は、二・二八起義（一九四七年、国共内戦に敗れて台湾にやってきて独裁制をしいた蔣介石軍に対する台湾人の反乱）で殺されたネイティヴのものだったという噂がある、と。急激な近代化によってコンクリートで封殺された地表には、この種の話が、流言蜚語のように語りつがれるものなのである。強権と闘うためには亡霊とも連盟すべきだと主張し、げんにアレックス・ヘイリー『ルーツ』を、海の藻屑と消えた奴隷船の同胞の霊《スピリット》と手を結んで白人社会に反抗することを煽動する思想がないために黒人文学としては二流のものであり、ブラック・ブルジョワジーの現在を、死んだ黒人奴隷の怨みを簒奪して肯定した反動的な作品だと言った俺が、害意のない韓国の幽霊を蹴とばすとは心ないまねをしたとくやみながら、五月二十三日朝に俺の足首を両手でつかんだ黒衣の霊の性格を分析する。

その幽霊は俺にとりついて害をなす悪霊ではなかったようだが、すくなくとも俺に好意をもっていなかったこと。女だというだけで年齢も民族もわからなかったが、日本の幽霊ではなかった。そして同時刻に田中亨と俺の前に出てきたというのは、だいぶ主体性のいいかげんな幽霊である。だいいち男の部屋に出てきて足をひっぱるなどコールガールみたいなまねを幽霊がするな。

しかし、この地縛霊が反日傾向を持っていることは高く評価できるし、戒厳令は鬼神もこれを避ける現世的秩序の最高形態であって、戒厳令におびえて夜間には出られないというのは、現下の韓国民衆の比喩的幽霊といえる。その後、出る気配もなくなった。凶暴な日本人旅行者に蹴られて二度出る気力もなえたのか。なにか言いたいことがあったのかもしれないのに、気の毒なことをした。

韓国、ことに全羅道は、巫の国である。「カンガン・スルレー」「珍島輓歌」など感銘深い民謡をつたえるのも全羅道だ。全羅道「カンガン・スルレー」は慶尚道「ケジナーチンチン」とならんで、秀吉侵寇軍への抵抗歌として知られたものであるが、LP『アリランの世界』に付された金両基の解説からひいてみよう。

「右水営は李朝の海将李舜臣が水軍を指揮した拠点である。カンガンスルレーは、李舜臣が日本の豊臣軍を撃退するときの人海戦術に唄われたという。多勢で元気よく合唱することで味方を鼓舞し、敵軍を威圧する戦術に応用したと伝えられている。旧暦八月十五日の月夜、長く結んだ髪を背中に垂らした乙女たちが、海辺の砂浜で、一つの輪になって踊った。（中略）カンガンスルレーは海から誰かが越えてくるという意味だともいい、強羌水越来の字を当てることもある。」

ケジナーチンチンについても李舜臣将軍に関する故事がある。「文禄・慶長の役で味方を鼓舞し敵方を威圧するために唄われたと伝えられているが、古代音楽の形態をとどめた歌である。（中略）ケジナチンチンナーネの語義は定かでないが、『犬将加藤清正がきた』という説がある。」

珍島は全羅道西南海上の小島である。この島の野辺送りの歌「珍島《ちんど》輓歌《まんか》」がすごい。巫と仏の重層された土地であるといわれるが、死者を花をかざった柩におさめ、家を出て、橋を渡り、谷を越え、故山に埋葬に行く道々を、先導者が死者に語るように歌い、群衆が和す。それはまさに地霊への呼びかけである。「知恵菩薩　知恵菩薩だよ　南無よ　南無よ　タニャタ　南無南無南無よ　阿弥陀仏　老いて老いて　老いるのか　再び若返りは　難しい　天が高いといっても　夜明けに露が降り　夕景が遠いといえども四時《しじ》行列がお出かけだよ。」それはおそらく浄土信仰だろうと思う。阿弥陀仏もそうだし、知恵菩薩とは文殊菩薩だろうし、文殊菩薩はバジラバイラバに化身した冥界地下の支配者であるから、地下の世界に死者を土葬する際の守護仏として文殊に祈りかけられているものにちがいない。それが巫俗的な信仰と結合し、おそらく西方浄土へ向う行列のように野辺送りが行われているものと見る。空間を限定する露に語りかけ、時間を限定する出発の時刻に語りかけ、道々、橋の意味を問い、山の意味を問い、花の意味を問うて、生と死とを結ぶ回路がしめされるのではなかろうか。「珍島輓歌」のむらむらと地霊がわきたってくるような雰囲気は、そんな光景を思い描かせるのである。すなわち、俺は思う。壁にかかった李舜臣将軍の絵近く、俺の足首をおさえた幽霊は全羅道出身者のように思うし、それを蹴り放してしまったことは、この国の近代を批判することを放棄したことではなくとも、この地に満てるなにか霊的な気配とつながる機会を蹴り放してしまったのではないか。

艶歌は一九三〇年代の朝鮮、ことに木浦か釜山か仁川の港町で起った音楽であり、日本のジャズは同じく一九三〇年代の上海が起点である。日本歌謡曲の第二の天性としての三層構造は次のように記述しうる。

今世紀の初頭、生命力ある大衆音楽は、港で生れた混血音楽である。ジャズ、サンバ、タンゴはその典型例であり、艶歌もそうだ。港は海をへだてて対岸の港に対峙して民族性をしめし、多く大河と海の出会う河口に成立した港町は川をさかのぼって内陸の階級性を集約している。

俺は依然として艶歌朝鮮起源説である。依然として、という意味は、朝鮮の伝統音楽や民謡が、徐々にだが、日本でも知られるようになるにつれ、現在流行している韓国の歌謡曲と伝統音楽のあまりのちがいから、たとえば沈守峰《シムスーブン》の「クッテ・クサラム」（「今、あのひとは」、沈守峰は朴大統領が射殺された席にいた女性歌手）やチェウニの「ナヌン・オトッカラグ」（「どうしたらいいの」、チェウニは李美子の娘で十五歳）と「カンガン・スルレー」があまりにもちがうために、艶歌朝鮮起源説が否定される方向に針がふれつつあるが、それは新内と沢田研二「バッド・チューニング」を比較してまるで同一民族の歌とは思えないのとおなじで、やはり艶歌は朝鮮起源なのだと信じる。一九三〇年代、日本の朝鮮支配下に、日本によって音楽的伝統を破壊されたときに、朝鮮に渡った下層の日本人と抑圧された朝鮮人との近親憎悪的な接近のうちに、朝鮮人主体に、朝鮮の港町を場として生れた亡国の歌が艶歌である。艶歌朝鮮起源説を否定するのは、日本の論者よりも、韓国人サイドに多い。それは日本文化の毒草だったと斥ける。これは、ジャズ史を通じて、ブルースに奴隷時代の記憶があるからと黒人たちがブルースを嫌う時期と、それがルーツだからとブルースに光があてられる時期とが交互にあらわれることとひとしい現象と見る。同様の心理はより微弱にだが日本の歌謡曲史にもあって、艶歌は奴隷の韻律だと斥けられる時代と、艶歌こそ歌のココロだと賞揚される時代とが交替し、現在は、戦後市民社会の中産階級意識が艶歌を遠ざける方向に働いているのである。

しかし、ジャズの基底にはブルースがあり、歌謡曲の基底は艶歌だ。そして艶歌の内発力は日本よりも韓国において強大である。

俺は戒厳令の心臓部でその反対のものを見、全斗煥軍による光州鎮圧のさなかにその逆のものを感知した。それは韓国民衆の強さである。

韓国歌謡曲に関してもその内発する力強さを感じる。艶歌の至宝李美子が一九四一年生れで俺と同年齢、ポップスの最高峰パティ金《キム》が一九四二年生れで、両者のデビュー期が一九六〇年だということにかるいショックを受けた。日本の美空ひばり、韓国の李美子と並び称されることから、ばくぜんと、俺は李美子もひばりと同様に子役でデビューしたのだろうと思いこんでいたが、李美子は年代的にはひばりではなく、西田佐知子の世代に属する。李美子のデビューは一九五九年、一九歳時（韓国は数え年）、金雲河作詞・羅花郎作曲の「十九歳の純情」である。パティ金のデビューは一九六〇年である。すなわちこうなのである。

——一九六〇年を前後して、韓国の大衆音楽を二分する李美子、パティ金の両峰が、歌謡曲とポップスの両端で生れ、その歌手としての成長過程に、韓国の戦後過程の艶歌的な部分（たぶん戦前・戦中・戦後を通じてこの地の歴史と接触してきた日本の影）を集約し、ジャズないしポップスの側面でアメリカ文化と接触してきた韓国の戦後史を集約すること、したがって、李美子とパティ金を一九六〇年を相前後して生みだすエネルギーにおいて、韓国歌謡曲は、韓国に自生し、独自に生きる混血音楽であること、これだ。一九六〇年は李承晩独裁の末期であり、韓国学生が独裁者を倒した年である。

パティ金は一九六六年に日本ビクターからＬＰ『韓国ヒット・ソング・アルバム／パティ・キム』を出している。十年はやすぎた！　佐藤邦夫制作のアルバムで、内容は「呼んでいるのに」「黄色いシャツ」「カスバの女」「鳳仙花」「連絡船の唄」「木浦の涙」など名曲だらけだ。全曲を彼女は韓国語で歌っている。このアルバムは手に入らないが、このうち「カスバの女」「黄色いシャツ」「鳳仙花」はビクターのオムニバス盤（韓国ヒットソング大全集）に入っているから入手可能だ。「鳳仙花」、あまりにも抒情的な美しさのために、そして日本軍にふみにじられる鳳仙花の悲しみに抵抗の気持がこめられているために、戦時中禁歌となったこのメロディは、最近、松坂慶子の名唱でよみがえった。

パティ金の日本デビューは十年はやすぎたが、彼女の歌うポップスは（韓国盤でしか入手できないが）みごとなもので、「アドロ」「ライラック・ワイン」、ビートルズ・ナンバーの「イエスタディ」など、息をのむほどのできだ。すでに彼女の風格はブラジル・サンバ・カンサウンのエリゼッチ・カルドーゾ、ファドのアマリア・ロドリゲスに匹敵する。

韓国のポップスは白人ジャズの系譜である。ポップス歌手としてデビューした李成愛にたずねたところ、米軍基地ではソウル・ミュージックが主流で、日本で艶歌歌手としてデビューした許英蘭《ホーヨンラン》はソウル・シンガーだったそうだが、それは黒人兵の多い米軍キャンプの内側という特別な例で、韓国でポップスといえば、ビートルズ、カーペンターズ、サイモン&ガーファンクル等の白人ポップスが主だということだった。ここで二つ問題が生じる。

第一に、なぜ黒人系のポップスが日本ほど流行しなかったのか？

第二に、パティ金に匹敵するポップス歌手が日本の戦後歌謡曲シーンが生んでいないのはなぜか、ということだ。

自国に根を下ろしたままブロードウェイのミュージカルの主役をつとめたり、全米テレビのレギュラー番組をもった東洋人スターは、韓国のパティ金と日本のピンク・レディーしかいないはずだ。パティ金は今年ピンク・レディーがやったことを一〇年まえにやったのだ。ミュージカル『フラワー・

ドラム・ソング』の主役（ロミ山田と交替で主役をつとめたが、なぜかロミは日本で大スターにならなかった）をつとめロングランをかちとったのもパティ金である。

パティ金型の大スターを日本は戦前に生んでしまったのだと考えている。ディック・ミネである。ディック・ミネは、ジャズとタンゴとハワイアンと流行歌とを統一した大歌手だった。戦後日本の歌謡曲状況はディック・ミネ型の統一的な存在をゆるさず、各論に分解されて発展していったものと思われる。なお近日、ディック・ミネ全集が発売されるとのことだが、収録曲一〇〇六曲（！）うちジャズが七割とのことだ（八月一六日、〈上海一九三〇—横浜一九八〇〉に飛入りしたディック・ミネ自身の発言）。

パティ金が、白人系ポップスの系譜をひいて韓国の戦後歌謡曲史の一極をなしたのは、韓国の戦後過程に、ジャズがあたえたインパクトが日本よりも弱かったということからくる。李美子に配するに作曲家の朴椿石、パティ金に配するに作曲家の吉屋潤（パティは彼の前の夫人である）というゴールデン・コンビが成立したが、今回の渡韓で、朴椿石、古屋潤両氏の口から、二人がジャズ畑の出身であることをたしかめられた。朴椿石がピアノ、吉屋潤がアルトサックスで、二人はジャズ仲間であり、古屋潤は守安祥太郎と共演したことがある。そしてこの二人のすぐれた作曲家が現在ジャズマンではないのは、韓国では、ジャズでは食えないからだ。

守安祥太郎——ピアニスト。ビーバップを完全に我が物として戦後ジャズ史をきりひらいた暁星。日本のバド・パウエルといわれる天才だったが、目黒駅で飛込み自殺した。この幻のピアニストの全貌は『モカンボ・セッション'54』の復刻であきらかになった。

横浜のジャズ・クラブ「モカンボ」でのジャム・セッションこそ戦後日本ジャズ史を決定づけたものだ。それは日本のビーバップ革命だった。この徹夜セッションの行われた一九五四年といえば、アメリカのジャズ・シーンでは、ビーバップ革命がおわり、黒人ジャズメンたちは失業の憂き目にあい、ハリウッドのある西海岸中心に白人ジャズが流行していた時代であるが、ハンプトン・ホースら進駐軍の黒人兵ジャズメンとの交流のもとに、編曲重視の白人ジャズではなく、アドリブ中心の黒人ジャズを、守安祥太郎、宮沢昭、渡辺明、秋吉敏子、渡辺貞夫、清水潤、滝本達郎、海老原啓一郎、五十嵐武要ら戦後ジャズの第二世代（第一世代を代表するのがジョージ川口）がひたむきに追求したことが特徴だった。

ジャズは黒人がきりひらいたものである。ジャズ・ファンは、韓国にも台湾にも香港にもいるが、東洋の国でこれほどまでに黒人ジャズを好むのは日本だけである。

日本の戦後ジャズの革命期に吉屋潤、朴椿石ら優秀な韓国人プレイヤーが足跡をのこしているが、韓国では日本ほどのジャズの土着化をみなかった事情は明瞭である。

一九五四年、朝鮮は戦争だった（休戦は前年五三年七月であるが）。日本のジャズ革命にインパクトをあたえた米軍は、朝鮮戦争時の米軍であり、朝鮮は戦場、日本は後方基地であった。半島ではジャズどころではない。

以上のように、混血音楽としての歌謡曲においても、ジャズとの関係でも、日本と韓国の歌の情勢は相似形であり、日本が先行し、日本がより発展の形態と力学とを典型的にしめしている相似形である。たしかに日本の方がカードは出そろっており、はやい。しかし過渡期にあってはおくれた者が先に立つのだ。海峡をへだてて、在日韓国人の存在を介在させて密通しつつ、あるいは通底しつつ、日本と韓国の歌謡曲はそれぞれ独自に、相似形の戦後過程をたどってきた。情勢はいま、両者が公然と交流しようとする前夜である。一九七七年の李成愛登場時、彼女の日本デビューは韓国の歌謡曲が日本の艶歌に先行するだろう予兆であると俺は分析した。その後、山口百恵の急激な成長が戦後歌謡曲のハンドルを美空ひばりからうばって、日本の歌謡曲も一段と加速したのであるが、韓国の歌謡曲も変化しつつある。

日本と韓国の歌謡曲が公然と交流を開始するのは、あと一年ほどのちだろう。日本での韓国勢の登場は李成愛いらい続いているが――許英蘭《ホーヨンハン》、朴京姫《パクキョンヒ》、ヘウニ、民謡のキ・セレナ、ロックのキム・テコン、金蓮子《キムヨンジャ》、沈守峰《シムスーブン》、チェウニ、そして来年一月にはいよいよ至宝李美子が来日し美空ひばりとの歌合戦が予定されている――韓国では日本語歌謡曲はまだ禁止である。大学の第二外国語に日本語が復活したのだから、近々、日本語の歌謡曲も禁をとかれ、日本の歌手たちの渡韓もはじまるだろう（ピンク・レディーがふたたび先攻するか？　というのは、英語歌詞という理由もあってソウルのディスコでは「キッス・イン・ザ・ダーク」が大流行しているからだ）。韓国人の海外旅行制限も緩和されるはずだ。

それは第一に資本主義の合法則性による。日本と韓国はたがいに音楽市場であって、資本がまず国境を越え、げんに日本でカラオケ録音、韓国で歌手が吹込んで日本発売というケースは李成愛の時点からはじまっているのである。

そして第二の、決定的な鍵は民主化である。全斗煥軍政は強化されつつある。それをはねのけて民主化をかちとったなら、韓国民衆が全世界からうけとる賞讃はどれほどのものか！　日本にあっては朝鮮人蔑視が最終的に――とまではいかなくても――蒸発するのみか、日本の文化が朝鮮文化から受けるインパクトは深甚なものとなるだろう。この希望はただの幽霊か？

もう一つのテーマは〈上海一九三〇―横浜一九八〇〉である。いまいちど前節の図表をごらんいただきたい。日本歌謡曲史と韓国歌謡曲史を分つものは——歌謡曲がそうならおそらく大衆文化の全域においても——帝国主義と植民地の問題につきる。

日本歌謡曲の発展が、より典型的であったのは、すでに戦前、一九三〇年代に世界音楽としての歌謡曲のありかたを萌芽的に、クラシック音楽、ジャズ、朝鮮メロディの順で三層化していたからだ。世界音楽とは大都会を前提に、東洋、西洋、アフリカ三軸で成りたっている大衆音楽で、これだという例は提示しえないが、ジャズやポップスは、理論的に想定しうる近未来の世界音楽というものの近似値である。

日本の近代音楽そのものとしての歌謡曲は、レコード吹込みが開始された昭和初年の時点で、クラシックの要素、ジャズの要素を未分化に混在させたまま、古賀メロディを介して朝鮮の影響をうけいれはじめた。古賀政男の登場をもって、歌謡曲はジャズ的なものと艶歌的なものとに分解したといっていいかもしれない。しかし両者はきれいに分解したのではなく、服部良一、吉田正等のメロディはジャズと艶歌の要素、ジャズ的な要素を同時にもっており、歌謡曲の戦後過程は、クラシック的な要素を薄くしながら、朝鮮的な要素を強化してきた過程である。つまり歌謡曲はますます黄色くなるのだ。戦前、一九三〇年段階に日本の歌謡曲がなぜこの三層構造に達していたかというと、日本が植民地をもっていたからだ。日本でジャズがかくまでに発展し、愛好されている理由を純客観的に列挙するとこうである。

(1) 大連と上海という国際港を植民地にもっていたことだ。はじめ日本は米英独等の共同租界の一角、北四川路に日本人街をもっていただけだが、日中戦争開始とともにこの大都会全体を日本の軍政下においた。

(2)　日本国内でジャズが敵性音楽として禁じられ、昭和初期の大正デモクラシーが淡雪としてきえたのちも、大連や上海ではダンスホールが活況を呈し、ことに上海では対外放送のため英語とジャズは使われ、演奏されねばならなかったからである。

(3)　日本はアメリカと戦ってアメリカに敗れた国である。したがって戦後はアメリカの軍政下に置かれ、アメリカ文化の影響をもろにかぶった。ジャズはその戦勝国の音楽だった。

(4)　朝鮮戦争時、日本は戦場ではなく、後方基地であり、兵隊の歓楽の地であったことは前述のとおり。

(5)　高度経済成長とベトナム戦争の六〇年代、ジャズはアメ帝文化とひとしなみ視されず、アメリカの中央権力と戦う黒人の音楽として日本の左翼から積極的に評価され、アメリカのフリージャズ革命は黒人ゲットーを根拠地に、帝国主義内部の第三世界の貌をおびはじめて、第三世界革命派の支持さええた。以上が純客観的な要因なら、主体的には、ジャズに生きた〈上海バンスキング〉以来、優秀なジャズメンが陸続としてあらわれたからだ。〈上海バンスキング〉とは、斎藤憐作、自由劇場公演の本年度岸田戯曲賞受賞作であるが、八月十五日―十七日の、新宿アルタにおける五回のショーを行った現在、普通名詞化しつつある。バンスとはジャズ用語で前借りの（advance）こと。戦時中の上海で約一〇年、女の尻と金の儲かる方に流れた日本のジャズメンが、そのような夢の前借りをして、歴史によってその負債をとりたてられた、という筋書きの芝居である。

歌謡曲の起源が一九三〇年代の朝鮮の港町であるように、日本のジャズもまた一九三〇年代の上海に起点をもつという事実は、日本の戦後史をまるごと異化しかねないほど重要な論点である。満州に淵源する今一つの戦後日本史とともに、戦後日本市民社会を四面禁歌のごとく包囲するテーマともそれは同致しうる。ところでなぜ日本ジャズの起点は上海か？

桑の港サンフランシスコを発し、ホノルルに寄港し、横浜、神戸を経て上海にいたり、香りの港香港でドック入りして船底のカキを落とす航路があった。戦前の太平洋の動脈である。その船を太平洋航路チャイナ・クリッパーといい、この船に乗って東洋にやってきた紅い口唇の美女を歌ったものが「ダイナ」である。ダイナー、めざすはチャイナー、乗りこむ船はオーシャン・ライナー、彼女の気分はマイナー、と韻を踏み、彼女はぼくのダイナマイトと落ちがつく曲だ。だからエノケンの「ダンナ、のませて頂ダイナー」という歌いかえは正鵠を射ているのである。

一九二九年、アメリカはウォール街の大恐慌、アメリカの夢のシアワセは黒人にシワヨセされて、やっちゃいられないと上海に逃げだした黒人ジャズメンのなかに、名ピアニスト、テディ・ウェザーフォード、ドラムスのホワイト・スミスらがいた。

揚子江デルタの港町上海は、中国最大の近代都市で、列強が中国進出の橋頭堡として資本を投下し、高層ビルと重工業の栄える東洋の要衝で、上海の生産力を背景に蔣介石国府の対共産党戦争も遂行されたのである。数字を出しておけば、当時の人口三百万、その三分の二がフランス租界と共同租界に住んでおり、ヨーロッパ人三十六万人、アメリカ人四千人がいた。中国人だけの町は南市と呼ばれ、租界のはじにこけのようにはりついていた。そして第二次上海戦争で日本軍が上海をおとして手に入れたものは、中国重工業の五〇%、発電所の七〇%であった。まさに上海は心臓部だったのである。

その上海のフランス租界でジャズが栄えた。「エーアンコール」「リッターガーデン」等のクラブあるいはダンスホールがあった。

フランス租界があることで、上海はジャズ発祥の地ニューオルリンズと似ていた。ミシシッピー川が海に注ぐ河口の町ニューオルリンズでジャズが生れた理由は、最後までフランス文化を残したこの町には公娼街があり、ようするに女郎屋の呼込み音楽としてジャズがもてはやされたということが大きい。

上海にはフランス租界があり、美女が群れ、列強の投下する金があり、ギャングがおり、阿片戦争以来の麻薬があり、国際謀略戦があり、おまけにニューオルリンズにはなかった戦争と革命まであるという男にとって夢のような町で——と言ってはいけなかったな、東洋と西洋とが入りまじった変態的な生活がつづけられた町だったから、これでジャズがないはずがない。ディック・ミネ「夜霧のブルース」に歌われているように、遅れて上海の権益確保に加わった日本は、共同租界のはずれ、北四川路の「夢の四馬路《スマロ》か虹口《ホンキュウ》の街」に居を定め、共同租界とフランス租界を結ぶ「ガーデン・ブリッジ」を渡ってフランス租界に入り、黒人ジャズメンに学んだり、演奏して稼いだりしたのだった。その日本ジャズの大先輩たちが、〝上海山口〟と仇名されたドラマー、故山口豊であり、日本最初のビッグバンドの創始者松本伸であり、トランペッター故南里文雄であり、今春亡くなったトロンボーンの谷口又士だった。南里文雄の回想談に、上海で貧乏をして、野菜市場でひろった野菜屑を、新聞紙を丸めた燃料で煮て飢えをしのいだというのがあるが、それはバクチかなんかでまきあげられた一時的状態だろう。「上海バンスキング」で活写されているように、上海渡りのジャズマンは日本よりずっと高給をとっていた。

この第一世代の人々は、横浜か神戸から上海行きの船にのりこんで、夜ごとひらかれる船客相手のダンス・パーティに出るジャズバンド、ハワイ人やフィリピン人演奏家をまじえたダンスバンドから学ぶかあるいは演奏に加わった。だから、昭和初年のジャズとは、ハワイアン、タンゴをふくんで軽音楽あるいはジャズと称されたのである。この時代の日本ジャズ史に名を残すフィリピン人奏者に、レイモンド・コンデ、フランシス・キーコらがいる。

以上が一九三〇年代上海ジャズ・シーンである。注意すべきは、歌謡曲と異なって、ジャズにあっては中国文化が問題ではなく、もっぱら上海という自由港の、フランス租界がジャズの温床だったという点だ。したがって日本が敗戦して中国からたたきだされ、上海が解放されて租界がなくなってしまえば、上海にはジャズ的ななんの意味もなくなり、ただ歴史的起点としての事実か、あるいは南里文雄の深い音色のなかに上海の夜を連想させるか、「上海リル」「上海ブルース」「上海帰りのリル」という名曲に、幻想的に一九三〇年代の上海が点滅するにすぎないのである。

それをとらえたのが斎藤憐「上海バンスキング」だった。彼は二・二六事件から日本敗戦までの約十年の上海を、ジャズ的にはぐれた男たちの世話物として、三一致の法則という古典的なドラマツルギーでとらえさえしたのである。斎藤憐の三〇年代上海ジャズシーンへの郷愁の構造は、六〇年代のモダン・ジャズの洗礼から遡行してスイング・ジャズに至る線と、三〇年代論を、演劇畑の社会主義リアリズム論批判を媒介にスターリン主義批判を行なって自分の生れた十年前（彼は一九四〇年生）の時代像を提出するというラインの交点に浮上しているために、ストレートにジャズ史の展開を試みることよりずっと手がこんでいるが、その分、日帝の最大版図の点検という思想的課題にたえうるものに仕上った。

ことは一九七一年九月二十六日にさかのぼるが、この日、布川徹郎、斎藤憐、俺は亀井文夫の一九三七年のドキュメント映画『上海』を見た。この日は、NDU主催の連続シンポジウムの第一日目で、布川徹郎NDU作品『モトシンカカランヌー』『倭奴へ』、大島渚『ユンボギの日記』、亀井文夫『上海』の四本が上映され、パネラーは、竹中労の司会で、大島渚、太田竜、白井佳夫、布川徹郎、平岡、松田政男の七名だった。俺ははじめてみる亀井文夫『上海』に熱中し、ほかのテーマはそっちのけで、上海のことばかりしゃべったのを記憶している（亀井文夫『上海』については、拙著『日本人は中国で何をしたか』補論1「日本映画人による上海戦の記録」および映画論集『マリリン・モンローはプロパガンダである』所収「戦争の映画か革命の映画か」に詳しい）

そのとき上海と上海ジャズシーンに興味をもった布川、斎藤、平岡の三人が〈上海一九三〇─横浜一九八〇〉というショーに参加しているのだから、たがいにしつこいね。ことに斎藤憐は『上海バンスキング』台本執筆時、瀬川昌久、谷口又士、服部良一にインタビューし、当時の話と資料を借りて作品化するさいに、トロンボーン奏者谷口又士をリーダーにし、谷口又士物故ののちドラマー、ジミー・原田がひきいる平均年齢六十七歳という最古参のグループ「オールドボーイ・オールスターズ」すなわち生きている上海バンスキングたちを知った。そして劇とは別に、自由劇場の名花吉田日出子とオールドボーイズを組んでショーをやってみたいと考えていた。

その一方に、歌手石黒ケイをめぐるラインがある。ケイを評して「ジャージイな風はいま横浜から吹く」と五木寛之が言った。吹く風なら上海に向って吹かせよう、と俺がちょっと筋書を変えた。その筋書を布川徹郎が書きかえて、横浜─上海と港を結ぶ軌跡を新宿にもってきてしまえと主張し、実行した。それをスタジオ・アルタの責任者大野三郎が、では吉田日出子のラインと石黒ケイのラインと一緒にして、うちでやってみたら、と言った。やってみよう、制作の最終責任は自分がとる、とケイの事務所の責任者星野東三男が言った。話がきまって、音響、照明、舞監、美術、映像、宣伝などスタッフを友人たちから互選しあい、対談コーナーのゲスト（野口久光、中村とうよう、服部良一）交渉をし、舞台には〝横浜一九八〇〟の部分を石黒ケイと金井英人カルテット、〝上海一九三〇〟の部分を吉田日出子とオールドボーイズが立ち、主演者、スタッフとも人を得たショーができあがった。途中経過、スタッフの内容等は略す。

自分自身が関与したささやかな舞台だが、これまで原理的に考えてきたことの実践なのでこだわらせていただきたい。スタッフ全体の意見ではなく、個人意見であるが——。

郷愁のマキャベリズムというものを考えた。郷愁とは失われた黄金時代を回復したいという、再現不可能な、全体性回復の欲望であるがゆえに、まず老人から過激化し、それが若者に連鎖していくという原理をもつ。したがって郷愁の拠点に再現不可能なものをもとめれば、カタログ的に過去をあつめて足れりとする現下の若い人たちの保守傾向の頬に一発くらわすことができる。灼けつくような郷愁を喚起できればいい。反動を敵にやられる前に、こっちが先に反動をやってしまえばいい。そのような郷愁のマキャベリズムをみごとに描き出した作品が五木寛之『夜明けのタンゴ』であり、斎藤憐『上海バンスキング』だから、小説やＴＶ放送や劇に可能ならば、じっさいの音楽のムーヴメントでもこれができるのではないか、と俺は考えた。

それをになえる歌手は石黒ケイだと思っている。彼女はジャージイな歌手である。歌謡曲はフォークを吸収し、ロックを歌謡曲化して自ら活性化できる生命力を七〇年代にしめしたのだから、歌謡曲が世界音楽の一線に並ぶ一九八〇年代に、ジャズとの内部競合を行なって、五十年前、ジャズとタンゴとハワイアンと艶歌とを未分化のまま混在させていた日本現代音楽としての歌謡曲シーンを、現在の史的段階で、戦後的に今一度体現して世界音楽に飛翔する一端を彼女が担っていると理解している。出発点において〝翔ばない女〟と称された石黒ケイは、シンガーソングライターからエンターテイナー（芸人）に、さまざまな作詞、作曲家、音楽の種類に乱反射しながら自力で脱皮している時期だからである。

しかし、ジャズは深い。底知れない音楽だ。オールドボーイズを敬老精神で遇するのではなく、七十歳の現役として現代のかれらを演奏してもらおうというスタッフの決心があったからだが、老人たちは昔の技を思いだし、自分の黄金時代をよみがえらせ、はじめ錆びていた刀が一ステージごとに研ぎ上げられるかのように輝いていった。金井英人のひきいる若いモダン派ジャズメンをまきこみさえした。スタイルと年齢、テクニックをこえたジャズ魂を燃やして、最後には、新旧ジャズメン、聴衆をまきこんでの三位一体の部厚いスイング感を出した。

この夏、俺は山下洋輔グループの歴代メンバーがそろった日比谷野音のステージと、オールドジャズメンの、その両極で、ジャズはジャズであることをいやというほどみせつけられた。中村誠一、坂田明、武田和命をフロント・ラインにそろえ、森山威男と小山彰太の二ドラム、国仲勝男のベース、山下洋輔のピアノで奏される「マイルストーンズ」の絢爛豪華さを何にたとえよう。名月狸御殿の唐紙がサッと左右にひらかれると背景は群青の海で、その海へ雪と桜吹雪が同時に舞い散るなかにモービィ・ディックが浮上し、それをバックに美空ひばりと三波春夫とピンク・レディーと山口百恵がコーラスやっているようなものだ。そういうジャズの力だ。オールドボーイズが白熱するほどに、重点はいやおうなしに〈上海〉に移動し、二十二歳の石黒ケイ一人に〈横浜〉の現在をたくすのは苛酷ではあったし、諸々の現実的制約があって彼女にはつらかったと思うが、〈横浜〉が消えたことは、俺には不満なのだ。ショーは成功した。石黒ケイもよくやった。しかし俺はケイに不満なのだ。ケイ、俺は無理を言うぞ。ジャージィというものが中間主義にとどまるかぎりは、上海時代、占領時代をイルカのようにくぐって、ジャズ一筋に生きて今に生きるオールドジャズメンの七十余歳の純情と実存に直面したときには、かるくけとばされるということをくやしく思え。

シンガー・ソングライターの限界は日本のプチブルの限界であり、老いたるジャズメンの輝くばかりのはぐれっぷりに敵しえないことをくやしく思え。ケイが口惜しさから発想せず、ショー全体が成功したということから発想するようなら、クリスマスに七面鳥がわりに食ってしまうことはおろか、いま、見放す。ケイに限らず、あるいは石黒ケイというよい資質をもった歌い手ゆえに、黄金時代の感動を蓄積してこなかった二十歳ほどの——社会的な無風状態のなかで育ってきた若い人の——苦戦は理解できるが、表現者は、時代が悪いとは言ってはならない。自分が悪い。くやしいと思ったら、ケイ、黄金時代を夢見なさい。同志諸君！　黄金時代を夢見よ。

官能の武装

岡庭昇『身体と差別』を読む

1　闇市の背後からまわる

歩く身体論とよばれる岡庭昇の身体論である。二年ほど前まではオブローモフ的な動作だったが、いまでは赤坂一ツ木通りや上海市北四川路虹口《ほんきゅう》の町の路地裏を軽々とスキップして歩を運ぶ姿を見かけるようになった。その間、本人は八五キロを主張する九〇キロの体軀は変らないのだから、差はもっぱら思想的なものである。懸案の身体論テーマの、その原理的領域で成果をみて、岡庭昇は風に運ばれるタンポポの柔毛のように軽くなった。

それもこれも官能の充実のためである。本書『身体と差別』は官能の書である。一サイクル前の松田修の偉大なる偏執の書『刺青・性・死』（平凡選書）に比肩するほどの。官能の書であること、この秘匿された一点を言わなければ、この真に難解で、語の正当の意で深刻であり、また暗い虹のようでもある著作を俺が論じる値打はなく、まして一番槍をつけさせてもらう理由もない。カマの貸し借りなどという粗雑《フィジカル》な手順なしに、同行二人、思想的道行ができるのがわれわれの烈しいところである。じゃあ喜多さん、あいよ、まいりましょうかね。

肉体の黄金時代があった。闇市である。第二次大戦の敗戦によって国家権力が崩壊したから身体が露呈したのである。しかし岡庭昇は次のように言う。

「あえて図式的に言って、身体が生きられたのが三〇年代であり、少しばかり論じられたのが七〇年代であるとすれば、現在はきわめて風化した観念……であるなしくずしのシンボルとして、盛大に流通しているといえる。」(『身体と差別』第一部第二章「身体――呪われた部分」せきた書房、以下ページ数は同書による)

一九三〇年代には岡庭昇の身体はない。彼が生れたのは一九四二年である。闇市時代は日本敗戦からその後の五年間としていいだろう。そこならば岡庭昇の肉体があった。野坂昭如「火垂るの墓」の、神戸三宮駅構内で飢死した少年、清太を見かけなかったのか。

第一部第一章「身体は知をのりこえる」では実存主義とその変種の思想における身体観が概観されている。実存主義がすぐれて第二次大戦後の思想であるということでは岡庭昇がこれを同時代思想として扱う理由をもっている。そこでとりあげられたのがサルトルとメルロー＝ポンティ、そして社会人類学者レヴィ＝ストロース等の意見である。こんなぐあいだ。「先行する現実世界に対してたんに〃嘔吐〃するだけの実存の自覚は受動的であるが、ポンティの〃二重の身体〃論は、いわば能動的虚無である。受動的な認識至上主義であり、かつまた、実践との主観的な結びつきによるそののりこえという意味でも二重に主知的なサルトルを、暗黙の内に否定している。」「近代の価値規範は……〃わたし〃がありその一方に〃わたしの肉体〃がある、と前提したうえで、肉体を自我に従属させる努力を知性とよび、神に対置させてきた。神からの解放は、同時に、奇妙にも肉体へのテロルを反動させた。いっけん官能の解放が謳われる場合も、それは〃眺められた〃客体としての肉体にほかならなか

った。」（一四ページ）

ちょっと待った。

必要なら後から考察するとして、岡庭昇に言いたいのは次のようなことなのである。

(1) 闇市における身体の露呈という主題を実存主義の検討をもって代行させることはできない。

(2) ヨーロッパの諸々の戦後思想における身体観の検討は論全体の中の補足部分であって。それを総論的部位に置くことは身体から遠ざかる。

(3) フランス人の肉体なんて知ったことか。

岡庭昇は身体を論じるにあたって、自分の生れていない時代からはじめ、外人の身体を論じることからはじめるという奇妙な二つの倒錯をやってしまったのである。場が生じていたいから、したがっていまだ官能が発動していないのが、『身体と差別』第一部「身体と差別」であり、それの順序を入れかえて「差別と身体」を論じる第二部からこの本は俄然おもしろくなり、深刻になり、ラジカルになる。岡庭昇の序章部分である第一部には以上指摘した不備があるので、俺が次のように書き直す。

闇市は第三世界である。闇市における身体の顕現は冷酷に次の二極だ。すなわち、輝く者と飢死する者。

「みずからの身体を排除、抑圧することを自我形成とした〝近代〟は、同時に世界の身体部である第三世界の排除、抑圧こそが〝人間〟の確立だという倒錯とオーヴァ・ラップしている。」（一四―一五ページ）

まさにそのとおりだ。だからこそ日本の戦後過程に現出した第三世界としての闇市に再び目を向ける必要がある。

闇市は第三世界である。しっかり瞼をとじれば両眼の裏でいつでも闇市に行くことができる。尾根を吹飛ばされて素透しになった新橋駅プラットフォームから見えた光景、それは内臓を抜かないままで大鍋で煮るイカをむさぼって、口のまわりを真黒に染めた人の群れであり、灰色の景観のなかにそこだけ極彩色がはめこまれた進駐軍用のクラブ「ショーボート」であり、芋飴の屋台であり、辞書と古雑誌と花仙紙のカストリ雑誌を並べた本屋の露店であった。それが俺の印象にある新橋租界だ。また横浜の救急病院で一晩野獣のようにうめき、朝、静かになると死んでいるメチルアルコールにやられた男、ＧＩにピストルで腹を射たれた男である。ポナペ島にはパンが実るパンの樹というものがあって、その島へ帰りたいと言いながら、肺病で死に、私有財産は錫のスプーン一本しかなかった引揚者の青年である。これが進駐軍のジープにはねられた父親がかつぎこまれた新子安の救急病院で見たものだった。トラックのドアを開け、運転席から片脚を投げだして日本人のこどもの泥ンコ遊びを眺めていた黒人兵である。おめっちにやると豚の餌がなくなる、とふすま（麦粉屑、これをふかしてパン状のものをつくった）を売らなかった下堀の亀公である。こいつは俺が大学生の時分、つまらない死にかたをした。これは疎開先小田原での光景。

俺はそんな闇市時代を生きた。生きなければとっくに死んでいた。デテールを書き出せば悲惨物語のように見えるが、それはちがう。恐怖のとなりに闇市の魅惑があり、ぞくぞくするような解放感があったのである。記憶の美化作用ではない。笠置シヅ子のブギがあり、肉体女優京マチ子の看板絵が町角に貼られ、イルミネーションで飾られたナイヤガラの滝の上に寝そべって唇を半開きにしたマリリン・モンローの電飾ペンキ絵が飾られ、小平義雄に絞殺された女たちの、モンペをずり下げられた妙に肉感的な生白い写真さえもあったのだ。この時代、権力も威嚇の官能性とでもいった傾向をみせていて、駅前広場ではヒロポン患者のパネル写真展をやっていた。

それやこれやは、すべて権力が崩壊したので身体が露呈された、という命題につきる。闇市の中に貧乏だけをみるのはメンシェビズムである。闇市はソヴェートなのである。殺し合いをふくんだ貧民たちの統一戦線の高度な形態であり、未発の日本ソヴェートの予告篇なのである。闇市の顔は過去と未来の双方をむいている。

理論的には、こうだ。

闇市とは、まず経済学的範疇である。統制経済の裏に闇（値）が生れる。だから日本の戦後闇市は、戦時計画経済下に満州に始っている。満州国の革新官僚たちは一円＝一元の円元等価制を強行したために、漢満国境、ソ満国境、満蒙国境の町にたちまち闇商人が横行することになった。そしてもともと密輸、掠奪、横流し等の経済行為はこの地の匪賊・馬賊（その一部は抗日戦に合流）のお家芸であったために、戦後日本闇市は戦争中に満州で先行して成立していた。

国内的には日本敗色濃厚となった一九四五年の夏ごろから、大阪と京都で、軍需物資の名を借りて悪徳商人が秘匿していた財貨を、この土地の朝鮮人が見つけだして闇市をはじめている。開高健『日本三文オペラ』、小松左京『日本アパッチ族』はこれをモデルにしている。

戦後闇市の第一段野は秘匿された軍需物資の摘発である。その前衛となったものは朝鮮人、台湾人、中国人である。まさに日帝への恨み骨髄の彼らが先頭に立ったのは当然であり、かつルサンチマンだけではなく、かれらは瓦解した日帝の焼野原を横行する権利をもっていた。中国人は戦勝国民である。朝鮮人と台湾人は三国人である。ＧＨＱ用語の三国人とは、戦勝国でも敗戦国でもなく。かつての大日本帝国の植民地であり、日帝の敗戦により独立した国々の人々をさす。そして三国人は食糧統制令

（配給制度）の適用を受けなかった。食物《くいもの》によっても前衛の位置に立つようになっていったのだ。隠匿軍需物資はたちまち底をつく。竹の子生活が始まる。「竹の子生活」とは、自分の着ているもの、身のまわりのもの一枚一枚を、竹の子の皮のように剝いで食物と換えるところから生れた語だが、これは敗戦国民日本人全員が参加した物々交換であった。国家の崩壊、信用経済の崩壊、貨幣経済の崩壊、したがって物々交換というのは当然のことだ。

　この時、戦後闇市の性格がはっきりするのである。満州国に成立した闇経済は、円元等価制による利ざや稼ぎであり、植民地収奪という生産活動が満州国という国家権力によって支られていたが、日本戦後闇市は、生産活動と国家機関が戦争によって崩壊しており、専ら消費であったというのが第一点。貨幣経済ではなく初期にあっては全国民的な規模での物々交換だというのが第二点。消費の中心が、いやおうなしに、今生きるための、食物《くいもの》だったというのが第三点。

　そして生産活動なき消費の場としての闇市が、日本国家権力なきあと、経済的に武装した三国人を前衛とする闇市の権力と、アメリカ進駐軍とが二重権力状況を現出したというのが第四点だ。米占領軍と闇市の雑色のソヴェートの二重権力、これが朝鮮戦争までつづくのである

　石飛仁と朝倉喬司と俺は、過去に、戦後闇市は戦前戦中に日本国内に強制連行されてきた朝鮮人、中国人、台湾人の結合地点であることを立証した。闇市がなければ日本国内におけるかれらの合流はなかった。山間、港湾、原野での強制労働地点では、かれらの連帯はなかったどころか、「鮮華人軋轢」（権力用語、鉱山や河原での中国人と朝鮮人のスコップふるっての殺し合いを意味する）は頻発したのであり、戦後、かれらが都市部に出てきて闇市ではじめて合流するのである。それが事実であって、そのことを気前よく五年ほどサーヴィスして、日本帝国主義によって、日本国内で強制労働させられてい

た中国や朝鮮の人民は戦争中でさえ協力して敵地で日帝と闘いました、というのはまちがいである。

竹中労と猪野健治は、闇市における三国人パワーと、帰還兵および引揚者という負の日本人民の結合を立証した。引揚げ者たちにとっては、満州および日帝占領地で見た大陸の闇市は、日本戦後闇市にとっての既視感現象《デジャヴュ》であり、日帝の敗戦を契機として蜂起してくる汎アジア革命の連続として闇市をとらえることができた。

すなわち闇市は、日朝中台人民結合の場だったのである。そしてその前衛は汎アジア革命を日本で行動する異邦人であった。かれらは端緒的に武装していた。端緒的とは、旧日本軍の軽火器と、戦争(闘)体験であるから、棍棒と石による自然発生的な市街戦スタイルとは比較にならない。それでもなおかつ端緒的というのは、「帝国主義戦争を内乱へ」というスケールにはいまだ達していなかったからである。そういう闇市の革命性について市民左翼の公式見解はまるで無知である。

その後のことは詳論する必要もあるまい。闇市とGHQの二重権力はGHQの勝利に帰する。米占領軍は、もっとも少数だったがもっとも突出した中国人俘虜たちを日本敗戦二年後までに帰国させて朝鮮人ときり離し、諸フレームアップによって朝鮮人共産主義者を日本人から孤立させ、朝鮮戦争によってたたきつける。朝鮮戦争特需をテコに日帝は復活のきざしをみせはじめ、六〇年安保闘争の独占資本の勝利によって帝国主義は復活し、成立した市民社会が闇市を一掃する。一度顕現した闇市の肉体はふたたび裏社会に没する。たとえば仁侠の徒として。

以上が闇市に関する最小限の記述である。詳しくは拙編著『中国人は日本で何をされたか』(潮出版)『闇市水滸伝』(第三文明社)猪野健治編『東京闇市興亡史』(草風社)を読んで下さればよいが、この短い記述のうちに、身体論の見本台帳となるべき要素が旺溢していたことに御注目いただきたい。

その一つは物々交換が全国民的規模で行なわれたということである。物をもち寄って交換する都会の市場と、買出しによる都会と農村の交流の双方において。

物々交換がすぐれて身体的な行為であることはいうをまたない。おそらく芸能が聖から賤へと下落させられた時期は、物々交換が貨幣経済にとってかえられた時期に一致するはずであり、神の憑きしろであった諸芸が銭と交換されるようになったとき、芸は卑しいという感覚が成立したのであるから。

岡庭昇が好んで主張する「横行」という概念も、闇市では生きていた。単一の権力支配が行なわれていないから、現世と他界、此岸と彼岸の横行がまかりとおるのであって、闇市とGHQの二重権力は底辺を共通にし、二つの頂点をもった三角型の重なり合いであるから（底辺は敗戦国民）、主体の横行は自由であった。あるいは自由だから横行できたのだ。秩序の規範たる国家の制度が瓦解しているのであるから、野垂れ死ぬ自由から成金になる自由の幅で、人々は変身できたのである。というわけだ。闇市のイメージは伝わったと思う。ここでは必要な結論をひきだしてから、さらに前へ進もう。

必要なる結論とは、権力が強化されるにつれて身体が秘匿され、権力が崩壊に向かうとともに身体が顕現されてくるということである。

われわれは四歳から五歳の眼であったにしても、戦争に負けるというのがどういうことであるか、国家が崩壊するということはどういうことであるかを、見た。見た者には、国家が押せどもひけどもビクともせず、あたかも先験的な領域であるかのような錯覚はない。たとえ陣笠一人であろうとも、あわてふためく身体を見るだけで反権力闘争は有益なのである。

肉体の黄金時代だった闇市から現在までたった四十年、一世代である。四十年で身体性が消滅させられてしまうものなのか。

闇市は市民社会に制圧されて裏社会にまわり込んだ。しかし闇市はソヴェートとして再現すると俺は信じているのだ。正確に言えば［闇市＋軍事力＝ソヴェート］である。この情勢は、一九六〇年に、首都のゼネストによる闇市状況の再現と、三池に旧日本帝国陸軍の記憶として再現された炭坑夫の武装の結合によってよみがえる可能性があった。このイメージを奇矯なアカの願望とも既視感《デジャヴュ》ともつかぬものと捨ててくれてもけっこうである。

ただ、絶対値身体を語る資格があるはずの俺の立場から、岡庭昇が近代西欧思想を以って普遍性を仮装させている原論的部分を時系列に解体してしまうことができる。すまぬが、もう一つやるぞ。

身体が「少しばかり語られたのが七〇年代であるとすれば……」（二八ページ）

2　松田修はこう語った

七〇年代には身体は「少しばかり語られた」だけなのか。ちがう。徹底的に語られている。松田修によって刺青が語られているのである。

闇市との関連でいえば、拙著『闇市水滸伝』（一九七三年、第三文明社）の背表紙カバーが、浪子燕青の二重彫りである。「二重彫り」とは、九紋竜史進、花和尚魯智深、浪子燕青など水滸伝上の人物で刺青しているキャラクターを素材に刺青をほどこす（刺青の英雄を刺青する）ことであり、日本刺青史上、浮世絵師国芳の画いた武者絵「通俗水滸伝豪傑百八人」計七四図柄が決定的な影響をあたえていることから、二重彫りは刺青芸術の覇者の位にたつものと言ってもいいものだが、『闇市水滸伝』の表紙は、大和田光明主宰の日本刺青倶楽部所属、井上勝利の背に彫られた図柄を写真撮影して使わせていただいたものである。これは松田修一九七二年の『刺青・性・死』出来の一派生事項であった。松田修『刺青・性・死』ことにその秘章ともいうべき「刺青・その秘匿と顕示」は、身体による世界史記述（したがって仏教的宇宙観の模写たる曼陀羅世界に近似していると思うのだ）のなかで、刺青一点張りによって徹底的にとんがっている。これに対称して岡庭昇『身体と差別』ことに第二部「差別と身体」の、癩、白痴、畸型、聖《ひじり》、黒人、乞胸《ごうむね》、鳥追いなどに関する官能の分析を負荷として階級社会を徹底的に凹ませている論述の間には、十年一サイクルの状況変化がある。

松田刺青論の内容に入る前に、いささか通俗的だが、状況論を行う。『刺青・性・死』には、当時の四世鶴屋南北復活ブーム——記憶によれば松本俊夫の映画『修羅　鶴屋南北』の封切りのほかに、黒色テントの佐藤信がしきりに南北を論じていたはず——を受けた「南北復活における血の論理」、おなじく映画で中平康雄の『絵金　闇の中の魑魅魍魎』（絵金役は麿赤児）を受けた「絵金神話の詩と真実」等の論稿がおさめられている。松田修の学識と美意識の精密さの前に立つと、映画作家たちの問題関心などはみるまにくしゃくしゃにされる。そのときの松田修のラジカリズムがいまやっと理解されようとしているほどだ。二つほど引用してみよう。

「日本の情念の暗い底流が観客の体感となるためには、虚構の虚構性を構築することがもっとも効果的な道であった。」（「南北復活における血の論理」）。吉本隆明との論争でうちだした筒井康隆の「超虚構宣言」に先行すること十年である。

「キリスト教が人心を充足していた間は、ユートピアは潜在していた。キリスト教の崩壊がはじまるにつれて、ユートピアはその相貌を明らかにしはじめた。では真木は何の崩壊を見、何に失望して、ユートピア、原日本への回帰という夢想に至ったか。モデルも、寺も、島も所有しているこの私有財産制下の旦那衆は、その財産を支柱にして、時間そのものに抵抗しようというのであるが、その原動力は何なのか」（「戯画としてのユートピア」）。

おい、岡庭昇よ、それから上杉清文も、やばいぜ。松田修の文章は実相寺昭雄『曼陀羅』という映画への批判なのだが、すでに十年前に矛先がこっちに向っていたような気がしないか。実相寺の映画は、全共闘運動に絶望して原日本ユートピアに逃げ込もうとする学生たちを主人公にしたものだから、追撃して松田修は次のように言う。

「ユートピアは、いつの日にも時代の裂け目である。裂け目がユートピアとして観念化するのだ。（中略、主人公たちの全共闘体験が論じられる。）信一がバリケードの中で〝妙な終末思想〟をもったのは、戦いとその敗北のゆえだからか。いやちがう。それは百パーセント確実に、冒頭にかられ自身によって回想されている原風景のためなのだ。〝生れぬ昔の風景〟〝幻のシンボル〟が信一の骨がらみであり、バリケード参加も、その根はこの溜め池に根ざしているのである。

ここでも私は何度目かの異議申立をせねばならない。七十年代の日本的ユートピアは、お伽噺の幸福さと愚かさにおいてであれ、往復運動ではなく、血まみれの回帰であるべきではないのか。挫折と絶望が欠落し、あるいは虚構《うそ》があるところに構築されるユートピアが、回帰の名に値するとは思われない。それは、せいぜい、郷愁の形而上学ではないだろうか。」

まいったね。「郷愁の形而上学」と俺や岡庭がテーゼ化した「郷愁の永久革命化」はまるでちがうものでなければこまるが、だいいちこちらには学生運動で敗北して私有財産を支柱にユートピアに逃げ込むほど小市民的な感覚はないが、俺や岡庭より十年も前に、既視感《デジャヴュ》を言いあててその人物の党派性を見ぬくような学者がいたとは驚異だ。

私的注として言わせていただくと、松田修のこの眼力は自分自身にてらしておどろくべきものだった。拙著『韃靼人ふうのきんたまのにぎりかた』解説にいわく。「……現前（可視）のAから背後（不可視）Xがみえるというこの平岡の生理と心理の卓越の構造は、いったいどこから由来するものであろうか。／豊浦志朗からの情報であるが、大正十二年（一九二三）関東大震災の時、平岡一家は、猛火に包まれてしまった。とはいえ、火の手の上らぬ方角もあり、人々はなだれうってその方角へ逃れたというが、平岡の父は、火心と思われる真盛りの炎をめざして、一家をひきつれて、とびこみ、くぐりぬけ、命を全うしたという。（中略）火には火しか見ない、見えないものは業死し、火のあなたを見たものは生きた、この平岡家伝説は、父に、母に、一族に、語りつがれ、いいつがれて、昭和十六年（一九四一）生れの平岡の、見たことのない、見っこない原体験となったのではないか。存在の奥に非在を見る、それが平岡の発想の基本的形態になったのではないか。」

そのとおりである。いや、そうでありたい。これは伝説というより事実に近い。火の壁くぐりの伝説は関東大震災時ではなく、太平洋戦争時の空襲体験である。当時一家は本郷動坂の千駄木病院前に住んでいて、一軒目が杉山という葬儀屋、二軒目のしもた家が俺ン家で、奥まった三軒目の柴垣の向うが伊藤晴雨の家。俺だって根は暗いんだぞ、病気と葬式とSMが好きなのはそのときいらいだ、といったことはどうでもいいや。空襲時、このあたり一帯の住民の避難場所は駒込の六義園と決められていたそうだ。空襲になった。下町にあがった火の手は山手にのぼってきた。その時、防空壕を飛び出したおやじが、六義園には逃げるな、火の壁を突っ切って下町へ逃げろと叫んで、隣組（町内が防火バケツリレー等の単位で班構成されており、班を隣組とよんだ）をひきつれて火の壁をくぐったという。

火をつっきれ、と父親が言ったことは記憶していないがのち、母親が、あの時はお父さんが気が狂ったかと思った、と述懐していたことは覚えている。防空壕が煙につつまれたこと、入口に火が見えたこと、母親に背負われて最後に壕を出たこと、壕を出たとき防空頭巾が頭からはずれて、探照燈にてらされたB29が見えたこと、背負われて坂を駆け下る途中、坂の中ほどのうなぎ屋が燃えはじめているのを左手に見たことを覚えている。

既視感《デジャビュ》を原体験にするほどの見者《ボワイヤン》では残念ながら俺はないが、その次のシーンは、焼け払われて丸坊主になった千駄木病院前の公園跡に、人々が三々五々、集りだした場面である。三々五々集ったのは、それぞれ家族や親類の安否をたずねて探したあとだったので、火の壁くぐりから数時間後のようである。翌日になっていたかもしれない。人々は眉がこげてなくなっていた。その顔を見合わせて笑いあっていた。俺は生きていたことをうれしいと思った。それから、公園のスベリ台だったと思うが、コンクリートのわきに集って、非常食の握り飯と、ベーコンの塊をハサミで切って隣組の人たちにわけてもらって食べ、一望の焼跡になった原を見て「お家は焼けていない」と強情を張って泣いた。

この空襲で母方の祖父は死んだ。六義園方面に逃げたからである。神国不敗を信じていた職人気質の江戸っ子は、湯島天神三組町に住んでいて、本郷の高台をたどって六義園方面に逃げる途中で煙にまかれて死んだらしい。火にあぶられる前に煙で窒息死するのである。その後、猛火が襲って体を炭に変える。遺骸はわからなかった。帰ってきて父親は、自分がついていて下町へ逃がせばじいさんを死なせなかったものをと言っていた。

以上が事実である。この話は一族の間でくりかえし語られて伝説化されているというのは松田修の推測したとおりであり、家訓化されているのも事実である。

空襲で平岡兄弟たちとその家族はだれも死ななかった。一族の根は本郷湯島にあったのだが、太平洋戦争時代には市内各地に分散していて、東京空襲は数次にわたって行なわれたために、兄弟たちは空襲を時差的に体験しており、身のまわりの教訓化していたこと。

江戸っ子の土地勘と、喧嘩と火事を好む気質がいざという時の俊敏さに役だったこと。

兄弟たちのいずれもが関東大震災の体験者だったこと。

これらが「火の向うは灰だ」というおやじの直観の前提をなしていたと思うのだ。そして、そうしたことの体験と見聞の全体が家族・親族レベルで——一族の言い方をかりれば「平岡の血」として——体系化されている。

こうしたことは空襲で生きのびた人々の、多かれ少なかれ、普遍的な体験と教訓であったはずだ。その息子（俺）もなかなか江戸前のやつだから、それらのことを「帝国主義戦争を内乱へ」という軸で徹底的に記憶していたにすぎない。

俺にはAの背後にXを見る、という小見者（プチ・ヴォワイアンってフランス語はあるかしら？）の面はあるが、それを、既視感《デジャビュ》を原体験にする、といいあてる松田修のほうがふつうではない。自分のことを言っているのではなかろうか。彼自身の戦争体験を語っているのではなかろうか。松田修は自崩壊からつきぬけて中世の闇を見、つきぬけるだけではなく、彼自身が中世人になって、中世人の論理から現在を非在としてのぞきこめるなんて、俺が小見者だとしたら松田修は魔ものみたいなものだ。「平岡の生理と心理の卓越」だなんて賞めてもらったところを引用してさ、私しゃアンマの宅悦です。

オーケイ、この私的注の必要なる結論をひきだそう。

第一に体感記憶の優位性である。身体がおぼえていることが大切だ。一度自転車に乗れたものは、十年乗っていなくてもまた自転車をこぐことができる。

第二に、既視感《デジャビュ》は、「見たことのない、見っこない原体験」である。岡庭昇も、刺青を「それは遠い記憶なのだ」と言ったとき、個体史を超えた原体験という概念に到達している。

松田修がこれら映画論（のふりをした）諸稿を発表した当時、批評の党派性では俺は彼と一致していた。若松孝二、足立正生、大和屋竺、沖島勲ら若松プロ映画の猛烈な展開と共にあったからである。だから松田修が、六〇年代末―七〇年代初の諸行動、諸表現を見者の余興として論じたのではなく、おびえるな、日本人はそういうとき切腹したのだぞ、心中したのだぞ、刺青したのだぞ、斬り死にしたのだぞ、と中世のむこう側から煽動していたことは理解できたが、それら論考も、秘章たる「刺青・その秘匿と顕示」の前口上にすぎなかった。

3　岡庭昇が凹ませた部分

刺青を、松田修は日本史上の「黄金の楔」とよぶ。論もまた楔であって、身体論の亀裂に刺青の楔をあてて、上からハンマーでひっぱたけば、バフッと音をたてて両断してしまうほどのものであるが、岡庭昇『身体と差別』は一九八〇年代のくぼみを凹みに凹ませ、そこに市民社会をおびきよせるものであるから、短兵急な突出を避けて、彼の提示した全論点の検討後、松田修刺青論に準じて自分自身の論を展開したい。

岡庭昇『身体と差別』の心臓部を俺は「官能と権力」と読みかえる。そうすることによって、本書が、癩、白痴、奇形、聖《ひじり》、乞胸《ごうむね》、左利き、人喰、黒人、鳥追いなどに関する官能の書であることが際立つ。まさに結論はこうである。「差別と身体の本質的な結合の内に現前する匂い、歴史と現実を官能化するこの匂いこそ、究極の拠点としての身体にほかならぬ。」（一九四ページ）。「まさに」と言ったのは、このテーゼが本文最後のページの最後の二行に出てくるからである。

これを俺は、革命的状況は、差別を豊かにすることで革命の勝利に貢献する、と読みかえる。極端な言いかたにきこえるだろうが、途中の論証を省略しているだけであって、煮つまった状況にあってはことは極端なら極端なほどいい。

岡庭昇は、たがいに異族が、あるいは差別されている者同士が、相手の痛いところをチクリと刺しあって、そのチクリとした官能の味によって身体性を浮上させるケースのいくつかを引用している。たとえばビル・ブロンジーニの〝名なしの探偵《オブ》〟シリーズにおける〝イタ公〟と〝ユダ公〟の会話を（四三—四四ページ）。しかしもっと適切なものがあるのだ。こんどからはこれを使ってくれたまえ。

「おーい。黒ン坊。てめえらアメ公《グリンゴ》は、いつ国境を越えるつもりだ」と彼は馬鹿にしたように叫んだ。

「唐辛子《チリ》野郎！」と黒人は答えた。「俺たちはなにも国境を越えるってんじゃねえんだ。ただ国境線をひょいとつまみあげて、まっすぐパナマ運河あたりまで運ぼうって手はずよ」

（ジョン・リード『反乱するメキシコ』序章「国境にて」）

メキシコ側ではリオ・ブラボー、合衆国側からはリオ・グランデと呼ばれる国境の河をはさんで、一九一〇―一九一七年のメキシコ革命の時代、相手を肉眼視しながら騎馬でパトロールする合衆国黒人兵とメキシコ兵とが投げあっていた応酬の一つをジョン・リードはこのように書きとめている。一日二回、国境の河を並行してパトロールする両国の兵の間にはビリビリした緊張があり、罵声の応酬か、あるいはいずれかが緊張にたえかねて、発砲し、馬から飛び降りて藪の中に身をひそめる。

こういうところでは「黒ン坊」を「色素の潤沢な人々」、「唐辛子野郎」を「香辛料の不自由な人々」と、言いかえる＝スリかえるのではまさに話にならない。話にならないどころか戦争にならない。ジョン・リードがとどめた記録からひきだす主題は無数にあるが、本稿のテーマに即して第一に言わなければならないことは、戦争や革命は、身体を張ってやるものだ、ということだ。

身体から遠ざかるものは革命から遠ざかる。そのことが、活劇の検討ではなく差別の官能の検証によって岡庭昇がひき出している結論の一つと一致する。

この時期、戦争、つまり合衆国がメキシコにしかけようとした侵略戦争は、その先兵の位置にすえられた黒人兵がすぐれて身体的に答えたように、国境の河を越えるのではなくユカタン半島全部をふんだくってパナマ運河まで合衆国領にしようとすることにあったが、革命もまた国境を根拠地として首都メキシコ・シティへ南下する機会をうかがっていたのであり、げんにパンチョ・ビリャの農民革命軍は国境のチワワ州から軍用列車で南下をはじめた。

戦争と革命の策源地である国境線は、岡庭昇のテーマたる他界と現世の間の境界線とパラレルである。黒人兵がメキシコ兵に呼びかけたリオ・ブラボーの対岸を「川向う」と理解してはあまりにも固定的だろう。それはつまんでひょいと向うまで持ってゆけるものとして把握される必要があり、可動的であり、市民社会にひっぱりこめるものであり、俺ン家の前までもってこられるものである。

げんに〝濡れねずみ《ウエットバック》〟とよばれる密入国者たちによって合衆国は下腹部をおびやかされている。国境は動く。川向うもまた。固定されたら狩り込まれる。

俺がやると官能的にならず岡庭昇に申しわけないが、今一つ、彼の『身体と差別』原論の発想地点と思われる箇所をことあげしよう。暴力論である。「ところで暴力は、身体が秘匿された社会にあっては本質的にラディカルな表現である。（中略）かつての〝騒乱の季節〟における労働者反戦・全共闘学生の、ヘルメット、覆面といった〝異風〟をつき出す街頭行動は、他方に自警団テロルといった支配の側の身体をも顕現させつつ、本質的に優れた表現《カンパニヤ》たりえたのである。」（一八七ページ）

特権的肉体論の起点は市街戦だ。岡庭昇の身体論が、医学や哲学の畑で獲れたものではなく、露出されたアカの肉体にはじまることをしめす〝聖痕〟のごとき記述であるが、でもね、デモはデモでもあの娘のデモは、ヘルメットや覆面時代の異装ではなく、文字通り無帽で突っこんだ一九六〇年の学生であり、それが顕現させた敵の身体性は自警団の以前に、全学連と流れ解散する東京地評労働者の間に垣根をつくったヨヨギの肉体だった。そのちょっとしたちがいは、彼が学生時代改良派という卑しい出自であったからだ、と友人を差別したとたん、俺も官能的になってきた。

既述のごとく、俺の読み方では本書は官能の書であり、書き下ろしのために体系的に記述されている全体の結構の中で、岡庭昇における官能の時系列がわかるような気もするのだが、ここでは彼の水位が驚くほど高いことをしめす一例として、鳥追いをとりあげてみよう。「横行ということばがイメージづけているように、彼岸と此岸、他界と現世はもともと併行し両立していたのだが、前者が後者の内側へとりこまれ、下方に固定されるに至ったのである。たとえば瞽女さまと鳥追い女に見られる遊芸人の転倒が象徴的である。鳥追い女は、心中の生き残りであり、犯罪者として〝非人〟化された。かつてはそれも他界への追放であり、追放じたいが刑罰でもそののちは一種の転生であったはずだが、いまや固定した〝非人〟身分として此岸の内にとどまりつづけねばならないのである。」（一一〇ページ）

すごい偏愛だ。松田修なみだ。鳥追い女（女大夫）は非人の身分であるというのが江戸の制度であるのに、ここでは〈A女という鳥追の女は、心中の片われであって、いまや〉という列伝めいた書き方が、近世においてはかつての他界の聖が現世の制度的な賤に固定化されたというニュートラルな歴史記述の直後にモロに挿木されている。鳥追い女の美しさに彼がうちふるえているからである。

偶然に、そしてたぶん岡庭昇と同じころ、俺も浮世絵に描かれた鳥追い女の美しさにうたれていた。花魁や茶屋女にくらべても鳥追い女が一際美しいと感じた。国芳の浮世絵などでも、花魁の風格、茶屋女の風情とちがった、動的で、肉感的なエロチシズムが鳥追い女に感じられ、なぜかという疑問から、非人の妻か娘以外には鳥追い女にはなれないということを知った。こんな川柳がのこされている。

――うつむいたように鳥追かぶるなり

なぜうつむくのか。鳥追いの盛装によってその美しい娘は非人として門附《かどづ》けに出るからである。だから元旦から十五日までの編笠（阿波踊りでかむるようなもの）、十五日過ぎてからのまんじゅう笠の下の顔をふせるようにする、その白い顎に結ばれた緋鹿子の紐が痛々しいほど鮮やかにうつるのである。鳥追い女たちは非人身分のなかの、金持ちで、容姿の美しい女が就いた職業だったという。非人は絹の着用は禁じられていたから、すべて木綿を用いたが、染めとデザインに工夫をこらし、神田明神下の沢の井呉服店では通常の木綿地の三、四倍もしたという。鳥追いは当時のファッションリーダーでも

あったのである。（考証は高柳金芳『江戸の大道芸』柏書房による）
そのような女たちが美しくないはずがあろうか。身分が卑しいがゆえに、とことん美しく化身してやろうと思わないことがあろうか。
うつむいたように通りすぎる麗人とすれちがったときの官能のありかたは、個性と党派性さえわかったと思う。俺なら、その女の前後を跳ねながら、いかにその女が美しいかを道行く人に宣伝して嫌われるだろう。岡庭昇は、通りすぎる女を黙って見送りながら、「あの女性《にょしょう》に欠損があれば、もっと美しい…」とつぶやくだろう。ろくなやつがいない。

4　差別の蠅は身体にたかる

岡庭と俺の個性が似ているかどうかはわからないが、官能の党派性は似ているように思う。悲しんでいる女を見ると嗜虐的な気分になる、といった個性のうちの手くせに近い部分を執拗な内省によって追い込んでゆくと、「差別が身体を仮装してあらわれる」という差別の本懐（へんな表現だが）が見えてくるのだ。

いまチラリと言ったことだが、岡庭昇の官能がもっとも強烈に作動するのは「欠損」なのである。「マイナスの身体――それこそが唯一の身体性なのである。」（三六ページ）彼の身体はたった二十五キログラムほど過剰なだけなのに、欠損に関する感受性はふつりあいに敏感である。

妖怪に関するもっとも簡潔な定義といわれるのが十八世紀フランスのビュフォン伯爵の言であって、「第一は過剰による妖怪。第二は欠如による妖怪。第三は諸部分の転倒もしくは誤れる配置による妖怪。」というやつだ。「妖怪」という語を「畸型」と置きかえてもほとんどあてはまる。あるいはヨーロッパ十八世紀段階の「欠如による妖怪」が他の二つをしりぞけて限りなく細分化されて現在ことあげされたものが「畸型」かもしれない。「不具」「片輪」という語はいずれも「欠如」をあらわしている語であって、「過剰」や「転倒もしくは誤れる配置」ではない。一般に心的側向として欠如は劣性であり、賤徴に転下し、過剰は優性であり、聖徴に転化するという傾向はないか。眼が三つ（第三の眼は千里眼）、手が四本（極端なのが千手観音）、頭頂の角（神農）など過剰は聖徴であり、この方面では釈迦がチャンピオンだと「三十二相、八十種好」（相好《そうごう》という語はこれから）を論じたのは上杉清文の「仏教は過剰をめざす」（論集『魅せられてフリークス』所収）である。あるいは上杉くらいのものだ、過剰としての畸型に自由に想像力が働くのは。一般に、人間は過剰の畸型には想像力が働きにくく、欠如あるいは欠損に対して、細かなところに、感受性が発達していると言っていい。人間は誉めることよりけなすことがうまい。ここまでは一般論。

岡庭昇のするどさは、「欠損」が「四ツ」という表現で部落差別にズらされていく過程を指摘していることにある。「被差別部落を『四つ』と呼ぶ歴史的な慣習」は、四ツ足＝家畜の屠殺・解体を職種としていたことによるのであるが、それがいつのまにか四本指をしめすという身体的欠損の喩《メタファ》にずらされるようになっている。そのように「部落差別に身体的欠損の根拠が援用されている」ことを指摘したのは岡庭昇がはじめてではなく、塩見鮮一郎が『言語と差別』（せきた書房）で鋭くついたことであるが、岡庭はさらに論をすすめて、部落差別がまずあって、その差別の根拠を身体的な《喩《メタファ》》にズラすようになったのだ、と指摘している。言いかえれば被差別部落を「四ツ」ということは、かつての部落の一職業と、身体的欠損とを重ねあわせた底意ある差別意識から発しているのである。岡庭昇の官能がまず「欠損」にたいして強烈に反応したのは、身体的欠如と部落差別の二重にからみあった問題所在の根深さのゆえだ。

「差別は身体を仮装する」「身体が規範に転じている」という岡庭テーゼは深刻であり、かつ難解であるから（その言い方が正確なのでいじるべきではないのだが）、かりにここでは俺流に表現しなおしておけば、差別するために身体的欠点を探しもとめるということである。毛深い。体臭が強い。人種独特の体臭がある。女陰が横に割れている。陰毛が薄い。兎口が多い。足の指がひらいている。四本指である。脳の血管が切れやすい。目がつりあがっている。包茎である。……等々、根拠のあるなしにかかわらず、これらの身体的特徴が、人種差別にも部落差別にも民族差別にも適応され、そういうふうに身体的差異があるから差別が生じる（のも当然じゃないか）というふうに倒錯される。そうではないのだ。まず差別があり、ついで差別の根拠が身体的に見つけられるのである。『身体と差別』は第一部「身体と差別」、第二部「差別と身体」に分かれるが（一部は全体の⅓量）、二部が本論である理由は「差別は身体を仮装する」というテーゼのうちにこそある。

差別が身体を仮装するという問題には、岡庭昇とはちがった部署で俺もしょっちゅうぶつかるのであり、それこそ、さきにかかげた「毛深い、体臭が強い……」といった項目に自分自身がぶつかった個々の例をうんざりするほどあげることができる。

これらの例は、ある民族の女は女陰が横割れだとか部落民は四本指であるというまるきりの嘘から、人種的特徴として妥当なものまである。白人は黄色人種にくらべて毛深いから「毛唐」という語があるのだし、鼻梁の高い西域人（主として。ペルシャ人）を中国人は「大鼻子《ターピーツ》」と呼んだ。差異はあるのだ。民族的、人種的、階級的、職業的、風土的な差異はあるのだ。なければ苦労のしがいもない。しかし差異と差別はちがう。差別は上下関係である。

原則はこうだ。AとBがいる。AとBはちがう。これが差異である。AとBがいる。AがBより上だ。これが差別だ。

この差別は、手あたりしだいに身体を仮装し、まるで根拠のないことであろうと、多少は根拠のあることだろうとおかまいなしに、差異を差別の上下関係に転化しようとする。正負の両極において涙ぐましい努力さえ行なわれている。

合衆国の有色人種向上協会は「黒人の汗は黒い」という偏見を打破するために、じつに二十五年にわたって黒人の汗をあつめつづけて、黒人の汗は黒くないことを医学的に実証した。反動的な白人も納得した。しかし「黒人は臭い」という偏見はもっと手強かった。体臭は、その日の体調、衣服、食物等によって変化し、〝スタンダード〟（岡庭昇は〝ふつうという規範〟という）がないからだ。ブラック・パワーが反動的な白人をくさい目にあわせてやって、この偏見はすこし後退したのである。

旧満州医大における実験で、ロシア人と日本人とミクロネシア人を同じ条件で競歩器にのせて走らせ、ロシア人の発汗がいちばん少く、ミクロネシア人の発汗がいちばん多く、日本人の発汗が中間であるというデータを得た。そのとたん日本人はシベリアから赤道圏までに適応できるから、両方を支配する資格があるという結論がやってきた。

これが汗という身体的部分における正負の両極である。汗一滴に人種偏見と大東亜共栄圏がとりついたのである。汗一つでこうなのだから、髪、目、鼻、口、歯……無数に、あらゆる種類の差別が身体にしがみつく。ここで身体にとりつく差別の傾向を列挙しておこう。

(1) それは人種差別においてとりわけて明瞭である。
(2) 性的領域――女陰の横割れ、ヌカ六（絶倫者へのあこがれで、異族に自分たちの女をとられるかもしれないという恐怖もまじる）、等――においてさらにはなはだしい。
(3) なぜなら、性こそ身体において秘匿されているものだからだ。
(4) 「におい」はもろにイデオロギーである。

これは独自に考察されねばならない。「……歴史と現実を官能化するこの匂いこそ、究極の拠点としての身体にほかならない」と岡庭昇も本書全体の結論として述べているほどのものであって、糞に蠅がたかるように、この「におい」にこそ差別がたかってくると言いたいくらいだ。これも正負両義においてだ。

「鼻つまみ」「風上にもおけないやつ」「くさい芝居」「うさんくさい」「きなくさい（＝謀略のにおい）」「くさいぞ（＝あやしいぞ）」「水くさい」「しんきくさい（関西弁）」「アホくさ（関西弁）」「抹香くさい（＝坊主みたいだ）」「あおくさい（＝書生論議だ）」「なまぐさい話（金や地位のからんだ話）」「インテリ臭」、このあたりまでは辞書的に成立している。すべてイディオムか喩であって、においの実体はない。

「インテリ女の抗議はマンコくさく、日本浪曼派は神話くさいが、玄洋社右翼には石炭ガラのにおいがする。」これは拙著『西郷隆盛における永久革命――あねさん待ちまちルサンチマン』で用いた表現だ。

どはずれに自説に熱中している在日韓国人の友人に「話がキムチくさいぞ」と注意し、彼は一瞬鼻白み、それから議論がもとにもどったことがある。新劇を見ていたとき、役者が思いいれたっぷりに演じたのはまあいいが、ヨヨギ的に思いいれたっぷりに演じて、俺も野次ろうかと思ったとたん、後方の席から「くさい！」この二つの例にも、実体としてのにおいはない。ヨヨギくさいというのは、まあスターリンの靴下みたいなにおいがするのかもしれないが、いずれにしろ実際にキムチのにおいがするわけでも、役者がスメルジャコフ（ドストエフスキー『カラマーゾフの兄弟』の登場人物。悪臭を放つ男の意）という名でもないのに、相手の胸にグサッとつきささる効果では、においというものは効くのだ。

においは五感のうちでもっとも動物的な感覚だからにおいの喩による表現は相手の官能にダイレクトに飛び込むのかもしれないが、その場合も、化学記号であらわせるようなにおいの実体があるわけではない。

だからにおいはイデオロギーなのである。

だから警察は嗅ぎまわるのである。

ではにおいを嗅ぎあてる機関たる鼻はどうか。鼻の穴にもたちまち差別の蠅は飛び込む。

岡庭昇の鼻があと三ミリ低くても歴史は変らなかった。あと三センチ低ければ第三期症状である。鼻の穴が一つしかなければ珍獣である。鼻の頭にオデキ一つ出来れば、その日から彼は思想家と呼ばれなくなる。

これほどまでに身体的欠損に関する官能は微妙なのである。このことを単にギャグとして言っているのではない。きりがなくなるから文献の指摘にとどめるが、夢野久作「鼻の表現」（三一書房版・久作全集第七巻）を念頭において言っている。

もう一つ血なまぐさい領域に鼻をつっこんでみれば、イデオロギー性が極端に付着しやすい身体部分に「血液」を見出す。岡庭昇は癩病について次のように書いている。「発病者は村落共同体も逐われ、転々と遍歴を重ねなければならず、路傍の野垂れ死によって非定住の生を終えたのである。そして病人を出した家は癩持ちの〝血筋〟として、共同体内部で代々差別されることになる。（中略）また〝血筋〟差別は、偶然の機会にすぎぬ発病を、あたかも前世の悪業に対する処罰のようにみなす観念と結びつき、〝天刑病〟とか〝業病〟といった根の深い差別語（差別表現）を確立してしまった。（中略）伝染病は、一般的にいって広く宣伝するものではないだろうが、ハンセン氏病に限っては伝染病にすぎず回復する病であることを、いまなお大々的に宣伝し、社会意識を啓蒙しなければならない段階にあるのだ。」（八八ページ）

古代人は、血液が大量に身体から出てしまうと死ぬことから、血液に生命が宿っており、血液に神秘的な力があると信じた。血の呪術性である。大気にふれると凝固する性質もかれらを驚かせた。この血への怖れが日本中世では仏教の因果思想と結びついて岡庭昇の述べたようなことになったのだが、血液に関する呪術的なおびえを、極端に、歪んだかたちで発達させたのはヨーロッパ社会であった。その一つが吸血鬼伝説だ。実在したドラコレ公、トランスシルバニア（ブルガリア）のヴラド・ツェペシ串刺し王の暴虐から、どうして吸血鬼に噛まれた者も吸血鬼になるというほうに恐怖の力点が移ったのか不思議なくらいだ。

吸血鬼伝説のごときものが一方でナチスの人種主義になり、魔女狩り論理につながり、品種改良によって畸型の動植物をつくりだしつづけてきた西欧医学史が遺伝子工学になり、古代の呪術性をずっとひっぱったまま現在にいたって、エイズの恐怖をうみだす。免疫体が消滅するエイズという病気は、医学にはまるで素人の俺にも、その症状が白血病に似ているところから血液の癌だろうという見当がすぐついたのに、かれらにはキリスト教倫理（SMの母）がかぶさって、背徳のホモだけがかかる「天刑」であるという恐怖感に呪縛されてしまった。エイズの恐怖は、ゲイ・パワーの伸長を阻止するという政策的理由によって喧伝されたふしがあって、差別が血液にとり憑くという近来ではめずらしい例だ。

かれらの血の意識（血の恐怖意識）を見ていると、黒死病《ペスト》―狂踊―魔女狩りと連続させたヨーロッパ中世社会の病的心理がまだぬぐいきれていないのかという思いと、白人的特徴は劣性遺伝であるという潜在的な恐怖感に不断につきうごかされているのではないかと思われるほどだ。人種差別というへんなものをうみだしたのもそのためではないか。

血の意識に関する呪術的な恐怖感を打破したのはスペイン人民戦線におけるカナダ人外科医ノーマン・ベチューンであったことを報告しておきたい。前線における緊急輸血の必要からそれは起った。野戦病院で輸血すれば、負傷した兵士の半分以上の生命は救える。国際義勇軍医師団の先頭に立ってベチューンはパリとロンドンで医療機器をあつめたが、血液だけが手に入らなかった。当時のヨーロッパ人は、輸血という最新の医療法におぞ気をふるったのである。そこでベチューンは包囲下のマドリード市民（マドリード攻防戦段階）に血液の提供をよびかけた。翌朝、病院の前庭は提供を申出る二千の市民で埋っていた。自分の血で自分たちの兵士が生命を救われる！　まさに同胞愛であり、革命の情熱がタブーを破って、文字どおりの血の連帯を現出させた。やがてベチューンの姿は延安にあらわれ、八路軍兵士から「神医白来恩《ベチェン》」と信頼されて、日中戦争下、前線で受けた傷から敗血症をおこして、ノーマン・ベチューンは偉大な生涯を閉じるのである。

ベチューンの勇気と行動とくらべてみよ。血液型相性論から遺伝子理論まで、その九割がたは売卜《ばいぼく》であると斥けていい。売卜、最下級の大道芸としての。

以上は岡庭昇身体論の重要なテーゼである「差別は身体を仮装する」こと、ことに身体的欠損については蜂の巣をつついたようにわらわらと出てきてはとり憑くものであることを岡庭昇とは別の身体的＝官能的項目で、つまり「汗」「匂い」「鼻」「血液」といったあたりまえのものをとりあげて論証してみたにすぎない。過剰なもの、変態的なもの、そして悪魔界の領域に属するものには言及していない。

そして、身体各部位に執拗な差異性の強調を行えば、「身体を仮装する差別」は神学的体系になることを考察してみよう。

5　聞けバラモンの差別！

野間宏・沖浦和光『アジアの聖と賤』（人文書院）によって知ったことだが、『マヌの法典』はインド・カースト制度二千年を律した〝差別法典〟とでも言うべき性質のものだった。人と獣のみか植物、鉱物にまでこの古代文献は順列をもちこみ、笑っちゃった。

「五　大蒜《にんにく》、韮《にら》、玉葱、蕈《きのこ》及び不浄より生ずる（すべての植物）は、再生族の食するに適せず。」（第五章［可食と不可食］、田辺繁子訳、岩波文庫）、ははんと思う。これらの野菜はプンプン臭って強烈だからだな。「再生族」とは、バラモン、クシャトリア、ヴァイシャの三身分をいい、死後ふたたび生れ変ることができるとされる。

沖浦和光・野間宏の読み方によると、動物と鉱物の聖→賤、浄→穢の序列は次のようなものである。

［動物］牛、水牛、コブラ、サル、羊、山羊、鶏、豚。（豚は人糞を食うから最も不浄。）

［鉱物］金、銀、真鍮、鉄。

動物の聖賤の順序は、供犠にそえられる食物（供犠《ハヴィス》）のききめ、たとえば胡麻や米のような食物は一カ月、魚肉は二カ月、山羊の肉は六カ月、ききめがあるといった記述から抽出できるものであり（第三章戒二六七―二七三）、鉱物の聖賤の順は、衛生学と練金術の奇妙な混合ともいえる第五章「潔斎」戒一一一―一一五から抽出できる。だから抽出のしかたによって順序が変ってくることもありうるが、そのことよりも『マヌ法典』の、矛盾に満ち、例外則だらけの発想法が面白いのだ。いくつかかかげておこう。

「一一一　金属製品、宝石、及び石にて作られたるものはすべて灰、土、及び水にて浄めらると賢者は言えり。」灰、土、水が浄であるという発想は気分的にわかる。だから、

「一一二　よごれなき金の容器は水のみにて浄めらる。貝、及び珊瑚の如き水中に生ずるもの、石にて作られたるもの、及び加工せざる銀（の容器）も亦同様なり。」水の中で生れたものは水に浄められるという連想もわかる。それがさらに練金術的に、

「一一三　水火の結合より、輝く金及び銀は生じたり。故にこの両者は、それらの生じたる（その成分）によりて最もよく浄めらるるなり」というのもわかる。しかし
「一〇八　浄めらるべきものは、土、及び水によりて浄めらる。川はその流れにより、心汚れたる婦人は月経分泌により、バラモンは遁世によりて清浄となる」というのが可笑しい。まるで超現実主義の詩だ。

食肉になると矛盾だらけだ。肉を食いたいという気持と、それはよくないという戒とがぶつかりあ

って、ほとんどムチャクチャだ。そのなかから教義の進行過程をしめす論理にしたがってぬきだしてみよう。

「二九　動かざるものは、動くものの食物なり。牙なきは牙を有するものの（食物なり）。手なきものは手を有するものの（食物）にして、怯懦なるものは勇敢なるものの（食物）なり。」弱肉強食の論理である。これは北インドに侵入した牧畜民アーリア族伝統の発想だろう。

「四八　肉は生物を害ふ事なくしては決して得られず。而して、生類を害ふは、天界の福祉に障りあり。それ故に肉を避くべし。」

そうだ。人の肉を食ふためには人を殺さなくてはならない。そのように殺生戒的発想が出てきた。しかし遊牧民長年の習慣である肉食は一朝一夕であらたまりそうにない。そこで、

「三一『肉を用ふるは供犠に（適す）』とは神の定めたる掟なりと言はる。されどその他（の場合）に（そを用ひん事を）固執するは、羅刹にふさわしき行為なりと言はる。」

「三二　購ひたると、自ら殺したると、或は他人より贈物として受けたるとを問わず、神々、及び祖霊を崇めて肉を食ふ者は罪を得る事なし。」

神にゲタをあずけたのである。しかし自分で動物を殺すのはいやだから、

「一三一　犬に殺されたる（獣の）肉は浄く、肉食動物、或はチャンダーラの如き卑賤なる階級の人々に殺されたる肉も亦同様に浄しとマヌは言へり。」

御都合主義である。肉は食いたし、されどタタリはこわしという支配階級バラモンの矛盾した官能が、上に神を自己疎外し、下に賤民を自己疎外する。つまり神と賤民とを同時につくりだしたのである。まさに野間宏・沖浦和光がするどくえぐりだしたように、肉食の遊牧民アーリア人が牛を聖獣と

する農耕のインドに侵入してきて、被征服者たちに自らしめすケジメとして殺生戒を規範化したときカースト制度の固定化が準備され、タエマエ（宗教）と実際（肉食）の間のスケープゴートとして賤民がうみだされたのである。

そしてことに興味深いのは、ないし笑っちゃうのは、前述の「卑賤なる階級の人々に殺されたる肉も亦同様に浄しとマヌは言へり」から、身体の不浄観に移行する第五章［潔斎］戒一三一―一三五の論理だ。

「……とマヌは言へり。」とマヌにゲタをあずけて、

「一三二　臍より上に存する（身体の）孔竅はすべて淨くして、濟より下に存するものは不淨なり。肉体より排泄せらるる（物）も亦同様なり」だってさ。口からバラモンが生れ、臍からクシャトリアが生れ、ヴァイシャとシュードラは足から生れたからだという創造神話があるが、そんなの神話なものか。猥談だ。

「一三三　蠅、水滴、影、牛、馬、太陽の光線、塵、土、風、及び火は触るるも浄きものと知るべし。」蠅をきたない昆虫と見るのは細菌学の知識のある近代人の特徴なのだな。聖なる牛にいつもたかっている蠅は浄の部類に入るのだろう。

「一三四　用便後、これを浄むるには、その目的に随ひ、土、及び水を用ふべし。身体の十二の不浄物を浄むる際も同様なり。」

便所のことを御不浄というものね。だから糞づまりの思想、実存主義は、不浄裡なのね。

「一三五　脂肪、精液、血液、頭垢《ふけ》、大小便、鼻汁、耳垢、痰、涙、眼脂《めやに》及び汗は、人（体）の十二不浄物なり。」

ダハハハハハ……ヒマな坊主はまったくろくなことを言いやがらない。これじゃ人間は下水管みたいじゃないか。これと前出の月経に関する記述とをつきあわせてみると、人体は不浄物のたまった皮袋みたいなものだという発想と、水＝流れるという浄の発想が重なりあって、月経こそ水洗便所みたいなものだ。バラモンの感受性はどこか歪んでいる。

　どうしてこんなことになるのかというと、一神教の一つの論理的帰結なのである。創造主一神教の論理は、一方で神の前ではすべては平等という論理も生むが、他方で唯一絶対の神の下に無限に差別が生れるという理屈も成立する。『マヌの法典』第一章［創造］はあきらかに後者である。

「八　彼は自己の体より種々の生類を造り出さんと欲し、熟考したる後、まず最初に、水を造り、その中に種子を置けり。」「九　その（種子）は、太陽の如くに輝ける黄金の卵となれり。その（卵の）中に、彼は全世界の祖たる梵天《ブラフマン》として、自ら生れたり。」

　自分で自分を生む。これはキリスト者の三位一体説とおなじではないか。

　こうして自分で自分を生んだ梵天が、こんどはいろんなものを作りだして「二〇　これらの間に於ては、各々後に従ふものは、先立てるものの性質を具備し、その各々は、如何なる（排列の）位置を占むるとも、それに相当する数の性質を具備するものなりと言はる。」梵天がはやくつくりだしたものが高く、後のものは先のものの性質を「もらいうけて」低く、もっぱら、下位へ、下位へ、と序列が形成されていく。あたりまえの話だが、差別というものは下へ下へとつくられてゆくのであり、下位の者が自分よりさらに下の者を発見するか作りだして進行していくものだ。だから革命の論理は、下から上への下剋上でなければならない。創造主一神教が、このような方向に論理化されることを宗教的原理とするなら、植物や鉱物の間にも差別（順序）がもちこまれるのも不思議ではない。どのつまりは官能を主張する身体が目の仇。

俺はいやらしいバラモン教的身体論の対極に、仏教的宇宙観の喩たる曼陀羅と、身体の中の宇宙図たるチャクラの相互弁証法を再発見した杉浦康平の荘麗なコスモロジーにしたがって、仏教的な身体感の再検討にすすみたいが、今は無理だから、身体から出るものすべてをいやしいものとするバラモン教のごたくに異議申立てをするにとどめよう。

目クソ、鼻クソ等、『マヌの法典』のかかげた十二のほかに、身体からはクシャミ、ゲップ、オナラの類も出るし、思想も出る。思想が出るときの快感たるや固型物をひりだすにひとしい。俺は、涙いがいの人間の身体から出るものは好きである。

涙というものは二枚目的だからにが手なのだ。こちらも差別して言ってやるが、知性は、二枚目段階―無頼段階―アドリブ段階と発展するものであり、二枚目は最も低次の知性である。そんなのそこらへんにゴロゴロに転ってるだろ。

6　官能反転

所説のごとく、身体に差別は仮装され、坊主がひまにまかせて体系だてれば身体から差別の法典までひきだされるぐあいであって、岡庭昇が正しい。すなわち、彼は言う。差別が蝿のようにたかるからこそ、身体性はいいものなのだ、と。制度としての、構造としての差別は、身体性から遠ざかって成立しているのである、と。そこが岡庭昇の身体論がひと味ちがうところだ。

「具体性としての場における具体的な肉体を介した個々の行為に、差別は本来的には存在しえない」

（四五ページ）。「……在日朝鮮人と被差別部落の人々が差別呼称をさりげなく投げあうという風景があっても、それは場・行為・主体の一回的な具体性が（いいかえるなら肉体が）そこにあるゆえに、いわれる差別力学とは本質的に別次元の行為である……」（四六ページ）。「重要なのは、一般性として登場しているがゆえに差別力学なのだ、という本質である。」（四七ページ）。「要するに肉体あるところ差別なく、身体を捨象したところに規範力学としての差別が完成するということだ。」（四八ページ）。

これが原理的な言いかたである。場景的ないいかたが、ブロンジーニの小説における〝イタ公〟と〝ユダ公〟の語のパイ投げであり、俺が補足引用しておいたリオ・グランデ河をはさんでのメキシコ兵と合衆国黒人兵の応酬である。

かくして、「差別は身体を仮装する」というテーゼと、「身体を捨象したところに規範力学としての差別が完成する」という一見相反したテーゼとが鉢合わせをすることになった。

俺が岡庭昇を大した人物だと思うことは、一見してのこの矛盾を、「仮装」ということばの語義解釈して仮装とはふりをしていることで、悪いのは差別なのだから二つのテーゼは矛盾しないのですよ、と言ってみたり、習いおぼえた弁証法をいろいろひねくって、差別意識は形をかえて身体的根拠がさもあるかのように装いおえたとたん、別のものに転化して、より高次の規範化された制度的な差別になる、といった言い方をしないことだ。どちらもまちがいではない。しかし、どちらの言い方にも、まことに身体性がない。岡庭の具体性のドリルははるかに鋭い。ここに①官能論と、②消滅地点論と、③差別の史的起源論の三つが提起されるのである。

段落と注を置きたい。注とするわけは岡庭昇からすこしく論点が離れるからだ。差別⇄官能→反撃、というアポリアは難問であり、それは現実のむずかしさのうつし絵であるからだが、第二の回答、すなわち差別意識はあたかも身体的根拠を装いおおせたとたん、より高次の規範化された差別になるという回答は、官能による差別意識の強化の言とさえいえるのであって、それは必ずしも誤りではないばかりか、左翼が時おりとる発想でもある。敵の差別を強化し、明確化し、顕在化させて、しかるがのち、それを叩くというやりかたである。一種の二段階革命論とも言える。

　そればかりではない。在日朝鮮人・韓国人にときどき見られるケースであるが、差別されること、あるいはすることに関する官能の強化と差別に反撃する意志とが並列して強化されてしまい、ドグラ・マグラ（どうどうめぐり）になってしまうことがある。「おい、話がキムチ臭いよ」と言ったのはそういうときだ。

　日本人以上に日本的になろうとする者、あえて朝鮮人的であることを誇示する者、あとから学習した朝鮮語によって生活言語は自国語を使っているが上級教育を日本で受けているために抽象的議論は日本語でしかできず悲しそうな顔をする者、日本人より徹底的に西欧インテリ化しようとする者……。在日三世が成人に達しつつある現在は知らないが、俺と同世代かあるいはすこし年上の在日二世にはそういう男たちがいた。

「差別は身体を仮装する」という命題と「身体を捨象したいところに規範力学としての差別が完成する」という命題とのアポリアはそのようにむずかしい。だからこそ転向者は敵の前衛になるのである。蛇の道は蛇。差別されている者の実存と官能とを知っており、差別の何たるかを論理的に抽象する能力をもっているゆえに、転んだアカは性悪なのである。転ぶのであって、降りるのではない。差別が官能の領域にくい込んでいるから、降りるだけではなく、転ぶのだ。転向の問題は差別の領域がもっとも如実なのである。以上が補足と段落である。

差別⇅官能↓反撃において、官能が敵階級的に固定されてしまうケースに岡庭昇も鋭く注目している。

「いわば差別することによって官能的に満されてしまい、その官能の充実によって身体性が一時的に顕現するという逆説である。差別する者の充実、差別する者の官能、あるいは差別する者のリアリティといいかえうるような、身体性の実現というものがある。つまり差別する身体における身体性のリアリティーである。」(六三ページ)

ひと言でいえば、差別は気持いいということだ。そのことも否定されてはならない。侮蔑してやることが必要なときもあるからだ。こういう種類の地口が近頃ふえてきているように思わないか。

——このゴキブリ野郎! あ、ごめん、ゴキブリを差別してしまった。

俺は戦いに際してはふんだんに差別語、罵倒語を相手に叩きつける。それが戦いというものだからで、カッとなった身体が発する言語を、自分は統禦することもできるのだぞという余裕をしめすためのもので、「あ、ごめん……」以下の下の句は、エクスキューズしているのではなく、相手に与える打撃の強化をはかる戦術なのだ。それをわれわれは〝ベサツ〟と言っている。聖別ではない。差別をひっくり返して相手に投げ返すことを〝ベサツ〟と言う。その方法をブルースやジャズから学んだ。

——どうせおれたちはポンニチなんだから、(黒人ジャズメンが生得的に知っているジャズの約束ごとを無視して)、おれたちにしかできないジャズをやるさ。

——世界は、男のものだ。言わせてくれ、男はクルマを作った、道なき道を走れるやつを。列車も男は舟もつくった、電燈も男がつくった。闇から逃れる灯だ。男は舟もつくった、戦争用のだったけどよ。こどもの心配だって男がしてるんだぜ、こどもたちがハッピーになれるように男が頑具をつくってさ。男は金《マネー》もこしらえた、それでほかの人間を買っちゃったけどね。みんな男がつくったものだ。世界は男のものなのだ。しかし、ナッシングだ、女と娘ッ子がいなかったら。

（ジェームズ・ブラウン「イッツ・ア・マンズ・マンズ・マンズ・ワールド」）

みごとなもんだろ。これが典型的なブルースの反語というものだ。J・Bがブラック・パワー時代の黒人英雄《ザ・マン》だったことがこの一曲でもわかる。もう一例、こんどは日本のやつをひきあいに出そう。

――このウラなり野郎、土手カボチャ、おまえらこの母さんの土手から生れたのを忘れちゃいまい。

（成田強制執行に際して、青色の乱闘服を着た茄子みたいな機動隊を農婦があざけったシーン。うーむ、ポリ公、税金泥棒の類しか罵倒語をもたないわれわれに比して、農作業的にゆたかなイメージだなあ）

まさにこういうとき、「差別は気持いい」のである。

第二の範疇は転向者にあって、差別は身体的で「気持いい」のである。このことは段落と注で述べた。

第三の範疇と言えるかどうか、岡庭昇は、安田砦の改防が行なわれているおり、電車の中で、あきらかに朝鮮訛をもった男が見知らぬ隣人をつかまえて、「東大で大騒ぎしちゃいますがね、ああいうのはみんな朝鮮人なんですよ、朝鮮人……」と、しきりに言っていたという話を書きとめている。その場にいあわせたわけではないが、俺はその男が、「チョーセン人め！」と吐きだすことで、自分自身が朝鮮人であることから「楽になろう」としていたのだと推察する。

そしてテロルだ。自警団やガードマンの類が「アカ」だの「朝鮮人」だのと罵りながら襲いかかってくる例は多すぎるから省くが、いまだに奇妙に思っている体験が一つある。学生時代、学生共産党員から「トロツキーをひっこぬけ」とわめかれながらピケット・ラインにつっこまれたことがある。俺はレオン・トロツキーではない。びっくりした。トロツキストと言われるのは誇りでもあったが、トロツキーという個有名詞で襲われたときは、なんのことかわけがわからなかった。相手は教育大のやつで、草食動物が怒ったようなまぬけ面だった。結果、乱暴で名高い早大二文ブンドに教育大のヨヨギがかかってきても勝てるわけがないだろ、相手の集団は階段の下でグンニャリと「楽になって」いたのだけれど、ありゃなんだったんだろうね。

「規範力学としての差別」が整備されている場、たとえば役所、マスコミ字面《じづら》、ザーマス市民集団などに属している者が、ふと、差別を地口に近いところで身体化し、楽になろうとするとき、テロルの危険があるということを肝に銘じておいたほうがいいだろう。

規範力学としての差別が整備されている場とは、俺のいいかたでは、ことばづかいのブルジョワ的円滑さが保たれている場である。二つ例を出す。その一。池袋でオカマがパトカーを盗もうとした。その時の警官のあわてふためいた言は「おれのクルマになにをする」であった。その二。テレビの街頭インタビューが流行していたころ、ブラウン管の小英雄が新宿で群衆にとりかこまれたときのあわてふためいた言は「おれのマイクを返せ」であった。

パトカーは畏怖すべきものである。サイレンを鳴らせば他の車は土下座するように道の傍にしりぞき、小悪党は威嚇されて足がすくむ、という規範を信じて疑ったことがないから、オカマに盗難されそうになったという「驚天動地」の事態にぶつかって「おれのクルマ」という小さな私有制でしか身体性が発揮できなかった。アナウンサーも同様、世の中はテレビだと思っているから、我をわすれる。

あるいは逆に、規範の中で生きることに慣らされた人間の身体性は小さな私有制をもって表現されるしかない。

だから革命は、公闘を私闘に転化しつづける長い長い過程が必要なのである。

岡庭昇は「差別する者のリアリティといいかえ得るような身体性の実現」と端正に表現しているが、俺の見るところ組織人《おやかたひのまる》の身体性の回復なんて、わびしい私有制の範囲でのみ実現する。三番目として、痛烈な例を分折する。チャンネルを一九八四年の大晦日にあわせて下さい。

7　涙の消滅地点《バニシング・ポイント》

いやなものを見たね、と友人と異口同音に言った（その友人は民放のディレクターである）。紅白歌合戦大トリの都はるみシーンの「涙」である。白組トリは森進一の「冬の螢」でこれは名唱。都はるみの「夫婦坂」もなかなかのできで、何年ぶりかで女性組大勝におわったことと、視聴率七八・一％で過去十年間の最高を記録したことは、紅白歌合戦が都はるみのラスト・ステージになることへの大衆のはなむけで、それでいい。「夫婦坂」で都はるみは泣かなかった。

これを鈴木健二がぶちこわした。拍手が来る。アンコール要求がくる。鈴木健二が言った。「みなさん、私に一分ください。あと一曲、はるみさんに歌っていただくように説得してみます。」

「私」ってなんだね？

歌手が歌うか歌わないか意志決定する前に「好きになった人」の伴奏が流れだした。艶歌系の女性歌手たちが都はるみをかこみ、合唱するように歌いだした。都はるみは泣きだした。あの涙はくやし涙かもしれないのだぞ。

とりかこんだ女性歌手たちも泣いていた。あの涙は、メロドラマという戦後民主主義である。芸人の仁義を忘れている。はるみが歌わないと言ったのだから、自分らも歌うな。

これは俺の想像だが、NHKが特例のアンコールを用意しているらしいと知ったとき、都はるみと親しい歌手仲間の間では「どうするの」「わたしは〝夫婦坂〟に全力投球するわ」「そうよね」といった会話があったはずだ。なくても、相手が何を考えているか顔見りゃわかる。朝日新聞富川盛之記者の記事（「後悔残った気配りアナ」一月二九日「深層・しんそう・真相」欄）によれば、はるみは事前にアンコールを拒否していたというではないか。

アンコールを用意しているということはNHKの善意だろう。しかしその善意に甘えないところが、芸能界から身をひく芸人の意地でなければならない。

山口百恵の武道館でのラストステージのエンディングは、ファンの悲鳴に近い絶叫だった。しかし百恵はアンコールを受けなかった。プログラムを終了したときが歌手を終了したときだ。

鈴木健二がぶちこわしたのである。富川記者の記事はその間の詳細を伝えている。


ふつうだと、拍手は五秒以内におさめるのが演出上のテクニックだ。それ以上だと長く感じる。しかし鈴木は、八秒待った。そしてステージの張り出しに飛び出した。

（中略）

かけ戻った鈴木は、はるみの肩に手をかけ、「一曲歌えますか」と呼びかけた。

くさい！　まさに官僚がにおっている。じゃなかった、官能がにおっている、
　鈴木は、腹の中で「しまった」と叫んだ。四分間のさい配をまかされた鈴木には、綿密な計算があった。「一分……」の発言をした場から九歩、四秒かけてはるみの元へ。はるみの説得には、他の出場歌手の総意がなければいけない。はるみの肩に手をかけてから、四十五秒間が勝負だ。鈴木は、さらにしゃべる用意があった。
　しかし、副調整室の勝田は、モニターテレビに映るはるみと鈴木を見ながら、冷静に伴奏開始を指示したのだった。

　鈴木健二がどんなことばを用意していたか想像できる。〈他の歌手のみなさん、紅白は一人一曲が原則ですが、この場合は特例的におゆるし下さい〉だろう。ついで〈これは白組、紅組の歌合戦審査の対象外です〉だろう。そして〈都はるみさんが引退されることをここでみんなで確認しあいましょう〉とでもいったことだろう。はるみ引退を自分の手で演出しようとする小さな「私」と私有制拡大の論理である。

　鈴木健二の呼びかけにだれが応えるかも想像できる。たぶん水前寺清子である。

　そのシーンはぜひ見せてもらいたかった。意外なことが見られたかもしれない。冗談じゃない、芸人の気持にそうズカズカ入りこまれてたまるか、とそっぽを向く何人かの歌い手が出たとも想像できる。

はるみのマネージャー西島昌平は、舞台裏で伴奏音を耳にして、びっくりした。はるみには、心の準備さえないことを知っている。はるみは、アンコール曲の一番を歌えなかった。ハンカチで顔をおおったままだ。他の出場歌手と客席が歌った。二番になって、やっとくちびるが動いた。だが、歌にはならない。まさに「夫婦坂」の一曲に燃え尽きた、はるみの姿だった。

そのとおりだ。都はるみは歌わなかった。口唇を動かしたって？　あれは十秒前まで歌手だった今は「ふつうのおばさん」が口唇を動かしただけだ。歌は、気合をこめて、海に向うように聴衆に歌うものだ。彼女が自分の最後の舞台にむけてコンセントレーションをしたのは「夫婦坂」であって、他人から「好きになった人」にしろ「涙の連絡船」にしろ、これが都はるみの代表曲でございとおしつけられるのはまっぴらごめんのはずだ。

鈴木に後悔が残った。「あと四十五秒あったら……。」秒刻みの演出プランが、鈴木の中で最後の最後に狂ったのだ。なぜ？　鈴木はいま、多くを語らない。「はるみちゃんが、アンコール曲を歌わなくってもいいと覚悟はしていました。しかし、あの時、伴奏が突然始まらなかったら。もっと違ったドラマが生れていたはずです。」

生れているぜ。げんにこうして俺がもう一つ別のドラマを書きながら、「なぜ？」に答えようとしているではないか。一番の大枠では、都はるみは、現在の日韓政府レベルでの合意の水準の犠牲になったということである。

「……芸能界とスポーツの世界でいい仕事をしている朝鮮人・韓国人が多いというだけでは、爆発的にプラスに転化しうるマイナス価値としての〝在日〟が語られる時代は急速にしりぞきつつある。在日朝鮮人の位置を、いまだ差別されているということをふくめて公然化させたのは全斗煥大統領の訪日であった。そして都はるみをしりぞけていくのである。彼女はデビュー以来、つねに歌謡曲シーンの一流の歌手であったが、戦後歌謡曲史の環をにぎることはなかった。歌謡曲は山口百恵の方向ですすんでいて、都はるみが美空ひばりと山口百恵をつなぐ環になることもなかった。馬鹿っちょ出船はやはり市民社会に回収されたのかなという感慨がいまある。」（拙稿「バカッチョ出船が港に帰る」、白夜書房『ザ・都はるみ』所収）

一駒ずつズレてゆく彼女のツキのなさが最後の最後に集中した。彼女は一方で〈はるみ節＝うなり〉という記号で理解され、他方で、善意によるものであるが、〈韓国籍＝艶歌のかくし味〉という一知半解をもって遇されてきた。在日韓国人の二面感情《アンビバレンス》が彼女の歌のうねりをきめていたところに、李成愛と張容弼が公然と日本の歌謡曲シーンに登場した。彼女の最後のヒット曲が、桂春団治を歌った「浪花恋しぐれ」であったところに、河内音頭の鳴門家寿美若が、ヤンレー節をとりいれた河内音頭「桂春団治」を唄って、死の床にある春団治が夢とも現ともつかぬ境で、女房に、かけた苦労をわびるという表現の深みで、こと上方の奇人を主題にしたかぎり、坂田三吉ものにしろ桂春団治ものにしろ歌謡曲は音頭に歯がたたないことを知らせてしまった。そして紅白歌合戦のシーンで、芸人の意地をつらぬくことも拒否されてしまったのである。

アンコールを要求した客もわるい。拍手は鳴り止まなかった。それは声援の拍手であって、「ゴールインしたマラソン選手にもう一周してこい」という類のむごい拍手だとは思わない。

一部ファンのアンコール要求をあたかも会場の総意のようにとり込んで「私に一分だけ時間を下さい」と言った鈴木健二の「私」とは、再度、何か？

彼こそ、自称（一人称単数）は「私《わたくし》」と言うのが気づかいの第一歩だと常に主張し、講演し、本に書いている男だ。それと自称を「俺」で書く男が話をするとどうなるかというと――

鈴木　私は大人も子供も言葉を良くしようと思ったら方法は二つしかないと言っているわけです。そのひとつは、自分のことを私《わたくし》と言えるかどうか。普段は俺でもアタシでもいいのですが、人様の前に出たら自分のことを私《わたくし》と言えるようにする。そして、言の終りを丁寧にする。

（以下略）

平岡　しかし、〝私《わたくし》〟では世の中うまく行きすぎませんか。

鈴木　〝私《わたくし》〟と言うことが必要な時と場所は、実は限られているわけですね。例えば東北の人が〝私《わたくし》〟だけでは近所から疎外されてしまう。（中略）出掛ける時の女性の方の永遠の名文句「着ていくものがないわ」（笑）、その時に着ていくのが〝私《わたくし》〟なんです。

平岡　思想って問題は、〝俺〟でなくちゃ出ないところがある。〝あなた〟ではなく〝テメエ〟と言って喧嘩を売らなくてはいけない時がある。

鈴木　私の場合はないですね。

平岡　そうなんです。つまり、和解を求めねばならない席もあるし、ケツをまくって対立しなければならない席もある。〝私《わたくし》〟と言って成り立った時の世界、穏やかで円満で円滑で常識的な世界の中に〝私《わたくし》〟という自我がこめられて（略）

鈴木　例えば歴史をとりますならば、政治によって編纂されている学校教科書の歴史は〝私《わたくし》〟の歴史ですね。だけれども今、歴史の研究はその段階を過ぎてきている。どこからやっているか、まず郷土史です。つまり〝俺〟の歴史、〝アタイ〟の歴史なんです。（略）

（「パネル・ジィスカッション、〝知識〟には自分で巡り合いなさい」、『放送批評』一九八四年一二月号）

自分の発言を引用して、これからその時の対話者鈴木健二の非を鳴らすのは申しわけないが、この場面は、「私」論者と「俺」論者の会話というのはめずらしいと思うので再現しておいた。この引用のかぎりで鈴木健二に文句をつける筋合はない。鈴木健二は「私」を採ったからとりあえずNHKマンなのであり、俺は「俺」でまかりとおるからごらんのとおりの男なのである。

その〝私《わたくし》〟の正体がバレたのが十二月三十一日だった。円滑、穏和、円満な〝私〟とは、規範と規制力が、鈴木健二の身体を仮装してあらわれた言語だったのである。

筒井康隆が『言語姦覚』所収の論文「現代の言語感覚」でとりあげた「あのですね」「どうも」「そうですね」「極端（端的）にいえば」「やっぱり」「その時点で」「と言いたい」「と言うと嘘になりますが」……等十八例を浮遊する官僚的主語であり、岡庭昇が「標準語の究極の純化こそが、その先どりされた制度である差別語にほかならない」（四九ページ）と指摘した、その、小さな身体性（鈴木健二の芸能人まがいのコスチューム）と小さな私有制（司会者の権限）を通じてあらわれた強制力だったのである。

そして、生方《うぶかた》アナウンサーは、都はるみを美空ひばりとまちがえるという適切なミスをやる。あれは適切なミスなのだ。「客席も舞台も泣いていました。私自身も、はるみちゃんを正視できず、戦後の歌謡史を飾る大歌手たちのことを考えていました。そして、この舞台で、都はるみは美空ひばりを抜いたと思った瞬間、私の出番が来て、思わず『ミソ……』と」（前出、富川記者記事より）嘘だろうね。都はるみと美空ひばりのイメージがダブッた瞬間、美空ひばりにおびえたのだ。芸人の意地をみせて紅白の外に立ちつづける美空ひばりの幻影に。

そんなことが重なって、都はるみの最後の舞台を涙でけがした。

聴け、バラモンの僧のごとく。涙は不浄なり。ブルジョワ民主主義、焉《お》えなんとする身体から出る十二の涙はことごとく不吉なり。加害者が被害者のふりをして泣く空涙、レポーターのもらい泣き、大賞受賞者のうれし泣き、まわりの者のついで泣き、そして中国人残留孤児に再会する肉親の涙。日帝の膨張と収縮の過程で煉土に捨てられ、あるいは骨をさらした人々の黒々と口をあける現代史の暗部に迫らずに、とりあえず、涙をテレビ画面に写しておけばわかったつもりになるメロドラマ。『君の名は』より一歩、『瞼の母』より二歩退化したメロドラマでおわろうとする戦後史。とりあえず泣けば、とりあえず了解が成立する八百長。口惜し泣きの塩分を薄められ、水っぽい涙の日本戦後史的な水位に、ポチョンと一滴たらしこまれて〝任務完了〟させられた在日韓国人歌手の引退。涙は不浄なり。火と灰にてきよめよ。

「標準語の究極の純化こそが、その先どりされた制度である差別語にほかならない」という岡庭昇の指摘の鋭さよ。〝私《わたくし》〟とは、「公」と対応する「私」だったのだ。したがって〝私《わたくし》〟の規制力とは公的規範のあらわれである。では規範力学としての差別とはなにか。〈腑におちること〉〈否定的にわかってしまうこと〉だ。

「憎悪の肉体感ともいうべき〝チョーセン人〟というリアリティが、そして朝鮮人の仕業だと聞けばなるほどと否定的に分ってしまうような共同性が確実に存在する。」（五二ページ）

そのとおりだ。俺もこれに毎週のようにぶつかって怒りを発する。〈あの人の言うことはウラがありますよ。なんでも共産主義者だという噂ですから〉〈その問題にはこれ以上ふみこめないでしょう。部落問題がありますからね〉〈あの歌手はじつは韓国籍なんですよ。なるほど……〉

こういう「否定的に分ってしまう共同性」に一度もぶつかったことがないとは言わせない。俺は具体的な個性である芸人の民族的出自が、たとえば朝鮮人であるということをけっして「否定的に分って」しまったりはしない。おおかたの芸能記者、批評家は、そこで分ったつもりになって、その地点で芸の批評を放棄してしまうのはなぜか。はじまるべきところで終ってしまうのはなぜか。

戦後民主主義がメロドラマに衰弱したことと、「否定的に了解してしまう」こととは同根である。江戸期には差別は身分制として顕在化していた。今はちがう。「アカ」と言えば、あるいは「朝鮮人」と言えば、あるいは「部落問題」と言えば、否定的にわかってしまうような、いやなものになっている。それを俺は「消滅地点《バニシング・ポイント》」と名づけている。

8　差別四大門五大力

かくして岡庭昇の論理は差別の史的把握に向うのである。大略、こうだろう。漁撈狩猟の民と農耕の民が物々交換をしていた太古の段階から、やがて貨幣経済が成立するようになるにつれて、農耕の民にとって異界の神であった先住漁撈民族の技術と貨幣とが交換されるようになる。物々交換から貨幣経済への移行に際して諸芸があらわれ、芸人が生れる。ここに芸人賤視の基がすえられる。今一つ補っておくと、諸芸における祝いの詞の類、たとえば、めでためでたの……といった祝詞は先住民族が農耕民の権力に屈折するまつろいの内容を持っていると見る。農耕を基盤とする国家権力が強化されるにつれて、聖（神々、技術、芸、そして非定住の生）がしだいに賤の刻印を帯びる。中世までは賤から聖への復路も生きており、他界と現世とは並行するものであり、したがって「横行」の方法も存続していたが、近世の封建制度の完成によって横の関係は上下の関係に変化し、他界は下に固定される。この差別のしあげが近代である。身体を使用価値としてのみ見る近代社会は身障者差別を完成させる。

貨幣の問題は極度に重要である。俺が年中貨幣《かね》が重要《ほしい》と言っていること以上に重要で、貨幣こそは神を吸いとって、いまでは現金は最高神だ。貨幣の物神化ということは、経済人類学者が言い出したことではない。マルクスである。一つ引用しておこう。

「古代人は、よく知られているように、神殿を商品の神の住いに用いた。それは『聖なる銀行』であった。もっぱら商業民族であったフェニキア人にとっては、貨幣は一切の物の脱皮した態容《かたち》であると考えられた。したがって、愛の女神の祭りには、他国人に身をささげた処女たちが、お礼に受けたお金を女神の犠牲にしたということは、別に変ったことでもなかった。」（向坂逸郎訳『資本論』第一篇第三章の註九〇）

差別の領域においても、金は最初の神であり最後の神であろう。現金は、門閥よりも、人種よりも、美醜よりも、思想・信条よりも、強い。この信仰は現代人に一般である。㊎と㋪の二大階級への分化、これが近代の基本形だ。

基本形はまさにブルジョワジーとプロレタリアートへの分化だ。しかし、二大階級への分化が、差別を解体したかと言えば、そうではない。まさに日本にあっては近代社会において、部落差別、朝鮮人差別、身障者差別、も一つついでにアカ狩りがでそろい、これらは被差別の四大名門といえるほどだ。

身障者差別は、労働力商品化、すなわち身体を使用価値としてのみ見る近代になって完成したものである。

アカ差別は――これは自分の意志で反権力の立場に立つことだから話はちがう。ただし、リベラリストに「アカ」のレッテルを貼る悪質なやりかたに注意。

では部落差別と朝鮮人差別はどうか。ここで岡庭身体論全体の背骨ともいえる論理構造が見えてくるのである。俺の読みあやまりでなければ、こうなのだ。差別問題の根底は部落差別にある。それは日本史の遠い昔に発生している。近代に入って、賤業視と身体的欠損とが「四ツ」ということばに二重化されて、陰険に、陰微に、日本社会の中に根を下していく（八代将軍吉宗と大岡越前コンビが、各地にあるさまざまな呼称を「穢多」という語に統一して強制したのであり、「四ツ」という差別語が江戸時代にあったとは思えない）。そして朝鮮人差別は、明治以後、部落差別に似せて発生したのである。

部落差別の理由を、かれらはむかし朝鮮から連れてこられた捕虜の子孫であるからだとする俗説がある。部落民異国人の末裔説は近世初頭の「慶長見聞集」が初出だといわれ、原田伴彦『被差別部落の歴史』（朝日選書）によれば、異国人の末裔説は荻生徂徠、海保青淩らもとなえている。しかしそれは本質的な問題ではないだろう。『アジアにおける聖と賤』沖浦発言では、儒教は肉食を忌としないし、肉食をする人びとを穢れとしてしりぞけることはなかったから、「儒教者の中には穢多差別を疑問視した人もいたんですね。そこで、今度は殺生戒や肉食じゃなくて、朝鮮から連れてこられた捕虜の子孫であるとか、先住民族の蝦夷の末裔であるとか（以下略）……」とあるが、江戸時代に、儒者に対抗して坊主や国学者がその俗説をあおったとは思えない。近代以前のはずがない。江戸時代までは朝鮮、中国は先進国であった。江華条約以後の明治政府が朝鮮を侵略し、収奪し、ついに属国にしたことによって、朝鮮民衆が、はじめ労働力として、ついで文化や社会生活一般の面で、日本社会にくいこまれてきたとき、朝鮮人差別が部落差別に似せてあらわれたのがその俗見の意味するもののはずだ。逆に言えば、朝鮮はそこまで日本に食いこんだのである。

かくして、部落差別を基底に、部落差別に似せて朝鮮人差別が成立し、人間を使用価値としてのみ見る資本主義的人間観（沫香くさく言えば資本主義の原罪）によって身障者差別が生れ、左翼もまたその政治行動によって弾圧されるだけではなく、天皇と国体を害する異族としてのアカ差別をうけた。近代社会こそ差別の完成なのである。となると路線問題に触れずにすますわけにはいかない。

9　封建遺制論の誤謬

近代社会の基本形は、身分制から階級制への移行であり、ブルジョワジーとプロレタリアの二大階級への分化である。そこまではみな一致する。しかし次の行から認識がちがってくる。「だから」、部落差別は、封建遺制であり、ブルジョワ民主主義下で消滅しうるものである。これがヨヨギ（日本共産党を差別していうことば）の見解だ。「だから」、部落差別は地方的《ローカル》な問題である。これが吉本隆明の見解である。どちらもちがう。部落は高度な独占資本によって利用され、再生産されている。

戦後帝国主義の構造認識とそれへの方針は解放同盟が正しいと思う。「独占資本とその政治的代表者こそ部落を差別し、圧迫する元兇である」という現状分析はそのとおりであり、部落差別がブルジョワ民主主義下で消滅する封建遺制ではないことを明確にしており、ここから「部落の完全な解放は、労働者階級を中核とする農、漁民、青年、勤労市民、婦人、知識人など、すべての圧迫された人民大衆の解放闘争の勝利によって、日本の真の民主化が達成されたときはじめて実現する。それゆえに部落解放運動は平和と独立と民主主義のための広範な国民運動の一環であり、そのための統一戦線の一翼である」という戦略方針がひきだされている。一九六〇年の「綱領」である。

この綱領は部落解放運動の独自性がいままさにヨヨギから身をひきはがそうとする様子をしめしている。「平和と独立と民主主義のための国民運動」というところにはヨヨギの殻がついている。しかし「労働者階級を中核とし」と記して、労働者階級によって指導される、と言わなかったところに、解放同盟が独自行動に出ることをしめす微妙な力点が生じているのであり、かつ、「すべての圧迫された人民大衆の解放闘争の勝利によって、日本の真の民主化が達成されたときはじめて」部落解放は「実現する」という認識は、決定的に、ヨヨギの垣根をとびこしたことを意味している。

解放同盟綱領の要求は、日本の真の民主主義すなわちプロレタリア民主主義の要求であって、部落解放闘争は、ブルジョワ革命によってその目標を達し労働者運動一般に解消されてしまうものではなく、日本プロレタリア革命の戦闘的な翼をになうものであるという主体性の宣言であった。

そのような綱領が一九六〇年に成立したということは、安保闘争の中で、部落解放闘争も、左翼の他の戦闘的グループと同様に同時に、ヨヨギの反革命的性格を、すなわちまずブルジョワ革命ついでプロレタリア革命というスターリニズム二段階革命論の反革命性をのりこえていったことをしめす。

それから十数年が経過する。その間のできごとは、解放同盟とヨヨギがことごとく対立するのであるが、内容は省略する。
「労働者と農民を搾取することで生産をつづけている日本社会の現在の構造を変革しない限り、民主主義と人権の確立による部落民そしてすべての日本の労働者、農民の解放はありえないのである。部落解放運動は、すべての差別される人々（在日朝鮮人、アイヌ、東南アジア人、精神障害者、身体障害者）との連帯によってあらゆる差別を根絶することを要求しており、また差別を利用するだけではなく、外国諸国に帝国主義的政策（とりわけ経済において）を遂行している、現行の保守党政府のやり方に抗議することを目的としている。少数民族の闘い、アジア、アフリカの植民地解放、民族独立の闘いとの連帯を堅固にすることもまた、必要であろう。」（土方鉄）

引用した土方鉄の文章はマリ＝ジョゼ・バルボ『知りたがらない日本人――フランス人のみた部落問題』（柏書房）からのまご引きで、海外向けの雑誌『ＲＯＮＩＮ』に発表されたものだ。マリ＝ジョゼは、解放同盟と対立するヨヨギ党側の見解を知るべく、京都府委部落問題担当の鈴木という人物に会って、次のような意見をきいたと彼女の本に記している。
「日本社会は、旧来の身分制が、フランス、イギリスほど重要でない階級社会である。部落差別を人種差別と呼ぶのは誤りであろう。人種差別は世界中至る所に見出される現象であり、一方、部落民の問題は時代の遺物であり、少しずつ消滅しているものだからだ。」

これはまるでちがう。この見解がヨヨギの七〇年代段階の部落問題理解を代表するものとみなすが、この見解は、朝鮮人差別は部落差別を憑代にするという岡庭昇や俺の認識とはまるでちがう。

合衆国における黒人問題・プエルトリコ人問題・メキシコ系住人問題・インディアンの闘争の問題・フランスにおけるアルジェリア人労働者問題、英国におけるカトリック系アイルランド人問題・カリブから来た黒人労働者問題、オランダにおけるモルッカ人（インドネシア系）問題、東欧を含むヨーロッパ全域のユダヤ人問題と西洋世界の自己疎外形態としてのイスラエル問題、東欧を含むヨーロッパ全域のジプシー問題……これらは日本における部落問題とおなじカラクリである。地球のある地点では、人種差別としてあらわれ、あるいは民族対立・少数民族差別としてあらわれ、あるいは宗教対立としてあらわれ、あるいは合衆国におけるインディオないしヨーロッパにおけるジプシーの如くおよそ異質のものの文化対立としてあらわれているものは、帝国主義の矛盾の諸表現なのであり、搾取・差別・抑圧する者とされるものの激烈な闘争である。時間的にもそうだ。ユダヤ教徒とキリスト教徒の対立は二千年前にはじまっている。シオニズムは「古代遺制」として消滅するものか。オランダにおけるモルッカ人の闘争は昨日はじまったばかりだ。太平洋戦争時、モルッカ人を独立させるという約束で抗日協力をとりつけたオランダ政府が、戦後、約束を反古にしたところから始っている。昨日始ったものはスー族インディアンの主権回復闘争であり、カリブ海黒人の英国内反乱であり、アマゾン奥地のインディオ反乱であり、ヨヨギにはお気の毒ながらアフガン遊牧民の対ソ反乱であり、これから始まりそうなものは合衆国におけるベトナム難民反乱であり、南アにおけるインド人労働者、商人の闘争であり、インドにおける反カースト宗教反乱であり、イスラエルにおけるシオニストと反シオニストの闘争であるかも知れず、南米全域におけるインディオの闘争であり……、等々である。

帝国主義の反人民性は、理由と根拠を選ばない。人権差別、身分差別、民族差別、宗教差別、職業差別、二千年前の宿縁だろうと封建遺制だろうと、〈帝国主義の前に差別は平等である。〉

帝国主義的近代は、かつてそれぞれの国、それぞれの地域で、それぞれの軸で行なわれていた差別の、地球的規模での集成の時代である。したがって帝国主義の打倒は、人類史における反差別闘争の最終段階である。

六〇年代にあってはヨヨギ党は部落解放闘争に関して国内的に誤っていたが、七〇年代と八〇年代にあっては、国際的にまちがっている。「……人種差別は世界中至る所に見出される現象であり、一方、部落民の問題は時代の遺物である」だって?

解放同盟の文書とヨヨギの見解とを対比させて明瞭に分つ点を箇条書しておこう。
(1) 六〇年段階にあって部落解放運動が連帯すべきものとしてかかげられていたのは「農、漁民、青年、勤労市民、婦人、知識人」などであったが、土方論文では「在日朝鮮人、アイヌ、東南アジア人、精神障害者、身体障害者」と、階級ないし階層をしめす語よりもさらに具体化している。
(2) この具体化は、列挙の綱目を細かくしたということではなく、七〇年代を通じて解放同盟が共闘したグループないしは地区の生活で接触のあった人々である。
(3) 差別の一国的構造の分析から、帝国主義総体における被差別とは何かという視野にすすみ、自国帝国主義の差別の根源を打倒しないかぎり、部落民も海外の労働者人民への加害者になるという思想があらわれている。
(4) その思想は第三世界に達し、部落は日本内部の第三世界であるという認識が生じつつある。
(5) これに対してヨヨギは「封建遺制」にしばりつけられたままである。
ここで独自に「封建遺制」の問題を検討したい。現代社会の具体性が、解放されるべきもの、あるいは共闘すべきものとして次のような人々を登場させてきたら、どうするか。「ルンペン」「難民」「じゃぱゆきさん」「露天商」「行商人」「オカマ」「混血児」「暴走族」「非行少年」「受験浪人」「下層芸人」「過疎地の老人」「都会のアパートに二人だけで住む老夫婦」「寝たきり老人のいる家庭」「公害患者」「性倒錯者」「犯罪者」「ヤクザ」……。

これらが階級なのか階層なのか身分なのか状態なのか、帝国主義にきいてくれというよりない。それらは帝国主義下の市民社会に存在し、かつ再生産されるものである。このうち「封建遺制」的と見えるもの、たとえば「ルンペン」「露天商」「じゃぱゆきさん」「下層芸人」「オカマ」等についてはどうか。

「ルンペン・プロレタリアート」――『共産党宣言』にはこの階級は旧制度《アンシャン・レジーム》の残滓と規定されているが、今ではあてはまらない。ルンペン・プロレタリアートは第三世界の土地なき農民の常態である。それはゲットーの慢性失業者に似ている。どちらも帝国主義の産みだすものだ。

「露天商」――テキヤと博徒は明確にちがうものである。それを総称して「ヤクザ」と名づけるように権力は誘導し、市民社会は露天商人を排斥していく。そして旧来の露天商を排斥したあとに、あるいは囲い込んで露天商めいたものを大資本は再生産する。勧誘員、アンケート屋、歩行者天国のデパート出店まで。封建遺制でわるかったね。俺は露天商、テキヤが神農復活宣言をしてくれることを希望する。たとえばこんなぐあいに――。

われわれは大道に生きる自由の民である。道は町と町を結び、村と村を結ぶだけのものではなく、道こそ天と地を結ぶ本来のものであり、都会や村は道のかりそめの交点にすぎない。人は古の聖賢の徳をたたえるが、それでは中途半端である。信義は人のみならず禽獣草木に及ぶ神農の訓えこそ、桃源である。われわれ神農の徒はいまだ古代の無政府共産の記憶をとどめている。われわれは過去であり、かつ未来である。

「ヤクザ」――ヤーさまについては省略する。しゃべり出すときりがないからだ。「理非を問わず、おかくまいいたしやしょう」。これがヤクザのあるべき姿である。

「下層芸人」――昔日の大道芸、放浪芸ではなく、ここでも、それらを放逐しあるいはとり込んで、芸能産業と性産業が大量の下層芸人をつくりだしてくる。「タレント」であり「ワンサ」であり、いったい何種類あるかしれない「モデル」であり、宴会芸人等である。かれらは角兵衛獅子のように「封建的に」つくられるのではなく、まさに産業社会がつくりだすのだ。朝倉喬司の報告を引用しておこう。「家電業界の行きづまり打開の花形商品のビデオ機器の普及に隠微な形で裏ビデオが利用されたからといって何の不思議があろう。(中略)性産業はほんらい、合法非合法をとわず、産業・市民社会に順接され、その膨化に奉止されるようなものとして進展してきたのである。だからこそ、市民社会の表層に漂う『ふつうの女の子』たちが、自分の性を切り売りするのにためらいをもつ必要もなくなったのであり、彼女らの姿態を見て、高度成長期を〝モーレツ〟一筋にやってきたサラリーマンたちは『みられないはずのもの』に心躍らせるというわけだ。歌舞伎町の街路で風にさらされた『わいせつ物』がいったい何の〝末端〟かといえば、産業・市民社会のそれとしかいいようがないのである。」(朝倉喬司「新宿警察署留置場日記1」、『続・犯罪風土記』秀英書房)

「娼婦」――前項と同じ。さらに東南アジアからの〝じゃぱゆきさん〟がある。

前項で朝倉喬司が活写した「ふつうの女の子」相手の性処理と「じゃぱゆきさん」相手の情事には官能の相違があるはずだ。「じゃぱゆき」さんは帝国主義的に官能を満足させる。公害企業を海外におしつけることと廃止された公娼制度および蓄妾制度のかわりに海外売春ツァーに出ることは相似の帝国主義的感覚である。金で貧しい女を姦すること、それが「ふつうの女の子」相手の性処理と異る。

「オカマ」――日本伝統の衆道（男色）の正統の流れとみなすべきであり、したがって「男娼」と理解すべきであって、「ホモ」と理解すべきではない。オカマは倒錯の顕在的なものだ。意志的に世を捨て、表側の社会を捨て、女装するものである。オカマは解放されねばならない。

以上みたように、露天商をヤクザと同一視させて危険視し、芸人から輝く芸の力を奪ってタレント化し、公娼制度および蓄妾制度は貧しい国の女に肩がわりさせて市民社会の末端でつまみ食いをし、オカマをホモにすりかえる、という傾向には、身体性から遠ざかって官能を漂白化しようとする共通した傾向がある。以上述べた各項目の大半については、「ルンペン・プロレタリアート」の項目をのぞいて、近代的に漂白された変種よりも封建的な原種であったほうがいいのであり、かつその〈封建遺制のよさ〉を、ヨヨギのみならず大方の左翼は「ルンペン（浮浪人）」なる階級規定に放り込んですまし顔をしているのである。

そのようにトロツキストは――残念ながらすべてのトロツキストではなく、俺みたいな珍種はだが――ノスタルジーの領域でも永久革命論を適応する。かつては共産党員にも行商人や娼婦や芸人にたいするみずみずしい感受性を有する作家、エッセイストたちがいたのだが、それらが除名、追放されてしまったのちの「封建遺制」という感覚は、ようするに党官僚たちの封建遺制への恐怖にほかならない。人種差別と部落差別（身分差別）は別だという感覚もその恐怖の〝国際版〟である。人種差別への反撃の激発地点は武装闘争をやっているところなのだから。

あらゆる種類の差別、あらゆる種類の抑圧についてわれわれが現実に見るものは、それが帝国主義の側から産み出されているということだ。大資本は儲るものなら何にでも手を出し、産業社会は利用できるものは何でも利用し、それが儲るものであり利用できるものであるならば、封建遺制であろうと古代遺制であろうと再生産し、一つの階級ないし階層ないし地位なりを商品としてすら生産するのである。階級なんだか状態なんだか趣味なんだかそっちで勝手に決めてくれというのはそういうことだ。

上から下へ、これが支配秩序の貫徹である。したがって、革命は下剋上である。上から下へ差別が再生産されてゆくかたちは、独占資本が人民階層を無数に細かく割り、支配と搾取と抑圧を貫徹してゆくかたちの古型である。

だから主体形成が必要なのだ。運動がヨヨギから離脱するときの六〇年綱領をいま一度ふり返ってみよう。

部落民には自民党支持者、共産党支持者、新左翼系支持者と支持政党は多様にあり、階級的にもルンペン・プロレタリアート（慢性失業者と言った方がいいかもしれない）から、プチ・ブルジョワジーまで、あるいは部落出身のブルジョワジーまでふくめて、なおかつ、個々の政治意識の相違をこえ、部落問題が労働者運動一般に解消されてはならない領域があった。

その独自性の内容が「差別」であるのは当然だ。「身分」と「階級」と、そのアポリアは六〇年にどう解かれたか。「労働者階級を中核とする、農、漁民、青年、勤労市民……」という表現がそれであった。

無数にこまかく割られてゆく被抑圧諸階級層解放の、その中心部隊がプロレタリアートであるのは正当である。プロレタリアートは自己を形化する階級であること、プロレタリア民主主義すなわちプロレタリアートは職種・人種・民族・国籍・門閥・カースト・宗教・信条等によって自分の階級内部で差別されない階級であること、それゆえ革命的である。そんな絵に描いたようなプロレタリアートはロシア革命の時代ならいざ知らず、今はいないって？　だから形成するんだよ。

同様に、部落解放運動の先端に立つのは部落のプロレタリアートだということも正当である。部落民はその政党支持において多様であり、階級的に多様であっても、なおかつ労働者運動一般に解消しえない核をもっており、その核を正面からひきうけるのは部落プロレタリアートである。かれらは搾取されているだけでなく、搾取され差別されているからだ。

じつにここから、部落のプロレタリアートこそ戦闘的であり、戦闘的でなければならないという実践的認識がひきだされるのである。この瞬間、部落差別は封建遺制であるからブルジョワ民主主義の枠内で解消しうるものであり、したがって部落闘争は改良闘争であり、基幹産業の組織された労働者《プロレタリアート》とその前衛に指導されるべきものであるということ、語をかえれば労働運動に従属すべきものであるというヨヨギの方針と激突する。

「……の残滓」「……の指導のもと」「……に従属する」。じつにじつに、このスターリニズムの人をたばかる言辞は、俺がもの心ついた六〇年安保のときから腹がたちっぱなしの代物だった。日本には非民主的要素がたんとある。ありますな。それは封建的残滓ないし遺制であるから、民主化運動をやれば消えうせる。民主主義を守り育てるのは、労働者階級の前衛たるわが党だ、云々。このときヨヨギは戦後社会の封建的要素が、高度な独占資本支配と矛盾しないばかりか、独占資本を成立させる必須の前提であることを見ぬけなかった。その結果、日帝が復活することを見ぬけず、安保改訂を対米従属の強化としてとらえ、反米民族民主統一戦線と戦略方針を出した。そのような「プロレタリア階級の唯一の前衛党」を公然と批判し、行動を開始したのは全学連であった。安保改訂は生産の合理化、貿易の自由化と三位一体の日本独占資本の政治路線であり、日米が協力しあって帝国主義支配を強化するという日帝復活宣言であるから、したがって、安保闘争は反独占プロレタリア革命でなければならず、日本社会の封建的要素を打倒する民主主義革命の要求も、プロレタリア革命のもとでのみ達成できると方針提起し、行動した。どちらが正しかったか。三つだけ言っておこう。

第一に、安保闘争における独占の勝利後、日帝はただちに韓国、東南アジアへの経済侵略を開始した。

第二に、「プロレタリアートの唯一の前衛党」の画策を突破して街頭に出た学生のナマの肉体に、身体論が宿ったのである。

第三に、すべて六〇年代以後の本質的な闘争は日共をふり切ってはじまったのである。

まさに「封建遺制」という語は、ブルジョワ革命、しかるのちにプロレタリア革命というスターリニズム二段階革命論の、反革命性の心臓部をなす概念だったのである。

10　かつて谷川雁は語った

部落問題は地方的《ローカル》な現象だとする意見については、逆に、東京だから見えにくいのだろうと言えばいい。谷川雁一九六三年の「無の造型　私の差別〝原論〟」は、いかにして見えなかったものが見えるようになってくるかという、魅惑的な論理とイメージで、東京オリンピックの突貫工事がつづくざらざらした東京を吹きぬけていった。

……私の生れた町には、いわゆる「部落」は存在せず、中流以上の暮しをしている肉屋や靴屋が散らばっているだけだったからだ。そのかわりにもっと広い意味での差別が豊富にあった。まず、かなり古く沖縄の糸満漁夫が北上して定着したとみられる海辺の部落。ここは貧乏で、髪の毛が縮れていて、奇怪な単語——沖縄方言を祖語とする——をしゃべるから、異族であった。河っぷちの低地にいる二、三の朝鮮人家族は、堀立小屋に住み、「洗面器と便器をいっしょくたにしている」から、異族であった。山峡で竹細工を作っている箕作りの世帯は、「竹でも薪でもどろぼうして恥じない」から、異族であった。湖水のような天草の海をへだてている天草人は、さつまいもと鰯を常食として米を食べないのと、語尾に変な抑揚があるから、異族であった。境を接している薩摩人にいたっては、ルールのちがった風習とねっとりしすぎる好尚と奇妙な団結力とわけのわからない尻上りの言語のために、「あばら骨が一本足りない」のであった。洋妾《らしゃめん》出身はどれくらい金を持っているかわからないし、癩病は名門の家にまだ「なまなましい」から、かれらもぶきみな異族だった。つぎつぎに美人の姉妹がうまれて男たちを狂わせる貧しい家系も異族だったし、そのほか種ケ島からきたキリシタン、隠亡、活動弁士、はじめてがたがたのフォードを買った男なども、しだいに薄れたり、新しく芽生えたりする差別の対象であった。

この美しい文章はなんだろう。俺はポルトガル的だと思う。ファドの名曲「河辺の女《ひと》」、アマリア・ロドリゲスの歌っているやつだ。「ファド」とは宿命の意であって、リスボンの港に流れついた各国の舟乗りたちが、おのが運命をかこって唄ったものが民謡ファドになったといわれる。その曲や、ブラジルの旧都バイーアの漁民たちをドリヴァル・カイーミが唄う古いサンバの伝承「漁夫たち《ピスカドーレス》」

を俺は思い浮べる。老いたる漁夫は、筏にのって、海老とりに出かけた。嵐になった。漁夫は海神イエマンジャに召された。そして、また海は凪《な》いだ。

しかし谷川雁の描き出したものは、ポルトガル語が話される海辺の町ではなく、彼が育った熊本の町なのである。海が裂ける。人一人を呑みこむ。そしてまた凪ぐ。その静けさに恐しさがある。さまざまな異族たちがいる。兵士たちを送り出したあとの町のように静かである。ここから、どのようにして差別が生れるのか。「差別は厚い緞張のようなものではなく、軽い紗のような幾重ものすだれとなって、猫のひたいほどの土を付切り、それを一つ一つ意識しながら、人々はゆききした。(中略)差別は決裂の原因というよりも、決裂のあとでそれをなっとくするための説明として、また決裂のまえにもしかするとそうなるかもしれない危険を予想して、そのとき当惑しないための予防として用いられる傾向の方が強かった。岩のように固定しているのではない。この種の感性的な排外行為をも差別にふくめるとすれば、町中は蜘蛛の巣のように八方から集ってくる、絹糸よりも細い差別の糸によって編まれた、共通の広場を持っているのだった。」

これは村か、町か。町である。谷川雁の美しい文章が描きだした異族のいる地帯は、なにか普遍的な零囲気をもっているために――これをポルトガルかどこかの、外国の物語ではないのかと感じることも、彼の文章の普遍的な零囲気に負っている――「永遠の東洋の村」と錯覚させるかもしれないが、これは町である。村ならば、農民の非農耕者への異族視は「岩のように固定している。」これは谷川雁が「十歳になるかならないかのとき」、つまり昭和十年前後の熊本県の一都市であった。それは、「差別の種子が胚胎してはほろび、また連合する南九州のかたすみ」の町である。

ここに鍵があるのだ。村でもなく、東京でもない。東京には差別の種子が砂嵐のように外側からやってきて、定着するひまもなく、次々に磨耗してしまう。江戸の名残りにとどめをさしたといわれる関東大震災による壊滅。旧市街地の大半を焼失させた空襲。大疎開。戦後闇市。復興。高度成長下での人口の異常集中。ここでは差別がすり減る。だから東京では極端なイデオロギー的外被をもって、おれは被差別者である、おれは回復されるべき権利を有する者であると主張しないと、問題の核がすり磨らされる。まったく逆なのだ。

一千百万人という人口はおそろしい。個人は粒子である。地縁、血縁、門閥などがきれいに解体されて、個人という粒子になり、個人がさらに解体されて、二〇人か三〇人の私的グループになる。個が類に解体される。逆説ではない。それは砂漠のよさである。

村でもなく、首都でもない、地方都市に「差別の種子が胚胎してはほろび、また連合する」のであり、そのように差別は凹部をなして内発するのであり、それを谷川雁は「差別が豊富にあった」と表現したのである。「豊富」という一語はよく選びぬかれたものである。

さまざまな異族が共生し、さまざまな異族の間に細い絹糸のような差別の繊維がかけられて、全体が紗につつまれたようにふんわりとからまっている状態、ここに機が一つうちこまれたときに、「豊富」さが作動するはずだ。

島原の乱で、一人だけ死なずに生残った男がこの町にやってきた。という楔がうちこまれたなら、この町は貴種流離譚か、伝奇物語かを一挙に析出させるだろう。もっとロマンチックにやろう。この町にメルキアデスの率いるジプシーの群が訪れると、『百年の孤独』になるのだ。

特命をおびた支那の密使が町に身をひそめているという噂でもあれば、時は満州事変直後のはずだから、この町はまた別の物語をうむだろう。私刑が行なわれるかもしれない。そして、「あれ」があらわれたのである。

たぶん私が十歳になるかならないかの時であったろう。突然、「あれ」がこどもの世界に侵入してきた。そいつはまったくいま考えても純粋きわまる「あれ」だった。小学校の便所に「あれが出る」というのだ。それはいったい何物なのか、河童なのか一寸法師なのか、幽霊か化物か、だれもわからなかった。（中略）何週間か経つうちに、「あれ」はいつのまにか「これ」に変っていた。こぶしをにぎり、親指を一本だけ途中から曲げて突き立てたのが「これ」の象徴的な表示であった。

では「あれ」は「部落民」か。俺はちがうと思う。谷川雁論文は、反ヨヨギ左翼が部落問題に着目しだす以前の――というよりこの論文が契機となって部落解放同盟の活動に反ヨヨギ左翼が注目するようになったのだが――、きわだってはやく、きわだって深刻な洞察であったから、「あれ」は「部落民」のことであると疑いもせずに読まれ、今でもそう理解されている。俺はちがうと思っている。「あれ」の実体はわからないのだ。だから論文名は「無の造型《プラズマ》」なのである。谷川雁の育った町には、集団ではなかったが部落民はいたし、山窩系の人々はいたし、朝鮮人、糸満漁民の裔、隠れキリシタンの裔はいたのである。あえていえば、夕暮れ近く小学校の便所で会った少年がみたのだから、「あれ」は「狂女」「白痴」「フリーク」といった、外見的異様さで少年を驚かした個人だったのかもしれない。それはわからない。谷川雁の書いたとおり、「あれ」は正体不明である。

谷川雁の洞察が深刻なのは、正体不明の「あれ」が、部落差別に憑依したということである。「おそらく無意識のうちに、てのひらをひらいて親指を折る、あの『部落』民を表示しようとするしぐさと正反対の象徴が、そこで作られていたのである。鬱屈した塊が鉤のような形をとろうとする気配、やや陰惨なフィギュアのなかの笑いがある。」

そのことから谷川雁は、四本指をだらしなく開いたフィギュアと、四本をにぎって親指を立てる「やや陰惨なフィギュア」の対比に、「差別者のなまぬるい攻撃にふくまれる核と、被差別者のばねの利いた反撃のそれ」とを見て、独自の差別―反差別論を展開するのであるが、そのみごとな論理展開は、原文にあたられたし。

別の問題を出したいのだ。正体不明の「あれ」が部落差別に憑依したことはすでに述べた。では、なぜこのとき、この町に、「部落」差別が、小学校の便所でこどもをびっくりさせたような形で、やってきたのか。

やってきたのであって、生れたのではない、というのが俺の理解だ。どこから来たのか。東京からであると考える。

俺の推論、というより官能が告げるところでは、小学校の便所にあらわれた「あれ」は、関東大震災における朝鮮人虐殺の余波である。

村が町に自己疎外しているだけではなく、町は首都によって規定されている段階では、私的ないし風土記物領域で発生しまた消滅する差別感情、習俗等は、公権力に反射されて固定化、制度化されるのだ。それが中央集権だ。私的領域が国家に反射されて「公」となる。その内部では差別を磨耗させてしまう東京、あたかも日本の中のもう一つ別の国家ともいえる首都東京は、ただただツルリと存在することによって、地方に――お気に召すならローカルに――胚芽し連合し消滅する差別のサイクルに制動をかけて止め、制度化するのである。

首都で行なわれた関東大震災時の朝鮮人虐殺という「公的」な事件がなければ、「あれ」は地方都市の小学校の便所にはあらわれなかったはずであり、「あれ」は姿を消してしまったから殺されることをまぬがれただけであって、「あれ」の憑き代が部落差別だったということは、近代の内包するテロルなのである。小さな町の物語を、朝鮮人虐殺と二・二六の間の不気味なエピソードだと俺は考える。

11　洗骨の章

朝鮮人差別が部落差別を〝手本〟にして成立したものなら、在日朝鮮人・韓国人の主張と部落解放もまた連携しなければならない。このあたりまえの逆流をおこさないために帝国主義はさまざまの分断政策を行ってきた。

明治の中国人留学生、戦時、兎狩り作戦で日本国内に強制連行された約四万人の中国人に対しては、その迫害と差別は、被差別部落を憑き代とする形態をとっていない。留学生は客人として、俘虜たちは「敵国人」として、中国人は日本社会にあっては外国人である。

日本帝国主義はその膨張によって、国内と国外の植民地・勢力圏に次々と東洋の諸民族をひき込むにあたって、差別と迫害を、かならず各民族に差動させて適用したのである。作業現場では、朝鮮人を監督官にし、中国人を使役させるというように。その典型例が、石飛仁の徹底的な調査によって明らかにされた花岡事件にほかならない。鹿島建設正社員—大陸帰りの日本人臨時雇い—通訳・食糧係など日本側に寄添った中国人—国府軍捕虜—八路軍捕虜—一般農民—白痴。白痴の李担子《リタンズ》という少年は、死体を焼く役だったが、空腹に耐えかねて彼が同胞の肉を食べているのが見つかって、ついに中国人俘虜たちは反乱を起こした。日本敗戦の年、一九四五年六月のことだ。

いまかかげた花岡鉱業での上下関係は、現場で働くもの内部の上下関係である。「労働者」とくくられていい性質のものだ。そして帝国主義の差別・差動・分断の支配構造は、被抑圧者の連帯とか団結とかを入りこませないように、相互の憎悪と反目を組織していた。夷を以って夷を制し、貧者同士を相喰ませる、この構造は明治から現在まで変っていない。日本敗戦によって現出した闇市によって、はじめて、朝鮮人、中国人、台湾人が結合する緒についたばかりである。

では被差別部落の敗戦体験はどうだったか。一例をもってすべてを代表するわけにはゆかないだろうが、伊藤辰夫「部落解放の赤い旗」(たいまつ社・たいまつ新書38『戦後の青春6』)に見ると、戦時下、部落出身者は待避する防空壕も別だった。まもなく日本敗戦。「失業。外地からの引揚者、浮浪者の群、闇列車、『三国人と蔑み、差別された人々』が戦勝者となり痛い思いをさせられたのもこのころであった。」

対立があったのだ。帝国主義が被差別者間にもちこんだ相互差別は、また別の形で、中国人や朝鮮人が戦勝者になり、あるいは解放された側となって上に立つ、というかたちで再現されているのである。伊藤辰夫の文章は戦後史を裏側から照明する(表側は朝鮮戦争特需によるブルジョワジーの復活)すさまじい内容が述べられているが、ここでは、帝国主義は敗戦しても人民内部に分断支配の断層を残すということを確認して、ここまでにしよう。

この断層はどうなったか。部落差別に似せて朝鮮人差別が行なわれたというその亀裂の最深部はどう把握されたか。一九八〇年代になって、決定的な思想が生れた。『洗骨』である。この論争と対決のその後は詳らかにしないが、在日朝鮮人・韓国人と解放同盟活動家の間に正面切って論争が行なわれ、その内容が記録されたことは決定的な前進であると考える。拙書評を全文引用する。初出は『小説春秋』一九八三年十二月号拙稿「毒喰わば皿まで・最終回・洗レゥ骨ヲ」である。

本を手にし、表題を見て、厳しい日本語だとうけとった。「洗骨」というのである。ただちに一つの語と、古い写真とを連想した。骨噛みという語と、北海道室蘭イタンキ浜で発掘された中国人俘虜の白骨である。

「骨噛み」という語は、炭坑で死んだ坑夫の遺体をひきあげる際に仲間たちが、いまおまえ（遺骸）は何番坑のどの切羽を通過しているというように話しかけて鎮魂することばだともきいているし、ススキの根が石の下に埋められている骨をがっちり噛みこんでいる状態だともいう。詩を引用しよう。

鳥が舞いおりる
小さな鳥が
白じらした朝の葵の花に
皿の上に
こぼれた刃の上にも小さな鳥が

金芝河だ。第一詩集『黄土』のなかの「雨」という作品、その書き出しの五行である（渋谷仙太郎訳）。いまの日本の詩人にはこれほどの緊張感をえがきだせる者はいないだろう。「洗骨」という文字を見たとき、これは朝鮮民族のものだなと直感した。

そのとおりだった。これは在日朝鮮人が日本左翼運動の腐った土性骨をぶちのめしてくれる書だった。書誌を紹介すると、『洗骨 개골――10・24反戦反核大阪五〇万人行動〝侵略と差別に反対する広場〟の民族問題』、一九八三年八月、洗骨刊行委員会編、連絡先、東京＝麴町郵便局局留〒一〇二、大阪＝城東郵便局私書箱四八号〒五三六、頒価二千円、である。

発端は、金幸一という人物の怒りにある。彼は第二メイン会場の運営委員として「侵略と差別に反対する」集いに参加していた。五〇万人の人が集った反核・反戦集会に、「侵略と差別に反対する」というテーマを公然とかかげ、運営委員に在日朝鮮人が加わることは高く評価できる。企画の中心にいたのがＴＫという人物。彼は部落解放同盟大阪府連の若い活動家で、優秀な人材のようだ。彼は第一会場より第二会場の方を盛り上げるべく努力していた。朝鮮人、中国人、台湾人、ミクロネシア人が参加する第二会場のほうが運動として気合が入る。ここが五〇万人反核集会の深部たりうる。

ところがその準備会の席上でＴＫが金幸一に無礼な言を吐いた。朝鮮人舞踏手に反豊臣の踊りを踊ってもらえまいか、踊れないというのなら踊れる人物にかわってもらう、「これは教科書問題で言ったら命令です」。

これは次の諸点で暴言である。

①金幸一は運営委員会決定によって姜輝鮮という舞踏手に出演交渉をし、舞踏手の応諾を得ているのに、企画上層部の思いつき一つでコロッとかえるわけにはいかない。

②運動は自由参加であるから、そもそも命令などというものはない。

③どのような踊りを踊るかを、朝鮮人が日本人から指定される筋合いはない。

姜輝鮮の文によれば、反豊臣の歌と踊りというのは、「カンガンスゥオルレー」（強羌水越来）、豊臣軍の侵略をうけた朝鮮民衆が挙げて自軍を鼓舞したものである。全羅道民謡の「ケジナー・チンチン」も抵抗歌であり、加藤清正が来た《カドン・チョンヂョン・オネー》の転訛だという説をきいたことがある。それとこれとは話が別だ。大阪城築城四百年祭をひかえている。朝鮮人は豊臣秀吉を憎んでいるだろうから、反豊臣の踊りをやってくれ、と日本人がかれらに強請するのは、民族の芸術への侮辱である。

――この点、内省してみた。俺は艶歌朝鮮起源論者である。一九三〇年代、日本の植民地（日帝はもっと露骨に「属国」という語を用いたが）朝鮮で、民族文化を否定された朝鮮民衆と、朝鮮に渡った日本人下層との近親憎悪的な接触によってできた流行歌が艶歌だと考えている。この考えは韓国の音楽家から否定されたことも、肯定されたこともある。肯定されたとしても、あなたは艶歌の本場の人なのだから艶歌をうたって下さい、という言い方はしたことはないはずだ。『洗骨』ではこの問題は十分追及されていないが、自民族文化への他国人の干渉→命令、というのっぴきならないつらなりでやられたために、金幸一はがまんがならなくなったのではなかろうか。

④そして「命令」だ。冗談のつもりだった、その冗談があなた個人を傷つけたのならあやまる、ではすまされなくなった。

ＫＰという人の発言を引く。「あなたの運動の過程のなかで、敵の使う論法を自分らの論法で巻き返す比喩のあり方で、僕はそんなに悪意で言われたことじゃないと、もちろん思います。」しかし教科書問題で、朝鮮人が激昂し、ことに在日朝鮮人・韓国人が神経をとがらせているおりに、比喩としても、「教科書問題としていえば命令だ」という言い方をしてはいけない、反省しなさい、と。

ここまで見ぬかれているのである。在日朝鮮人は、日本人左翼の発想を、政治運動のレベルから冗談のいいかたまで知りつくしている。日本語でも日本人が負けているのである。

ここまで見とおしている相手に、自分の発言は、あいてがそうひねくれてうけとっているのではなく民族侮蔑なのか、とハッとするような感受性をもたないＴＫはよくない。

ＴＫは本質的に誤解している。それは在日朝鮮人・韓国人の存在を、「一緒に日本の民主化をかちとっていく仲間」だと考えていることであり、したがって日本の民主化のための補足的なグループだと思っており、住宅問題だとか反差別闘争だとかの問題で、解放同盟が朝鮮人を組織し指導していると傲慢に思いこんでいることだ。これはちがう。在日朝鮮人・韓国人は日本人ではない。外国人である。だから本質的な指摘はもっぱら朝鮮人の側から発されている。これも引用しよう。

「宋信斗　朝鮮人は日本の革命をするつもりはないし、日本人は日本の革命をやったらいいんです。朝鮮人は朝鮮の革命をやったらいいんですわ。それが基本的な見解です」

かれらの闘争は抑圧されている民族の闘争である。抑圧している方の民族が日本人である。本質がちがう。本質がちがっていて、かつ解放同盟と朝鮮人とが住宅問題や職場での差別待遇問題で共闘することのいささかのさまたげにはならない。

「生活権にたいしての問題意識をもち運動してゆく時に朝鮮人と日本人の共闘は決して無益なことではないでしょう。部落民が日本の内部問題として、自らの解放運動に取り組んでこられることについて、その正当性は揺らぎません」（金幸一）

引用した箇所は朝鮮人出席者とＴＫら日本側が直接議論して日本側の答えが出ず（決裂といっていいだろう）後日の会議を開くにあたっての招請状からのものである。ひらたく言えば喧嘩別れののちだ。その文章が堂々としたものだ。「無益なことではないでしょう」「この正当性は揺らぎません」。自分がこういう安定した日本語をかけるかどうか自信がない。もっと観念的で、騒々しいことばを発してしまうかもしれない。在日朝鮮人や中国人の方が、日本にあって、存在感の深い日本語をつかっている。

なぜ「洗骨」という厳しさのある語を選ぶかわかるような気がする。筋を分け、骨を洗うようにして、運動の曖昧な部分、なあなあの部分、日本人左翼であるがゆえの甘えた部分を指摘していく。

また、後日の会議に出席した中国人林歳徳の発言には、「整風」という語を感じる。TKは八尾市の市職員採用規定（朝鮮人非採用）をひっくり返す運動をやった男だ、日本人であれまでやれる人物は少ない、彼を追いつめるな、逃げ路をあけて、殺さずに活かせ、という林発言には、いかにも中国人らしさをおぼえる。

それらにくらべて、おもわず「糾弾」という語を出してしまった日本人出席者のいやらしさよ。会議で、同席した琉球人にその語の軽さをとがめられて当然だ。「査問」「糾弾」「総括」――どれもつるしあげめいたいやな語だ。傍観者的な立場で「糾弾」という語を吐いた日本人よりも、読んでいて、当事者のTKのほうに、よくも悪しくも日本人を感じた。いやになるほど日本人だ。金幸一に対して、あんたが在日朝鮮人全体の意見を代表しているとは思わないというツッパリかた、あなたの個人感情を害したなら謝るが、底意はないという弁明のしかた、俺を支持する朝鮮人もいるぞとはじめ無意識的に、しまいには意図的に他民族のなかに対立をもちこんでしまう奇妙な政治性――おお、我が同胞よ。全体にゆるめな日本人のなかで、女優馬淵晴子が背筋をのばしている姿が印象的だ。

これは猫なで声でない国際会議だと思う。地味だが、ほんものの討議の厳しさを味わわせてもらったというのが読後の感想。

なお巻末に金里博の詩「洗骨」が付されている。本を手にとったときの、厳しいことばだなという印象はあたっていたが、それでもまだあまい、とつきはなされるような手ごたえだった。

まさに身体論は骨を洗うところまでつきすすんできた。身体論を哲学一般や、身体現象論としてではなく、差別への言及なしに身体を論じる要なしと岡庭昇が方向を提示したとき、われわれの考察はここまで来なければならなかった。

身体―官能―欠損―身体的欠損と賤視とを二重化されて陰険に表明される部落差別―部落差別を憑き代とする近代の朝鮮人差別―帝国主義における差別の体系的完成というのが全体の背骨であり、岡庭昇はそれを社会生活の箇所でぶつかる個々の例、個々の言語を、自らの官能を内省するというまさに身体的方法で追及した。そして彼は、差別の史的起源の仮説にすすむ。阿部謹也によるヨーロッパ中世史研究の、ヨーロッパ中世においても刑吏と皮剝ぎは賤業とされたという瞠目すべき実証に拠って（日本における殺生戒が俗説であることが実証されたのである）、洋の東西にわたる〝普遍的〟な差別の根拠を問いかける。肉食のヨーロッパ文化にあってなぜ動物の解体が賤視されたかと考えると、肉食があるがゆえにますます、「牛・馬・犬は人間の身体の概似物なのだ。人間の身体そのものが禁忌であり、その浮上・露出が差別の名において弾圧・排斥されているがゆえに」その概似物である動物の「死体処理が賤視された。」（一八一ページ）

この断定はまだはやい。日本とヨーロッパにおける共通因子が発見されたにしても、この両地域の類似性はむしろ特殊性ではないのか。東洋には中華思想とインドのカースト制というとほうもないものがある。

野間宏・沖浦和光『アジアの聖と賤』は、〈浄・穢〉対立のインド型と、〈貴・賤〉対立の中国型とのきわだった相違を分析している。それはヒンズー教を思想基盤とするインドと、儒教を思想基盤とする中国との聖・賤意識の相違でもあり、インド的概念にあっては、穢れというのが差別観の中心にあり、動物の屠殺と解体を職業とする賤民たちは触穢という宗教的意味づけによって、人間外のもの、現世においても未来においても救済されざるものとして絶対的差別のなかにおかれていることにたいして、中国ではそのようなことはなく、貴と賤の別であって、賤は宗教的に意味がかけられたものではない、という理論が提出された。「貴」は貝が大という意味であり、「賤」は貝が小という意味だ（つまり㊎と(ピ)）という語源論も面白かった。いかにも現実主義的な中国人の発想をしめしている。また、中国の律令制をお手本にした日本の古代国家は貴賤の別も中国式であったが、時代が下るにつれてインド型に移行するという把握には快刀乱麻の観がある。仏教の殺生戒の原型をインドの実地調査とカースト制度の思想的解明に求めたこの本を、岡庭昇も高く評価しているのではないか。さらに言えば、死者に対する恐れから触穢の概念が分枝してきたことに対し、それは死者への愛惜と恐れという人間感情の両面を一方的に裁断したもので、人のいやがる死体処理を賤民にやらせて自分は手を汚さないバラモン的特権意識こそ非人間的なものであるという野間宏の思想は、禁忌の根源は死者への恐れではないか、と思っていた俺なども反省を迫られた。

　差別の究極的な根拠は身体そのものであるという岡庭昇の確信に否をとなえる理由はなにもない。俺もそう思っている一人だ。ただ各民族、各社会に共通する一般パターンを描きだすことは時機尚早と思うのだ。

　過渡的な状況論として言えば岡庭の問題提起は、八〇年代中期に、アカである彼が身体論を徹底的に凹ませて、差別と身体とが密通している秘められた現場にかくまでも官能の触手をさしのべているというだけでも大いなる収穫である。それは資本主義を身体深奥にひきずり込む思想的焦土戦術になっている。

さて、鋭い反撃の方法として刺青を語るべきときがきた。一サイクル十年前、刺青一点で徹底的にとがらせた松田修の理論が、凹と凸、雲と龍の呼応の如く、再浮上してこなければならない。

12 身体論への刺青の貢献

「人間の体の自然に順う諸芸術と、人間の体の自然にあらがう芸術―刺青がある。」

もう最初からちがう。すべての芸術vs.刺青だ。したがって刺青は芸術の中の芸術だという信念が最初から述べられる。これに対して岡庭昇の刺青観は「……〝異貌なもの〟を見る体質の緊張がこめられていたはずである。それは遠い記憶なのだ。むろん、いまみずからにわざわざ欠損を実現する人間はいないにせよ、しかし刺青はなお健在である。」（一〇一ページ）

刺青では全然かなわない。刺青は欠損ではない。過剰である。岡庭昇よ、俺はあなたの本への長尺の書評の最後に、いちぢるしくバランスを損うのは承知で、刺青論を置く。原理を尊ぶゆえに官能的でない序論を置いた貴著と、官能のざわめきを吐きだすためにエンディングに尻デカの刺青がくる拙書評の、たがいにとってのたがいの過剰と欠損よ。しかし、これでいい。ホモが刺青して革命をやれば最高、という一行のテーゼのために全業績を捧る偉大なる偏美学もわれわれの前にはあるのだから。松田修にもどる。

「日本刺青史の行間は、刑罰と賤民差別というもっとも暗い機能によってほぼ満されていた。」高山純『縄文人の入墨――古代の習俗を探る』（講談社）が紹介される。

俺も刺青に縄文帰りを感じた一人である。三代目彫よしが女優花真衣に楠胡麻姫の刺青をほどこす作業現場を見せてもらったとき、下絵を肌に描かず、ぐいぐい彫り進める力に縄文的なエネルギーをおぼえた。ドキュメントは後段に提出する。

まず縄文人の入墨が存在する。そこへ大和朝廷の権力がおおいかぶさったとき、入墨は蛮賊のしるしになるのだ。松田修は『日本書紀』から、「墨＝ひたひきざむつみ」（額部に入墨する罪）、「黥＝めききざまる」（目裂き。眉間を黒くすることではないかと思うが）の二文字をひきだす。これらは罪と賤視であり、不具癈疾、不浄、不吉、呪詛の「負の面においてのみの機能」である。しかし同時に、めさききざまれた異貌は邪神としての畏怖をともなった聖別の反面もあったと述べられる。これが古代の入墨である。

「ともあれ、この転落の集団表象 representation collective としての古代刺青が、なぜ、いかにして、記録の上から、杳として姿を消すのか」。律令制の五刑に黥刑がもれ、火印、焼印にかわられたこともその一因だろう。古代賤民制の律令国家への変質と崩壊が真因だと分析される。そのように古代刺青は姿を消し、中世には刺青はない。

そうなのだ。言われて初めて気づくのだが、斉藤別当実盛が熊谷直実に討たれる際、さあ殺せと片肌ぬいで刺青をしめすような美意識は『平家物語』のどこにもない。（耳なし芳一の物語りは刺青史の中間的エピソードになりうるかどうか、そのうち松田修にたずねてみるつもりだが。）中世末期人の意識構造でも、琉球人の刺青は、日本の鉄漿《かね》、歯黒に比較されていることを浄土僧袋中上人の見聞録に実証され、琉球人の入墨は「針衝《はずき》」と記されているという。キリシタン宣教師たちの詳細な日本ルポにも刺青の記述はない。つまり日本中世人は刺青を知らなかったことが語られる。このあたりの立証はれいによって精緻をきわめる。

　ではなぜ近世になって刺青は復活したか。美によってだ。ここからますます松田理論の独壇上で、『陰徳太平記』（中国地方の戦乱を扱った文献で松田修がしばしば言及するもの）巻七三、「大和大納言殿九州下向附薩摩附勢内退散並耳川ノ城高城両処合戦之事」に、はじめて二の腕の文字彫りが出てくる。天正五年（一五八七）二月十七日、上方勢に圧倒されて、島津家久以下二万の勢のうち、討死した五百余人は、歳久の子三郎兵衛忠親をはじめとして「二の腕に何氏何某、行年何十歳、何月何日討死と黥して」いたと記録される。「onomatologie としての刺青、すなわち刑罰外、賤徴外の刺青の、それはきわだって早く、きわだって美しい開花であった。」「さればこそ、上方勢は刺青こそが、もっとも本質的なかぶきわざ、かぶき行為であることを認識したにちがいない。」

　若武者先駆性理論だ。松田修は、明日は討死と覚悟したときの若武者たちの一夜の情景を思い描くのである。二の腕に刺青する者は他人である。信じあった友同士が相手の腕に相手の名を彫り込む。かくしてこの瞬間、刺青の善たるものと美たるもののすべて、心中、男色、他界への飛躍、誓い、ちぎり、異化、勇気などのすべてが萌芽したと断言される。「刺青史的空白に突出した黄金の楔は、一六世紀における唯一の、むしろ例外として処置すべき、存在証明《アンチ・アリバイ》であった。」うーむ！

　そして刺青は〝かぶきの時代〟に花開くのである。信長から徳川三代家光までを〝かぶきの時代〟と彼は名づけ、この時代に二世池坊寿好の立華も、千宗易をはじめとする茶の湯も生れ「花を飾り花を愛すること、たかだか茶を点じて、茶を喫すること、まさに文字通り日常茶飯事が、強烈な個性の眼によって、解体され、選別され、計算され、再構成される。」中世から近世への大過渡期たるかぶきの時代にあって、かぶいた表現の諸神が幕藩制の確立とともに次々に禁圧され、沈黙させられていくなかにあって、ひとり刺青のみが前衛であり、「天正の戦士の刺青」の黄金の楔から、衆道と男伊達の威嚇の異風に受けつがれ、馬追、中間、船子たちの「虚用の刺青」すなわち「賤からの離脱の可能性を刺青によってさわやかにとざす今一つの美のにない手たち」にさらにひきつがれ、享保五年(一七二〇)吉宗時代の近代刑罰体系に黥刑が復活するにおよんで、賤別と罰とをよびこんでおとろえるどころかますます炎を強めてそれが「刺青芸術開花の日だったという逆転」をやってのけて、禁圧されれば、「一般社会にさきがけて、まずいわゆる悪所(遊里、芝居)という愛欲の世界で特徴的・集約点に顕在化して」先頭を走りつづけ、ついに水滸伝を得て文化文政期に最高の芸術として花開くのが刺青の歴史である。

れいによって――『日本逃亡幻譚』(朝日新聞社)における補陀落詣の記述もそうだが――壺にはまったときの松田修の弁証法はまるで猛火だ。その弁証法を要約してとりだそう。

(1) 芸術は、身体の自然に逆う刺青と、身体の自然に順うその他の芸術に二分されるという冒頭のテーゼが、刺青は最初から前衛であり、花道や茶道がその生を死滅させてのちも、かぶき精神の覇王としてひとり戦いぬいたという歴史記述によって肉づけられている。

(2) 下剋上の時代、馬追、船頭、中間等の身分賤しき者とされていた人々も、社会的に上昇する可能性が十分にあったにもかかわらず、自ら刺青してその道をとざしてしまうさわやかさには、賤徴としての黥が邪神として畏怖されるにいたる古代の聖別につながる回路がある。そればかりではない。逆転と復路は強化されてきている。「下衆性、放埒性、いうならば異端性と刺青との結びつきは、年代が下るにつれて強まるもののごとくである。」

(3)　近世刑罰体系に入墨が復活した日は同時に芸術としての刺青が開始された日であるという事実——それまでは文字彫りだったものに絵柄が加わる——は、刺青は、入墨のあとをごまかすために発達したという一面をもっていたかもしれないが、全体としてそれは俗説であることが刺青顕現史に明らかである。そしてこの時代、上方から見れば田舎町だった江戸は、刺青を先頭に文化面でもようやく上方を越える勢を見せはじめるのである。刺青芸術に関しては現在でも関東が関西を圧しているのは事実のようである。関東の刺青は墨を主体にした重厚なものがよろこばれ、反して関西風は色彩は華美であるが重味に欠けるといわれる。

遊里と芝居という江戸文化の二大悪所が刺青を一般社会にさきがけて集約する場だったという考証の手順は、彼のひときわの独自性をしめすものと考えられるので、ここで別途とりあげよう。呑舟軒畠山箕山の『色道大鑑』は、じりじりと追い込まれて「愛欲次元にのみ存在をつづけるかぶき精神のこの時代における聖典」である。その巻六「心中部」に、遊女の誓いに、放爪、誓紙、断髪、黥、切指、貫肉、情死の七段階があった。第四段階たる黥は、愛人の名を、男に文字を書かせて彫る起請彫りのことだが、断髪なんぞしても放っておけばまた生えてくる、誓紙なんぞいくらでも書ける、切指、貫肉にしたって「怪俄一般、不具一般の中に時間とともに解消してしまう」が、刺青はちがうぞと言うのだ。「惨たる一回性、決定的に浸された骨がらみの行為」が刺青だから、刺青はエライ。なんたる偏美学か。松田修は刺青を以て、他の心中諸段階を差別しているのだ。

これはアウラの理論である。ヴァルター・ベンヤミンが『複製時代の芸術』で提出したアウラ（今、一回性）という理論は刺青においてまさにあてはまる。複製ができず、変更がきかず、やり直しができず、さらに人体の経時変化によってぼけるため定期的に手直しすることが必要であり（これを刺青用語で「さらう」という、「おさらい」の意である）、さらう度に空白の部分に増殖し、（それを松田修は「刺青癌」と言う。彼の造語と思う。水銀の入った朱肉が皮膚癌をひきおこすというのは俗説）人体の動きにつれて刻々と動き、しかもその人が死んでしまえば残せない芸術。まさにアウラだ。

こうしてわれわれはいよいよ刺青美の核心に近づくのである。

刺青の論すべての核心は美である。美が他を圧する。聖も賤も畏れも起源も美が圧倒し、それらは刺青の美の属性としてひれふしているがゆえに、刺青は芸術なのだ。

刺青が芸術に飛翔するための刺激は水滸伝だった。水滸伝を軸に北斎や国芳が登場する。ことに国芳。刺青史上の水滸伝の意味は次のように解かれている。

「かくして民衆の偶像なきイドラチリアに、暗黒のデザインが訪れた。」

なぜ中国ものの水滸伝が芸術刺青の発火点であり、日本の伝説に画材を求めることがそののちになってはじまったのかと言えば、「日本的英雄像の貧困として理解すべきかもしれない。」

かぶき精神のなかにすでに唐風にかぶく（南蛮趣味をふくめて）という傾向があったことを松田修は証明する。新唐音をあやつる伏貞吉という人物が京都下河原で中国風の調度と接客を売りものにする竹酔噌々堂という茶館を経営して流行していたことだ。刺青史プロパーで言えば、八丈島の流人たちの間では競って刺青することがはやり、その彩色と紋様は主題なきエネルギーの渦動をしめしていたという。

どの民族のいつごろの写真だとも説明のない全身総入墨のモノクロ写真を見たことがある。猿や蛇や木の葉や野猪と思われる獣が彫り込まれてあり、それら図案の間を渦巻き紋様がうずめつくしたものであって、たしかにエネルギーの渦動を感じる。各動物、木の葉の図の間には統一デザインがないために、人間図案帳みたいだ。そして顔にまで、意味の判然としない紋様が彫られているのである。この写真は、デザイン発生寸前の状態をあらわしているように見えること、全身をうずめつくしたいという刺青増殖の本能をもっていること、そして統一デザインの美学がまだないために刺青が顔にまではい上ったのではないかと感じさせることで、あるいはと思う、八丈島の刺青はこれに類似したものだったのではないかと想像させるのだ。モデルになった男性の顔立ちや図案から、マオリ人ではないかと思われるのだが。

ここに唐風のなんらかの主題が一滴したたりおちれば、ただちに刺青芸術は放たれた矢のように飛翔しはじめるのである。

八丈島というのが興味深い。その刺青の紋様と極彩色はどんなものか知るてがかりはないが、八丈島はミクロネシアの始まりだともいえる。ミクロネシア、ポリネシア、インドネシア、メラネシアは習俗としての刺青の宝庫であり、そこに中国的な主題かあるいはインド的な主題（ヒンドゥー教の伝説に範を求めたもの）がポツンと一滴したたりおちたときのエネルギーの沸騰のさまは想像できる。杉浦康平の東南アジアの比較仮面姿たる『変幻する神々――アジアの仮面』（西武美術館＋日本放送出版協会、一九八一年刊）を見て、アッと思わせてくれたのとおなじ、多様多彩過剰な、聖と賤と畏怖と歓喜と不吉と不浄と単純さとグロテスクさの様式化が行なわれるのではなかろうか。

杉浦図形学の達成から刺青に関するものを一つ紹介しておく。「皮膚上の護符文字」としての刺青であり、タイ人ないしビルマ人男性の刺青写真がある。その記載によると、魔よけに刺青する習俗は古くカンボジアにはじまり、タイ、ビルマへと伝播して行った。この地域の刺青は装飾用の意味よりも宗教的な意味を持っていて、瞑想力を持った人物が刺青すると、その瞑想力が強化され、敵に襲われたとき一分間ほど姿が見えなくなる効果もあると信じられているそうだ。刺青に際して行う祈禱も重視され、最近では入れ墨を人目にさらすのを嫌って墨のかわりに油を使って、見えない刺青をする人がふえ、タイでは、刺青をする人四人のうち三人までが、見えない刺青だという。

写真の男性の胸に入れられた入れ墨は、墨一色の線彫りであり、手首から肘までの長さ、クレヨンの太さの木または銅の棒に真鍮の針をつけた道具で彫ったものだという。図形はあきらかに坐禅する形の仏である。タイ、ビルマという小乗仏教の地であることからも、ヒンズーの神々とは考えられない。墨一色の線彫りで彩色とボカシはないが、図形は統一した様式性をもっている。塔だと思う。諸仏および護符の並びかたはシンメトリカルである。この刺青写真は写研一九八四年版カレンダーに掲せられたもので、一般には目につきにくいものだと思うが、比較刺青学というものがあるとすれば、カンボジア、ビルマ、タイなどの地域の刺青はどのように位置づけられるものだろうか。私的感想を述べると、宗教的な意味が強すぎて、芸術へと離脱しえないのではないかという気がする。

図形がシンメトリカルであること、構図が塔であること――これは、様式なき紋様とエネルギーが渦巻いている刺青の原初的衝動に戻ることからも、刺青癌を増殖させながら芸術へと這い上ってゆくことからも切れて、刺青としては、袋小路に入ってしまっているように思う。そのあらわれが刺青の際の祈禱の重視と、カラ彫りがふえていることのようにみえる。小乗仏教地域における護符彫字としての刺青は、日本の刺青芸術の異様、偉大な発達をきわだたせてくれる。かぶき精神、宗教的規範の衰弱、近世刑罰体系の成立、水滸伝、浮世絵の技術等、諸要素が千載一遇の結合を、日本近世史の固有時の上でとげたのだという理解がである。さて、松田修にもどろう。

八丈島に追放された日本の流罪人たちの刺青も、水滸伝という主題なきままでも、数世代を要すれば、様式を自生させたのではないかと想像できる。紋様はやがて、龍、蜘蛛、花等のかたちに変化し、般若や鬼女が登場し、やがて流罪人たちの記憶にある本邦の悪神、悪人たちの像が彫り込まれるようになったのではなかろうか。さらに想像すれば、その場合には刺青というより刺朱という色彩感になったのではないかと思うのだ。私的ミクロネシア体験によれば、空と海と椰子と白砂の青さに包囲されて、狂ったように一点の赤が欲しくなる。珊瑚礁が傷つけた傷口から流れる血潮が異様に美しく見える。

日本刺青史の前期段階が臨界点に達していたとき、水滸伝の訪れは天祐であった。松田修が「偶像なきイドラチリアに、暗黒のデザインが訪れた」というのはまさに卓見だと思う。水滸伝は刺青の主題を定めただけでなく、日本的無頼の主題を定めたのであるから。花和尚は三好清海型の豪傑像の原型になり、行者武松のニヒリズムは机竜之助や狂眠四郎型の妖剣士をうみ、燕青や張順は市井の男伊達に影響する、というぐあいに、水滸伝の英雄好漢像は一挙に白浪ものの伝統に結合したのである。

結合するだけではない。刺青にあっては、結合したとたん、一気に中国を追いぬくのだ。ふたたび松田修をひこう。錦体社という刺花繍《いれずみ》の見世物を専らとする興行社が南宋臨安府にあったが、それはいまだ線彫りの段階であったこと、また中国刊の水滸伝の挿画を見るに――

「私の調査の枠内では、中国本国版の挿画による影響は直接にはみとめられないようである。明刊（容与堂）百回本には挿画はなく、『異本増補校正全像忠義水滸伝評語』は、挿画はあっても、その像に刺青はまったく描かれていない。明刊（郁々堂）百二十回本、清刊（芥子園）七十回本などの挿画にはたしかに刺青が散見するが、これら雷瞥のかぎりでは、九紋龍史進も浪裡白跳張順も、かなり低次の刺青を負うのみである。」

なぜ日本の刺青美が一挙に中国を凌駕したかといえば、北斎や国芳を擁する江戸の浮世絵師の腕前につきる。刺青の男伊達を描かぬ「江戸ッ子らしくない」絵師は広重くらいのものだ、と松田修は言っている。

ところで浮世絵は、絵師と、彫師と摺師の共同による、表芸としての錦絵（役者絵、芝居絵、美人画、名所絵等）と、裏芸としての春画、刺青であると理解すべきだ。

春画を描いた絵師たちがなんで刺青を人肌に描かないはずがあろうものか。かれらは刺青の下絵を描いただけではなく、自ら針をとって人体に彫り込んだにちがいない。三ミリ幅に十五本の髪を木彫りした彫師の技術が、刺青の技術に生かされぬはずはない。雲母摺《きらずり》やぼかしの摺師の技術が体液と顔料が溶けあう日本独自の刺青技術（海外の刺青芸術家《タトゥ・アーチスト》にはぼかしの技術がなかった）に生かされないはずがない。

というより、さらに逆だろう。技術の限界は秘匿された領域でひそかに磨かれるからだ。だから秘伝という。美人大首絵の髪の生えぎわの美しさを出すために、三ミリ幅に十五本の線を彫ることのできた彫師の技術は、陰毛を彫り込む技術に支えられているにちがいない。げんに浮世絵にあっては、表の商品としての浮世絵よりも、裏側の春画の方が技術的にも色彩的にも贅をこらされているのだ。したがって刺青もまた。

そのことを示唆する文章を飯島虚心著、玉林晴朗校訂『浮世絵師歌川列伝』（昭和十六年九月、畝傍書房）にみつけたので引用しておく。

「……或る画工は秘戯の図に巧なりしが、其の陰部のところは、彫工に化《かわ》りて自ら刀を下し彫りたりし。又刺青の下絵を画くに妙を得たり。天保年間刺青大いに行なわれ、江戸の丁壮皆競ひて、刺青をなす。其の図は大抵武者、および龍虎の類にして、国芳の画風、最も刺青に宜しきをもて、来り請ふもの多かりしとぞ。」

絵師に比して、彫師、摺師の地位は低かった。彼らは職人であり、文人墨客の席に連なることはなかった。絵師でさえ画工と呼ばれた時代だったから、彫師、摺師で名の残ったものは少いのであるが、それでも『原色浮世絵大系・第三巻、様式・彫摺・版元』（北修社）には、彫師・摺師あわせて二六六人の名と略伝の紹介がある。彫師の名は「彫長」「彫舛」「彫安刻刀」という一見して彫師とわかる名づけかた——刺青の彫物師も「彫よし」「彫千代」「彫留」と名づけかたは同じ——であるが、摺師の場合は「スリ一」「スリかつ」「スリ金治」と巾着切とまちがわれそうな名が多い。彫師は彫刻、組細工等の伝統をひいているのだろうが、摺師は江戸期、黄表紙等の大量需要によってあらわれた職種だから、彫師よりもさらに下位に見なされていたのだろう。三谷三馬『江戸商売図絵』によると、摺師は、道具箱一つで仕事場を歩く渡り職人である。

高見沢たか子『ある浮世絵師の遺産・高見沢遠治おぼえ書き』（東書選書、一九七八年）は浮世絵職人の事情を告げてくれる貴重な文献である。「江戸の頃、貧乏侍の内職は板木屋（彫師）に傘張りと相場がきまっていた。」彫師に「朝倉宇八郎」「池田長右衛門」「岡沢太平治」といった一見して侍名前の人名が見えるのもそういうことだったのだろう。彫師には文字彫りと絵彫りの別があるが、文字彫りはいきおい貧乏武士の内職だった。

大正期の浮世絵師高見沢遠治（文政三—昭和二、一八二〇—一九二七）は、旗本本多家に発する士分で、父作三郎の時代に明治維新をむかえ、メリヤス製造と卸問屋をはじめて財をなし、富豪の二男坊として育った人物である。その従弟が漫画家田河水泡。「のらくろ」の作者田川《たがわ》水泡《すいほう》は、田河《たか》水泡《みなわ》つまり本名の高見沢から来ている。遠治は若い日洋画家を志したが、父の死去によって断念し、家業のかたわら、少年時代から好きで集めていた浮世絵の直しに腕をふるうことになる。破れたり損じたりした浮世絵の修復である。再刻も行った。絵師としての彼の腕も高く評価されていて岸田劉生と対等のつきあいをしたようであるが、ここでは職人としての高見沢遠治の姿が興味深い。山口梅治郎、梅さんという名人彫師の協力を得ながら、浮世絵の修復・復刻のために彼は失なわれようとしていた浮世絵の技術を再発見していくのである。明治も末になって一人で絵師、彫師、摺師の技術を身につければならなかった。

江戸時代の材料と道具の再現、つまり絵の具、和紙（奉書紙）、のみ、彫刻刀、摺り台、ばれん等、和紙が摺り色を吸収しやすいしめり気の研究、重ね刷りの発色の研究（紫を出すために紫の絵の具を使わず、青に赤を重ねて深みを出す手間のかかるやりかた）、刀研ぎ、ばれん作り、刷毛おろしや紙つぎの実際、等だ。「紙つぎ」というのは破れとれた古い浮世絵を修復する際、たくわえておいた各時代の和紙のストックから同じ紙質のものを探しだし補修することだが、糊で貼るのではなく、和紙の繊維を小刀で一本一本ほぐして、両方の繊維をからめあわせてつぎ合わせるのだ。

そうした遠治の技術的再現によって、上方絵と江戸絵の技法的なちがいも明らかになってくる。上方絵は絵の具に胡粉《ごふん》（唐土《とうつち》という鉛の入った白粉、ないしは貝殻を焼いて粉にした白色の絵の具）をまぜることによって、和紙への色の定着を容易にしたが、そのことによって摺師の技術の低下をまねいたことなどだ。浮世絵は肉筆日本画とは異った種類の主として植物性透明絵の具、籐黄《しおう》（ビルマ、タイ等に産するオトギクソウから出る黄色）、黄蘗《きはだ》（ミカン科の植物の皮からしぼった黄色と紅をまぜたもの）、鬱金《うこん》（ショウガ科の根からとった強い黄色）、棠梨《ずみ》（バラ科の樹皮からとった黄色）等の黄色系統、水銀を焼いた朱、ビンガラからとった紅、硫黄と紅をまぜた柿色、藍、そして墨などを、摺り師が絶妙に重ね刷りして、木版独特の色あいを出すものだそうだ。

俺は摺師の発色の技術と刺青師のノウハウに関係があるように思うのだ。朱は水銀を焼いた粉であって、朱を多く使った刺青をした日は発熱しやすいといわれる。雌黄は硫黄と砒素の化合物だから人体には使えないだろう。鉱物性の顔料は人体にはうまくないだろう。浮世絵が亡びた理由の一つは、明治になって舶来の絵の具を使うようになって木版刷りの渋味がなくなったことにもあるが、刺青の場合は浮世絵時代の植物性顔料をつかいつづけたはずだ。そして植物性顔料は柔軟性があって（語を変えれば不安定なところがあって）、にじみや経時変化をおこしやすい。湿度や温度を呼吸する和紙に摺る摺師の技術が、文字どおり皮膚呼吸している人の肌に生かされないはずがない。摺師の技術が刺青に貢献したことは多大であると思うのだ。色素定着のメカニズムを研究した福士勝成博士の医学論文参照のこと。

総身彫りのみごとな刺青をしげしげと見た者ならばすぐわかることだが、刺青の色は、肉筆絵画の発色とはまるでちがう。不気味な、妖しい美しさだ。つやけしの色であり、底からわきあがってくる色だ。色そのものに凄みと殺気がある。海豚の皮膚のようでもあり、古代彫刻の上にうっすらと寒天をかけたようでもある。文字通り、すべすべした表皮の皮一枚底に沈んだ色である。

これは浮世絵絵の具を表皮の下に刻みこんでたまたま出た色というだけではなく、まさに、そのような美意識によってうみだされた発色である。刺青は螢光灯の下で見るものではないだろう。カッと照りつける砂浜か、銭湯の湯気の中か、あるいはゆらめく蠟そくの灯の下で見るものだろう。これにくらべたら一昔前の西洋の入れ墨など、ワッペンを貼ったようである。なにかがちがう。彼我の刺青の間には決定的な差がある。

彫師、摺師ともに絵師になりたいという気持は強かったはずである。かれらは裏側の芸術たる彫物の世界では絵師と同格だったのではなかろうか。版による流通が目的ではなく、一回かぎりの人の背での腕の競いあいは、芝居小屋や遊里とおなじく、その門内に入れば各人同格のもう一つの悪所ではなかったたか。そこでは彫師こそが絵師に先んじて存分に腕をふるっただろうと俺は想像する。推論の根拠が二つある。絵師や摺絵と異って彫師は一回勝負である。絵師は描き直しができるし、摺師は摺り直しができるが、彫師は絵を版木に貼って彫りはじめたら後はない。版木なら象嵌やさらいによる小修正はきくにしろ、人肌に象嵌したり不要な部分をノミでさらうことはできない。今一つの理由は心理的なもので、彫師は鏡面対称の世界で仕事をする。文字は鏡文字なのである。正の像を出すためには負の像を彫らねばならないのだ。一度、裏返されない文字を彫り、裏返されない図柄を描きたいという欲求がかれらに燃えていたのではなかろうか。

さらに決定的なことは、彫物は字の如く彫るのであり、刺青また、顔料を刺すのである。塗るのではなく、彫るのだ。皮膚を針で刺し、その傷口から顔料を真皮膚にしみ込ませるのである。鋼鉄の針先への神経の集中において、木肌も人の肌もそれほどかおりあるものとは思えない。浮世絵が西欧の印象派画家に影響をあたえたことは知られている。もしや、塗るのではなく、刺す刺青の描法が、後期印象派ポール・シニャックらの点描法にヒントをあたえたことはなかろうかとも俺は想像を楽しんでいる。彫師だとしよう。二七〇人ほど名前の上っている彫師・摺師のリストの中に、この中に、北斎や国芳や英泉や芳年と匹敵するダーク・デザイナーがいたかもしれないと想像することもできるのだ。そしてその男は、自身、総身彫りをほどこし、文人墨客の席につらなることを拒否して、市井の一職人として死んだのだと考えたい。

13　彫よしの仕事ぶり

三代目彫よしの仕事場は、横浜野毛山の一角、切り通しをはさんで団鬼六の家と面対称する位置にあった。

港から野毛山に上る坂の途中に仏具店が多いのだが、なぜこの一角に仏具店が犇《ひしめ》いているのかは知らない。ただこの抹香くさく、店頭に飾られた紫壇《したん》や黒壇《こくたん》に刻みつけた鑿《のみ》の切れ味が、歴史といえば近代の歴史しかなく、ふわふわとバタ臭い雰囲気がただよっているハマのなかで、ポツンと、中世的な沈んだ気配を感じさせるのがほんのすこし妖しい。そんな町の中に彫よしの仕事場があるというのはわるくないと感じさせた。

〈Sandai-me 彫よし Tatoo Art Gallery〉などと横文字が港の見える坂の途中にでもかかっていたら興ざめだろう。横浜のことだから、そういう可能性もありうると行く前に覚悟はしておいたのだが。

野毛の彼の仕事場は本造アパートの二階にあって、鉄の階段をトントンと上ってつきあたる扉に、自分の名刺と「十八歳未満の方はお断りします」と書かれた小さな紙が貼りつけてあるだけだ。入ると、小さな三和土《たたき》があって、この奥に四畳半と六畳の間仕切りをとりはらった細長い和室。四畳半の方に、客を待たせておく長椅子と、客用にだろう、小さな本箱に入った美術史、読み本、風土記など十数冊の本。六畳間が仕事部屋で、棚に資料、刺青の鑿が整理されている。入墨の写真のほかに飾りはない。それほど新しくない畳がきれいに掃除されている。各部屋に置かれた大きなヒーターが、冬、ほりものをするのはきっと寒いのだろうな、ということを感じさせる。

俺はどちらかと言えば殺風景なこの部屋が気にいった。これはまちがいなく現役の職人の仕事場だ。他人の家に上り込む趣味はないが、俺にはその部屋に入った瞬間に、相手が虚名の無駄肉をつけた〝芸術家〟か、現役の職人かを見分ける能力が身についた。彫りものの世界は硬派なのだろう、という予感がした。

十月九日、今日、刺青にくるのは女優の花真衣だ。新東宝『濡れ肌・刺青を縛る』という映画に主演した女優という予備知識しかない。あとできいたところによると、刺青をはじめたのは失恋のショックからだそうで、二人の彫青師の手を経て、彫よしは彼女の肌に刻む三人目。彫よしを紹介したのは団鬼六である。散文的なことはここでまとめて述べてしまうが、彫りあげるまで二百万円ほどかかる。〝フルコース〟二百万円は高いか、安いか?

「酒よりは安いでしょう」と彫よし。

「一生もんですからね」と合槌をうった。

俺はべらぼうに安いと思う。総身クリカラモンモンには、億に近い金がかかるのではないかと想像していた。道楽には身代限りがつきものだと思っていたのだが、二百万円という額は、ちょっとしたオーディオ道楽や、ややスポーティーな自動車一台分であり、道楽とか求道の値段というより、ホビーやレジャーの値段。美術とくらべると一目瞭然だ。ハガキに毛の生えた程度の絵で、二百万円をとる絵描きはいくらでもいる。刻みこむ彫よしの真剣さや、耐える花真衣の真剣さにくらべて、美術がいかに投機の対象になっているかがわかる。なお、花真衣の刺青代はいまは団鬼六が払っているようで、彼女の刺青シーンを取材する雑誌社は、刺青代の一部を負担することくらいしてやれよ。

なぜ刺青が安いのかという理由は、これは彫よしにたずねるまでもなく、裏街道の芸術あるいは芸術の裏街道だからにちがいない。こうなりゃ俺は断然、刺青の味方だ。

花真衣が刺青するまでの時間、彫よしは何枚か、下絵をひろげて見せてくれた。アッと息をのむほどの絢爛たる極彩色だった。絵柄は、花と龍、鯉を抱きとろうとする金太郎、水滸伝の豪傑（国芳の絵に範を求めたものだ、船火児張横《せんかじちょうおう》ではないかと思うが）、などの古典的なものだが、この絵柄を下絵にして、直接、人の肌に刻み込むのである。肌に下絵を描いてそれから彫るのだと思ったが、そうではなく、ぶっつけ本番である。

絵柄は青森のネプタと共通したものが多い。そういえば彫よしの部屋の隅にネプタの縮少模型が置いてあったような気がする。ネプタ、あるいはネブタとわれわれが呼んでいる祭は、佞武多と漢字をあてるが、この祭には炎と血の味がする。雪に閉ざされた底の方から、春の訪れとともに、ワッとわきあがるような解放感があって、その解放感にのってグロテスク寸前の極彩色の山車《だし》が町中をねり歩くのだ。踊りの群れを跳ね人《はねと》という。はねるのだ。ゆるゆると舞うのではない。半年、雪にとざされて静、突如、血腥《ちなまぐさ》いまでにわらわらと動、この雪国のカーニバルと、刺青に共通した絵柄がある。殺風景に近い職人の仕事部屋で彫よしは極彩色の夢を見ているのだ。

花真衣が到着して、服をぬいだ。小柄だ。肌は浅黒く、カフェ・オ・レのようにまろやかである。腹はひきしまっていて、魚の腹のようだ。顔立ちはどちらかというと、男顔で、刺青をするのだからマゾッ気はあるはずだが、意志的表情だといえる。ラテン系の顔立ちと言えないこともない。

彼女の肌にすでに刻み込まれている図柄は、肩から二の腕にかけて牡丹と蛇、右の乳房を噛むように蛇の頭、太腿に花と鳳の尾、脇腹に鳳の翼、背中に姫と鳳である。正直言って、美しいとは思わなかった。なにかチグハグで、中心がないのだ。やがて理由がわかった。三人の彫り師によるものだということと、姫の顔に目がないからだ。鳳に乗った姫は、楠木胡麻姫《くすのきごまひめ》である。胡麻姫の話は国文学者の松田修にたずねて知識を得た。楠木胡麻姫は滝沢馬琴の未完の読本《よみほん》『開巻驚奇俠客伝』の女主人公で、楠木正成の孫娘とされている。妖術を使って足利尊氏を苦しめるという役どころだ。〔これが縁で、馬琴『三七全伝南柯夢』拙訳の挿画を彫よしにおねがいしたというのが後日談である。〕

今日、彫よしは、胡麻姫と鳳の絵柄に色を入れるのである。花真衣はピンクのパンティ一枚で、彫よしが敷きのべた緑色の毛布に、頰を抱きかかえてうつぶせになった。パンティはない方がいい。刺青にパンティは美的にそぐわず、腰部をおおうならタオルなりをかけたほうがいい。ここは一番、男もののジャンパーでも腰部にかけたほうが生々《なまなま》しくていいと思った。撮影があるので、パンティ着用はやむをえないか。

彫よしは胡麻姫の目をいれた。黒である。ついで胡麻姫のまぶたの部分にボウと朱を入れ、目張りを青で入れた。

刺青の鑿の動かしかたを見るのははじめてなので、観察報告しておく。左掌を肌に置き人指し指と中指で強く相手の皮膚をひきのばし、その人指し指の第二関節をテコにして、右手の鑿でチャク・チャク・チャクと彫るのである。支点となる右人指し指第二関節はタコになっている。鑿（針というのか）は、三本束から六〇本束まであり。彫る線、面に応じ、色に応じて使いわけるのだが、針の一本一本は、それが、本数の多いものは、三段とか四段に、段をずらして整然と並んでいて、針と針の間の空間に毛細管現象で顔料がたくわえられていて、針が皮膚を刺して真皮にさしこまれると、この顔料が浸透していく。チャク・チャク・チャクという音は、刺した針を斜にはねあげるときに軸のきしむ音である。

「皮膚を針先がはね上げる音ですか?」

「そうです」と、その場に居あわせた横浜彫友睦会の山下さんという人物が言った。彫りに入れば彫師は真剣勝負で質問ははばかられるから、かわりに、彫よしの技に心酔しているこの人から説明を受けたのだが、彼は言った。

「針の音を聞くと、刺青好きの者は鳥肌が立ってくるんですよ」

たしかにこの音は独特だ。幻惑的効果がある。神経が澄んできて、まわりにいる者（本誌編集者とカメラマン、同じ日に取材にきていた『FOCUS』誌のカメラマンたち）も厳粛な気持になり、チャク・チャク・チャクという音と、戸外で鳴く死におくれたこおろぎの音も聴こえた。十分を過ぎていた。

刺青の鑿は市販されていない。彫り師が自作するのである。顔料は、海外の「タトゥ・ファクトリー」から輸入して、自分で色を合わせてつかう。刺青会社は、米、英、独にある。これらの国には彫り師がいるが、色を使わず黒だけのスウェーデン彫りものもなかなかのものだそうだが、世界の刺青芸術《タトゥー・アート》を圧倒的にリードするのは日本である。それはぼかしの技術と図柄のよさでリードしているのである。本年（一九八二）十一月、サンフランシスコで、刺青万国博《タトゥ・エクスポ》がひらかれるが、日本の技術は他を圧していて、師匠株だといわれる。この日、彫よしが使った色は、黒、緑、青、朱、紫、桜色、黄土色の七色であるが、黒色を墨といい、刺青独特の底深い微妙な色あいのために、青を群青というぐあいに呼ぶのかと思っていたが、色彩名称はごくふつうのもので、薄紅色をピンクと言ったりするのは拍子ぬけしたが、これは顔料が輸入品のためである。注文はレッドの何番というぐあいにするのだそうだ。

十分がすぎた。胡麻姫に目が入った。真衣は目を閉じたまま表情をかえない。彫よしもリズムにのってきた。おおいかぶさるようにして、胡麻姫の髪に墨を入れている。チャク・チャクという音とともに、うっすらと、墨をふくんだ血が肌に浮く。それをセーム皮でふきとりながら、チャク・チャクと肌を刻むのである。それは板前が魚料理に腕をふるっているように見えた。

二〇分。真衣は上唇を結んだままひらかない。通俗小説なら、女は朱唇からあえぎを洩らしたと描写したくなるところだろうが、うめき声一つ立てないし、呼吸も正確である。しかし感情が激してきたことは、耳が燃えていることでわかる。いい女だなと思った。最初の印象、花真衣の刺青はあまり美しいとはおもわないが、という気持がこちらからは消えている。美しいと思う。慣れではない。目が入ったからだ。目が入って柚木胡麻姫の絵柄がピシッと生きてきた。この男は噂どおりの名人だな、と確信した。

二人は相当のエネルギーを出している。姫の顔が仕上ったところで一息入れるのかな、と思っていたが、髪に墨を入れ、鳳に彩色して、そのまま続行。一挙に行くのだ。彩色はぐんぐん進んでいく。両者呼吸が合って、彫よしにインスピレーションがわきあかっている気配がする。

女の姿態はあくまで静。彫よしにインスピレーションが生じているように、花真衣の心にはたしかに陶酔が生じているはずだが、表情はあくまで忍。抑制されている。

その静と忍のなかに、ダイナミックなものが生じていることが部屋につめているわれわれにもわかる。われわれにも刺青が何たるかがわかりかけてきている。痛いだろうな、ということが伝ってきているのだ。爪を切ったばかりの指で背中をかかれるだけでもけっこう痛いのだ。ただ、集中力と、連続的に針を刺されるので局部的に麻痺が生じ、また彫りもの師の気迫が伝わって、共犯者的な感覚が生じて刺青の痛みは我慢できるのではないか。

刺青シーンを見るのは飽きない。途中、一服しただけで一時間半、一挙に彫ったのだが、ただ彫るのを凝視するだけという静的な一時間半なのに、退屈など全然しないのだ。日曜画家が公園で下手くそな写生をしているのを黙ってみていたり、こどもの釣りをしゃがみこんで見ていたり、水道工夫が道路を掘っているのを見守っていたり、この忙がしい世の中でもわれわれの太公望気分はのこっているのだから、ことは、達人が美女の肌に刺青する一時間半だ、退屈するはずがない。

それどころではない。花真衣嬢には失礼だが、彼女が性交するのを見てもこれほど面白くはないだろうと思った。

俺の想像絵柄のなかでは、刺青をおわり、疲労とけだるさに火照った彼女の緊縛姿が見えている。刺青している時の雰囲気は厳粛なものだからそんな気が起こらないが、その日の刺青をおわり、ひきあげていく彼女をつかまえて女陰を見たい。責め所は刺青そのものにある。せっかくの刺青を鞭でみみずばれにされたり、刃物で傷つけられるとしたら、その恐怖で彼女は硬直するのではあるまいか。

山下さんはこう言っていた。「大病だけはいやですね。彫りものをメスで傷つけられたくはないから、健康に気づかうようになりましたよ」

こうなるともうSMだが――おや、これはSM雑誌だったか――刺青美人を相手にやるいちばん面白いことは、嬲り殺しにしたり、解剖したり、これはじっさいにナチスの収容所で行なわれたことだが、ユダヤ人の美少女に刺青をして、皮を剝いでスタンドの傘に張ったというやつだ。美人は茹でて食うのがいちばんと主張するやつがいたらその感覚はふつうではないが、刺青美人は皮を剝いで電灯の傘にするのがいちばんと想像しても、それほど奇怪ではない、というところに刺青芸術のもつ凶々《まがまが》しい美しさがある。

ただし、これは入れ墨がおわったあとの感想だ。彫よし自身がそうなのだろうと思う。彼の理想は、美女を犯しながら彫ることではなかろうかと思う。しかしそれは絶対に無理だ。女を犯しながら刺青を彫るなんてことは、遊泳する鯨の背中で麻雀をやることよりもむずかしかろう。女を抱くことよりも、人の肌に刺青を入れることに燃焼するがゆえに彼は刺青のアーティストなのだろうから。美女の肌に姫を彫ることは刺青師の至福にちがいない。

三代目彫よし、三十六歳。苦味をもったいい男である。手彫りの技術を伝える職人であるが、生れは静岡で、少年時代、銭湯の一番湯で、坂田の金時の彫りものをした漁師の姿を見てショックを受け、刺青に魅入られたという。刺青には、花やかな色彩を好む関西派と、墨の重厚さを好む関東派との別があるそうだが、俺の印象論では、彼はいろどりの華やかさで関西流をあわせて、線の繊細だが強さで、刺青のモジリアニといったおもむきを感じる。

これほどまでしげしげと刺青の肌を眺め、刺青をいれる現場を見るのははじめてだが、なにか刺青の本質とでもいったものを感じることができた。それを列挙しておこう。

第一に、仕事場は、アトリエというより、道場の雰囲気に近いことだ。本質的に硬派である。硬派のゆえんは、禁欲的なことからきている。色彩を殺した無雑作な仕事部屋で、極彩色の絵柄を夢見るのだろう。

第二に激発を秘めて、静である。これは生きた人間の肌に直接、消えない図柄を刻み込むというところからきている。やりなおしはきかないのだ。カンバスのように人間の皮膚を破ってすてるわけにはいかないし、刺青される事もやり直しがきかないのみならず、刺青することである程度、世の中の歩きかたがきまってしまう。

第三に、正統ならざる芸術である。江戸時代、それは刺青術が集成され現在の絵柄がでそろった刺青芸術の黄金期でもあったが、同時に入れ墨が刑罰だったことにもよるのだろう。そして刺青は裏渡世の男たちの紋章でもあった。これらの要素の複合から、職人と芸術家の間をゆれ動き、禁欲と倒錯の間をゆれ動き、やくざ的な苦さと芸術家のロマンチックな甘さの間をゆれ動き、それらを全体として鎮めて腕にかける彫よしのような男ができあがったと思われる。

第四に、刺青が人にあたえるなんらかの力というものは、こわさからきているようだ。「昔の銭湯には入れ墨の男たちをよくみかけたのに、サウナが、入れ墨の人の入室を禁じているのをどう思いますか?」と質問したのに対し、山下さんは、「刺青のよさは、こわさにありますからね」と答えた。

そうだろう。こわさ、凄味、歴史の淵に沈んだ底光りする妖しさがなければ刺青の価値はない。だから、絵柄が、日本や中国の伝説であり、国芳や芳年の錦絵に範を求めたものであり、蛇であり、龍であり、蜘蛛であって、あられちゃんではないのだ。

そして俺が直観したことは、刺青の根源にある原衝動は、縄文人の復権ということ。刺青と縄文文化というテーマはだれか研究した人がいるかもしれないが、浅学にして知らない。しかし俺は縄文文化を直観した。一気に修正なく、燃えるように仕上げていくエネルギーの噴出は縄文土器的なものである。相手は人間の肌だ。刻々変化する。はじめた図柄の中途変更もきかない。インスピレーションの持続時間にも限りがある。心も刻々と変る。リアルタイムで決しなければならない。

そして刺青のいけない（と俺などが感じる）ところは、やりすぎにある。十年ほどで色があせ、にじみ、線が崩れるために彫りなおす――刺青のメンテナンスというのはおかしいが「さらい」といういいことばがある――ほかに、病みつきになって、全身くまなく彫って、素肌をぜんぶ刺青でおおいつくしたくなるらしいことだ。「自分より派手に刺青している人をみると、負けたという気持になる」と山下さんも言っていたが、刺青には、美の基準を越して、空間恐怖症的にうずめつくしたくなる傾向があるようだ。だから二十年間、断続しながら彫りもの師のもとに通うということもあって、そうなると、入れ墨がシャツみたいになる。裸になっても、刺青のシャツを着ているのと変らない。

美的バランスが損なわれても刺青で埋めつくしたいという気持は、おれはここまで我慢したというマゾッ気に転化しているようだ。手首から先、首と顔などが外に出ている部分は遠慮するそうだが、なかには頭を剃ってサンスクリット文字（梵字）を入れる人もある。

「入れ墨の外道とはなんですか?」

「性器にいれることでしょうね」

それしかブレーキはないのだろうか?

抑制が必要だと思われる。それが弥生的抑制だといわれようとも。花真衣の楠木胡麻姫の図柄は、完成したらみごとだろう。脇腹に彫られた龍の蛇腹が美しい。東洋女の美的要素の一つに、息づく脇腹の美しさがあって、脇の下からじかに脚が生えているような（キリンみたいな女と形容されるが）西洋女にはないエロチシズムがそれだ。なめらかな地肌があって、一度皮膚の下に沈んでそれから花咲くような刺青の美のあやかしが映えるのであって、花真衣よ、願わくば、胡麻姫の絵柄が完成された時点でとどめ、それ以上、くわえないことを希望する。（『SMマニア』一九八三年一月号）

竹中労が花和尚魯智深の刺青を負うた。梵天太郎の彫った花和尚で、『「水滸伝」窮民革命のための序説』（三一書房）の共著者として、竹中労の心事がわかるような気がする。俺などが刺青を見る側の官能に傾くことにくらべ、彼は刺青を背負う者の官能を強化したことだ。それは彼の聖と賤の振幅がますことを意味する。俺は想像する、彼は第三世界へ背中から入って行こうとしているのではないかと。たとえば皮膚の色だ。フランツ・ファノン『黒い皮膚・白い仮面』に描き出された、黒人の皮膚の色に対する病的な劣等感、それこそ皮膚一枚から身体全体がよろけるほどの負の官能に対して、冗談ぽいたとえで言えば、日本人も有色人種だから、まあ、一分ほどは反応し、二分も反応できればジャズ評論家がやれて、三分反応できればフォークナーが解けるとすれば、刺青における聖と賤の弁証法（松田修が提出したような弁証法）をもってすれば五分五分かあるいはそれ以上に世界の負性に憑依できるのではなかろうかということだ。これも悪いギャグだが、黒人とは、全身墨《ひたひきざみ》と黥《めさき》の刑をほどこされた人間であると考えればだ。

　この点に関する岡庭昇の官能もそうとうなものであり、「ある有名な女性歌手のエピソードがある。彼女は南部の名門女子白人大学を出たエリートで、従ってゴリゴリの黒人差別主義者だった。その彼女がある白人と結婚して、黒い肌の子供を生んでしまったのだ。潜在的な遺伝因子があらわれたのである。」

　つまり、秘匿とバレるという意味での露呈だ。つづけよう。「生まれた子供を衝動的に殺そうとしてとめられ、つぎに両親を、自分をだましていたという理由で告訴するに至る。数年前報道されていた印象的なニュースである。」（一二七ページ）

滑稽な悲惨さだ。俺の記憶にまちがいがなければだが——この件に関する報道をいま探しだせないので、記憶にあやまりがあればごめん——彼女はまず自分は黒人に強姦されたことはないと半狂乱になって主張し（＝リンチのレベル）、つぎに自分は黒人と寝たことはないと半狂乱になって主張し（＝ジャズを歌う女なんてみんな黒人と寝ているのさ、という排外的文化のレベル）、それからたしか夫の遺伝因子を疑い、ここまでは、血液検査をしたり、弁護士集団を動かして〝科学的〟〝医学的〟に不在証明をとるべくやっきになって（＝コンピューター・ファシズムのレベル）、自分の家系に黒人の血が混っていることを発見して（＝『ルーツ』のレベル）、そのことを自分に告げなかったという理由で父母を告訴したのである（超現実主義《あほ》のレベル）。

典型的なヒステリーの論理だ。すべて、レベルをずらしながら他人に責任転化し、最後まで自分を問わない。あらゆる理不尽は御婦人であるというテーゼのごとく、多かれすくなかれ女にはそういう傾向があるものだが、これはひどすぎる。奇しくも一ヒステリー女の狂乱が合衆国アメリカの社会構造を露出してしまったぐあいだ。白人女が、自分はけっして黒人に強姦されていないと半狂乱で叫べば、彼女の知りあいの黒人男性の一人が私刑《リンチ》で殺されかねないのがかつての南部だ。

この女の肉体はかように反革命的な肉体なのである。秘匿されたものが露呈されてゆく各段階、すなわち嘘が嘘をよぶことに似た事態進展の各段階であらわれる合衆国社会の病理であって、秘匿されたものが顕示されないままに、彼女の肉体はついに変化せず、転生せず、答は出ないのである。

この例でみるように、岡庭昇が言うように各レベルで、白人のなかに自分が黒人であるかもしれないおそれが出てしまうのである。「だから白人の人種差別主義者は、現に自分の肌が白いのに、血を畏れなければならない。いや、白いからこそ恐怖がある。」（一二七ページ）「平ったくいえばこうだ。自分の肌が黒かったらむしろ安心立命できる、というクリスマスの独白は、差別のしがらみに囚われた大方の白人たちの、逆説的な内面の声ではないのか。（黒人の）性器を切り取っているテロリスト白人は、そのことで、かろうじて自分が白人であることを自己証明しているのであろう。」（一三〇ページ）「……白い黒人、黒くない白人といった地平にまでつきぬけたフォークナー世界のリアリティこそ、さらに身体をめぐる差別の倒錯をみごとに提示しえているという事実である。いっけんもっとも身体的な差異に根拠を置いているかの如き黒人差別も、本質はすでに身体的特徴——白か黒か——などを大幅につきぬけたところで自己増殖しているのだ。すなわち差別が身体を仮装する、という倒錯過程は、いささかも身体的差異に根拠を置いていないのである。」（一三一ページ）

みごとな分析だ。ことに一三一ページからの引用箇所は深い洞察なので銘記しておく必要がある。

山田詠美『ベッドタイムアイズ』をもって日本ではじめて黒人小説が生れたと俺は思っているが、在日朝鮮人の女主人公キムの立場と、音楽の分野で先行していた黒人理解の導入の二点によって、山田詠美は戦後日本文学における最初の黒人小説を書けた。それまでは日本の小説に黒人が登場したことは多々あるが、黒いから黒人というだけで安心していたふしがあって、黒人文化に関する理解はひたすら音楽の分野が先行していたのである。

ここで、刺青の秘匿と顕示に関する松田修理論をもう一度ふり返ってみよう。それはいかにして刺青は諸芸術の覇王になったかという、徹底的にとんがった、男性的な、論理の前衛であった。中世に一度消滅した日本の刺青は、討死した戦士たちの二の腕に彫られた文字によって、敵を畏れさせるというかたちで古代刑としての入れ墨の邪神の畏れをよみがえらせ、かぶき精神の先駆となり、かぶき精神を代表した茶の湯や立華が幕藩体制の整備とともに次々と逼息させられてゆくなかにあってひとり刺青のみが時々刻々下衆性と放埒性を強化しながら、悪所の頂を走りつづけ、水滸伝の暗黒のデザインを得て、ついに化政期にいたって燦然と輝いたということである。

刺青芸術の強靭さはそれにおわらないのだ。明治も三十年代にはいってから浮世絵は消滅する。西洋画にとってかわられる。しかし刺青は消滅しないのである。その図柄も化政期の黄金時代のままに継承されるのである。

なぜか？　松田修はイマジネーションという語はほんらいイマゴ（像）＋イミトール（再生、模倣）ということだから刺青の絵柄は生れ変り、死に変り再生されるという指示をあたえているが、そのほかに、俺はもう一つあると思う。それこそ刺青の秘匿性だ。

日本の刺青芸術の西欧のそれに対する決定的優位性をみればよくわかる。美意識においてかれらが東洋人に劣るとは思わない。互角であろう。だからこそかれらは日本の刺青を讃嘆することをおしまないのであり、開化期横浜の異人さんたちは、刺青を浮世絵と同格のものと見ており、競っておかかえの人力車夫たちに刺青させ（それには奴隷の品評会的趣はあるにしても）、ために横浜に刺青の名人たちが多かったという事実もある。西洋にも刺青師はおり刺青芸術《タトゥー・アート》はあり、刺青貴族さえもいる。英国コンノート殿下が横浜の名人彫千代に彫らせ、ために刺青を蛮風とみなしていた明治の高官たちを困惑させたというエピソードは有名である。『犯罪学雑誌一九三〇複刻版、世界の刑罰・性犯・変態の研究』（若宮出版社、一九七七）中「文身篇」、医学博士高田義一郎解説にこうある。「文身は日本では禁じられて居るが、何故禁示するかに就てはよくわからない。恐らく何百年前の禁止令をそのまま踏襲して居るに過ぎないのであって、当局者も我々の肯綮に値するだけの説明を与へることは恐らく出来ないであろうと思はれる。（中略）少くとも文身をする技術者自身は、立派に一個の芸術と考へてやって居て、少しも悪いこととは思って居ない。（中略）外国の貴賓が日本に来遊して、宮内庁の官吏に、『貴国の芸術である文身を、国の土産にして行きたいから、技術者を紹介して貰ひたい』といふ要求をして、窮余の眼玉を白黒させたことが度重って居るが如きは、中々大きな皮肉ではないか。」

一九三〇年代の文献にそのように書かれている。欧米では刺青は禁じられてはいなかった。それなのになぜかの地の刺青技術は日本の下位にあったのか。答えは、貴族にも刺青マニアがいるといった秘匿性のなさそのものでなければならない。

賤徴、刑罰、不浄、不吉、無頼といった刺青の負性は欧米にもあったはずだ。前掲犯罪学雑誌複刻版には、ロンブローゾ『犯罪学』（一八九六年ハンブルグ）から出された「犯罪者と売笑婦の入墨」の図がある。ブエノスアイレスの娼婦、パリの娼婦、ベルリンの娼婦のもので、太腿に性器を指す矢印、稚拙な男根図を彫ったものだ。ブエノスアイレスのものは下腹部から胸にかけて多数の男根状の棒を彫り込んだものでやや複雑だが、飯沢匡の小説に出てくる女陰の蛸壺からはい出てくる蛸の図には比べようもない。他に犯罪者から娼婦になった女の紋章を彫った烙印と、娼婦の番号を彫ったナポリの文字彫りがあるが、これらは烙印、焼きゴテの変形である。

ロンブローゾの本が一八九六年、明治二十年代であるから、欧米のマニアが日本の刺青芸術に眼をみはったのも当然である。犯罪者や娼婦にいれられた刺青があるのだから、欧米でも刑罰や賤徴としての刺青はあったのだが、それらは奴隷制度、農奴制度のおわりとともに——胸に奴隷の焼印を押された黒人が一九七〇年代までブラジルの貧民街に生きていて、彼がヨーロッパ世界最後の奴隷だったと言われる——おわってしまったのだろう。比喩的に言えば、松田修の述べたごとく古代賤民制のおわりとともに墨と黥が消滅したことに似て、こと刺青に関するかぎり、賤を聖に逆転し、あるいは聖を奪還し、もろもろの負たるイメージを転倒させて芸術にたかめたかぶき精神を経験しないままに、千年おくれているのである。

松田刺青学は、刺青こそ全マイナスを逆転して芸術にたかめた至高の、唯一の芸術であることを描きあげ、逆転の全過程を立証したものであるから、次の課題は、開放されて王位にのぼった刺青が、他のものの援軍にまわる番である。

プロレタリア革命における刺青は告げるだろう。ただひたすら、武装衝突の現場に赴いて、双肌ぬいで「べらぼうめ！」と啖呵をきることは革命的である。

昭和二十二年歌謡曲論

美空ひばりがまだ加藤和枝という本名のまま、横浜磯子区滝頭の魚屋さんの娘として育っていたころ、町にこんな歌が流れていた。

〽星の流れに　身を占って
何処をねぐらの　今日の宿
荒《すさ》む心で　いるのじゃないが
泣けて涙の　涸れ果てた
こんな女に誰がした
（清水みのる作詞・利根一郎作曲）

菊池章子「星の流れに」の歌詞一番である。ごらんのように七七七五―七七七五―七五。こっぱずかしくなるくらい、ブルースというと都々逸の拍になってしまう民族の手くせの見本みたいな詞のつくりだ。形式は、まさに。

しかしこれこそ日本の産んだ真のブルースではないかと思っている。服部良一は銀座に流れている「星の流れに」を聴いて、「焼跡のブルース」という曲を考え、野川香文にもうブルースではあるまいと言われて「東京ブギウギ」を作ったと回想している。「星の流れに」と「東京ブギウギ」は同じ昭和二十二年秋の発売だから（「ブギ」はコロムビア、「星の流れに」はテイチク）、服部良一が「星の流れに」をきいてから「東京ブギウギ」を作ったというのは思いちがいかもしれないが、テイチク社史『レコードと共に』によると、テイチクの吹込み再開は三月、菊池章子の専属契約も同月だから、音楽家仲間の情報交換で服部良一はその曲を知っていたのかもしれない。そのわずかな時間はさして問題になるまい。肝腎なのはこの曲を出来た瞬間に服部良一がブルースと感じたということだ。

精神においてブルースだと筆者も思う。「星の流れに」から「涙も涸れ果てた」まで四行に、「こんな女に誰がした」の一行が衝突する。述部四行vs.首部一行の構成、語を変えれば、A・反AであるB型である。そのことを伊藤強はこう述べている。

戦後の流行歌を眺めまわしてみると、「星の流れに」が、他のものと違ったタイプの歌であることがわかる。一人の女性の不幸をテーマにした歌の多くは、その女主人公の自嘲や諦念を軸に成立している。演歌と呼ばれる歌の多くに出てくる〝どうせ〟というフレーズに象徴される心情である。（中略）そのような心情と「星の流れに」は対極に立つ。ここにあるのは恨みというより、怒りである。「こんな女に誰がした」という詞句は、あの無謀な戦争をひきおこし、悲惨な結果を招いたものたちへの、どうにもならないほどの激しい怒りなのだ。（『それはリンゴの唄から始まった』）

「こんな女に誰がした」という一行があるから、歌詞三番の、「飢えて今頃　妹はどこに　一目逢いたいお母さん」という哀訴と見える一句が、感傷に傾きつくす寸前でふみとどまる。ルージュをひき、煙草をくわえて有楽町ガード下に立つあばずれ女も人の子。あばずれゆえの真実の感情。詞の形式はセンチメントの伝統のままに、女はふみとどまって、価値体系のちがった戦後を生きて行く女の、典型と感じさせるまでの類型像を描き出したみごとな歌である。歌詞二番「人は見返る　わが身は細る」という箇所に、戦前はまともな生活をしていた女が、サイコロの目の運一つが悪かったせいで淪落して、サイコロの目の出方が自分よりひとつよかっただけで自分を冷ややかに見る同胞への抗議も感じさせて、一筆で女の戦前—戦後の過渡を描き上げるのもみごと。

有楽町ガード下に立つ女、と論証もなく述べたが、この歌に関してはみな、パンパンガールの歌と疑わない。一つ引いておこう。

……昭和二十二年「星の流れに」の大ヒットは、当時のストリート・ガール（パンパンといった）の哀愁を切々と唄いあげたもので、菊池章子の傑作盤の一つといえよう。

（平井賢、菊池章子歌手生活四五周年記念盤再録『女の一生を唄う』ライナーノート）

粗雑な言い方だ。ストリート・ガールと言いかえてはいけないのではなかろうか。パンパンという歴史的固有性で呼ぶのが真実に迫るやりかたではないか（田村泰次郎『肉体の門』はパンパン小説であって、けっして遊廓文学ではないように）。内容的にも「哀愁を切々と唄いあげた」だけではないし、発売された昭和二十二年に大ヒットしたわけでもなかった。こだわるのは伊藤強の説に説得力があるからだ。彼は言っている。

「この歌は発売されてから約一年、ほとんど売れなかった。何がきっかけだったかわからない、と作曲の利根一郎も言うのだが、ともかく一年後にレコードが売れはじめる。(中略)誰の責任なのだ、この現実は、と思った瞬間、人々はこの歌に同化してしまった」。

そして伊藤強はこの歌の成立過程を追う。それはその年、昭和二十二年の夏、東京日日新聞に掲載された満州からの引揚げ女性の投書を読んで作詞家清水みのるが詞を書いたものであり、その投書というのはこうだった。女性は看護婦で、東京までたどりついたが頼りの親類の家は焼かれ、食糧も金もつかいはたし、上野の地下道で一夜をあかすことになった。隣で寝ていた青年がコッペパンを半分わけてくれた。彼女にはその返礼とするものは肉体しかなかった。それがきっかけで巷に立つようになった。

「いいですか、インタビューをしてはいけませんよ。あの席にいる老婦人が、星の流れにのモデルです」と、東郷健が彼の出版記念会の席上で筆者に耳うちしてくれたことがある。ここで数点、確認しかつ作業仮説を提出しておく。

(1) 戦後歌謡曲史は、敗戦の年の秋「リンゴの唄」に始まり、翌年の田端義夫「かえり船」を経て、昭和二十二年に「東京ブギウギ」と「星の流れに」の双極にいたる。

(2) 「星の流れに」も大陸から一本、手を出されて成立している。「満州国」崩壊→戦後日本への還流である。

(3) 昭和二十二年、町の表情は新橋から有楽町に移動している。やがて吉田正が、これも満州から引揚げてきて、都会派ソングは吉田正メロディをもって数寄屋橋、銀座、赤坂へと移行し、やがて高度成長期をむかえてからは銀座が歌謡曲に歌われることは激減する。

(4) 「東京ブギウギ」と「星の流れに」はたがいにアンチ・テーゼの関係に立つ。

(5) ジン・テーゼが美空ひばりの登場である。

(6) 昭和二十二年は歌謡曲史上、名作を産んだ年である。他に、「夜のプラットホーム」の流行、平野愛子「港が見える丘」、ディック・ミネ「夜霧のブルース」とそろうと、いずれも名唱で、戦後歌謡曲史の陣容はなったと評価すべきである。

(7) これらの曲で大陸からの還流が日本の戦後過程に血肉化されて、この時期の流行歌はスケールの大きさを感じさせる。

(8) 作られた年と流行しはじめた年のタイムラグを見ることが民衆の心をはかる鍵である。

八番目の問題を見よう。

田端義夫の「かえり船」は昭和二十一年につくられたが、大流行するのは引揚船興安丸が舞鶴に着くようになってからであり、流行のピークは昭和二十四年である。「軍艦行進曲」とともに連合艦隊で堂々とおし渡った海が、国破れて引揚げるときに、波の背に背に揺られて揺れて……川のように狭く歌われる肩身の狭さが公的擬制が私的真情に還るために必要だった。「夜のプラットホーム」は汽笛が一度は大陸の駅で二度目は新橋ステーションで鳴らねばならなかったし、「星の流れに」は伊藤強の指摘したように人々の心に同化するまで一年かかる。

〽あなたと二人で来た丘は、港が見える丘……で始まる平野愛子の唄う佳曲（曲調はブルース）は、昭和二十一年に東辰三の作詞作曲で作られ、二十二年に発売されたものだが、この歌は戦後初の新人歌手募集ということもあってその年のうちに流行した。まず山手外人墓地あたりを歌った歌が出来た。「歌ができてから十二年後、中区山手町の住人から、〝港の見える〟公園をフランス山の地続きに作ってほしいとの陳情が横浜市に提出された。当時はまだ、ハマッ子が誇りにしていた臨海公園の山下公園も接収されていただけに、〝港の見える〟公園がほしいという市民の要望はひときわ強かったようだ」（富樫啓『歌のよこはま』）。こうして歌の十二年後に、港の見える丘公園が出来た。

〽青い夜霧に　灯影《ほかげ》が紅い　どうせおいらは　ひとりもの　夢の四馬路《スマロ》か　ホンキュの街か　ああ波の音にも　血が騒ぐ。ディック・ミネ戦後最初のヒット「夜霧のブルース」は映画『地獄の顔役』で歌われ、この映画に実写される上海バンドの摩天楼に息をのんだおもい出がある。

いずれにしろこれらの歌が一斉に出てきた昭和二十二年を、戦後歌謡曲の種々相のスタートラインとすることに異議はない。出来てすぐ爆発した「東京ブギウギ」がむしろ例外なのであって、これらの歌のスケールは、敗戦ゆえに表面に出たところの民族的なるもの、国際的なるもの、階級的なるもののそれぞれのスケールを持っており、それぞれの要素が、戦後的な照明をあたえられて登場したことに意味がある。すでに歌謡曲第二期黄金時代の到来を予感させるものだが、したがってそれぞれが流行するまでの時差をもっていたということは、ここで九番目の仮説にわれわれをみちびくのである。

(9)　これらの歌は戦後思想を領導した。世が歌につれた。

ここで美空ひばりが滝頭の青空市場で町の人気者になりつつあった時期の、一つ向うの山を歌った「港が見える丘」を検討しておく。序章の野毛山から眺めた横浜概念地図から、レンズをもうすこし右に振って、昭和二十年期の横浜を見ると、海に向かって鎌倉、アメリカ、東京が一列に並んでいる。

歴史的に言えば磯子までは鎌倉圏なのである。鎌倉幕府の時代から漁師町があった。野毛、戸部のサイドには江戸時代から東海道神奈川宿のはずれとして人家があった。まんなかの市街地が開港による港町である。ここに外国勢力がわりこむ。微弱ながら江戸的、租界的、鎌倉的というニュアンスのちがいは横浜に残っている。

横浜の音楽というのは、すべて、外国に割りこまれた中区にある。「赤い靴」も「青い目の人形」も「別れのブルース」も、下っては「ブルーライト・ヨコハマ」「伊勢佐木町ブルース」「ホンキートンク・ブルース」も。「港が見える丘」は元町もフランス山も伊勢佐木町も馬車道もふくめて海のみえる山下公園を進駐軍にとられてしまった横浜市民の感情なのであって、ヨコハマ音楽一手ひきうけますの観のある中区の顔として海が見える公園がほしいという願いだ。異国情緒は必要だが異国になってしまってはかなわないという当然の心情であって、この中区の感情が曲想にブルースを選ばせたというのもいかにも横浜らしい。花片《はなびら》があなたと私に降りかかる。〽春の午後でした、というところはブルース・メロディである。

東辰三がつくったこの曲がブルースである特性は桜の花が淋しいことだ。一番では、「色あせた桜唯一つ　淋しく咲いて」いる。二番では「青白い光唯一つ　桜を照らして」いる。三番では「葉桜をソヨと訪れる　潮風　浜風」が実を結ばぬ桜の枝を吹いている。このような桜の印象は敗戦をあらわす。

桜の花というのは景気がいいのだけではなくて、その花を淋しく、あるいは陰惨に見る感覚もアンチテーゼとして日本人にはあるので、山崎ハコの「さくら」という曲を紹介しておこう。

〽たった一粒実をつけたとすりゃ
みんな言ってた　狂った木

『幻想旅行』という一九八三年のアルバムに収められたもので、横浜の空に舞い上った山崎ハコが日本列島の各地へ次々に降りて、その土地を歌うというシュールな御当地ソング集といったもので、「さくら」が歌われている場所は弘前である。彼女は一粒だけ実をつけた桜を見て、その印象を歌ったそうだ。この曲を、「木の陰惨な根の心を見ぬいている。桜吹雪が舞っていても、その薄紅色の一枚一枚の裏には薄墨色の時間がにじんでいるような、なにか微分化された感覚がある」と評したことがあるのだ。

平野愛子も山崎ハコも横浜だったからだ（山崎ハコは九州出身だが、音楽活動は石黒ケイと同じハマの事務所に拠る）、港の女には桜がそう見えるのだ、とは強弁しない。偶然だろう。ただ、「港が見える丘」の淋しい桜が、山崎ハコの天才的な感受性にとらえられて、二十五年後に狂ったサクランボウを一つだけ結んだようにきこえたことは事実だった。その間、桜の木の下には人の死骸が眠っている、梶井基次郎ではね。

「港が見える丘」歌詞一番は、あなたと二人で来た丘で、二番であなたと別れた丘、三番で「あなたを想うて来る」丘である。「ウツラトロリと見る夢　あなたの口許　あの笑顔淡い夢でした」。男は戦死したのかもしれない。

通りの向う、遊動円木のある辻公園の想い出の「アイル・ビー・シーイング・ユー」や二人並んでより寄って霧の街路を想う「何日君再来」と通じるものが「港の見える丘」にはあって、これが戦勝側、敗戦側をとわず、戦場にでかけた男の帰りを待つ女の共通感情だったと見てよいだろう。さて、そのような桜の木の根には、一人の神童が自分の出番を待って眠っていたのが、一九四七年の横浜だったのである。

この年、昭和二十二年は、『近代文学』同人によって、真に戦後的な思想テーマの設定が行われおわった年である。雑誌『近代文学』は敗戦から一月後に構想されたが、創刊は一九四六年一月である。敗戦の時に創刊された雑誌は『新生』『人民評論』、復刊が『日本評論』、敗戦翌年の創刊は『世界』『展望』『思想の科学』『民主主義科学』『群像』『新日本文学』『近代文学』等であり、復刊が『中央公論』『改造』であるから、当時の出版事情のわるさにもかかわらず、思想的な飢えの前に、ジャーナリズムも満を持して一斉に創復刊されたことがわかる。

「創刊同人氏名を敗戦をむかえた年齢とともに紹介してみると、山室静(39)、本多秋五(37)、平野謙(37)、埴谷雄高(35)、佐々木基一(31)、小田切秀雄(29)となり、『三十代使命説』を主張した事情が理解できる。同人の経歴も、大学生時代に退潮期のマルクス主義に参加し、ここから数歩退いた立場で翼賛時代をとおりぬけたという点であいひとしい。動員年齢にあったにもかかわらず病気やその他で軍隊に行かなかったことも、本多秋五が敗戦まぎわに数カ月兵隊となったことを例外として、同人に共通である。年齢、教養、行動経歴、生活環境の同質性が、かれら七人を戦後日本の多くの知識人の中での最初の拠点をつくることを助けた」(久野収・鶴見俊輔・藤田省三『戦後日本の思想』、中央公論社、一九五九年)。

同様に、戦後流行歌史のスタートラインにたった人々の敗戦をむかえた年齢をかかげてみよう。「リンゴの唄」の並木路子(23)、「星の流れに」の菊池章子(21)、「かえり船」の田端義夫(26)、「夜のプラットホーム」の二葉あき子(30)、「夜霧のブルース」のディック・ミネ(37)、「東京ブギウギ」の笠置シヅ子（30）、「港が見える丘」の平野愛子（26）となる。本章でとりあげた曲が七曲、たまたま近代文学同人の七人と数が合っただけで、歌手の敗戦時の年齢を並べることに直接の意味はない。戦前に自己確立し、すでに十分に戦後的な質をになっていた音楽家をかかげるなら服部良一、古賀政男、万城目正等の作曲家をあげるべきであって、戦後思想における近代文学同人との近似性を指摘するのなら服部良一を名ざせばいいだろうが、それとて類推の域を出ない。

申し述べておくことはこうなのである。第一に、これらの歌手の大半が戦前にデビューしていても、敗戦直後にヒットしたそれらの歌が十分に戦後的である理由はそれらの歌に耳を傾ける、あるいは口ずさむ大衆の意識構造が十分に戦後的であるということと、第二に、やがて登場する天才少女のもつ意味を際だてるためである。

同人たち以外による『近代文学』の全体的な総括は、一九五〇年代のおわりに、久野収・鶴見俊輔・藤田省三による討議『戦後日本の思想』第一章「知識人の発想地点」で行われているので、鶴見俊輔の報告から引用しよう。「近代文学はたしかに戦後の思想史のなかではテーマ・セッターなんです。主題だけではなく論争の進め方もまた、やはり戦後思想史としての正統、オーソドクシーになっていると思う」と、かれらがもっとも戦後的な問題の立て方をしたことを指摘したその箇所にこうある。

……マルキシストには傷があるわけですね。まじめに考えているマルキシストは、獄外にあって生きて来た場合は、心に傷をもっている。なぜ戦争末期に現実に蜂起が可能であった状態にさえ抵抗を組織できなかったかと思う。ところが「近代文学」の人たちは非政治的な立場ですから、同時に終戦がこのような形でくることを待ち望んでいたから、全く傷がない。戦争が終ると同時に第二の青春をうたえるのは当然で、第二の青春というよりむしろ月満ちて生れたから愉快なんです。その出発点において課題を全部設定し終えて、終戦のあとで出てくる課題はほとんどない。これは「近代文学」の停滞性の一つの理由になるけれども、「近代文学」の運動のなかにその後出てくる主題は、本多秋五の最初のエッセイ〔「芸術・歴史・人間」『近代文学』創刊号〕のなかでほとんど全部出ている。その主題はどのくらいあるか、簡単に列記してみると、第一は主体性論、第二は世代論、第三は戦争責任、第四は転向文学、第五は政治と文学論、第六は上部構造論——文学は単なる上部構造として下部構造の変化にすぐさま対応して位置をかえるものではないという主張、第七は小市民階級——プチブルジョワを積極的に評価しろという主張。第八は知識人論——第七に似てこれの積極的評価、卑下ばかりしていてもしようがないという主張。第九はエゴを大切にする——組織に対してエゴを守る、組織と個人論。第十は近代精神とは何かについて、繰り返して近代精神を大切にしていく近代主義の立場です。以上の十点である。考えてみると、これは戦後思想史のなかで、誰もが口にしたテーマなんですね。

美空ひばりの独自性を論じる。

歌とは数十年にわたって蓄積された民族の情感の噴出である、という古賀政男の発言を正確に引用できずに一日が過ぎた。その発言の出典を探しだせないのだ。自分自身、何回も引用した古賀政男ならではの深い洞察なのだが、神かくしにあったように、その箇所を発見できない。しかし、歌とは民族の何十年にもわたる情感の噴出である。

まさに美空ひばりにあてはまる。竹中労が次のように書いている。

ひばりが主に唄ったのは、『大利根月夜』『小雨の丘』『チンライ節』、そして『長崎物語』であった。後年「ひばり節」を構成するすべての要素が、この四つの歌曲にふくまれているのは興味深い。

（藤田まさし作詞「大利根月夜」歌詞引文・省略）

その遊俠調もしくは詠嘆調のメロディは、やがて『関東春雨傘』『遊俠街道』そして『柔』へと転化していく。『小雨の丘』のセンチメンタルな抒情はデビュー曲の『悲しき口笛』からシャンソン風のアレンジをきかせた『髪』へ。『長崎物語』の異国情緒は、『哀愁出船』を頂点とする一連の波止場ものを生んだ。『チンライ節』は『お祭りマンボ』『日和下駄』『俥屋さん』など、ひばり節のもう一つの側面――コミック・ソングの系列をつくった。

（竹中労『美空ひばり』）

竹中労はデビュー前の美空ひばりについて言っているのである。一九四五年九月八日、この日付は日本敗戦の三週間後というはやい日付であることに注目していただきたいが、ひばりの父、加藤増吉は滝頭の町内演芸会をはじめ、屋根なし市場のアマチュア楽団「青空楽団」（のちすぐに美空楽団に改称）をはじめ、その楽団で十歳のひばりが得意にした四曲が上述のものであったということである。この指摘は竹中労独自のものであって、昭和四十年、弘文堂フロンティア・ブックスのものは長らく絶版であったが、昭和六十二年九月に朝日文庫に復活した。

一九三七（昭和十二）年。中国との戦争がはじまった年の五月二十九日、美空ひばりは、横浜市磯子区滝頭町で生れた。
本名、加藤和枝。父、増吉。母、喜美枝。家業は魚屋で、屋号を「魚増《うおます》」といった。
……滝頭は横浜の場末。商店街と住宅地の入りくんだ、ごみごみした下町だった。ひばりの生家は、「屋根なし市場」と呼ばれるマーケットの中にあった。ハモニカのように並んだ店の間口も奥行もせまいので、軒先から道まで品物をひろげて売っている。だから「屋根なし」である。

（竹中労前掲書）

現在の読者はこれを汎アジア的な既視感と読みかえていい。朝市の立つ通り、運河に鉄橋がかかっている場所、ハシケのつく桟橋、ゆるい下り坂、追分け、といった名所でもなんでもない場所に汎東洋的な既視感を感じるものだ。はて、おれはこの風景を遠い昔にみたことがあるぞと陶然と立ちつくす数分間がある。

既視感《デジャヴュ》というべきではないのかも知れない。高度経済成長期に高速で第二の脱亜期を駆けぬけた日本人には既視感だが、東洋各国の町の普遍的な、毛深くなつかしい日常性と言うのが正確だろうが、いずれにしろいい艶歌のもたらす光景・惹起力というものは、今見ている風景を汎東洋的な匂いにつれもどす作用がある。結論めいて言えば、竹中労のルポルタージュ手法で活写された横浜滝頭の青空市場は、日本戦後歌謡曲史の縦糸だけではなく、美空ひばりを軸に、韓国の李美子、台湾の包娜娜、マレーシアの黄暁君、フィリッピンのピリタ・コラレスというぐあいに、それぞれの国の戦後過程が生んだ艶歌歌手を横にもつなぐのである。

滝頭の市場には汎東洋的な普遍性があった。ソウルの南天門市場、香港の油麻池、小樽や青森の市場、現在の東京でも築地魚河岸の入口や上野アメ横の一本裏通りに見られる東洋の市場《いちば》のレイアウト、店舗と露店の中間形態ともいえる「軒先から道まで品物をひろげて売っているのだから屋根なし」の共通した雰囲気がとらえられているのであって、歌が生まれ、美空ひばりが生まれる絶好の舞台装置というよりない。そして海に向かって左手の丘には、〝異国〟がある。

こういう町には、驚くような素人の芸達者、喉自慢がいるものだ。芸の天才はこういうところから生まれるのであって、体系《メソッド》の中にはいないのである。美空ひばりになる可能性がある巷間の天才が一つ町に一人くらいはいて、それが、神が宿るとしか言いようのないさまざまな要素がかさなって、民衆の中から英雄が生まれてくるのである。その構図を最もよく表わしているのが昭和二十四年九月、ひばり十二歳、レコーディング二曲目の『悲しき口笛』なので、検討してみよう。

〽丘のホテルの　赤い灯も
胸のあかりも　消えるころ
みなと小雨が降るように
ふしも悲しい　口笛が
恋の町角
露路の細道　ながれ行く

（「悲しき口笛」、藤浦洸作詞・万城目正作曲）

これは滝頭の青空市場から海に向かって左手の丘を眺めた光景としか感じられない。町の無名の、無数の天才たちの一人に宿った神は、偶然ではなく必然だったと感じさせるものがあって、美空ひばりでのみ感じられるこの哀調は、露路の細道に口笛を吹いて消えて行く年長の男が、戦争に負けた側にいると感じとっている少女の直観によって描き出されている。図式化すれば、丘のホテルに倨傲するものは勝利者米軍である。露路の細道に悲しい口笛を吹いて消えて行くのは敗戦した側である。少女の目には父や兄が、戦争に敗れた側にいる。だから悲しみがある。そう聴こえてしまうのだからどうしようもない。デビューの瞬間に美空ひばりが内蔵していたとほうもない能力は、はやくも藤浦洸の作詞を射ぬいたところがあり、またここが、勝利者米国の音楽ブギウギに拠って底抜けに陽性な笠置シヅ子の歌と美空ひばりを分つものである。「悲しき口笛」は日本敗戦から四年後の作品で、日本人の米軍認識の変化もあって（解放軍から中国革命、朝鮮革命をおさえこもうとする米軍へ、この年の七月四日、マッカーサーは日本は赤化東進の防壁と声明）、それが悲しみの調子を決定しているところもあるが、この曲は映画『悲しき口笛』の主題歌だから、場《ば》としての映画内容を分析してみよう。

映画『悲しき口笛』（原作竹田敏彦、監督家城巳代治、脚本清島長利、音楽田代興治、松竹作品）の大筋《シノプシス》をNHK出版『続プログラム映画史』から再現しておく。

ものがたり

横浜、桜木町駅前――。

浮浪児と風太郎の屯するその広場に、田中健三（原保美）は妹を探しあぐねて、疲れた体をベンチに横たえている。

数カ月前、外地から引揚げてきたばかりの健三は職もなく、たった一人の妹の行方も知れず、途方にくれていた。

×　×

零落のヴァイオリニスト、藤川修（菅井一郎）は流しをしながら一人娘の京子（津島恵子）と焼け跡の倉庫の中に侘しく暮していた。

京子は町のビヤホール、オリオンに勤め乍ら今の世に容れられない父の芸術を慰める可憐な娘であったが、或日ふとした事から浮浪児の仲間にいたミツコ（美空ひばり）をつれ帰り、妹の様に面倒をみてやった。やがてミツコはこの一家の唯一の慰めとなった。

唄の好きなミツコが口吟《くちずさ》む「悲しき口笛」は、兄健三が応召間際に作曲したものなのである。ミツコは日増しに元気になって行った。

藤川老人の昔風のヴァイオリンは、何処の楽団でも相手にされなかった。失意の老人は酒場で安酒を呷ったが、その揚句は視力を奪われて了った。

食うだけで精一杯の京子の稼ぎでは、父の治療も思う様にならなかった。

オリオンのマスター安田（山路義人）は、そうした京子に、店の客である吉村という人（徳大寺伸）からと言って、多額の札束を渡し、吉村の会社に好条件で勤めてはどうかと勧めた。

商事会社と称する吉村の会社は、実は麻薬の密輸を主とする闇会社なのだ。吉村は彼女をその手先に使おうとしたが、京子はそれを拒んだために、遥か沖合に浮ぶ密輸船の一室にとじこめられて了った。

一方、健三は職のない儘に、ついふらふらと、この密輸団の一味に加わっていたが、かつて健三が、オリオンで只飲みする処を京子に救われた恩返しに、京子を救い出し、自らこの機会に真人間に返ろうと、相模湖畔に住む旧友山口（神田隆）の家に、京子と共に身を隠した。健三は、幾度か自殺しようと思った。然し、たった一目ミツコに会ってからと思うと決心がにぶった。

一方、ミツコと藤川老人は、京子を探し求めていた。盲目の藤川老人にとってもミツコは命の綱だった。

京子は健康を回復すると、一日も早く父やミツコに会いたくて堪らなかった。然し、京子に吉村達の追手の迫ることを恐れた健三は、自分が自首してからにしてくれと止めるのだが、今は健三にほのかな慕情を感じている京子ではあるが、心せくにまかせて、上京した。

翌朝それを知った健三も、急ぎその後を追って上京し警察へ自首して出た。

時を移さず、警官隊は、吉村一味検挙に向った。

京子が倉庫の家に帰った時、そこは火事で跡形もなく、父とミツコの姿はなかった。

その頃ミツコは、街のキャバレーで天才歌手として元気に唄いまくっていた。藤川老人の為に、ミツコが必死に考えた生活の手段だった

茫然と街を歩く京子の耳に、あの「悲しき口笛」が聞こえて来た。ミツコだ、と思った時、吉村の輩下の為に再び、京子は危険にさらされるが、間一髪、警官の手で救われる。

健三は自首したため、すぐに帰された。京子と共に再生を喜び合う健三の耳に忘れることのできないあの「悲しき口笛」の曲が……。

（松竹映画ウィークリーNo.１０９）

このチラシには「メモ」欄に美空ひばりの紹介が出ているので、これも引用しよう。

美空ひばり・のこと

東京ブギウギ……

唄うラヂオは、笠置の放送、とばかり思いこんでいると、只今のは美空ひばり、とアナ氏の紹介でビックリする。というのが、近頃あちらこちらでみ受られる風景である、と聞く。四歳で、百人一首を全部暗誦した、と聞いては、とても尋常の小娘でないことは、一ぺんで諒解されることと思う。

この少女、横浜市磯子の生れで当年十二歳、昭和二十二年（当年十歳）N・H・Kの喉自慢コンクールに応募して「リンゴの唄」を唄って審査員を驚倒させた話題の主。映画も、喉自慢狂時代（東横）・びっくり五人男（新東宝）・踊る竜宮城（松竹）と早くも三本を数え、舞台実演とともに引張凧であるが、名実ともに主演するのは今回が初めて。

楽譜は読めないが、音に対する感覚は、一回ピアノを聞いた丈でピタリと覚え込む天才的な素晴らしさである。本人のたまわく。

「童謡はオトナになったらうんと唄うの――。」

因みに彼女はゼッタイに童謡は唄っていないということ。

昭和二十四年度のキネマ旬報邦画ベスト10は、1小津安二郎『晩春』、2今井正『青い山脈』、3黒沢明『野良犬』、4木下恵介『破れ太鼓』、5稲垣浩『忘れられた子ら』、6木下恵介『お嬢さん乾杯！』、7亀井文夫『女の一生』、8黒沢明『静かなる決闘』、9吉村公三郎「森の石松」、10清水宏

『小原庄助さん』、とあり、これら巨匠の作品群にはじきだされたかのように、『悲しき口笛』はベスト10に入っていないが、いま引用したシノプシスを見ると、作品の戦後性をふんだんに指摘できる。ハマのキャバレーで働く女に象徴されるもの、徳大寺伸の密輸業者に象徴されるアプレゲール成金、菅井一郎の老ヴァイオリニストが失明するメチルアルコール入りのバクダン酒、原保美扮する兄に象徴される戦地帰り（特攻くずれ）のニヒルな青年像、等である。

主題歌「悲しき口笛」が応召時、兄が遺書のように作曲して行った歌と設定されていることもそうである。すべてが戦争をひきずっている。その中で美空ひばりの歌声が決定的に新しいのだ。画面に米軍は出てこないようだが、丘の上のホテルには戦勝者の米軍がおり、丘の下の路地を特攻隊くずれの兄が、節も悲しく、口笛を吹いてさまよっていたのだろう。舞台はやはり横浜だったのだ。この歌を聞いて、筆者があらためて、ハマの反対側であるが、新子安の救急病院を思い出したほど、少女歌手美空ひばりの情景喚起力は強力だった。

さて、竹中労の記述に戻って、そのような天才少女があらわれるまでの過程を跡づける。

ひばりの父親――加藤増吉氏は、多芸であり多趣味であった。ギターが得意で、都々逸や端唄は玄人はだしの節まわしだった。そして、熱狂的な浪曲のファンでもあった。

（中略）

増吉氏はみずから清水次郎長を気どって、店の若い衆二人に、小政、石松と異名をつけるほどの気の入れようだった。ひばり五歳のとき、その石松が、友人と「市電にぶつかって死ぬか死なぬか」というバカな賭けをした。そして、ほんとうに電車に体当りを敢行して、冥土へ旅立ってしまった。

筆者の知見でも、青酸カリは耳搔き一杯分で死ぬときかされて、大の大人が耳搔き一杯の毒で死ぬかよと息まいてそれを飲み、死んでしまった工員の話がある。森の石松主義といったものはあるのである。

一九四〇年――皇紀二千六百年の復古調にのって、小倉百人一首が全国に流行したとき、カルタは「魚増」にも流行し、三歳のひばりは百句のうち七十五句までよどみなく暗誦することができた。

このエピソードは、重要である。たんに天才的な「暗譜（誦）」の非凡な能力があったというだけでなく、やがて大衆芸術家・美空ひばりを形成する原体験を、ここに見ることができる。ギター、浪曲、都々逸、そして、百人一首、……父親の「道楽」は、幼いひばりの魂に日本の音律を刻んだ。

一に主体性論、二に世代論、三に戦争責任論、四に転向文学、五に政治と文学論……というのが戦後知識人の発想地点だとしたら、一にギター、二に浪曲、三に都々逸、四に百人一首、というのがひばりの発想地点だった。第二芸術とバカにされた七五調が美空ひばりの中には生き残った。

隣近所の話が筒ぬけになるような、へだてのない、そしていささか落語的な「屋根なし市場」の風景をぬきにして、美空ひばりを語ることができない。ひばりは正真正銘の街の子であり、大衆の子だった。彼女の「原体験」は、戦火に破壊される前の日本の庶民社会で形成された。

美空ひばりは数え年九歳の戦前派だったのである。世代論が通用しなかったのは当然であった。こどもが大人の歌を歌うというデビュー時美空ひばりの異様さに対し、大人たちの困惑の例をあげるにことかかないが、それらをかかげる前に、昭和十八年、六歳の美空ひばりが父の出征の日に「九段の母」を歌ったシーンを竹中労から再現しよう。

> 〽上野駅から九段まで、……杖を頼りに一日がかり、軍国歌謡にはめずらしい演歌調とローカル・カラーが、地方から動員されてきた兵士や工員の疎外された心情にぴったりだったのだろう。「この子の父親も〝醜《しこ》の御盾〟の一人として帝国海軍に召されて戦っております」という司会者の前口上のあとで、ひばりが歌いだすと、聴衆はシーンと静まりかえり、歌いおわると拍手は同行の職業歌手たちよりも圧倒的に多かった。
>
> 　母親の喜美子さんによると、『純情二重奏』や『愛染かつら』を歌っても、「高峰三枝子さんやミス・コロ（松原操）とそっくりのようだけど、どっかちがっていたんですよ。親の欲目じゃないけど、もっとしみじみした、人なつっこい歌い方でした……」。

そのとおりだろう。美空ひばりの初吹込みは、昭和二十四年七月、映画『踊る龍宮城』挿入歌「河童ブギウギ」である。藤浦洸の作詞、浅井挙曄の作曲。この盤は長らく原盤を紛失したままの「幻のデビュー盤」だったが、昭和四十六年の芸能生活二十五年記念時に発見されて、針音だらけのSP盤からの復刻ながら現在では聴ける。『踊る竜宮城』という映画は知らないが、〽カッパおどりはブギウギ、陽気に　たのしく　水玉とばしておどれよ、というブギの曲は、淡水の川というより、自宅から市電の停留場二つ先の八幡橋の海で、波とたわむれていた幼時の記憶の再現ではないかと思わせる。その二ヵ月後の九月に出したのが「悲しき口笛」で、分析は既述のとおり。三曲目「涙の紅ばら」は、〽泣いたとて、泣いてみたとて、散ってしまった花ならば、ふたたび枝に咲きはせず、という奥野椰子夫作詞・仁木他喜雄作曲の、その「咲きはせず」という旋律がブルースで、これまたブルース・フィーリングをみごとにこなし、四曲目「私のボーイフレンド」、〽1《ワン》、2《ツー》、3《スリー》、4《フォー》　ポプラがゆれる小川のほとりに　お家が二つ窓にほほえむ　薔薇の花、という門田ゆたか作詞・原六朗作曲の前奏がグレン・ミラー楽団の「アメリカン・パトロール」そっくりの前奏の、スイング・ジャズにのせた歌謡曲がこれまた完璧。レコーディング七曲目の「白百合の歌」（藤浦洸・万城目正）はコンチネンタル・タンゴで、これまたタンゴを歌って完璧。

　美空ひばりはレコード・デビュー時点の十二歳時から、ブギ、バラード、艶歌調、スイング・ジャズ、タンゴを完璧に歌いこなしていたと言うよりない。音程、発声、リズム等が技術的に完璧というだけではなく、どの曲想にも、ひばりが歌うとペーソスがあるのだ。筆者は「私のボーイフレンド」の結びの句、ハッピーエンドの物語、というところを長らく、ハッピーエンドのものが散ると憶えていたほどだ。

　これほどどの曲も完璧なのだから、デビュー前の「純情二重奏」や「愛染かつら」が、親の欲目じゃないけれど、プロの歌手以上に、「もっとしみじみした、人なつっこい歌い方でした」と母親が言うのは嘘ではないだろう。これはデビュー期のひばりをレコードで聴いていただくよりない。上手さが、ふつうじゃないのだ。

こどもが大人の歌をうたったから騒がれたのではない。こどもが大人の歌を大人以上に歌いこなしたから異様だったのだ。それは戦後歌謡曲が近未来に到達するべきものが、こどもの姿に顕現したのを目のあたりにした異様さだった。

さいわい、現在はSP盤からの復刻盤がそろっていて、ひばりレコード・デビュー時点の上手さを他と比較することは容易だから、読者各自がききくらべていただきたい。この章でとりあげた各曲、「かえり船」のバタヤン、菊池章子「星の流れに」、二葉あき子「夜のプラットホーム」、笠置シヅ子「東京ブギウギ」の四曲のオリジナル盤復刻と、平野愛子「港が見える丘」はオリジナルが入手できなくてやむなくちあきなおみのナツメロLP『港が見える丘』から同曲をとりだして、ひばりのオリジナル盤「悲しき口笛」と何回もききくらべてみて、私見では、歌のうまさでは田端義夫と美空ひばりが肩を並べてトップだった。笠置シヅ子は上手いとか下手という基準でははかれないし、これらの歴史的な曲は、歌手の上手、下手で価値を論じられないが、その証拠に、ちあきなおみはファドのLP『秘恋』であれほど上手い歌手なのに、「港が見える丘」ではまったくだめで、このうっすらとブルース・フィーリングを残した東辰三の曲を、ダイアナ・ロスの扮したビリー・ホリディの唱法で歌ってまるきりダメにしている例をみてもわかるとおり、技術ではどうしようもない歴史性というものがあるのだが、それでもなおかつ、デビュー時美空ひばりの、大人の歌手以上の上手さというのは異様なほどだ。

単純にいえることは、日本の歌手では艶歌歌手がいちばん上手いということであり、数十年にわたって蓄積された民族の情感を一気に吹きだすものとして、日本では艶歌がふさわしかったともいいうる。

　しかし、時間をもう一度前に戻そう。デビュー直前の美空ひばりの物語は、もう一度父があらわれ、消え、母が前面に出てくるまでのドラマと読みかえることができるのである。

　八月の末に父親が復員する。ただちに街のアマチュア楽団「青空楽団」を結成する。酒匂正というギターの上手な若者をリーダーに町の音楽好きの青年をあつめて、滝頭の町内演芸会をひらいたのは九月八日である。やがて「青空劇団」は「美空劇団」と名を変えて、海軍軍楽隊放出品の楽器、太鼓、クラリネット、トランペットをそろえる。

　これは非常にはやい。加藤増吉はとくべつ元気だ。八月十五日はいかにむかえられたかという典型的な文体を見ておこう。


　一九四五年（昭和二〇年）八月一五日、歴史の回転を告げる金属質の玉音が、あおあおと晴れあがった真昼の空を流れていった。

　歴史の歯車がカチリと音をたててまわったこの瞬間から、わたしたちの祖国は混乱と激動の季節をむかえた。それは「終末の日」の廃墟とそこにとびたつ不死鳥《フェニックス》にもたとえられ、創世記ふうな、あの光と闇のあやなすカオスにも比較された。

（中略）

日本の現代史が遭遇した最大の変革期、すくなくともその可能性が予想された時期であった。政治機構・社会構造の根底にわたって外部的に、また内部的に相次ぐ重大な変更が加えられ、人間の心理や意識の内面にも決定的な変質が見られようとした。すべての封建的なもの、前近代的なものは音をたてて崩れさった。いや、崩れさってゆくかに思われたのである。敗戦による社会革命の可能性が期待され、いうところの敗戦革命の実現が本気になって論議されていさえしたのである。

（三好行雄「戦後文学の輪郭」、『戦後作家研究』、誠信書房、一九五八年）

加藤増吉による青空楽団の結成は、敗戦革命的なはやさである。町はむろん壊滅状態だし、焼跡の焼死体さえまだあったかも知れない状態でアマチュア楽団の活動がはじまっているのだ。進駐軍の速度と比較してみよう。第八軍司令官アイケルバーガー中将の厚木飛行場着陸が八月二十八日。連合軍司令官マッカーサー元帥の厚木着が八月三十日である。タラップの二段目でコーンパイプをくわえ、彼はおもむろにいった。「メルボルンから東京へ、長い道のりだった」。

青空楽団の活動開始は、マッカーサーがニューグランド・ホテルの宿舎に入って占領政策を開始するより数日はやかったのである。このはやさは、磯子一帯が戦火で消失せず、母喜美枝がこどもたちを守って魚増を支えぬいたから可能だった。明けて一九四六年。

四月一一日、戦後第一回の衆議院選挙の結果が発表されたその日、ひばりとその楽団は、横浜市磯子の「アテネ劇場」で旗上げ公演を行った。名前だけは立派だが、風呂屋を改造した客席二〇〇の小劇場である。増吉氏は、「スター美空楽団演奏会・豆歌手美空和枝出演」というポスターをつくって辻々にはりめぐらした。両親がそろって通りに出ていって、メガホンで「ただいま開演中！」と呼びこみをやった。

磯子のアテネ劇場はむろん今はないが、風呂屋を改造した劇場というのは、戦前の関東ではめずらしくない。現存する三吉演芸場も一階は銭湯、その高い天井を利用した階上が劇場である。これは浮世風呂以来の江戸的な寄席の姿であって、横浜で銭湯の二階の寄席を最初につくった人物は長谷川伸の大叔父にあたる長谷川秀造である。

このアテネ劇場時代のひばりの主なレパートリーが「大利根月夜」「小雨の丘」「チンライ節」「長崎物語」の四つで、これがのちのひばり歌謡曲のすべての要素を含んでいるという竹中労の前出の指摘を想起されたい。

アテネ劇場の人気者になった彼女がNHKの「素人のど自慢」に出るのが、昭和二十一年の暮である。「悲しき竹笛」（西条八十・古賀政男）を歌った。鐘が鳴らなかった。ゲテモノとして審査対象外とされた。

NHKだけではなかった。芸能界の正規の門はことごとく、大人の歌を大人よりうまく歌う末恐しい少女にとざされる。その時期の反応が竹中労の本に種々のせられているので、その中から上山敬三「オール花形歌手評判記」の一節をひいておこう。

おそるべき歌が始った。見事なジェスチャアだった。愁いをふくんだような顔が、たちまちにして嬉しそうな表情に変った。

（中略）

末恐ろしいですな！　児童教育上いかがなものですかなあ。あちこちから驚きのささやき声が溜め息とともに洩れた、その子が、やがて美空ひばりと名乗って華やかにデビューしたのである。

これを、美空ひばりの天才は、芸能界のシステムはおろか、当時の日本社会がもちえた想像力を超えたところに登場したという視点で評価しておきたい。語を変えれば、形成期の戦後民主主義も美空ひばりに追いつけなかったということである。これはあくまでここでの視点である。芸能界のシステムや世の「良識」がひばりに立ちふさがった、と読むのが正論であるが、アイドル・タレントをその幼児性と未熟さそのものの商品化として売り出すことが確立した現在の音楽市場とくらべて、あまりに美空ひばりはちがい、デビュー時の数曲を聴き直しただけで鳥肌が立つほどの美空ひばりの歌唱力を再び確信すると、既存のシステムは、日本歌謡曲史を数撃で変えたこの天才の登場の前になすべくもなかっただろうことを強調したいのである。世界の芸能史をみても美空ひばりのような登場をした例は他にないのではあるまいか。

けっきょく、場末の劇場か田舎まわりの巡業で、職業歌手の前唄をうたうことだけしか、道はのこされていなかった。（竹中労前掲書）

この段階で父母の間にくいちがいが生じる。地方まわりの職業歌手の前座としてでも、娘を歌手にしてやろうという母親と、「お前は和枝を河原乞食にする気か」と怒る父親の意見衝突である。この段階では母親の方が積極的になっている。

増吉氏にしてみれば、「美空楽団」の結成も一種の道楽だった。娘をプロの芸人にしようなどとは毛頭考えていなかった。

（竹中労前掲書）

なにか決定的にちがうのである、「道楽」と「プロ」の間は。ギターを弾かせても、都々逸、浪曲を語らせても、玄人はだしにこなし、多芸多才であった加藤増吉と、やがて日本一になる美空ひばりの間には、歴史における天才の役割といった哲学的な問題を経なければ解けないような淵がある。増吉VS.ひばりの間には棍棒のようにくっきりした軸が一本はさまっている。その棒は、戦争である。戦争と、その敗戦のひっかぶりかたが親子でちがっているのだ。この問題を母親の側から解いたのは竹中労であって、朝日文庫版に際して書き下ろされた第三部第三章「ゴッド・マザーの死」にいわく。

ご亭主は勇躍応召、女房どのは家業の魚屋の経営を女の細腕で支えねばならず、「些々タル一家庭ノ事情」など国の大義の前に吹きとんでしまった。昼は仕入れのリヤカーをひき、夜は防空壕で子どもらをしっかりと抱きしめて寝る。炊事洗濯はもとより、男手のなくなった銃後では糞尿処理にいたるまで。

（中略）

母親は戦後民主主義に影響されたのではけっしてなく、だんこ戦中体験に居直ったのである。

これなのである。戦後民主主義はマッカーサーが運んできたのではなく、女たちの戦争体験に基盤を置いていた。男はといえば敗残兵で呆然自失（加藤増吉氏はそうではなかったが）、壁をよじのぼるパワーがなかった。

美空ひばりは母親の戦争体験に接続していた。そしてそれが日本史への接続である。あたりまえすぎることを言うが、美空ひばりは父親を父とし、母親を母として成長した。だから美空ひばりにあっては、父母の離別といった戸籍上の問題とは関係なく、父性は存在している。彼女がファミリーから発想するのは当然であり、また正当である。

父の反対を押しきってひばり母子は前座歌手として四国巡業に出て、乗ったバスが谷底に転落し、九死に一生を得たことが逆にひばりに歌を天職と自覚させるが、そのことは省略しよう。民族の数十年にわたって蓄積された情感が十歳の少女にそのように集約されたという記述は以上である。

How Deep Is The 古賀メロディ

遠いことだから、記憶が美化されすぎていはしまいかとおそれながら書くのだが——。

朝、異邦の気配につつまれて、目をさましている。宿は丘の上に立っていて、下は波止場だ。駅がある。暗いうちに四輛連結の気動車が低いかまえのホームに着き、労働者たちが波止場に向かっていった。鉄道は広軌。降り立つ労働者たちの動きもゆっくりしていて、彼らの先には、葡萄色の海がひろがっていた。潮が満ちてくる音がしていた。仁川の潮の干満の激しさは世界でも屈指のものだといこうことを知っていたが、蟹や貝、青い魚を並べた朝市の露店が、海の底からあらわれたのではないかと錯覚させるほどの潮のひきかたは想像できなかった。この朝の光景に音楽的な雰囲気を感じていた。

その日の夕刻の散歩だったと思う。一九七二年八月の洪水のあとで、たっぷり水を吸いこんだ赤土は鮮かな地肌を見せていた。海水パンツを買いに行った帰りだったが、坂の途中のレコード屋から流れてくる艶歌に足がとまった。

それが李美子だった。艶歌の理想形、いつか日本の歌謡曲も成長して到達できる理想的なレベルがある、と思っていたようなメロディが現実にあった。呆然とその場に立って聴き惚れた。陶然、といったほうがカッコいいが、あれは「呆然」のほうだな。

小さな店は、レコード・ショップというより蓄音器音盤商といった古びた雰囲気で、軒下につるされた小さな音響箱から、そのステキきわまりない女声のメロディが流れていた。中に入ると家庭用のクリスタル・カートリッジを使ったプレイヤーでLPがまわっていた。ロッシェル塩を材料にしたクリスタル・カートリッジは湿気によわくて、日本ではもうおめにかかれないしろものだった。

しかし、なんて宝石みたいな音を出しているのだろう。今かかっている歌謡曲はこれですか、と身ぶりをまじえて店の主人にきいた。店の主人は日本語ができて、さいわいに、「歌謡曲」という語は日韓共通だった。すばらしい、この歌手か、とプレイヤーわきのジャケットを示してたずねた。

そうだ、イミジャ、と店の主人は、ジャケットをとりあげて、「李美子」という文字を指して言った。李美子、白映湖作品集、地球音盤、という漢字が読めた。

「有名な歌手なのか？」

「イチバン」指を一本上げ、ニッコリ笑って店の主人は言った。その指が親指だったか、小指だったかの記憶があやしい。小指だったら、女じゃイチバン。親指だったら韓国でイチバン。微妙なところだが、親指だったような気がする。

これがそもそものなれ染め。イチバンいいのにイチバン最初にぶつかったという幸運があって、かりにソウルの大きなレコード店で、ハングルだけのレコード・ジャケットのを、カタコト英語で買ったとしたら、自分の韓国音楽観は今とはすこしちがったものになっていたかどうか。遠からず、李美子、パティ・キム、朴椿石、白映湖、吉屋潤といった音楽家たちにぶつかることはまちがいないにしても、ザッと海が引き、潮のひいた海底から声が湧いてくるようなよびかけの激しさとして、韓国の歌を聴く感覚は弱っていただろう。

李美子のこの声なのだ。目の前で歌っていても遠くからよびかけるようにきこえる声、禿山のむこうから谷を一つ渡って成長してくるような声、それが鍵だった。

それから何年かが過ぎて、横浜伊勢佐木町を歩いていて、有線からアーマッド・ジャマルのはずむようなピアノの流れる雑踏の中で李成愛の「カスマプゲ」を聴き、〽海が二人をひきはなす……と歌い出す瞬間に、ざっと潮の引いた葡萄色の海をおもいうかべ、登場した新人歌手李成愛の優秀さをとことん推奨することができたのも、仁川の坂の途中のレコード屋で李美子を聴いて呆然とした韓国歌謡曲との出会いのそもそものはじめから、一挙に、ダイレクトに、つながったからだった。

聴衆によびかけるように歌うのはうまい歌手だ。自分の胸にまず響かせてから、聴衆と自分の前に空間をつくりだし、その空間に聴衆をひきこむような歌手はもっとうまい歌手だ。そういう歌手は一国に何人かいる。魚になって、李美子のつくりだす海に泳ぎこみ、ただただ、ひたすらに聴くつもり。


感動の初心をよくつかめた文章と自分で思っているので、李美子の民音公演一九八六年のパンフレットに寄せたものを再現しておいた。

古賀メロディの前衛性を述べる。舞台はとつぜん一九八〇年代のロンドンにとぶ。アンコールシーンである。拍手と歓声がつづく。

Simon,Simon,Can we do that?……（聴衆に向かって）We have to discuss with the orchestra,you see.法貴和子が、できるかしらサイモン、いまオーケストラに相談してみませんと、と会場に答え、カラオケ・マシーンのオペレーター、サイモンに相談している様子。「オーケストラ」というのはカラオケ機械のことだ。ちなみに「カラオケ」のことを彼女らは「エンプティー・オーケストラ」と呼んでいる。「カラオケ」という語が国際語になる寸前のシーンである。一九八四年秋頃の、ロンドンのどこかのフランク・チキンズ公演ステージのアンコールである。
「人生劇場」の前奏が流れてくる。

〽（法貴和子の歌で）
　やると思えば　どこまでやるさ
（田口和美のナレーションで）
If I diside what I'm going to do, I don't limit myself.
それが男の　魂じゃないか
Because that is a sprit of man.
義理がすたれば　この世は闇だ
If GIRL rise away, this world is fading out.（into darkness）
なまじとめるな　夜の雨
Don't stop the rain of the night

〽（田口和美の歌で）
あんな女に　未練はないが
I don't give a shit about such a woman,
なぜか涙が　流れてならぬ
but somehow she makes me cry.
男ごころは　男でなけりゃ

The sprit of real man can be understand by only man.
解るものかと　あきらめた
I murder each to given her, my thinking like that.

〽（二人合唱して）
Time and change, but we don't change like Nikichi does'nt change.
Nikichi of Kira is still a man,I want live my life Nikichi lives his life.
This world is madeof GIRL and NINJO which you don't understand,we don't explain.

歌いおわって二人、声援に挨拶を返して、「お客様は神様です、ポポンのポン」。小道具を片づけて退場。

フランク・チキンズの帰国（来日）コンサート直前に、ＲＣＶ社にロンドンから届いたテープをダビングしてもらったもので、何月何日ロンドンのどことということがわからない。歓声の調子からヒッピー、反戦活動家、ロンドン在住の有色人種たちが集るアンダーグラウンドの演芸場という気がする。いまテープ内容を書き下したのであるが、筆者のヒヤリングがまちがっていなければ、彼女らは直訳風英語で元の歌詞と逆のことを言っているのである。

歌詞一番では、「義理を立てればこの世は闇だ、やまずにおくれ夜の雨」になっている。二番では「あんな女に　糞喰らわせはしなかったが、なぜか泣けてくる」にきこえ、「解るものかとあきらめた」にあたる部分の英語歌詞が「私は義理と人情を殺して女に与えた、我が考えかくのごとし」になっている。歌詞の一番と二番を通じて、義理もダメなら女もダメ。

三番になると日本語歌詞はなくて、「時も周期のぶれも変ろうとままよ、……。義理と人情のこの世界をあんたらガイジンにはわからないでしょうが、説明しないよ」と放りなげている。こういうパンク精神の英語を古賀メロディの原曲にのせて歌っているのである。

古賀メロディ的日本人の心情のかくまでの自己否定をフランク・チキンズがやって、それが爽快なまでに荒っぽい感銘をあたえるのは、土台が依然として古賀メロディだからである。「人生劇場」、佐藤惣之助作詞、昭和十二年楠本敏夫が歌ったのがオリジナル。昭和三十七年、村田英雄でリバイバル。

千載一遇の機会だった。四方田犬彦が、吉祥寺の酒場のごみ捨て場で拾ったカラオケLPを、ロンドンに渡って人形芝居をやっている同窓生の法貴和子にいたずら半分送ったのがあと二年ほどずれこんでいたら、フランク・チキンズというグループは出来ただろうが、古賀メロディの前衛性をロンドン・パンクロック・シーンで検証するというとんでもない主題は永遠に去っただろう。彼女たちのレパートリーのうち、艶歌こそ強力な武器であって、「人生劇場」「悲しい酒」「夢芝居」の三曲がなければ、それぞれ強烈な個性を持ったロンドン在のエスニック・グループの中に埋没してしまったかもしれない。

パリ、モンテーニュ大通り、午前二時、街の灯は、すでに消えていた。霧が流れていた。

一台の黒のセダンが、霧の中を音もなく徐行してきた。プラザ・アテネとジャック・エイムの間の路に入り、フレーク宝石商の裏口のドアの五メートルほど手前で止まった。ヘッドライトが消えた。運転席には、黒のスーツの年配の男が坐っていた。旅行客か、四人連れの東洋人が肩を組んで、車の脇を通った。四人連れを振りかえって見て、

「ジャポネか」

と、男はつぶやいた。

「あいつらの造る機械は優秀だ」

肩を組んだ四人連れは、大通りへ日本の歌を唄いながら出ていった。

（ジョゼ・ジョヴァンニ『ル・ジタン』、柴田錬三郎訳）

このシーンに「人生劇場」を感じるのである。宝石店荒らしをしようと黒のセダンを乗りつけたジタン一味の傍を、肩を組んで古賀メロディを唄いながら日本人が通り過ぎた、と感じる。このシーンはほんの点描であって、小説の筋には関係のない描写だが、こんなところに、泥棒作家ジョゼ・ジョヴァンニの鋭敏な感覚がとらえた艶歌の前衛性があったのではないか。

ジタン。フランス語でジプシーの意味だが、アラン・ドロンの主演で映画になったやつだ。映画では宝石強盗一味の車のわきを日本人たちが歌いながら通りすぎるシーンはなかったが、対独地下抵抗運動ののち暗黒街に入った作家ジョヴァンニは艶歌がわかるのではないかと思うのだ。訳者の柴田錬三郎は、眠狂四郎のあの作家だ。オペラ座前の四ッ角にある街頭書店で『ル・ジタン』を買い、読んで気に入って、翻訳したとある。これが柴錬唯一の翻訳本になった（一九七六年、勁文社刊）。

さて、パリからチキンズのロンドンに戻って、今言及したライブ・テープの流れを艶歌の前衛性が姿をあらわす場として再現すると――。

一九八五年頃から、カラオケ酒場にはレーザーカラオケが普及する。LP、8トラック、カセットテープのカラオケは捨てられていく。レーザーカラオケ時代の直前に吉祥寺の酒場のごみ溜めに捨てられたカラオケLPの中に「人生劇場」と「悲しい酒」二曲の古賀メロディが入っていたのは〈ロンドン・ライブで彼女らが歌ったもう一曲の艶歌は「夢芝居」〉、シーン・チェンジの面でも象徴的だった。音程《キー》変換装置つき、エコー付、これが重要なのだが絵入りで歌詞のスーパーインポーズ入りのレーザーカラオケに進化した時点で、つまりまずハードが変って、放りすてられたLPの中に古賀メロディが二曲入っていたという微視的なことに注目したい。

レーザーカラオケの登場はカラオケ行為の疑似体験《シュミレート》の深化である。画面に映る歌詞を見ながら歌うから、目線が歌詞カードから離れ、絵柄にあわせるからより一層歌の気分が出ているように錯覚する。そのとき、ロンドンでフランク・チキンズが古賀メロディの旗をひろった。海外で見る日本のカラオケLPのジャケットは、その類型化された艶歌調の絵柄がより一層キッチュなものに見えるだろう。カセットテープやCDにはないペンキ絵的美術がLPジャケットにはあるものだ。

二人は古賀メロディを知らなかったはずである。「悲しい酒」は知っていただろうが、「人生劇場」はロンドンではじめてきき、「影を慕いて」「男の純情」「人生の並木道」「目ン無い千鳥」等の古賀メロディの名曲を知らなかっただろう。二人とも世代的には童謡のかわりにTVアニメの主題歌を聴いて育ったグループである。それゆえにこそ、古賀メロディのなんたるかを知らずに、「人生劇場」にロンドンででくわしたときそれを強烈なものと感受したのではないか。古賀メロディというのははかなく哀切であるようでいて、じつは強いメロディなのである。彼女らはロンドンにいてこそ艶歌の前衛性というものに気がついた。

戦後歌謡曲史には古賀メロディ的なものと服部メロディ的なものが循環している。戦後歌謡曲の最初の決戦は笠置シヅ子と美空ひばりの間にあった。ひばりが笠置シヅ子との対決によって服部良一的なものも包摂しながら、古賀メロディを十全に実現する。古賀メロディが円環を描きおわったとき美空ひばりの前面に山口百恵があらわれる。山口百恵の背景にあるものは宇崎竜童と阿木燿子のカタカナ艶歌である。古賀メロディから宇崎メロディへ、美空ひばりから山口百恵へ歌謡曲シーンが転換したことを象徴する時点は、一九七九年三月三十日と四月一日であった。

三月三十日午後七時から一時間、〈山口百恵　篠山紀信／激写〉がNHKテレビで放映される。同夜、新宿ピットインで山下洋輔と組んで矢野顕子が中山晋平「砂山」を歌う。四月一日、美空ひばり、シングル盤「風酒場」を出す。

美空ひばり「風酒場」は朴椿石に作曲を依頼したものであるが、試聴盤を聴いて印象を書きとめておいた未発表稿をかかげておく。

古賀メロディの〝故郷〟に範をもとめて、韓国のヒットメーカー、朴椿石に作曲を依頼した美空ひばりのシングル盤「風酒場」――というのが惹句につけられている。

〽もやい酒する風酒場（吉田旺作曲）とうたうこのテンポに濃密な東洋のイメージがあふれる。いい！「もやい酒」という語はまだ辞書にはないが、「もやい舟」という語はあるのだから、「もやい酒する風酒場」という一句には、酒、船、風、港の四つの情緒がキュッと圧縮されており、その濃縮のしかたは、伝統的な詩精神の流露である。

そのような伝統的な日本の詩精神が朝鮮の地でインスパイアーされていることであって、艶歌は日本と朝鮮の間民族的音楽として成立したという事情をも、この一句はしめしている。そのようなもやい酒する風酒場に腰かけて目線を遠くに投げている女の背中には、古賀メロディが流れているのだから（吉田旺の歌詞には「古賀メロディ」という語が使われている）、もうこれは典型的構図というよりない。

そして、これが古賀メロディの終焉だろう。このシングル盤の発売は一九七九年四月一日である。その前夜、新宿ピットインで山下洋輔と矢野顕子の初デュオが行なわれ、ＮＨＫテレビで〈山口百恵　篠山紀信／激写〉が放映されている。

その前夜、というのは文字どおり三月三十日夜ということだ。

百恵と顕子と美空ひばりがそれぞれ最上のかたちで、すなわち百恵は篠山紀信とテレビで、顕子は山下洋輔とジャズ・スポットで、ひばりは朴椿石と組んだシングル盤で、たまたまベストを出しあってぶつかったのが一九七九年三月三十日―四月一日だというのは記憶しておいていい。後世の研究家は七〇年代最後を飾るにぴったりのエイプリール・フールだと言うかもしれないのだから。

この日付は日本歌謡曲史の転換点である。山口百恵の成長によって、ひばり時代から百恵時代へと戦後歌謡曲史が二分されるのだ。矢野顕子について言えば、山口百恵が歌謡曲の中心にすわるためには、矢野顕子による歌謡曲の破壊が十分に行なわれていなければならない、とかねがね俺が主張していたとおりのことが実現した。

以上が簡単な史観である。その史的骨格を「風酒場」に重ねてみると、もやい酒する女の背中に流れている古賀メロディは具体的に「影を慕いて」や「酒は涙か溜息か」ではなく、風ともつかずメロディともつかず、汎アジアの艶歌の精霊である。その風は、ひとたびの史的任務をおえて、去って行く風だ。あるいはメロディから風に戻りつつある精霊であって、酒旗の風をうたった漢詩の光景でもいいだろうし、水牛のいる東南アジアの田園でもいいだろう、東洋に生れ東洋に帰る艶歌を、一曲で歌いつらぬいたのはさすがに美空ひばりである。

後世の論客を待つまでもなく十年後の自分がやっておこう。山口百恵のＮＨＫ番組は音楽的・映像的に彼女の最上のものであった。のちＬＰにされたものが『A Faci in a Vision』である。その盤に収められた「マホガニー・モーニング」と「夜へ…」の二曲は、ひばりにおける「哀愁波止場」「ひばりの佐渡情話」に相当する。なおこの番組でイヴァ・ザニッキの「心遥かに」（ヴィスコンティ映画『家族の肖像』主題曲）が使われ、百恵はザニッキの歌にひけをとらなかった（この歌はホンダのＣＦで再評価された）。

ピットインの矢野顕子のステージは、彼女が山下洋輔と組んだ最初のピアノ対奏で、山下のピアノの猛襲を受けきれなくなり、ピアノを弾く手をとめて、〽海は荒海、のア・ラ・ウ・ミを、コルトレーン「ア・ラヴ・シュプリーム」のメロディに乗せて歌いだしたとき、中山晋平メロディのフリージャズ化が行われた。山下洋輔のジャズには中山晋平メロディを素材にしたものがあり、「砂山」「うさぎのダンス」「あの町この町」の三曲がそうだ。この三曲の入った『砂山』というアルバムの油井正一解説を引く。

「さてこのアルバムに収められた三曲は、いずれも中山晋平作曲の童謡である。といって、『中山晋平作品集』を意図したものでないことは、僕が、これみんな中山晋平の作品だよ、といったら、へーえ、それは知らなかった、と彼が答えたことでわかる」。

このとき服部メロディの再検討開始はまだだが、「上海バンスキング」のつらなりで斎藤憐によってはじめられる気運にあった。

かくして日本流行歌史を代表する中山晋平、古賀政男、服部良一のメロディへの関心が音楽評論とその周辺で行われようとするのが一九七九年からであり、艶歌が「ニューミュージック」にとってかわられるのかというだれもが口にしていたこの情勢の核をなすものは、古賀メロディの終焉を人々が感じていたということだった。パターンとしての古賀メロディはもちろん残っていた。しかし古賀政男なきあとは、古賀メロディの心を美空ひばりが朴椿石にもとめる情勢だったのである。

百恵の引退によって歌謡曲は空位期に入る。模索がはじまる。「通史的LPの検討——方法論」で示したとおりである。五年の時が流れる。ロンドンでフランク・チキンズが古賀メロディの旗をひろった。

奇妙な、千載一遇のクロスオーバー・ポイントであった。チキンズが、カラオケならばこそ古賀メロディの前衛性を立証した時点は、同時に世界的な意味で「カラオケ時代」が到着した時点でもあったのである。海外に日本人街を作りだすことのできなくなった貧弱な戦後日本文化は、はじめて、一九八〇年代に入ってビデオカラオケの、つまり壁面二次元の文化を「ハードが神」の習性にしたがってちょこっと海外の風景にはめこんだ。

底力のあるチャイナタウンが、シンガポール、香港、そして皮肉なことに中国で消滅しつつあるが、欧米で発展しているその一方、貧弱なわが日本文化は、日本製テレビとビデオデッキをもって、ブラジルのサンパウロや、ロンドンや、パリや、南ア、東南アジア諸国の、日本人商社員の群が駐留する地点にちょびっとカラオケ文化を移植した。

　それは第一にハードだけが神の日本の精密機械技術と、第二に海外に日本人街はおろかジャパン・マフィア一つも形成しえない日本文化の弱さと、第三に世界史的な意味でのポップ文化のゆるさの所産である。ポップ・ミュージックというのはもともとカラオケだ。あらかじめ録音しておいた伴奏をヘッドフォーンで聴きながら歌手が歌うのだから。チキンズの登場時点ではカラオケはロンドンっ児には異様なものだった。あと数年ずれたら、ロンドンっ児もポップスというのは本来カラオケだったということに気づいただろうし、日本人商社員たちのカラオケ・クラブもその遊興値段の高さと閉鎖性をバカにされながら、オフィス街の一角に出現していた。

　藩士《サムライ》ではなく忍者のカラオケが、混民族的な下町に先にあらわれたのだ。意味するものは決定的にちがう。階級性がちがうのだ。階級的視点に立てば、カラオケ文化＝ポップス文化というものは独占資本だけが徹底的に儲る文化なのである。

　ハード面はＩＣ（集積回路）を作れる大企業でなければ歯が立たない。ソフト面でも著作権料を払って「タイトル」（ビデオソフトやＣＤでは作品を記号論的にも「タイトル」という、著作権の利権化にふさわしい語だ）をそろえられる情報企業だけが「文化」をカタログとしてならべたてる。

　コピーできるって？　それこそ逆だ。コピーとは、独占資本の影をうつしとることじゃないか。チキンズは、独占資本の所有物をコピーして手許におけることによって、あたかも文化を私有したように錯覚させるカラオケ文化の魯鈍さをもののみごとにうち破ってみせた。これが状況論上の判断である。

では古賀メロディの本質的理解はどうか。一九六八年に森進一が出した古賀メロディ集『影を慕いて』をみることにする。

あれから二十年が経っている。「影を慕いて」「緑の地平線」「青春日記」「東京娘」「男の純情」「酒は涙か溜息か」をA面に、「人生の並木路」「新妻鏡」「目ン無い千鳥」「女の階級」「青い背広で」「人生劇場」をB面に収め、岩田専太郎の美人画を使った二つ折ジャケット入りのモリシン版古賀メロディ集は、ときどきひっぱりだして聴いているためか、六〇年代のあの時代に出たものだということを忘れてしまう。ところが見開きジャケットをひらくと上山敬三のこういう解説文が読めるのである。

古賀メロディと森進一……どこの誰が、この結びつきを想像し得たであろうか？「歌謡曲の大御所」といわれる作曲の最長老と、上昇株とはいえ二十歳の新進青年歌手。しかも、歌う作品は一つや二つではない。同歌手が生れるずっと以前の、今からいえば三十年乃至四十年前に燦然と輝いた十二の珠玉のメロディを独演してＬＰを制作する、というのである。

森進一はまだ二十歳だったのだな。「年上の女」と「花と蝶」の彼が古賀メロディを歌うのは奇妙に感じられた時代だったのだな。やはり二十年の時は経っていたのであり、現在では、森進一が古賀メロディを歌うことは奇妙である、と考えることが奇妙である。そして、森進一が歌った古賀メロディが依然として新鮮なのである。

昭和三（一九二八）年、古賀政男二十四歳のデビュー曲「影を慕いて」が出たそのときから、古いと感じられた曲が、まるですり減らない。古賀政男自伝『歌はわが友・わが心』（潮出版社ゼロブックス、一九七七年）に寄せた三田誠広の文章が適切なので引用しておく。

古賀政男のメロディーに強く惹かれるようになったのは森進一の〝影を慕いて〟を聴いたのがキッカケだった。「古いが、いい歌だ」と思った。ところが、この自伝を読んで気づいたことは、この古賀氏のデビュー作が世に出た当時は、〝モンパリ〟〝私の青空〟〝アラビアの唄〟などハイカラなメロディーの全盛時代だった。つまり、当時の人々にとっても古賀メロディーは「古いが、いい歌だ」と感じられたということだ。これは怖ろしいことだ。半世紀近い年月のへだたりがあるのに、つねに同じ印象を抱かせるこの歌は、逆にいえば、いつまでも「新しい」歌なのだ。時代を問わず人の胸底に存在するイデア（理想）をよびさます魅力を秘めているからだろう。

曲りっぱなで古賀メロディを聴くと、いつでも新鮮にきこえるのである。森進一でそうだった。フランク・チキンズでそうだった。ではモリシン版の古賀メロディ集が出た時点はどんな歌の情勢だったのか。

ジャズ革命と艶歌ルネッサンスのただなかである。その背景には世界的規模の左翼の上げ潮がある。艶歌ルネッサンスという語は、五木寛之の第四作、短篇「艶歌」の波紋の一端として語られた。「艶歌」の初出は一九六六年の『小説現代』十二月号である。作品の味わいを全部すっ飛ばしてテーゼだけをとりだしても、この小説で五木寛之が提起したものは三つある。第一は艶歌とは未組織労働者の国際悲歌《インターナショナル》だということ、第二は農村が都会を包囲するという毛沢東戦略のアナロジーを流行歌に適応したこと、第三に負ける側の音楽こそ評価し論じるべき音楽であるという立場を鮮明にしたこと。

この問題提起は大きかった。

翌一九六七年には音楽教育の専門家たちの間で「歌謡曲史上の二・二六事件」が起っている。二月二十六日、小泉文夫、沖縄音楽研究者杉本信夫、小島美子《とみこ》らが発起人になって、平河町の都市センター講堂で音楽学者・教育者のシンポジウムが行われ、三波春夫が「大衆の心をつかむ」という大上段の講演を行っている。会の正式名称は「日本音楽舞踊会議特別例会（第四回伝統芸術研究会）」とあるが、司会の小泉文夫が挨拶で「今日は二月二十六日でございますが、日本大衆音楽の二・二六としたいと思いますので」と述べている。つづけて小泉文夫はこう発言する。

クラシック音楽の指導体系と日本伝統音楽の関連などというテーマを学者たちがようやくにして問題にしはじめたいま、まさに伝統音楽を現代化するという課題を、体系的に押し進めている三波春夫さんを、大衆音楽のチャンピオンとして選んで、みなさまの魂をゆさぶっていただこう。みなさんがベンベンと（笑）クラシックの教育にしがみついているうちに大衆音楽の方ではすばらしい成果を見ているのですから、もって今日をクラシック畑の二・二六事件としたい（笑）。

そこへ、雪を蹴立てて俵星玄蕃が登場する。

みなさま、こんにちは。三波春夫でございます。日本民族の芸能に限りない情熱をもっていらっしゃいますみなさまとともに語りあうことは、たいへんうれしいことでございます。えー、わたくしは三月一日から大阪の歌舞伎座公演がございまして、その準備のために大阪から昨夜帰ってまいりまして、これが終りますとまた飛行機で護送されるわけでございます（笑）。

「護送」がきいている。義士伝「大石山鹿護送」と、時は一九六七年、全共闘学生や反戦活動家が逮捕されて次々に護送される現実をふまえて、三波春夫は橋の袂に石突ついて、懸河の雄弁、懸河の実演。浪曲の歴史から説きおこし、「浪曲は義理人情だと申す人がおりますが、冗談言っちゃいけない。」浪曲こそ民族芸能の集大成で、浪曲節の世界は男女の情愛がテーマで、「佐渡情話」も「壺坂霊験記」も「紺屋高尾」も男女の情愛の物語である。「やってみましょう。〽遊女は客に惚れたと言い、客は遊女に惚れたと言う（拍手）」。

論じまくり、歌いまくる。木村重松の関東節はこう、三門博の中京節はこうと実演しながら話を進める無類の説得力。第二部の討議に入り、日本語によるオペラは歌詞がききとりづらいがどうすればいいのかという会場の質問に答えて、「大利根無情」を一句ごとに解説し、声楽の教授に日本語の歌い方を教えるところなどまさに圧巻である。

ベル・カントはタテに発声するようですが、歌謡曲では、横に、日本語をかみしめて発声しなければなりません。歌は語り、語りは歌うようにという教えがわれわれにはありますが、〽利根のー、この「のー」はすこし色っぽく、ベル・カントで「のー」とやっては歌になりません。〽利根の、利根の川風、よしきりの、ここまでが歌いですね。〽声が冷たく身をせめる。この箇所はしゃべりですね。〽これが浮世か、見てはいけない、西空見ればー、「ばー」と歌いあげておいて、〽江戸へ、江戸へと、ここは気分よく江戸に向う感じで歌って、〽ひと刷毛、あかね雲。

となるわけですね。

唖然としたような会場のざわめきがおこり、やがて大拍手になる。この三波春夫の講演は、中村とうようが会場でチェックしたテープにもとづいて、逐語的にではないが、逐条的に書きうつしておいたので（「三波春夫の歌謡曲二・二六事件」『歌謡曲見えたっ』所収）そちらにゆずり、ふり返って要約しておこう。

三波春夫が前衛なのである。当時の時代背景からしても、一部講演・二部討議というシンポジウムのスタイルからしても、これは音楽学者の全共闘会議なのであるが、このときに三波春夫は、かつて諸芸の王であった浪曲の説教師《プリチュア》としてあらわれている。彼が、通史的ＬＰを産みだす祖型がすでに艶歌ルネッサンスのこの時期にあったのだ。

五木寛之「艶歌」に提出された問題がこの会議にじかに波及したとは思わないが、五木寛之、三波春夫、小泉文夫、小島美子、中村とうようを包摂した問題関心がこの時代にあったことを認めなければならない。中村とうようはまだ『ミュージック・マガジン』の編集長ではない。この雑誌の創刊は一九六九年四月号である。歌の情勢は混沌とし、かつ活気に満ちている。

一九六六年に五木寛之「艶歌」の問題提起があり、この作品は水前寺清子主演で映画化され（舛田利雄監督、日活一九六八年作品）、日本ジャズ革命の批評部分を形成しつつあった相倉久人、平岡正明がこれに応じ、歌謡曲二・二六事件が一九六八年にあり、そして翌年森進一が古賀メロディを歌うのである。そのこと自体はコップの中の嵐であるが、コップの外も嵐である。一九六八年にはベトナム戦争を軸に世界的規模で左翼攻勢がピークをむかえる。

古賀メロディ集を森進一で出したらという当時の「思いもよらぬ」アイデアを出したのは作曲家の猪俣公章だった。

古賀氏にして見れば、思ってもいなかったこのプランに「なーるほど、そういうこともあり得る」と思わずヒザを打ち、「若い人だが森君は人間の魂を歌える人だ。昔の歌でもきっと私の作品をわかってくれるに違いない」と思った、という。

（上山敬三解説）

くり返すが、今でこそ森進一が古賀メロディを歌うことは不思議でもなんでもないが、当時は〝夜と恍惚とため息〟の森進一が古賀メロディを歌うとは古賀政男自身も「思ってもいなかったこと」だった。

艶歌ルネッサンスとは、北島三郎、青江三奈、森進一、クールファイブのブルース艶歌全盛期である。青江三奈と森進一がブルース艶歌の地ならしをした上に、一九六九年に藤圭子が来た。

この情勢で、古賀メロディの再評価が緒についたばかり、三波春夫による浪曲の再評価はまるではやすぎたのだ。

古賀メロディでも新しすぎ、浪曲では先に進みすぎているという転形期だったのであり、時代はブルース艶歌にせっせと磨きをかけている。ブルース艶歌の完成されたパターンの、地方都市の女を歌う北島三郎「女シリーズ」と、青江三奈の「地名おりこみ・七月発売シリーズ」に、その空間把握を読みとってみよう。歌われる地点に注目されたい。

「長崎ブルース」＝思案橋、丸山遊廓跡。
「新宿サタデー・ナイト」＝最終の長野行。
「伊勢佐木町ブルース」＝伊勢佐木町、波止場。（以上青江三奈）
「函館の女」＝函館山の頂き、松風町。
「加賀の女」＝香林坊、天神橋。
「薩摩の女」＝天文館、桜島、錦江湾。
「沖縄の女」＝古都（首里）、那覇、コザ。（以上北島三郎）

遊廓跡、白線、のみ屋横丁といった岡場所と観光名所とが対になっている。雑踏の中からの視線と丘からの俯瞰が対になっている。これは旅行者の視線である。また女のイメージでいえば、〃駅前自立一夜妻〃という感じがする。青江三奈「新宿サタデー・ナイト」の最終の長野行というポイントが象徴するように、一九六〇年代後期、家出少年が上野駅よりも新宿駅に集まる数が上まわったという統計上の数字に一致し、かつすさまじい人口の都市集中化現象をふまえている。

ブルース艶歌は都会音楽である。東京に流れてきたものが村を郷愁する艶歌ではない。逆だ。全国各都市で東京のミニチュア都市として再開発された姿を、東京人が見物に出かけるときの視線である。それは中央集権の完成された像である。

合衆国のブルース発達史との対応で言えば、春日八郎の田舎ブルースの次に北島三郎の地方都会ブルースがやってきたのであり、西田佐知子の、五〇年代末―六〇年代はじめの当時としてはとびぬけて洒落た中産階級感覚の次に、盛り場の多様化に沿って青江三奈の男にすがらずとも生きていける一夜妻感覚が来た。なるほど、古賀メロディの出る余地はなさそうにみえた。

この時期（一九六〇年代後半）がブルース艶歌の時代だということは、曲名をランダムにかかげるだけでわかる。青江三奈では「恍惚のブルース」「伊勢佐木町ブルース」「札幌ブルース」「長崎ブルース」「昭和おんなブルース」、クールファイブで「思案橋ブルース」「中之島ブルース」「柳ヶ瀬ブルース」「西海ブルース」、森進一で「盛り場ブルース」「波止場女のブルース」「港町ブルース」、藤圭子で「あなたのブルース」「女のブルース」「あなた任せのブルース」……。

これらは日本型ブルースの範型である服部メロディでは全然ない。歌詞づくりのうえでは、日本のブルースは都々逸拍であるという慣例にしたがうことが多いが、一九六〇年代後半の空をおおったブルース艶歌は、それまでの中山晋平節、古賀メロディ、服部メロディ、吉田正メロディとは別の種類の音楽である。その発想は、合衆国のジャズシーンで行われていたブルース再評価運動に近いのである。

ブルース艶歌の誕生は都市下層音楽の再度の形成の可能性、ないしは可能性に近い幻想（艶歌幻想）であった。そのようなものが求められていた情況であったのだ。その期待をあつめたのが一九六九年の藤圭子の登場だった。ファースト・アルバム『新宿の女　演歌の星・藤圭子のすべて』に付された浅井英雄のライナーノートを引用しよう。


現代演歌の人気を二分し、歌謡界、レコード界をリードする森進一、青江三奈、ここにまさしく彗星のようにひとりの〝少女〟が現われた。

彼女は北海道旭川市に生れ、幼少の頃から浪曲師の父母とともにドサ廻りをして生活した。彼女の母はそうした苦難の生活が災いして盲目になってしまった。
中学を出た彼女は盲目の母の手をとって、厳しく、冷い夜風に身をさらして〝流し〟をするようになった。――多分日本で唯一の〝少女流し〟、哀しくも可憐な〝少女流し〟であったことだろう。

こういう試練の中で藤圭子は〝演歌の心〟をつかんだことになっている。だれが、流しの浪曲師の生活が苦難だなんて決めたんだい、じっさいは豪勢なものだったよ、と文句の一つもいいたくなることはあるし、森進一、青江三奈、クールファイブ、藤圭子ともにビクターの専属だから、ブルース艶歌と、藤圭子伝説をふくめた艶歌幻想は日本ビクターの演出だったのかもしれないが、ファースト・アルバムに収められた藤圭子の歌には、このできすぎたライナーノートどおりに、下層からはいあがってくる瞬間に芸人が見せるギラリとしたやつがまちがいなくあって、伝説を信じてみたくもなるのである。収録曲は「*新宿の女」「星の流れに」「あなたのブルース」「カスバの女」「*命かれても」「逢わずに愛して」「圭子の夢は夜ひらく」「柳ヶ瀬ブルース」「東京流れもの」「花と蝶」「長崎ブルース」「*生命ぎりぎり」（＊印はオリジナル）の十二曲であり、他にシングル盤の「あなた任せのブルース」「女のブルース」を加えた十四曲が藤圭子の神髄だろう（ヒット曲の「命預けます」を筆者はかわない）。藤圭子のオリジナリティをひきだしている作詞家は石坂まさをである。「新宿の女」「夢は夜ひらく」「東京流れもの」「生命ぎりぎり」が彼の作詞で、シングル盤「圭子の夢は夜ひらく」に附した作曲家曾根幸明のコメントを引く。

……今までこの曲によって多くの歌手や、又、いろいろな詞によって歌われてきたものだけでも八十種類以上にはなるだろう。しかし、この「圭子の夢は夜ひらく」ほど、私の心に強く印象に残ったものはない。歌い手といい、歌詞といい、後世いつまでも残るであろう。この歌の感動をみな様と一緒に味わいたい。

「夢は夜ひらく」と「東京流れもの」は、読み人知らずに近い歌だ。石坂まさをのはその中の洗練されたヴァージョンの作り手で、歌詞三番の一節に〽昨日マー坊、今日トミー、明日はジョージかケン坊か、という箇所や、歌詞六番に〽一から十まで馬鹿でした、といったものがあって、この歌が「練鑑ブルース」や「網走番外地」の系譜にあることをしめしている。「東京流れもの」もそうだ。これは鈴木清順の同名映画、渡哲也が歌ったヴァージョンが高名。そのように石坂まさをという人は、原始ブルースやチェインギャング・ソング（囚人歌）の採録者に近いところで仕事をする人で、そのような歌を歌ってギラリとするところが藤圭子の独自性であり、青江三奈やクールファイブにないものだ。

それらの彼女の歌にあるプロレタリアートの輝きは否定できない。リロイ・ジョーンズの「ブルース・インパクト」いう概念に沿って「浪曲インパクト」というものを感じさせるところがある。美空ひばりの父の浪曲好き、都はるみの母の浪曲好き、藤圭子の母と内藤やす子の父が浪曲師であったこと、そして村田英雄と三波春夫が浪曲師の出身であること（二節太郎は浪曲師出身ではない）をかかげれば、艶歌の基底には浪曲があり、艶歌は不断に下から、浪曲から、つきあげられていると言ってもよさそうにみえる。――そう言わなかったのは筆者が浪曲を知っているからである。

たとえば内藤やす子の佳唱「想い出ぼろぼろ」が虎造節次郎長伝「石松と勝五郎」の影響下にある

などと言いだしたら、「想い出ぽろぽろ」の作詞者阿木燿子がおどろくだろう。でも、ちょっとだが、阿木燿子の驚く顔も見たい。

勝五郎の家のぼろぼろ畳の上に、旅に病んだお蝶をはさんで、次郎長と石松が夜具にくるまっている。夜中に、次郎長は夢でも見たのか、がばと起きあがる。もう眠れない。清水港にいた時分には子分たちにかこまれて、お蝶も姐《あね》さんと慕われていた。隣りでは石松のやつが気持よさそうに眠っている。次郎長はポンと石松を叩き、「石や、さむしいなあ」。

夜更けに、ドアを細めにあけてあいつが帰ってきた。蛇口から水を飲む音がする。あいつが言い訳つくろうその前に、きいておきたいことがあるのだが、想い出ぼろぼろくずれるから、眠ったふりをして、寝返りを打って、瞳こらして闇ン中。

闇に石松の片目もあいている。彼も眠っていなかったのだ。ポンと肩を叩かれた石松は言う。親分、清水にいたころは、隣の部屋で手なぐさみのサイコロでも振っていた連中が、咳払い一つで水を持ってきた。だが今は追われる旅の身だ。想い出ぼろぼろひっぱりだしちゃあいけねえ。こんどお前さんがポンと埃を一つ払って立上ったときは、いっそう磨かれていい男になっている。無邪気に眠ってくんねえ。そうかい石、おめえに説教されるとは思ってもいなかった。ありがとよ。

虎造も阿木燿子も同じものである、戦後森の石松主義は生きている——と言うのはいささか強引。夜中、ふと目がさめて、世界が崩れていくような気持に襲われることは同じ。そういう孤独感というものはある。しかし処方箋がちがうのである。内藤やす子の歌では、女は眠ったふりをして、口をきかない。だからこの二人の関係はいずれ壊れるだろう。「幸福ぼろぼろこぼれる」のを恐れるゆえの沈黙が傷口をひろげる。これに対して石松には、話すという策がある。話の内容は何でもいい。石松は勝五郎の売った仏壇の話を怪談じたてにし、勝五郎の貧乏は埒《らち》がないやね、金は天下のまわりもの、ビンボーは棒のまわりをまわるが、勝五郎のはビーンと行きっぱなし、と軽口をたたく。

軽口ではある。しかしそのなかに、石松は勝五郎が自分たちのために仏壇を売り払ったのを、次郎長は気づかなかったが、気づいていたことがしめされる。石松も眠れぬ夜が続いたのだ。勝五郎は義のために仏壇を売った。その勝五郎の義を黙って受けるのが石松の義。そのとき彼は暗闇の中で黙って片目をこらしていた。だから次郎長の気持が煮つまって、危険になったときには石松は眠ったふりをやめて口をきいた。無邪気に眠ってくれ。すばらしい哲学だ。

じっさいには阿木燿子作詞・内藤やす子の歌う「想い出ぼろぼろ」は、阿久悠作詞・沢田研二の歌う「ろくでなし」への返歌と考えたほうが近道だが、阿木・内藤やす子の現代短篇小説的なものを虎造節の大河に注ぐことも可能だったのであり、民族の数十年にわたって蓄積された情感の噴出としての歌には、そのように理解してやることが音楽批評である。こういうときに内藤やす子の父が浪曲師だったという経歴が生きる。

ブルース艶歌には下層志向が見うけられる。艶歌バネといってもいいだろう。それにちょうど、相倉久人がリロイ・ジョーンズの「ブルース衝動」という概念を、下から上にではなく、矢印が上から下に向かうバック・トゥ・ザ・ルーツへの衝動であると方向を逆に向けて提出しなおしたことに似て、ブルース艶歌のブルースたるゆえんがそれだったのだが、日本の六〇年代に生れたこの種類の艶歌も下層志向を保持していた。それは次のように記述しうる。

第一に、歌い手は下層からはいのぼろうとするときに演出のシステムを超えた輝きを発するということであり、第二に歌い手は自分が歌どおりの人間ではないこと、自分は自分の虚像に追いまくられているという自覚のもとにいい歌を唄うということであり（自己否定的契機）、第三に歌い手は栄光の座からひきずり下ろされるときにのみ自分の真実を知るということであり、第四に大衆は歌のなかの不幸にもっともよく感光するということである。

この四つの命題は、「不幸でなければ生きられない」ということだ。下層志向とは、貧しい人々の群れに降りたつということを直接には意味せず、自分の中の不幸に下りてゆくということだ。そういう内面性を通過するから彼あるいは彼女は歌手であって社会運動家ではない。そのような艶歌バネ、下層志向、不幸への感興を持った一群の歌手があらわれたのがブルース艶歌の時代であって、森進一、青江三奈、美川憲一、クールファイブ、藤圭子、そしてやがてやってくる内藤やす子に見出せる一面の特性である。ブルース艶歌の中の下層志向をシャイに受けとめた宇崎竜童のカタカナ演歌もついそこまで来ている。

ここで本章の冒頭にもどる。一九七二年八月、はじめての韓国の旅でいきなり李美子の曲にぶつかったのは、散歩の途中の仁川の坂道だったことを述べた。古賀メロディのよさを韓国で再認識したなどと傲慢なことは言わない。当時筆者は古賀政男という音楽家について深く知っていたわけではなく、仁川が古賀政男ゆかりの地だという知識もなかった。（ちなみに古賀政男の自伝『歌はわが友、わが心』が出版されたのは一九七七年である。服部良一の自伝『ぼくの音楽人生』が出たのはもっとおくれて一九八二年だ。）しかし、まさにその仁川だったのである。坂の多い港町の古い音盤商の軒先で、いつか日本の歌謡曲も成長して到達するだろう理想的なレベルを、李美子という未知の歌手で聴いて、呆然と立ちすくみ、その盤を買った。冬栢娘《トンベクアガシ》のオリジナル盤を。

嘘みたいだから今まで言わなかったのだが、その盤は冬栢娘（椿娘）のオリジナル盤だった。『ステレオ映画主題歌集　李美子　白映湖作品集・第一集』、ジーメンス型のつまみのごちゃごちゃついた旧式の調整卓に肘をもたせかけて、ボタンダウンのからし色のセーターと紫色のスカート姿の李美子が微笑んでいる古めかしいジャケット写真のやつだ。スタジオなのだが、木枠のガラスひき戸があって、民家の一室に録音器材を入れたようにもみえる。製作年次は一九七二年である。ジャケット裏に英文・漢字・ハングルまぜこちゃの表記法で、ＲＣＡの調整卓とテレフンケン、アルテック、ウェスタン等の高性能マイクを使い、アンペックスの多重式テープレコーダーで録音したものをノイマンのカッティング・マシーンを使って広帯域録音したもので、録音担当は崔聖洛という人物であると記されている。韓国もステレオ時代に入ったことをしめすデータで、この盤のA面二面目に「冬栢娘」が収められている。盤の製作日は一九七二年三月二十二日と印紙を貼ったレーベル部分に印刷されている。

李美子は一九四一年七月二十二日、ソウルに生まれた。筆者と同い年である。デビュー曲は金雲河作詞、羅花郎作曲の「十九歳の純情」で、一九五九年である。韓国は数え年だから、十九歳のデビューである。歌手デビュー前は百貨店の売り子をしていたという説が日本では流布されているが、これは戦前派の歌手、「連絡船の唄」で知られた張世貞と混同されたものだ、と彼女自身が語っている。比較的新しい書冊『気分はソウル・韓国歌謡大全』（草風館、一九八五年七月）でも「貧しい家庭で育った彼女はデパートの売り子をしていたが」となっているが、朴椿石氏の通訳で李女史本人が語ってくれたものの方が正しい。彼女の小伝を紹介した文は「戒厳令下および植民地の変態的自由下の歌謡曲」（『第三文明』一九八〇年六月号、のち『過渡期時間論　過渡期だよ、おとっつぁんpart3』秀英書房所収）にあるが、この文章は筆者の過渡期世界論本隊にくりこまれているので、音楽評論畑の人々の目にとまらなかったのはしかたがない。彼女は一人娘で、育った家庭は比較的裕福であった。

一九五九年十九歳でデビューした彼女を韓国歌謡界の女王たらしめたのが、一九六四年の「冬栢娘《トンベクアガシ》（椿娘）」で韓山篤作詞、白映湖作曲、同名の映画主題曲で、韓国戦後歌謡曲最大のヒットである。朴椿石・李美子のコンビが成立するのも一九六四年である。「冬栢娘」のヒットでそれ以後数年間、李美子に曲を提供する人が十二人にのぼり、多すぎるので、白映湖、朴椿石の二人にしぼられることになる。

李美子のデビューに半年遅れて、一九六〇年春、パティ金がデビューする。彼女はポップスの女王になる。パティ金の曲を作ったのが吉屋潤《キルオクユン》である（やがて二人は結婚、現在は離婚）。かくして韓国歌謡界は、艶歌の李美子・朴椿石・白映湖組と、ポップスのパティ金・吉屋潤組の強力なチームをもつにいたるのであるが、吉屋潤はそのまま日本読みの吉屋潤《よしやじゅん》として知られた歌手・作曲家・アルトサックス奏者であり、ジャズプレイヤーとしての彼は、ピアノの守安祥太郎と共演したこともある人物だ。そして韓国でのジャズ仲間がピアニストの朴椿石なのである。

そのように海を渡るジャズ、日本の戦後歌謡曲界と韓国の戦後歌謡曲界（韓国にあっては「戦後」とは朝鮮戦争後を意味する）の交流、艶歌とポップスをつなぐ人脈……と論点は多くあるけれども、言いおとしてならないことは、一九五〇年代末―六〇年代初めに、あいついで李美子とパティ金をうみだした韓国民衆の文化的な力である。

民衆は一九六〇年四月、独裁者李承晩を倒した。
最大のヒット曲になった「冬栢娘」は、その〝倭色歌謡〟調ゆえに、朴正熙政権時代および全斗煥政権時代をつうじて、長らく禁歌であった。李美子がふたたびこの歌を唄うようになったのはつい最近、一九八七年である。

数えることの出来ない夜
私の胸をえぐるような痛みがわき　どんなに泣いたか冬栢娘
なつかしさに疲れ　泣き疲れ
花びらは赤くあざになった。

花びらにきざまれたわけ
言うことのできないそのわけを心に抱いて　今日も待っている冬栢娘
行ってしまったあの人は　いつどんな日に
さびしい椿の花をたずねにくるのだろうか

（CBSソニー盤の日本語訳詞）

「冬栢娘」を、韓国の戦後が生んだ「鳳仙花」だと言うのになんの遠慮がいるものか。バイオリニスト洪蘭坡の曲に金亨受が詞をつけた「鳳仙花」のクラシック調とくらべて、「冬栢娘」が典型的な古賀メロディ調だったとしても。
仁川の坂の途中のレコード店で買った『李美子・白映湖作品集第一集』A面二曲目の「冬栢娘」を、

その後韓国では「冬栢娘」は禁じられてしまったからこいつは貴重な盤なんだ、とちょっともったいぶって友人たちに聴かせ、DJでも聴かせて筆者は得意だった。ところで韓国でこの歌が解禁になる前に、日本で『韓国ヒット曲決定盤――地球レコードオリジナル原盤による』（一九八三年発売）というのが出て、そのB面五曲目にモノラル録音と明記された「冬栢娘」が入っている。「冬栢娘」は映画主題歌だったからモノラルがオリジナルだろう。

ところが仁川で買った盤はステレオに聴こえる。別の吹込みのように、一瞬（じつは最初に聴きくらべたとき以来しばらく）、錯覚する。地球レコード原盤の方は片面に五曲、日本カッティングの方は十曲入っているから、カッティング・レベルとダイナミック・レンジが低いが、音量を3db上げて揃えても、日本盤の方に精気がない。別吹込と思っていたほどだ。日本盤の方が、前奏のギターの、クラリネット低域とのバランスが低いのだ。ギターとクラが八小節、ベースとドラムが加わってハモンド・オルガンにひきつがれ、弦と管のアンサンブルになってから、歌が出てくる。同じ吹込みだった。

そんなことどうでもいいじゃないか、とは言える。しかしこだわってみたいことがある。韓国盤の方がギター前奏がくっきりしていること、これがますます古賀メロディ調なのである。これに仁川がぶつかったのだ。

記憶はそこまでである。店に入って、クリスタル・カートリッジでかかっている盤を指してこれかとたずね、店の主人と短い会話があって、イチバンと一本指を上げた彼から、今かかっているやつを買ったのが『白映湖作品集第一集』なのはまちがいないが、そのときかかっていたのが「冬栢娘」だったと断言する自信がない。何回も聴いているうちに、二枚買ったレコードのどの曲だとわからなくなっている。くやしいね。

九州の柳川近く、福岡県三潴郡田口村という片田舎に育った古賀政男がはじめて知った都会は仁川だった。彼が母とともに、商店の番頭をしていた兄をたよって仁川に着いたのは、大正六年の真夏、七歳の時だった。兄とのいさかい、したっていた姉の結婚などにもみくちゃにされながら、少年古賀政男が身奥に入れたメロディは仁川の港湾労働者たちの歌だった。異邦の日本人社会（現在なら植民者たちと言うのだろう）にあって、自分をいつもかばってくれた姉の結婚のショックにもとづいて、のちに書かれた曲が「誰か故郷を想はざる」（昭和十五年発売）である。

ひとりの姉が　嫁ぐ日に
小川の岸で　さみしさに
泣いた涙の　なつかしさ
幼馴染みの　あの山　この川
ああ　誰か故郷を想はざる

（西条八十作詞　歌詞二番）

望郷歌の典型である。国を奪われた朝鮮民衆の望郷歌と、その朝鮮に流されてきて故郷を偲ぶ貧しい日本人の望郷の念が背中あわせになってできた歌と理解していいと思うのだ。十二歳、京城善隣商業学校入学。四兄よりマンドリンを贈られる。善隣商業で日朝合同の合唱団をつくる。この時期の音楽は、「天然の美」のようなクラシックから、日本から来た艶歌師の売る楽譜「金色夜叉」「千葉心中」「さすらいの唄」「馬賊の唄」、詩吟、都々逸まで、手あたりしだいのゴッタ煮。

そういうゴッタ煮時代というものは、一人の人間の青年期にもあり、一つの都会の歴史にもある。

十七歳、善隣商業を卒業し、日本に戻って明治大学予科に入学、明大のマンドリン倶楽部を創設したのが十八歳時、大正十二年。マンドリン倶楽部の演奏会で処女作「影を慕ひて」を発表し、特別出演の佐藤千夜子が歌って好評を博したのが昭和三年の十一月、古賀政男二十四歳。卒業とともにビクターに入社し、佐藤千夜子のレコーディングで「影を慕ひて」「日本橋から」のカップリング、「片思い」「風の鈴蘭」のカップリングの二枚を出し、翌年コロムビアに移籍して時を得、相棒の歌手・藤山一郎という人も得て、「酒は涙か溜息か」「丘を越えて」を出して大ヒット、一挙に古賀メロディ時代を到来させたのが昭和六年、二十六歳時である。

すなわち、七歳から十七歳までの朝鮮時代が古賀メロディ成立前史なのである。したがって古賀メロディとは朝鮮のメロディである。

そうではないか。七歳から十七歳、情緒と音感の形成に決定的な期間だ。しかもこの時期が音楽史的にもジャム（ゴッタ煮）時代だったのだから、このジャム状態——帝国主義と植民地の関係にあって必然的に招来される文化混淆の状態——があって、そのなかから、しかるべき必然性をもってジャズはジャズ、艶歌は艶歌を形成してきた。それが大衆音楽の通則である。

「影を慕ひて」が、ハイカラなジャズ曲に浮かれる当時の日本人から、できたとたんに「古い曲だが、しかし、いい曲だ」と印象されたのは、それが朝鮮的なメロディだったからだ。「私は第三者の批評が聞きたくて、新宿の『麗人』というカフェーへ行って顔なじみの女給に聞いてもらった。私が小声で歌ってみせると、『だめだめ、古賀さん。こんな古くさい感じの曲は、現代にはとてもむかないわ』と、あっさり酷評されてしまった」（自伝）。この曲は、自分の身長より長い影を見つめないと歌えない。

こと芸術にあっては民族、人種のちがいといったものは、のりこえ不可能な壁ではない。例によってヒップなジャズ野郎の地口を紹介しておく。

「日本人だって朝鮮人だ」

「黄色人種が黒人でなぜわるい」

問題はこの先。ただし、古賀メロディの土壌となった朝鮮のメロディは、ほんらいの、伝統的な朝鮮歌曲ではない。日本支配の暴力によって破壊され、しかるのち変容されてあらわれた朝鮮の音楽である。すなわち〝倭的歌謡〟。

古賀メロディ成立前史について、労作『韓国歌謡史』（晶文社、一九八七年）で朴燦鎬が書いたところを引用しよう。金寿麟作曲の「静かな長安《みやこ》」という曲があって、その歌い手、李愛利秀が〝李アリス〟という名で日本歌謡界に登場し、「静かな長安」が、西条八十の都々逸調の日本詞をつけられて「あだなさけ」という曲名で発売されたとき、それが「酒は涙か溜息か」に似ていたという記述（晶文社版、一四二頁〜一四三頁）であるが——

（一九三二年十月）、「あだなさけ」が発売された当時、博文館出版の雑誌『新青年』の音楽ゴシップ欄『すりいもんきい』は、古賀政男の『酒は涙か溜息か』が『あだなさけ』の真似だと指摘し、非難したという。ただ、『酒は涙か』が前年の三一年八月に発売され、またその朝鮮語盤が三二年の二月に発売されている点を見ると、記録上からはあり得ないように思える。だが音楽評論家・森一也は、コロムビアに古賀を連れ去られたビクターのセールスマンが、ソウルあたりで『静かな長安』を聞いて早速とびついてレコーディングしたか、あるいは古賀の朝鮮時代に金寿麟と交遊があったのではないか、と推測する。晩年の古賀が訪韓した折、両人が抱き合って涙にくれたという事実からそうも思える、というのである。

この点は、〝古賀メロディー〟が朝鮮メロディーの影響を直接的に受けたのか、あるいは金寿麟が古賀の影響を受けたのかの微妙な岐れ路である（孫夕友は『荒城の跡』に『影を慕いて』の影響が認められると指摘する）。当事者がともに故人となった今となっては、確認のしようがない。

引用文中に古賀政男「影を慕ひて」「酒は涙か溜息か」、金寿麟「荒城の跡」「静かな長安《みやこ》」（その日本ヴァージョンの「あだなさけ」）の四つの曲が出てくる。それぞれの関係を図示すると、

「影を慕ひて」――「荒城の跡」

「酒は涙か溜息か」――「静かな長安《みやこ》」


に対応する。朴燦鎬によると、金寿麟は一九〇七年開城の生まれ（古賀政男は一九〇四年生まれ）、ミッション系の学校に通い、バイオリニストを志し、十五歳時、ソウルに上り「鳳仙花」の作者、洪蘭坡主宰の研究会に参加したとあるから、時期的に古賀政男の善隣商業学校時代と重なる。一九三二年にビクター専属になり、「荒城の跡」「静かな長安」で一躍売れっ子作曲家になった。作曲家としてスターダムに上った時期も両者は近しい。どちらがどちらに影響したのかという微妙な岐れ路はおいて、一九三〇年代のはじめ、日朝の重要な作曲家の重要な曲に相互影響があったことは朴燦鎬の書物でたしかめられた。

さらに同書にあたると「静かな長安」の歌詞はこうである。

仁旺山《インワンサン》の森に　ほととぎす鳴き
漢江の清流に　月冴えて
恋のはかなさに　泣くでない
ほととぎす鳴きやめば　月が慰む

（朴燦鎬訳）

これを聴いて朝鮮詩情に感激した西条八十が即座につくった日本語歌詞はこうである。

柳に糸があったとて
過ぎ行く者は　繋げまい
蝶々が花を　好いたとて
散り行く花を　何としょう
柳は柳　蝶は蝶
浮世は夢の　仇情
私に情《じょう》が　あったとて
旅行く君を　なんとしょう

全然ちがう。一方は漢詩調で、一方は都々逸だ。メロディは似ていても詩精神がまるでちがうのが面白い。ところで「酒は涙か溜息か」は、都々逸＋ジャズであるとは古賀政男自身がいっていることなのである。〽酒は涙か　ためいきか　こころのうさの　捨てどころ（高橋掬太郎詞）。

実は、この曲の前半のメロディーは、歌詞より先にできたものだ。なにぶん、毎月曲を作るノルマがあったので、歌詞に関係なく、いろんなメロディーを考えている。そんなときに高橋掬太郎氏の詩を渡されて、これはうまくメロディーに乗りそうだと感じた。

（歌詞省略）

私は、都々逸みたいで、おもしろい詩だと思った。ところが、七五七五の二行という、この短詩形の「捨てどころ」という終りの余韻が、どうしてもメロディーにならない。三味線でさらりと曲をつけるなら、わりに簡単にいけるとも思ったが、人々の共感が得られる曲にはならない。当時は、街に失業者があふれ、人々は不景気の波にあえいでいた。その反動からか、大都市はジャズのけたたましい音楽に明け暮れていた。

（中略）

北海道の新聞記者だった高橋さんの歌詞には、大都市と地方の落差がでていた。大都市の繁華街をモガとモボが腕を組んで闊歩し、ジャズ音楽に身も心も奪われていたとするならば、地方の青年たちは場末の暗い酒場で酒をあおり、沈吟していた。どちらも同じムードの表現にはちがいないが、それだけ大きな差があった。ジャズと都々逸、この落差を埋めなければ、時代の世相を反映したものにならないと思い、私は一カ月以上も悩んだ。（自伝）

生涯三千曲の古賀政男が、二行のために一カ月悩んだのである。ブルースを作ろうとすると無意識裡に都々逸の浸透をゆるしてしまう他の人たちより古賀政男の自覚は深い。ジャズと都々逸、これに橋をかけられないと、不景気にあえぐ都会の青年と田舎の青年の双方に答えられない、と。そして、言う。

苦心のあげく、半分あきらめたように提出したのが、後半のあのメロディーである。だから、終ったような終らないような形になったが、かえってそこに余韻が生じたらしい。私の工夫といえば工夫である。

終ったような終らないような、〽すてどころ、というメロディはブルース・メロディである。今おもえば、高橋掬太郎の七五七五という二行の詞は、AとBだけのさらに短詞型のブルースだったとも感じる。そのように、古賀政男は、ジャズと都々逸という課題に回答したものであるが、ジャズで踊る都会青年だけではなく、不景気の底に沈んだ「地方」の青年に橋を架けようと腐心する古賀政男の旋律は朝鮮民族の歌心にも達しているといえる。古賀メロディの浸透力はそのようにもあらわれた。

中山晋平、古賀メロディ、服部メロディの三つを論じて述べた斎藤憐の意見をきこう。

……三人のビッグネームがいる。西洋音楽と大衆音楽の接点を、土俗的な民謡の中で見つけだし、『カチューシャの唄』『船頭小唄』『東京音頭』を作った中山晋平、神戸という港町に育ち、ジャズにふれ、『雨のブルース』『山寺の和尚さん』『東京ブギ』を作った服部良一、軍国日本達成のため急速な工業化の波の中で農村が荒廃して土俗的なものがくずれ、鬼畜米英の呼び声の中で『ジャズ』が殺されている時、ゴミタメみたいな都市の酒場や四畳半のジメジメした世界を、ペシミスティックに歌った古賀政男。不幸なことに、世界の一番小さな古賀メロディが、戦後演歌の主流になってしまった。

（『昭和のバンスキングたち』、ミュージック・マガジン社）

そのとおりだろう。古賀政男自身もそう言っているのだ。「日本人はなんでこんなに哀しい曲が好きなのだろう。暗い哀しい時代の歌は、やはり追い出さなくてはいけないのではないか。いつも哀しい歌ばかり歌っていては不幸なのだ。私は、〝古賀メロディー〟よ消えていけ、と叫びたい」（自伝「あとがきにかえて」）。

しかし筆者がステキな服部メロディよりも古賀メロディを第一のものと感じるのは、古賀メロディの方が傷が深いからだ。戦後日本歌謡史に、古賀メロディは一たび円環を閉じて、どこかへ飛んで行ってしまったことは、情況認識として言える。韓国へかな？　それともロンドンへ？

誤解なきように言い換えれば、だれも艶歌は朝鮮起源だなどと単純なことを言っているのではない。古賀メロディは里帰りしたとも言ってはいない。朴燦鎬のあとがきを引こう。

近年「日本の演歌のルーツ」だとして韓国の流行歌が注目を浴びたことがあった。「演歌の源流を探る」というレコード会社の宣伝文句に端を発したものだが、韓国の音楽関係者はその説に当惑の色をかくせない。もともと韓国の流行歌は、一九三〇年前後に日本のレコード資本が進出することによって発生したものだからである。

「演歌の源流を探る」という惹句は東芝ＥＭＩの李成愛日本デビュー盤『熱唱』のオビにつけられた

宣伝文句である。李成愛の日本デビューを推したのは岡野弁である。彼は演歌は朝鮮の音楽でそのコピーが日本の演歌だなどという雑なことは言っていないし、李成愛はもちろん、私は本家の娘ですといって日本に登場したようなお手軽な歌手ではない。

近時、すぐれた朝鮮歌謡曲史（第二次大戦後は韓国歌謡史）が出版されている。邦訳はないが黄文平『歌百年史』（崇壹文化社、一九八一年三月）、同『夜話・歌謡六十年史』（全曲社、一九八三年十月）の二冊の大著と、在日韓国人が日本語で書いた朴燦鎬の通史（一八九五〜一九四五）がそれだ。

この機会に、筆者が韓国歌謡曲を論じた最初の文章「歌の情勢はすばらしい」（『現代詩手帖』一九七七年九月）いらい、日朝の間民族的音楽としての〝艶歌〟の最深部の性格を、植民地状況における日朝下層社会の共犯性、近親憎悪性、呪われた官能の陰微な交感というポイントで露わしていると思っている「雨ショポ」の歌と「アリラン打令《タリヨン》」の二曲について述べてみたい。

「雨ショポ」の歌詞は四章「かっぽれ」でかかげておいたとおりである。

「アリラン打令」は朴燦鎬の訳、および戦前の金素雲の訳の二つの同一箇所をかかげる。

ものいえる奴ぁ　裁判所行きで
仕事の出来る奴ぁ　共同山行きよ
ガキの生める娘《あま》っ子　女郎屋に行き
もっこ担げる奴ぁ　夫役《ぶやく》に行くよ
新作路沿いの　アカシヤ並木
自動車の風に　ゆらゆら踊るよ

夜が明けるよ
狂った奴が　夢からさめたよ

（朴燦鎬、第Ⅰ部第五章）

口の利ける野郎は　監獄に
野良に出る奴ァ　共同墓地に
餓鬼の一匹も生める女《あま》っちょは　色街に
畚《もっこ》の担げる若けえのは　日本に
こんで何にもかも素からかんよ
八間新道のアカシア並木
自動車の風に吹かれてる

（金素雲『朝鮮民謡選』岩波文庫）

これは民謡選本文ではなく、附論の「朝鮮口伝民謡論」に掲げられたもので、この論は一九三三年のものである。いわく。「創作かと問われそうであるが、これでも口伝民謡の鉄則を踏んで民衆が共同でつくり上げた六五調の立派な民謡である。『アリラング』はこの種の近代臭と廃頽味を帯びた代表的なものであるが、律調の『亡国的』と呼ばれる概念を裏切って、鼻持ちならぬ皮肉と辛辣な譏笑《きしょう》を歌詞の特色としている（もう一曲の紹介、中略）。

これが夢と線を堪えていた朝鮮民謡の今日の姿である。『歓呼力作』と謳われ『好譲不争』と評された朝鮮民謡もここまで変貌されては言葉がない」（金素雲）。

日帝侵略のおかげでこんなものができた。そしてでき上ったこんなものは「雨ショポ」の歌に似ていると。雨ノショポショポフル晩ニ、満鉄の金ポタンノパカヤロガ……。これはいかにも九州の性悪な天才の作であって、日本語を理解する朝鮮人をカッと怒らせる「近代臭」と「冷笑」をもっているだろうが、いま吟味すると、日本の側が朝鮮にくいこまれていることが見える歌だ。主体の成熟はガラス窓からのぞきこむ満鉄のパカヤロより朝鮮人娼婦の側にあり、この女には情があり、男の方はまさにパカヤロにすぎない。二つの歌の歌詞を書き出して眺めていると、逆なのではないかという気持になってくる。「雨ショポ」は朝鮮人が作ったものであり、「アリラン打令」は日本人が作ったもののように。

「アリラン打令」では一人称「私」の怒りが激発している。「雨ショポ」の歌は、女は怨みを一人称的に激発させるわけではなく、二人称的に相手の立場を慮ってやることによって一層わが身の悲しさを告げている。この女はなかなか懐が深いのだ。

筆者の知見にかぎれば、「雨ショポ」の歌を最初に問題にしたのは一九六五年「朝鮮よ、九州の共犯者よ」の谷川雁であり、ついで大島渚が映画『日本春歌考』でこれを主題歌の一つにし、歌ったのは吉田日出子である。これが一九七七年一月のこと。そして一九八五年に竹中労によって筑豊で歌いつがれてきた全体像が明らかにされる。

雨のショポショポ　降る晩に
唐傘片手に　赤児《やや》抱いて
坊や泣くなよ　ねんねしな
男ながらの貰い乳　サノヨイヨイ

（筑豊・三井田炭鉱「からめ節」）

これすなわち、戦後大流行の〽月が出タ出タ、いわゆる炭坑節の祖型である。さらにルーツを掘りおこせば、やはり筑豊の大峯・糸飛炭鉱。明治の昔ながら万石《まんごく》通しで鉱石を撰り別ける（からめ）、中小零細の炭坑《やま》から歌い出された。もとの旋律、いま福岡県の田川地方に残存する。昭和六年満州事変のあと、この謡は藤原義江の軍歌『討匪行』〽どこまでつづく泥濘《ぬかるみ》ぞ、にフシを替え、海峡を渡って朝鮮人春婦の哀歌、『雨ショポ』となった。

（たけなか・ろう『にっぽん春歌行』十七番「真説・炭坑節・上」、ミュージックマガジン社）

「からめ節」のさらに古型をおもわせる俗謡がある。〽去りし女房の形見とて、行燈《あんど》にのこりし針の跡、我が子を膝に抱きしめて、男涙の貰い乳。――歌詞の引用だけではこれが江戸俗曲の二上り新内とは気づくまい。唄い手は岡本文弥である。二上り新内というのは浄瑠璃の新内とは別で、新内的情緒をもった都々逸とおもえばいいが、岡本文弥が歌うと骨が鳴るほどのさみしさが迫ってきて、江戸の棟割長屋と九州の炭住とが重なる。二つの曲に伝承関係があるとは思えない。ただ、プロレタリアートの普遍性がある。そのような江戸細民と九州のプロレタリアートの二つの像が結ぶものは、無法松である。さて、炭坑にもどろう。「からめ節」をふくめ、一連の、猥歌をふくんで発展した炭坑《やま》の唄を竹中労は「地底のブルーズ」とよぶ。その結論部分を引用しよう。

そもそも、『炭鉱節』と呼ばれる謡はなかった。昭和五年に春秋社から発行された『世界音楽全集』第十三巻に、〽香春岳《かわらだけ》から見おろせば、伊田の竪坑《たてこ》が真正面、六時下りの様ちゃんが、掲示にもたれて思案顔。曲名『香春岳から（炭坑節）』、昭和七年レコード吹込みのさいには、『三井田川撰炭唄』と呼ばれた。昭和五十一年、もとの旋律に接するまれな体験に小生はめぐりあったのだが（レコード吹きこみのご当人である老妓から）、それはげんざいの『炭坑節』、お座敷唄に転調する兆をそこはかとなく漂わせているものの、「地底のブルーズ」のあらくれて、ひなびた呂律を残していた。

（同十八番「真説・炭坑節」下）

日清日露戦争を支えたエネルギーは筑豊の石炭であり、この時期、プロレタリア基幹部隊たる炭坑夫が生まれ、かれらが発破（ダイナマイト）がけの待避所で、スラ引き（トロッコ引き）で、選炭場で歌った数々の労働歌と猥歌がもとである。二篇のドキュメントを通じて竹中労は「からめ節」「田川炭鉱ゴットン節」「同ヤーレ節」「チョンコ節」等、生々しく、かつ艶な地底のブルースをかかげているが、岩盤から炭をドリルでえぐりだし、つるはしをふるう切羽《きりは》労働そのものの歌はないようだ。歌の生まれる余地もない苛烈な労働だからだろう、切羽は間接的に歌われている。

坑夫さんには　どこみて惚れた
切羽通への晒《さらし》ベコ　チョンコ

（チョンコ節）

ベコは褌、チョンコは性交。選炭婦の視線で歌われている。同様に発破作業そのものの歌もなくて、タガネで火薬をつめる穴をくりぬく「石刀唄《やきと》」が発破方《マイトかた》を女の目で見たものである。この歌詞もすばらしいので引用してみよう。

恋の小刀　身は細けれど
切れた思いが姐さん深くなる　ヒチャコノドンドン
馬丁さんなら小便臭い
発破方《マイトかた》とは知らなんだ
硝煙臭いでキョロリした

これらから想像すると、切羽作業そのものは真空、その真空を中心において、ズリ、搬出、選炭（主として女こどもの労働）、入浴、賄、労働交替、酒と炭鉱生活の全局面に歌が波及して、その触手が炭鉱町の遊廓へ、そこで働いている女たちへと届いていく光景がみえる。この順で歌が発生したかどうかはわからないが、炭坑の歌の発生は中小零細の山からであり、労働の全局面をおおっているものが広義の炭坑節にまちがいない。

話を三井田炭鉱「からめ節」一つに限定しても、その果ての三池炭鉱「炭坑節」は堕落している。〽月が出た出た、月が出た。坑内で月は見えまい。「炭坑節」は地上の管理部門、出炭高グラフかなにかを見ている監督官の視点だ。竹中労いわく。「同書（町田佳声・浅野健二編『日本民謡集』、岩波文庫）の解説によれば、三池炭鉱を占領軍が管理している間に、GIがならい憶え、うたい広めたと言うのである」。

本郷駒込、大観音のさびしい盆踊りでライカをかまえた米人がいた記憶はここに重なる。「東京音頭」とならんで「炭坑節」があった。

これにくらべて「からめ節」から「雨ショポ」に行く線は太い。筆者との対談で、雨ショポの作者は「戦前に知られざるタモリみたいな奴がいたにちがいない」という発言を受けて、

竹中　いたんだよ。もひとつ言うけどプロレタリアじゃない、かなり金持ってる遊び人だね。『雨ショポ』の正調はね、はじめ淋しく歌い出すの。途中から、軍歌になる唄い方を、博多の連中はする。もっと言わせると、作者は村岡伊平次だと思うんだよ。

女郎屋の旦那の作った歌だとオレは推理するわけ。かなりのニヒリストがいてね、二階に上ってく女郎の白い足なんか見たりしながら、帳場で一杯やってるんだな。これがアナキストくずれなんかでその名は犬神博士（笑）。（「歌は、ルーツの海を渡る」、『芸能の論理』所収、幸洋出版、一九八二年）

国内植民地があったのである。筑豊には朝鮮人炭坑夫が多かった。遊廓には朝鮮人の遊女も多かった。地底ブルースにごまんとある猥歌の一端が遊廓にとどき、村岡伊平次型の性悪な旦那の手にかかれば、「雨ショポ」になる。昭和七年以後、「討匪行」のメロディに乗って大陸に渡る。大陸で出来たというより、北九州で朝鮮人坑夫、娼婦との十分な接触をはたし、十分にその呪われた官能を成熟させてから大陸に渡ったとみていいだろう。この歌は大連や奉天よりも撫順炭鉱で歌われたかもしれない。

まことの労働歌である「からめ節」から、もっとも鋭い猥歌である「雨ショポ」が生まれた過程はそのように竹中労によって跡づけられた。

それと同じように、金素雲や朴燦鎬の論文から、まことの民族的な歌である「アリラン」がひどく

辛辣で虚無的な「アリラン打令」に生まれ変る様子も跡づけられるのである。

朴燦鎬によると、三・一運動が武力鎮圧された後の敗北感の中で「アリラン打令」は生まれ、「土地調査事業で土地を奪われ、小作人に転落した朝鮮農民の生活は悲惨を極めた。単に土地を失っただけでなく、日本人高利貸の悪徳商法により収入の何倍もの借金を抱え込み、その日その日の食事にも事欠くようになった」朝鮮民衆の歌として紹介されている。「アリラン打令」の歌い出しはこうである。

李氏の四寸《サーチョン》（いとこ）に　ならないで
閔氏の八寸《パルチョン》（またいとこ）に　なりなよ
　アリラン　アリラン　アラリヨ
　アリラン　ティオラ　ノダカセ

この歌い出しは金素雲の本にはない。李氏の四寸にならないで、閔氏の八寸になりなよというところは「朝鮮王朝末期の権力構造を諷刺したもの」と説かれており、「アリラン打令」の歌詞四番「門前沃畓《ムンジョンオクタプ》［豊かな水田］はどうなっちまって、うらなり暮らしとは何たることか」というところは、一九二六年、羅雲奎が監督主演した映画『アリラン』の主題歌とほぼ同じだと朴燦鎬は指摘する。とすると「アリラン打令」の分析はもうすこし進められはしないか。

まずこの歌が三層をなしていることだ。
①李氏の四寸……で始まる李氏王朝末期の権力構造への諷刺。

②門前沃畓を失ったという、映画『アリラン』と重なる正面からの悲憤。
③畑はつぶれて新作路になり、に始まる「雨ショポ」的部分。

この三層は、歌っている主体が各々ちがうはずである。ことに、畑は道路に、家は停車場に、ものの言える奴ァ裁判所に、ガキの生める娘っ子は女郎屋に……と崩壊の全体性を列挙するところが異質であるように感じられる。金素雲はその箇所をぬきだして「朝鮮民族性もここまで変貌されては言葉がない」と言っているのである。

「アリラン打令」は崩壊の全体性を歌っているように感じられる。①②③の順は朝鮮が奪われてゆく歴史性である。③の各条は高利貸にやられる近代人のにごりである。天災や悪政に苦しめられる民衆の悲惨とはすこしニュアンスがちがう。『金色夜叉』が悪漢小説《ピカレスク》であるような意味での、複利計算で全身をむしりとられてゆくような、近代に特有ないらだちを感じる。「アリラン打令」の歌詞字面には荒廃した故郷の奇型の民謡以外のものを感じる。都市の悪である。

朝鮮にも「無名の、性悪の天才」がいたはずだ。直接に朝鮮総督府の悪ではなく、侵略者から「いとこ」「またいとこ」あたりに相当する朝鮮人の悪徳買弁がいて、民衆生活の崩壊の全局面を冷やかに眺めているようなやつ、ありていに言えば朝鮮婦人を日本の色街に売り飛ばすような奴、それが作者ではないのか。

その存在を金素雲はかすかに名指していたように感じる。「歌われざる民謡」と彼が名指しているものだ。時調〔朝鮮文学の重要な一部門で、民衆的な定型詞〕の形式を借りた「有識輩の戯文」に、「まった雪積む冬の夜長に、好いたふたりがぬんさぬんさと、からみ合うたる床の中」といったようなものである。それを金素雲は、「純正の民謡を蔑視し遠ざけた階級に、こうした『民謡ならぬ民謡』が存在したことは何とも皮肉である」と論じているのだ。「アリラン打令」の作者は、そういう連中の一人ではなかったか。

日朝の歌謡曲史の並行現象におどろく。「アリラン打令」とほぼ同時期、「アリラン打令」が三一運動の武力鎮圧後の絶望を歌ったものなら、欧米の新思潮をとりいれて希望の方向に舵をとろうとした「希望歌」という歌を分析して、朴燦鎬はこう書く。

『希望歌《フィマルガ》』は曲自体の持つ哀調に加えて、どちらかというと現実逃避や頽廃気風を叱る説教調の歌詞から、題名の『希望歌』のように民衆の意気を高めるどころか、希望のついえた後の絶望感にも似た危機意識を感じさせた。そのため民衆はこの歌を、むしろ『失望歌《シルマルガ》』と名づけてうたったという。

（第Ⅰ部四章「独立運動のもとに」）

この歌の出たあとに、マントと帽子姿でバイオリンを弾きながら唱歌集を売る演歌師が続々と出てきたそうである。そしてその売歌の一つに、「希望歌」のメロディにのせた「蕩子自歎歌」というのがあったそうである。

ところで『希望歌』とは日本の「真白き富士の嶺」と同じメロディである。元は合衆国の教会音楽だ。「真白き富士の嶺」は筆者も嫌いな曲で（『大歌謡論』十六章「軍歌」で分析）、このメロディは、奇しくも一九二〇年代に日本と朝鮮の民衆を失望させていたことになる。

こんな類推の図式も成り立ってしまうのだ。

「からめ節」＜「雨ショポ」
　　　　　　　GHQ管理による「炭坑節」

〈アリラン〉＜「アリラン打令」
　　　　　　　プロテスタント的偽善による「希望歌」＝失望歌

「雨ショポ」と「アリラン打令」はますます似たものに見えてくる。見えてくるというより、それぞれの歌の本性があぶりだしのように浮き上ってくる。そして両者は櫛の歯をあわせたようにかみあってしまう。

　上海ブルースや上海タンゴの数々はステキだ。夢を見るような気持にさせてくれる。「何日君再来」と「夜のプラットホーム」は似ている。「夜来香」と「蘇州夜曲」も似ている。両者の似ているところからたちあらわれるのは、夢のようなステキな気分だ。そしてステキな気分の奥から、歴史の暗さが出てくる。

「雨ショポ」と「アリラン打令」が似ているのは「蘇州夜曲」と「夜来香」が似ているのとは、似かたがちがう。とてもステキな気分にはなれない。夜半に胸苦しくて目覚めるような気分だ。日朝下層階級の近親憎悪的な糸がからまっているからだ。下層階級の無名性の隠微なからまりというのが、日本と朝鮮の流行歌の間にだけあり、服部良一、黎錦光、劉雪庵らが相互に照明しあってキラキラと輝いている上海シーンにはない艶歌の間民族性である。

　章の終りにまた自分の文章を再現するのはわが事ながら心外だが、臨場感がその時のものに及ばないので――。

戒厳令の夜は美しい。真夜中十二時をまわった外出禁止時間のソウルの美しさにくらべたら、香港の百万ドルの夜景などものの数ではない。南大門から市庁舎《シティホール》を通り、旧国会議事堂（日本時代、朝鮮総督府のあった建物）とその背後の小高い禿山の下の青瓦台にいたる、町の心臓部を一直線にきりひらく二百メートル道路と、それに並行する各街路に煌々と灯がともり、人影一つない。ソウル歌謡祭前々夜の［一九八〇年］五月二十二日夜半、くるかもしれぬ敵機をもとめて青瓦台から照射された四条の探照灯に殺気がある。かりに、上空からこの都会を見た者があるとすれば、ソウルは闇に伏した光輝く一匹の巨大な甲虫のようだろう。

だれも姿を見せないのだ。市庁舎前8の字型交通のロータリーに向って実弾装着の重機関銃をむけている二台の装甲車に兵の姿はない。昼間は装甲車の傍と銃座に兵士たちがつくりつけの人形のように哨戒して微動だにしないのに、夜間はその兵の姿もない。ときおり、警察のパトカーがあらわれる。それだけが動くものだ。警察官は夜間ライフルに装備をかえるらしい。そのパトカーも、それ自体が威圧的というより、尻をおとして殺気におびえ草原をそそくさと横切るハイエナを思わせる。

俺は部屋の明りを消し、カーテンを全開し、椅子を窓際に移動させて、飽かずに戒厳令の夜の町を眺めていた。プラザホテル12階の市庁舎側の部屋で、この窓からの撮影を禁ず、と壁に貼り紙がある。地形的にはソウル市の心臓部に位置する部屋なのだ。二百メートル道路の左側にフェスティバル会場の世宗《ヒジョン》文化会堂が見える。右側に「朝鮮日報社」や「コーリアン・タイムズ」など、新聞社の比較的古いビルがある。各新聞社の前にも装甲車がとまっているが、そこまでは見えない。右斜上方の一角に、闇を四角くきりぬいて光る部屋がある。ロッテ・ホテル23階だったかのゴーゴークラブの明りだ。「キッス・イン・ザ・ダーク」が流れているはずだ。ゴーゴークラブは終夜営業だ。十二時を過ぎると客が帰宅できなくなるために朝までやっている。ボーイやダンサーたちが長椅子にもたれて仮眠をはじめる頃だ。部屋の明りを消して町を眺めていると、ただ眺めているだけなのに、右斜上方、闇にポカッと光が浮いたその一角から赤外線照準器《ノクトスコープ》つきのライフルが自分を狙っているような気がする。〈俺が町を見ているのだから、その俺を見ている狙撃手がいるにちがいない〉――そういう視覚の二重化を実感させるのが戒厳令の夜だ。これでは反政府側は手も足も出せまい。いまここで必要な仮説を打ちだしてから韓国の歌謡曲について述べる。

(1) 戒厳令は秩序の最高形態である。秩序という語がもつ本来的な抑圧の響きが物質化されるまでに、それは最高かつ瀕死の秩序正しさである。

(2) 軍隊に守られた鉄桶のようなソウルの町で、正反対のものを確信した。韓国人の時代がくる、ということである。

(3) 日本にコーリアンの時代がくる。かれらが日本社会の先頭に立つ。かれらは戦後過程でゆるめになった日本人よりも鍛えられている。

(4) 鍵は韓国の民主化である。情勢が厳しいだけに、民主化をかちとったときに韓国の民衆が全世界から受ける賞賛が目に見える。韓国と北朝鮮の対話がはじまったときに、日本人の、この半島の人々にたいする蔑視は蒸発する。韓国の民主化が日本文化にあたえるインパクトは甚大なものであり、欧米文化や中国文化のインパクトを上まわる可能性がある。

文化の交流において、衝突的な、きしみあうような接近戦を演じる相手国は、唯一、韓国である。中国、台湾、香港からは急激に、東南アジア諸国においては漸進的に反日感情は退潮しているが、韓国はそうではない。しかるがゆえに日本に甚大な文化ショックをもたらす国は韓国である。戦前・戦中のみならず、日本の戦後過程が、北朝鮮ではなく韓国にくいこみ、韓国を経済的勢力圏におさめようとしてきたからである。したがって韓国の民主化が日本に深甚な文化ショックをもたらし、ひきつづき日本に朝鮮時代が到来する。――俺はこの一点を、戒厳令の鉄桶下で見切った。

（「戒厳令下のソウル音楽祭」、『過渡期時間論　過渡期だよ、おとっつぁん part3』秀英書房）

このようにかつて記述した。

中森明菜、自殺未遂時点での芸術的飛躍の予感

一昨年（一九八七）秋、ＬＰ十一枚目『不思議』と十二枚目『CRIMSON』段階での中森明菜評価の結論はこうである。「アイドルと歌手時代に½のつぼみを残し、少女から女への移行期にも開花しきらず、大賞歌手になっても未完成というこの歌手は、資質として、タレントよりも芸術家だ。明菜はまだのびる」（『ミュージック・マガジン』八七年九月号「たぶん、これが明菜の深層構造」）

その後の明菜はのびている。十二枚目のアルバム、紐育吹込みの『Cross My Palm』ですこし上むき、昨年四月のアルバム『Stock』と五月のシングル「TATTOO」ではっきりとのびた。

クルージング感覚とドライビング感覚の別がある。日本人はクルージングが苦手で、ギヤ・チェンジをしきりに行ってカーブで勝負（じっさいはエンジンの高回転を保ったままカーブの離脱速度が勝負）というドライビング派が多く、中森明菜もドライブ派の典型だったが、最新アルバム『CRUISE』は、『Stock』よりも地味だが、なかなかよい。

クルージングという大陸型の、あるいは大洋型のアルバムを出したときと、自殺未遂が重なったのは不幸だが、彼女の音楽活動によい音楽監督がつくかどうかが鍵だ、という一点にしぼられてきた。

中間総括を行ってもよい時期にきたので、『Stock』に入る前に、紐育吹込み盤と、「DESIRE」の再評価と、「飾りじゃないのよ涙は」の再々評価を行う。

『Cross My Palm』は、私は日本が嫌いだという感情だけが真実である。単行本『国際艶歌主義』に書き下ろした文章だから目に触れていないと思うので再論しておくと、このアルバムは全部があちらものだ。吹込み場所が紐育、吹込み十二曲とも作詞・作曲・演奏があちらで、歌詞は全部英語、録音技師もあちら。「POLITICAL MOVES」とか「MY POSITION」という題の曲もあるが、彼女が政治運動を歌ったり、主体性を問いつめているわけではない。

「…自分周辺へのいや気が、日本文化の今の水準への嫌悪に拡大した。それは深々としたものへ下りてゆくことのできない現代の日本文化への嫌悪である。(中略)どうせポップスなのだから、ポップス本家の英語圏へ出てしまえ。出た。日本を脱出したいとか、欧米人になってしまいたいという切実な感情もなかったのではないか。そして外国で歌った。なんにもなりはしなかった。このLPを聴いてわかることは、明菜は外国のスタジオで歌ったのであって、外国の聴衆の前で歌ってきたのではないということである。だからなんでもない。亡命者の音楽でも、頭脳流出でもない。つまり、ポップス。

日本よりも外国のスタジオを使ったほうが安くあがるから海外録音してきたというケースはいくらでもある。そこで一点だけ中森明菜がちがうのは、くり返すが、英語で歌ううちににじみ出る日本の今への嫌悪感はほんものだということだ。自国への嫌悪感によって支えられたBC級インターナショナリズムという不思議なことをやった」(「中森明菜のBC級インターナショナリズム」)

『Cross My Palm』は、『不思議』『CRIMSON』の自閉症の国際的拡大版ということである。

ここで山口百恵の海外吹込みと比較する。俺の明菜論は百恵テーゼを下敷にしているという反論を、口頭で、伊達政保からきいたが、そのとおりだ。明菜が百恵のコピーであったかぎりはそれでよい。

百恵は一九七七年のロンドン吹込み『ゴールデン・フライト』を日本語で歌っている。ジョニー大倉の作詞作曲「ブラック・キャブ」の〽ロンドンタクシー、ドンドン行けば、というゴロ合わせの曲に、ころころ笑い転げるお転婆娘の雰囲気があって、こんな百恵もいいねと思わせるうちに、最後のトラック「イミテーション・ゴールド」であちらのスタジオ・ミュージシャンを乗せてしまったりする。ジャケットを手にとると、からし色のワンピースの腕を組んで、クラブの壁の前に立っている写真や、Tシャツで町を行くスナップがいかにも自然だ。

百恵はどこへ行ってもスッと立つ。外国の街角に立たせると、彼女が世界水準の歌手だったことがわかる。

明菜は演じさせられる。『Cross My Palm』のジャヶ写と折り込み写真を手にとっていただきたい。イメージの下敷がある。古壁にもたれ、火のついた煙草を持った黒スーツ姿のポーズは、デシーカ『ローマの女』のロロブリジーダだろう。長椅子に横になってポラロイド写真を見ている姿態は、ビルナ・リージか。音楽とは無関係に、あたえられた枠の中で演じているのである。あけはなたれたドアの逆光の中にナイトガウンのシルエットをうつしだす写真もあって、若い女がネグリジェ姿を撮らせるというのは演じられたものの証拠である。

何を演じたのか。娼婦だ。だれが演じさせたのか。撮影者の名をみると、ジェイ・マニスとある。ガイジンめ！　このアルバムは娼婦の歌を歌ったものではない。

これを、演じられたものは悪い、といちがいには言えない。先例があって、シングル盤「DESIRE」の、らしゃめん風和装の写真が、これは成功例として残っている。阿木燿子作詞、鈴木キサブローの曲だ。曲想はシャンソンの「デジール」にあり、詞のつくりは山田詠美『ベッドタイムアイズ』が下敷とみる。シャンソンでは女の（性的）欲望《デジール》を一人称でアジるが、山田詠美の小説では、欲望《デザイア》だけではないというところに力点がある。黒人スプーンが麻薬所持で送還されるとき、女主人公キムに、おれたちは欲望《デザイア》だけではなかったと言い残して去り、その一言で、絵に描いたような黒人を演じていたスプーンの内面の葛藤が、キムの目であらわれてくる。ポイントは、キムの目にスプーンの欲望が見えてくるところにある。いわば欲望は第二人称。

論点は二つある。キムの目にスプーンの欲望の在りかがとらえられるのは、作者山田詠美が、女主人公キムを在日と想定しているからだ。キムという名、ジャズを歌うには自分の声は澄んでいてふさわしくないとキムがいつも思っていることなど、作者がキムを在日の立場に想定している箇所はだいぶある。その作者のキムへの憑依によってはじめて戦後日本文学は黒人文学を産みだせたのだという文学的な問題が第一点。

第二点は、欲望の第二人称化はやはり在日アジア人的な視点であって、中森明菜はその方向を選んだということだ。松田聖子にあっては、欲望はマネー・ビル的に手に入れる。これはいかにも日本人的な立場である。在日の場合には、社会に対する権利・義務関係が日本人一般と異っているから、我欲す、ゆえに我入手す、という一人称的なかたちでは実現せず、欲望の自覚はかわきの自覚の強化として、迂回してあらわれるだろうということだ。松田聖子は欲望《デザイア》を菓子《デザート》として手に入れ、中森明菜は砂漠《デザート》の方向に進むのではないか。

シングル盤ジャケットのらしゃめん風和装姿は、中森明菜がキムを演じて成功した例とみる。キムを演じて成功したからといって、『Cross My Palm』でイタリア女優扮する娼婦のタイプに明菜をみたてても歌が成功するわけでない。彼女の自我構造は相当に複雑である。意にそまぬ場所に置かれるとそっぽを向く、そのありかた自体を丸ごととらえている歌が「飾りじゃないのよ涙は」だから、「DESIRE」からさらに過去に戻ってみよう。

「飾りじゃないのよ涙は」の下敷は山口百恵の「プレイバックPart2」である。

女の子がポルシェを運転している。よっ、カノジョー、と国産車が寄ってきて、交差点でミラーをこする。ポルシェは左ハンドル、国産は右ハンドル。あの当時はミラーをこするドア・ミラーの車は外車しかなかったことに留意されたい。右ハンドルと左ハンドルだから交差点で並んだとき窓をあけてどなりあえるのだ。面白くないわ、というんで信号が青に変ったとき、ポルシェの加速力でぶっちぎって、今は郊外を一人で走らせて、カー・ラジオのスイッチを入れると、沢田研二の「勝手にしやがれ」が流れてきた。なんだ、昨夜のあの男のセリフは沢田研二のまねをしたかったんだ。そうと知っててタイヤを鳴らしてUターンしたときには、「坊や」というように女は心理的な優位性に立っている。

これに対して明菜の曲はスピンなのである。〽速いクルマに乗せられて、そのクルマがスピンした。景色がまわる。グルグルまわる。死ぬときには走馬燈のようにいろんなことを想い出すというけど、私は自分の赤いスカーフがまわるのを他人事のように眺めていた。死ぬってこんなことかしら。でも死ななかった。とたんに涙が出た。それを見て、ドヂったくせに男は、きみの涙は真珠のように綺麗だね．なんてセリフをてれかくしに言った。〽飾りじゃないのよ涙は、ハハン、と女はつっぱなす。

この曲で作詞作曲の井上陽水は宇崎・阿木を歌った百恵の「プレイパックPart2」に、正面から明菜を挑戦させている。彼は、自分が死ぬかもしれないときにも他人ごとのように横をむいている明菜という複雑な性格の娘の、自閉のかたちをつかんでいる。その明菜の複雑な自我のかたちに沿った複雑な構造の曲をつくったのであって、それこそ音楽監督の役割といったものだ。そのタイプの女の下敷があるとすれば、西田佐知子の「アカシアの雨」かもしれない。〽冷たくなった私の亡骸《なきがら》を見て、あなたはどんなにうろたえるでしょうか、と歌った流行歌が、一九六〇年に出来ていたのだ。

スピンした地点からひき返すことにしよう。この曲は、明菜がアイドル期を卒業する里程標になった。その意図で井上陽水はつくっており、西田佐知子が戦後歌謡曲史のなかで新しい女の群を歌いあげたように——美空ひばり「哀愁波止場」と佐知子「アカシアの雨」が六〇年安保の中ですれちがったのは象徴的だ——「飾りじゃないのよ涙は」をもって、中森明菜が山口百恵からバトンをひきつぐ位置につけた。

この地点から『Stock』にワープできる。Stockには切株だとか家系という訳語もあるが、これは「蓄積」の意だ。なんの蓄積か。アイドル時代から大賞時代までずっと二分の一しか開花させなかったそのつぼみの蓄積である。この盤がこれまでの明菜のベスト・アルバムである。

評価は「ミュージック・マガジン」昨年四月号の藤田正のがいい。いわく「〝性の後（五）感〟を知った女の、新たな愛の探求への旅立ちである。何度も言うように、『Stock』は淫らで卑俗的である。全曲とも、ロック的な激しい曲調に乗せて歌いついでゆくヴォーカルは、歌がうまくなったやら、大人の声になったやら（実際ずいぶん太くなった）、セクシーやらというレベルを超えてしまっている」。

この盤は百恵の歌わなかった性愛の快楽のただなかを、ハード・ドライビングに歌い切った。二曲目「夢のふち」でエクスタシー感覚の内部に入る。このリズムはロック調というより、ジプシー・ルンバではないか。語るように歌う部分と歌いあげる部分の対照をきわだてる唱法を得た。声が太くなって、ヘヴィ・メタのサウンドに渡りあえる声域を確立し、「TANGO NOIR」でしめした、オワーッと横にひろがっていく声の気味悪さが、気持よさにかわった。

三曲目「CRYSTAL HEAVEN」は「少女A」の成人版。この曲が藤田正のいう「淫らで卑俗的で」「孤独な夜に淫らに頬を寄せてくる」「悪意に満ちた方向性を打ち出した」「真の芸能者らしい姿」をいちばんよく伝えてくる。

「ミ・アモーレ」「飾りじゃないのよ涙は」「Solitude」「DESIRE」「TANGO NOIR」といった主に横文字タイトルの曲に、オワーッと横に情感がひらいてゆくような明菜独特の発声があって、その系統を洗い直すことで彼女は、歌っている自分が気持いいということをつかんだようだ。

デビュー後数年の言語感覚の鈍さ——ことに小泉今日子の言語感覚のシャープさにくらべて気になった点——も、独特のかたちで克服している。英語の部分がいいのだ。作詞者たちは英語部分を、記号的に、あるいは逃げとして使っているにすぎないと思うが、明菜はそれを間投詞的に歌う。「DESIRE」の Get Up, Burning Love の炎がめらめら燃え上がるような感じや、「Solitude」の、金魚が泡を一つぽっと吐くような Solitude などがそうだった。磁気テープ、ブラウン管、グラビア写真の二次元的な擬似現実にしか像を結ばず、深々した感情へ下りてゆくことを遮断する日本文化への嫌悪感から、横文字表現のなかに感情をこめたと彼女自身は思っているだろうが、じつはそれは日本文化のなかにある。囃ことばなのである。ヨイトヨーイヤマーカー、といった合の手だ。

『Stock』全体を通じて英語の部分はみないい。ジェームス・ブラウン「セックス・マシーン」の Get On Up.《ケロンパ》にちなんで言えば、明菜はなかなかのケロンパ使いになった。「FIRE STARTER」の、Fire Starter Fa Fa Fa Fire Startet というところは、イグニッションをまわして、ピストンがクククーッと圧縮されてブルンとエンジンがかかる感じが出ている。この曲はレース場のパドック感覚。これから走りだそうとするレーサーはマッチだろう。B面四曲目「POISON LIPS」のNo, No, No, No, No, No, No, No, と拒否を八連発するが、最後のノーで男をゆるすように聴かせるのは表現力が上がった証拠。

　こうした明菜の努力が集中している曲が「CRYSTAL HEAVEN」だ。藤田正が、ここだ、と指を鳴らしたのは「はしゃぎすぎた　街は蜃気楼（閉）、あなたも　私も　快楽主義者《エピキュリアン》（開）」というところの膣八唱法、もうだれも覚えていないだろうな、女性歌手は膣の収縮によって情感をコントロールできるという「理論」を俺は図示したことがある。あれだ。「快楽主義者《エピキュリアン》」というところで明菜はあられもなく、オワーッだ。対応して「耳元で　不埒《ふらち》なコト　囁かれても」の「不埒」という語をよく使いこなした。この語は「松田修の不埒な美意識」というぐあいに俺などは特別なところで使うが、胴の細い明菜が身体をひらいて快楽に足の指を反らすと想像すると、たしかに「不埒な姿態」である。彼女には「ブロンド」という曲があるから、フラチナ・ブロンドという冗談を一つささげる。

　この盤で明菜は男を知った。

　淫らな明菜がなぜいいのか。卑と賤の世界を聖に揚棄できるからだ。卑を聖に転じる弁証法が藤田正のいう「芸能者の道」である。二分の一ずつの神話を残した明菜の開花はさすがにみごとなものだ。優秀な歌い手はデビュー時の実存のかたちを拡大深化させるものだ。愛液まで黄金色に輝いているような森進一の「命燃やして」はデビュー時の「花と蝶」の深化であり、山口百恵が〽修羅、修羅、阿修羅、修羅と歌った「夜へ…」は、破瓜のおびえを歌って、「横須賀ストーリー」の初恋の深化である。破瓜のおびえのなかに、朝の光の中での残酷な別れの運命を予感しているところは一層、山口百恵の観自在力をしめして驚くべきものだが、明菜にあっても、『Stock』での開花は「少女A」に萌芽されていたものの必然的な深化だから、とつぜんのヘンシンとかイメチェンといったギクシャクしたものはない。

あられもなく肉の快楽の「卑」に身を置いて、中森明菜の品格は崩れていない。がけっぷちのスリルだ。

この盤の評価軸はもう一つある。「TATTOO」をやじろべえの支点にして、七月発売の最新アルバム『CRUISE』と一組だ、ということだ。『不思議』『CRIMSON』『Cross My Palm』がダメな一組。『Stock』『CRUISE』がそれを脱出した一組である。

昨春発売の『Stock』と今夏発売の『CRUISE』が一組というのは時間間隔があきすぎているが、彼女は一年三ヵ月のストーリーを持続できるまでに成長していた。『Stock』のハード・ドライビングに対して、『CRUISE』は静的であり、本来低唱歌手である明菜に似合うボサノバ調の曲が並んでいる。

どちらがいいかと言えば、『Stock』がいい。明菜のボサノバはあと半歩で仕上る。なにが足りないのですか、ときかれたら「ゆれおちるサウダージな感じをもうちょっとね」と答えればよく、どんな勉強をすればいいでしょうか、ときかれたら、中村とうようや俺なら「マイーザを聴きなさい」と答えるだろう。

なんでマイーザか。異邦人感覚だ。サンバの群集の中にありながら、自分だけポイントをずらして立つ水仙のような雰囲気がある。炎といったら青を感じさせ、寒いといったら灼熱を感じさせる、熱狂する群集の渦の中の孤独。明菜にもそれが出てきた。半面が赤、半面が青の衣装を着て光の中に45度の角度で立つような感覚だ。これまでその影の部分を磨かず、『不思議』や『CRUISE』のようにぼけぼけの音で録ってきたから、光と影の対比が出なかった。

一曲の中に光と影がくっきり出たのが「TATTOO」だ。ペリー・コモ歌う「バラの刺青」は死を待つ老婆がかつての男を想う歌だが（いい歌だよ）、明菜の「TATTOO」には、竜のおとし子くらいだけど、登り竜が棲んでいる。エリントンのジャングル・サウンドばりの前奏の雲間を、けなげにも泳いでいるではないか。

あと半歩の間に明菜がつかむものは、彼女のサウンドだろう。『CRUISE』でよい曲は「SINGER」だが、明菜の伴奏にはめずらしいテナー・サックスの前奏が、Hold Me Tight という発声の可愛らしさをひきだしたことに彼女自身気づいているようだから、あとは勉強すればいい。
(1) テナー・サックス、バンドネオン、胡弓、ドラムスのブラッジュ・ワークなど、ずりずりとひきずる空気感のある楽器に、ゾクッと鳥肌が立つようなものがないか。斎藤英美と組んだ張国良の胡弓の絶品を日本でも聴ける。
(2) 言語感覚を磨くには寄席芸を聴きに通うのがよい。落語、新内、浪曲等にみごとな日本語がある。詩集はあまり役に立たないだろう。
(3) 今世紀、大歌手は三〇年代から五〇年代の三十年間に出た。現在はリズムとサウンドの強化がメロディーの破壊に向っているから、大歌手は出そうにもない。安心して往年の大歌手を聴け。
(4) 異性に学べ。同性の歌手をまねると、男の場合も女の場合も、なぜかフィーリングがくさくなる。シナトラなんかがいいんじゃないかな。明菜の可能性をひろげてくれるのは山崎ハコの作詞作曲と加藤和彦の編曲だなんてことも外野で考えているが、そういうことは音楽監督を見つけだせば自ずと解決される。

『CRUISE』で出た方向の延長線上に、比較的容易にそのような処方箋が書けるが、ではなぜその『CRUISE』が『Stock』と一対かといえば、彼女の青春もまた二分の一だけストックされ、凍結されてきたからだろう。若いうちに芸能界入りしたので、芸能界の中にしか青春がなかったのだろう。恋も怒りも狂おしさも、演じさせられるもの、と思い込んでしまわなかったか。少女が坂を駆け上ってふりむくと、家並のV字型の切れ目から海が輝いてみえた、という「横須賀ストーリー」が明菜にはなかった。この曲が、芸能界入りする前の百恵と、その後の百恵とを交流させる弁になっている。だから山口百恵は生活感覚をふくめた自分の成長と芸の成長とを重ねあわせることができた。いっぽう中森明菜は未発の青春のストックを、性愛を歌いこむようになった二十四歳の段階で、同時に放出した。それが『CRUISE』だ。彼女の複雑な性格は時間の流れもリニアに一本ではない。

自分の残りの二分の一の神話を、吐き出すことが自己確立、というそんな音楽的な一時期に彼女は剃刀をにぎった。死なずにすんだ。さらにのびるだろう。

品川駅のレコードの謎

夢野久作『東京人の堕落時代』

機会を逃がしたくないので、『東京人の堕落時代』（西原和海編、葦書房版夢野久作著作集第二巻）に関する発見を報告する。大正十三年、関東大震災一年後、久作をのせた急行列車が品川駅にすべりこむとこんなアナウンスが聴こえる。

震災後初めて東京に行く人は、先づ品川駅に着くとホームの雑音にまじって、

「品川ア――……品川ア……山の手線、新宿……方面行乗換へエ……品川ア――……〳〵……お早く願ひまァす……」

と云ふ特別に異様な割れ鐘声を聞くであらう。記者も変な声だなと思つて、窓から首を出して見た一人であつたが、不思議なことに怒鳴つて居る駅夫の顔が見えない。変だなと思つてキヨロ〳〵見まはすと、それはホームに備へ付けられた蓄音機で、声自慢の駅夫に吹きこませたものだとわかつた。

九州からの長距離列車が品川駅に着く。蒸気機関車である。国府津までは電化されていたが、丹那トンネルのない時代、東海道線は御殿場まわりで、長距離列車は機関車をつけかえる時間を惜しんで

そのまま蒸気がひっぱって東京まで来た。シリンダーの蒸気を吐きだし、動輪をきしませて止まる。まだ機関車はシューと鳴っている。駅員が人影まばらなホームに出てくる。ゼンマイを巻く。SP盤をのせる。針を置く。

「品川ァ――……品川ァ……」

乗客たちはびっくりする。その中に夢野久作がいる。彼は蓄音機が鳴っているのをたしかめたのち、網棚の荷物を下ろしにかかりながら、この分では震災後一年の東京はだいぶ様子が変っていて、「交差点に交通巡査の自動人形を立たせ、市長の椅子に盲判押捺機を据え付けて居はしまいか」と「取りあへず度胆を半分ばかりぬかれて」、下り仕度にかかったが、そのとき彼のイメージに浮かんでいたものは、一年前の震災で崩壊した帝都と、七十年後の火を吹いて、舞い上り、空を飛ぶＴＯＫＩＯの一致であった。

断定したね。したさ。

引用した箇所を年表とつきあわせてみると謎が多い。当時の品川駅はそんなに静かだったのか。ホームの蓄音機の音が「異様な割れ鐘声」できこえたのか。品川駅はどんな具合だったのか。拡声装置はあったのか。ホーム配置を鉄道マニアの友人に調べてもらったところ、次頁の図のようになる。

この友人（『香港喜劇大序説』を担当してくれた政界往来社の辻口雅彦）はこの図にこうコメントを添えてくれている。

「図のような配置になったのは、一九一六年（大正五年）五月一日とのことです。その後、改良工事が始まるのは一九三七年（昭和十二年）とのことなので、大正十三年当時はこの配置だったと思われます」

とすると久作の乗った列車は京浜東北線桜木町行き電車と共用するホーム③に着いた。現在の品川駅は左図のようになる。

大正13年当時の品川駅構内

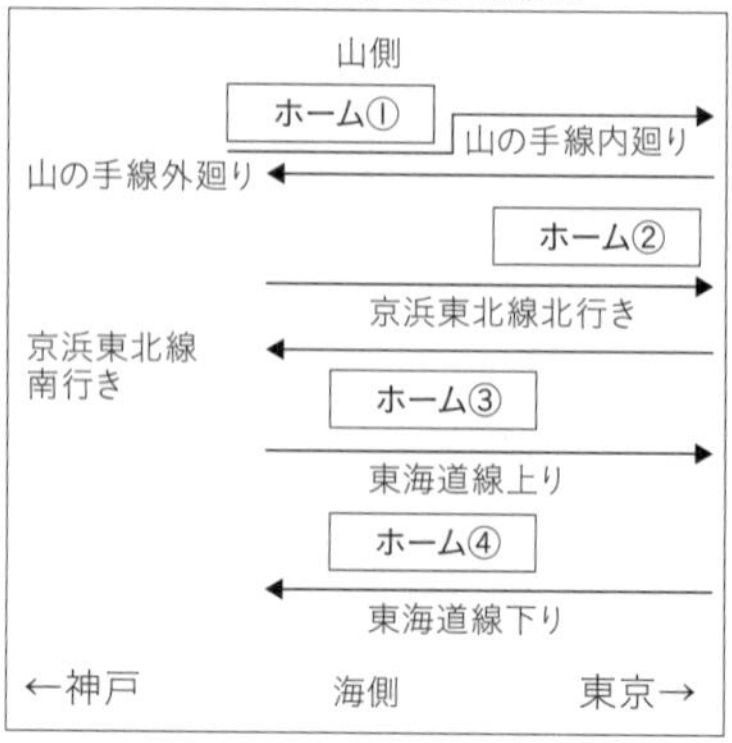

現在の品川駅構内

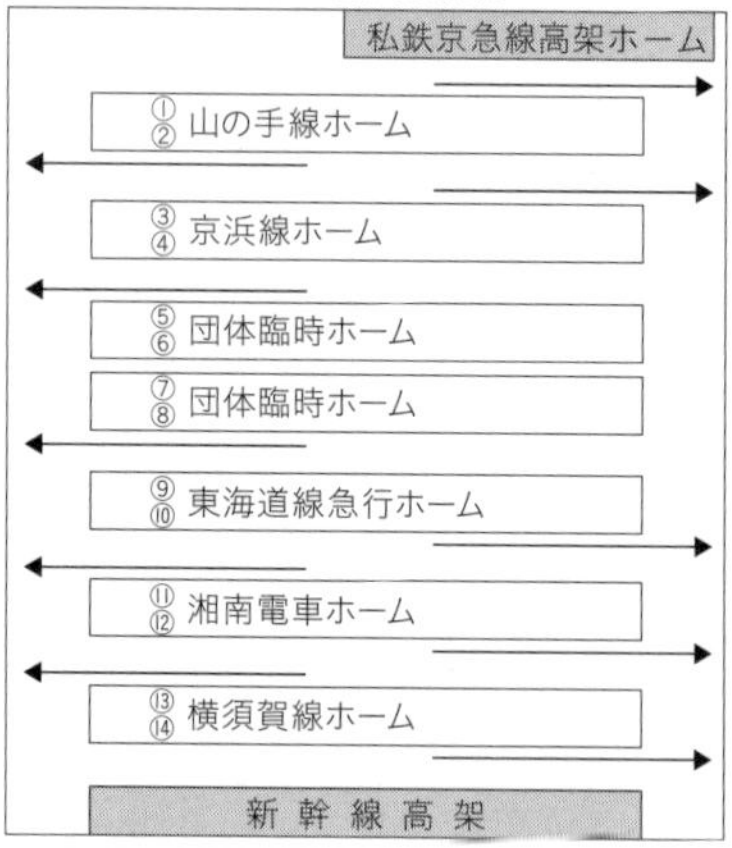

さすが東海道最初の宿場町だっただけに、品川駅はすっきりした停車場レイアウトだ。すっきり見透しがいいところから、一九五〇年代中頃には海側のホームまで見渡せる時刻をアリバイ作りのトリックに使った松本清張『点と線』が生まれもしている。現在はさらに湘南電車と横須賀線が分離して⑬⑭番ホームが増設されたが、配置が整然としていることは変らない。

ついでまでに言う。品川駅は品川区ではない。港区である。そのかわり目黒駅が品川区である。また国鉄品川駅より南側に私鉄の北品川かある。現在の京急線北品川が東海道品川宿である。品川は宿場町だったから現在も高層ホテルが林立しているのかもしれず、港区にずれこんだおかげで飯盛女郎がいないのかもしれない。そのあたりのことはどうでもよいが、品川駅のレイアウトがすっきりしている理由は、この駅が軍用列車の出発地だったからであり、現在の団体臨時ホーム⑤〜⑧番がそれだ。兵隊たちは行先を告げられずこのホームから列車にのりこみ、弁当を受けとって出征して行った。しかし品川駅のほんとうの謎は隣接する広大な大井の操車場にあり、田端の操車場と並んで、帝都防衛と輸送の南と北の心臓弁になったことが、震災後の東京レイアウトの重要な一環である。

久作の報告は震災一年後の状況であるから、当時進行中の都市計画の概要をここで述べておく。震災までは江戸が残っていた。その東京が壊滅した。遷都論も盛んだった。ところが一年とたたずに東京人口は旧に倍し、復興景気が富の一層の集中を刺激したのだから、震災による江戸的なものの壊滅は資本主義の発展を促進した。議事堂、丸ビル、昭和通りなどができて帝都の陣容をととのえたのも震災後だ。そしてこの帝都造営計画に動員された労働力が朝鮮人である。玉川の砂利採掘、道路普請、橋梁。建築、下水道工事等々である。

そうなる前の大正十三年の品川駅が静かであったことは図のとおりだ。静かであったがSP盤蓄音機から駅のアナウンスに使えるような音量が出たのかというのと、なぜ品川駅でそんな駅名のレコード再生をしたのかという問題がのこる。こちらはエレキの年表に当ってみよう。

一九〇九（明治四二）　桃中軒雲右衛門、日本初吹込み。

一九一〇（明治四三）　受験のため上京した夢野久作、その英文日記に、山の手線通過後の原宿は田の蛙がうるさい、と東京の静かな様を記す。

一九一七（大正六）　オリジナル・クリオール・バンドのジャズ初吹込み。

一九二四（大正十三）　品川駅員吹込み。

一九二五（大正十四）　電気録音開始。ダイナミック・スピーカー開発。

品川駅の「割れ鐘声」の蓄音機は、電蓄やダイナミック・スピーカー（ＧＥ《ジェネラル・エレクトリック》社の技師ライスとケロッグの設計で現在のふつうのスピーカー）の開発より一年はやいのである。電気録音はコルトウがショパンを吹込んだのが最初で、これも一九二五年。

当時の機械で駅名のアナウンスに使えるような音量が出せたのだろうかと池田圭氏に伺ったところ、「マグナボックス」という原始的なスピーカーだろうということだった。当時、蒲田に近い花月園の社長が丘の上からマグナボックスを使って選挙演説をしてひどい悪声のためひんしゅくをかったというのと、品川駅のアナウンスが青物横丁まで届いたという逸話がある。音量は十分だが音質は「異様な割れ鐘声」というのはこれで解ける。

ではなぜ品川駅でこんなことをやったのか。近くの芝浦および愛宕山のＮＨＫと共同しての、軍隊輸送のための拡声装置の実験だと思っている。ＮＨＫ（当時は東京放送局）が試験放送を開始するのは翌一九二五年三月である。品川駅のアナウンスは電気増幅とスピーカー音によって東京が騒音都市になる前兆だった。

夢野久作の感覚は震災後一年で東京が別の都会に変ってしまっていることを品川駅の蓄音機でとらえている。その前年、彼は震災直後の東京へ駆けつけて、東京が決定的な一点で崩壊したこと、すなわち朝鮮人虐殺をやっていることを、その一語も書かないままにルポしていたからである。

音量や音質ではなかったと思っている。なじまない日本語だから彼の鋭敏な感覚が全体像をキャッチしたと思う。それまでの町の音、物売りの呼び声は空気になじんでいた。正月の羽根つきの音、警察署の前をとおりかかると聴えてくる竹刀の撃剣の音、荷駄や人力車の音、門前町の下駄の雑踏、電車が通りすぎたあとの蛙の声、低い屋根をこえて青空へただよう豆腐売りラッパ（…and the trumpet of Tofu-sellers floated in it high. と明治末の英文日記に彼は表記）、そしてさまざまの種類の棒手《ぼて》振り商人の呼び声を彼は明治期の東京的なものとして書き残しており、それらの町の音、人の声は、深川の夜に響く新内流しの二挺三味線の音色のように、江戸からの連続性をもって地方出身の学生、若き日の久作に、ノスタルジックにとらえられていた。東京へやってきた彼が、異国の都会に住んだかのように直訳英文で日記をつけたことは英語の勉強のためでもあったが、自国を外国のようにみるのちの彼を萌芽させるものであったと同時に、芸ごとが盛んで、江戸によく似たいなせな美意識を発展させてきた博多人が、明治のなかに江戸を懐しむ気持もまた育ったのであって、感覚のモダーンさがぎすぎすしたものにはけっして流れてはいなかった（杉山龍編『夢野久作の日記』、葦書房、参照のこと）。

しかしマグナボックス・スピーカーからまきちらされた「品川ア……。新宿方面行乗換へエ……」といったアナウンスは、語のリズム面でも節でも、異様な日本語だったはずだ。金魚売りや納豆売りのリズムともちがう。たとえがあたっているかどうか、新幹線で行先を英語でアナウンスされて、香港にでも来たかのように奇妙に感じるあの異和感に似ているのではないか。空港の国際線ウイングの雰囲気はかぎりなく猥雑であり、国内線はかぎりなくものさびしいと記録映画作家布川徹郎が名言を吐いているが、国内旅行なのに英語でアナウンスされる新幹線の車内放送は俺などは駅弁をやめさせてより高いビュッフェへ行かせるための陰謀だと思っているが、そのなじめなさは、文化になっていないからだ。大正十三年の品川駅ホームの蓄音機の声は、人間‐機械系《マン・マシン・システム》の半機械語であった。より正確に言えば半人工言語のＮＨＫ標準語の出現。冗談言いたくなっちゃった。品川と書いて英語でなんと読むか。スリー・ボックス、スリー・ラインと読む。

夢野久作は標準語が商品の言語として他を駆逐してゆくことを直観した。『東京人の堕落時代』の重要な指標としての正札主義との対応である。このルポで彼は、商人が沈黙し、正札だけが店頭にベタベタ貼りつけられている浅草の様子を伝えている。しかしもっと基本的な分析にすすもう。その前年のことだった。

第一信
四日午後七時、船客一同を招集して、事務長が暗中の甲板で叫ぶ。

「諸君に報告します。横浜港頭の燈台破壊の為め航行不能。明朝未明横浜へ出発に変更。陸上は無秩序に陥り危険甚だしい。東京へは其後の模様で方針を決定する」。

一同の表情は異様に輝いて之れに答えた。当夜の横須賀港頭仮泊の光景は悲壮なものであった。横浜港頭が不穏ならば決死隊を組織しやうといふ議案が提出された。（中略）逗子石油タンクが今盛んに燃えて居る。其中に落ち行く落日、輝く星、東京方面に閃々たる雷霆、港の内外を飛び交ふサーチライト、其物々しさ、凄烈さ……。

（「備後丸通信」）


夢野久作は十二指腸虫退治のため福岡の古賀胃腸病院に入院していた。大正十二年九月二日の『九州日報』で関東大震災の報に接した。即座に上京を決心し、古賀院長に金を借り、東京に向う。大阪までは列車、陸路途絶のため大阪港から救援船備後丸に乗船し、四日の夕刻に横須賀に着く。引用したのはその冒頭の文章であるが、なぜ「横浜港頭が不穏ならば決死隊を組織しやう」としたのか。朝鮮人暴動のデマが横須賀にも流れていたからである。

横須賀では朝鮮人虐殺は行なわれていない。横須賀収砲連隊長A大佐という人物が、市内外の朝鮮人および横浜の一部の人々を保護したからである。「九月三日の朝、戒厳司令部（横須賀鎮守府）の部長会議で、『朝鮮人の暴動などデマにすぎない。このさい彼らを保護することこそ一視同仁の大御心にそうものと確信する』と、とうとう弁じたA連隊長は、その全責任を引き受けることをM司令官に申し出たのだ」（元横須賀鎮守府記者団幹事樋口宅三郎証言、雑誌『潮』一九七一年九月号「百人の証言・日本人の朝鮮人に対する虐待と差別」）。

A連隊長はラッパ手を先頭に立てて、朝鮮人暴動はデマであること、朝鮮人は保護するから練兵場にきたれ、と市内外に触れて歩かせた。そしてかれらに横須賀連隊印の証明書を出した。その結果、収容された延べ七千二百四十四人が生命を救われた。この中には約三百人の横浜在住朝鮮人も含まれる。

震災直後の朝鮮人虐殺、その数およそ六千人の範囲は関東一円に及ぶ。ことに横浜と東京がひどい。川崎は火が出なかったので虐殺件数は少ない。しかし自警団による殺人があったのは事実である。関東一円の都市で震災後の殺人が行なわれたなかで横須賀だけが例外だったのは、ここが海軍の東の総鎮守府で、鉄桶のように軍隊が守りを固めていたからだ。軍機保持のため横須賀線の車窓もブラインドを下ろされた常時戒厳の軍港だった。したがってA連隊長の軍令も徹底した。この横須賀に最初に寄港した救援船備後丸上の夢野久作は、朝鮮人虐殺を噂で知る由しかなかった。

船は翌朝、横浜に入る。

「ランチから飛乗った一青年に、横浜の惨情を問へば、

『私の申すのは、本当と信ずる事と、実際見た事ばかりです。一昨日午後、東京を追はれてきた不謹慎の徒は、在浜の同類と一緒になって、あらん限りの非人道的暴行益々甚だしいので、青年団、在郷軍人会等で自警団を組織し、陸戦隊と協力して之れを鎌倉方面に逐った。六郷川鉄橋を破壊したのは、追撃を恐れた彼等一味の所業で、実に此許すべからざる、血なき、涙なき不謹慎の徒の暴行は、非人類としての人道上の大罪悪である』

と語って、悲憤の涙に咽んだ」。

逆だ。青年団、在郷軍人会、軍隊が朝鮮人を殺していたのである。

ランチから乗り移って来た青年は、破壊活動をやっているのは「朝鮮人」と言ったはずなのに、久作はさすがである。それを「不謹慎の徒」「在浜の同類」と書いて、朝鮮人とは書かない。後日談ではない。彼は現場から『九州日報』にリアルタイムで送信している。

この段階で彼は、朝鮮人が震災のドサクサに井戸に毒を投げ入れているというデマを疑い、逆に朝鮮人が日本人に殺されているのではないかと疑問を持ったにちがいない。玄洋社・黒龍会という右翼の本流に夢野久作が直結していればこそである。逆説ではない。日韓合邦にいちばん真剣だったのは玄洋社・黒龍会だったからだ。黒竜会の内田良平は自分たちの対朝鮮行動か帝国主義者に利用されたことを憤って一度も日韓合併という語は用いなかったし、また震災直後、私財を投じて都下各村から食糧を買いいれて罹災者救援活動を行ったことは、『国士内田良平伝』（原書房、昭和四十二年）第十章九節「震災救難活動と排日移民法対策」に記載がある。

「先ず黒龍会の青年部員を糾合して午後四時より食糧蒐集に当らせ、世田谷内田農園の手配により同地青年団の応援を得て一夜の内に約三千貫（一一噸二五〇）の馬鈴薯を買集め、翌二日正午より直ちに之を煮て市内罹災者の主要集合地に配給を始め……云々」。

そして、まだ煙をあげている東京一円に配下の青年たちを派遣して調査させ、朝鮮人の蜂起計画があった、と主張したのも内田良平である。

逆だ。朝鮮人が殺されていたのである。

久作を乗せた備後丸が横浜寄港した時点でのこの町の朝鮮人虐殺について記す。

「横浜の中村町周辺は、木賃宿が密集した町だった。木賃宿には朝鮮人労務者が多く住みつき、数百人からいたように思う。

この近くの友人宅を訪ねていて地震にあった私は、だから、世に有名な朝鮮人虐殺の実態を、この目でつぶさに目撃することになった。この日朝から、朝鮮人が火を放《つ》けて回っているという流言がとぶと、ただちに、朝鮮人狩りが始まった。

根岸橋のたもとに、通称〝根岸の別邸〟と呼ばれる横浜刑務所があって、そこのコンクリート壁が全壊したため、囚人がいちじ解放されていたが、この囚人たち七、八百人も加わって、捜索隊ができた。（殺戮の描写省略）

こうしてなぶり殺しにした朝鮮人の死体を、倉木橋の土手っぷちに並んで立っている桜並木の、川のほうにつきだした小枝に、つりさげる。しかも、一本や二本じゃない。三吉橋から中村橋にかけて、載天記念に植樹された二百以上の木のすべての幹に、血まみれの死体をつるす。（中略）

多くの朝鮮人狩りに〝功績〟のあった囚人たちが、町の人々から〝ご囚人さま〟と呼ばれ感謝されるという幕間劇までついた。彼らは、行くさきざきで、タバコ、米、食物を盗み、酒をむさぼり飲むという暴行をはたらいたにもかかわらず……」（会社員田辺潔証言、『潮』前掲号）。

もう一例、軍隊による殺人。

「大震災の夜、芝生や馬小屋に寝ていると（市川国府台の兵舎に収容されたときのこと）大勢の兵隊が隊伍を組んで帰ってきます。尋ねてみると、東京の焼け跡から帰ってきた、といいます。私の驚いたのは、洗面所のようなところで、その兵隊たちが銃剣の血を洗っていることです。『誰を殺したのか』と聞いてみると、得意気に『朝鮮人さ』といいます。私は腰が抜けるほど驚きました」（清水幾太郎、『潮』前掲号）。

二例だけにする。しかし殺害者の主力は囚人や軍隊ではない。一般市民だ。関東一円に三千六百八十九もできた自警団だ。朝鮮人殺害が目的で三千七百近い集団ができたわけではあるまい。天災にのぞんで、食糧を確保し、掠奪を防ぎ、救護のための自衛組織が出来ることは正当だし、また出来なくてはならないが、それが殺人集団に変わるとはなにごとだ。粋を尊び人情味に厚い下町、教養の高さを誇る山の手の別なく、自警団による朝鮮人殺しは行なわれている。こうして天災による死者二十万人のうち殺された朝鮮人六千人がいる。

ところで二十万人の累々たる死体のなかからどうやって六千人が朝鮮人だとわかったのか。簡単である。白い他殺死体を数えればよかった。震災で死んだ者の多くは焼死体であった。天災のドサクサに殺す非道を生白い他殺死体が告げる。ではどうやって生者の日本人と朝鮮人を見分けたか。「拾五円五拾銭」と言わせてみた。チューコエコチセンと発音した者の頭には鳶口が打ちこまれた。なんたる簡単な生と死の弁別。千駄ヶ谷で朝鮮人とまちがわれて、歴代天皇の名をとなえて助かった一演劇青年は、のち千田是也と名乗る。千駄ケ谷のコーリアンの意である。

現在ではパニック下における朝鮮人及び社会主義者虐殺の実情はわかっている。九月一日、山本権兵衛は組閣をおわり親任式を行う予定だった。赤坂離宮にいた摂政宮は親任式の後、箱根に避暑に向うことになっており、皇族の旅にあたっては警察は道筋の要視察人（外国人、社会主義者等）を予防検束、保護検束できた。こうして大震災直前に川崎や横浜の戸部《とべ》では二百人ほどの朝鮮人が保護検束されていた。これが引鉄《ひきがね》である。地震の直前・直後に大量の朝鮮人が保護検束されるのを見ては、かれらが井戸に毒を投入れ、火を放ったから検挙されたのだという噂はたちまちひろがる。これは摂政の避暑と地震が重なった偶然である。

しかし戒厳令下における軍隊と警察による虐殺指令は、水野錬太郎内務大臣、赤池濃警視総監らの責任である。彼らは朝鮮で三・一運動を弾圧した者たちであり、朝鮮の民族主義者を憎んでいた。

もちろん備後丸通信の第二報段階で久作はその事実も数字も知らない。船は芝浦に近づく。木場から流出した夥しい材木の間に人間の死体らしいものを見る。上陸する。銀座に向けて歩く。橋の真ン中で歯切れのいい江戸弁で魚河岸の地震状況を物語っている若い衆の周囲に人だかりができる。狂人とすれちがう。建物の外枠だけ残して中は焼け崩れてがらん堂になった銀座街を散歩している群衆とすれちがう。三越前で弁当を使おうとして、焼けたトタン板の上に肋骨をとどめている焼死体を見る。省線のガード壁に、告知の紙、人探しの紙が無数に貼りだされているのを見て、この大都会が奇蹟のように立ち直りつつあるのを歓喜するシーンもある。だが――

「要するに東京市民の一部は、一日午後から三日一パイ位までの間に、大部分は人間となり、一部分は野獣と化したものと思へば大した間違いは無いらしい」（「焼跡細見記」）。

なにが久作に「野獣」と言わせたかは言うまでもない。このルポの一年後の総括文が『東京人の堕落時代』である。これ以上痛烈な江戸っ子批判は読んだことがない。ことごとくあてはまる。東京が呪われているのは朝鮮人虐殺をしたからだという一言を四二七頁の本の中でついに一度も言わぬまま、しかし誰が読んでも抜けているのはその一言だということがわかるようにして（久作独自の虚体の弁証法はすでにこの時からある）、彼は江戸ッ子の性格的欠点を列挙していく。江戸っ子純粋種の自然増は江戸時代から低下しており、その理由は、極端に綺麗好きになったこの純粋種は性交後ただちに局部を洗う習慣のために好色文学のあれほどの隆盛にもかかわらず受胎率が落ちたこと、また間引きの赤児を川に流して、夕景涼しい隅田川こそ陰惨な、水児の呪いにみちた川であること——この感覚は震災時に隅田川を流れて行った夥しい死体と重ねあわされなければ出てこない。

江戸人口問題で興味深い数字を出しておく。幕末天保期の江戸人口は百三十万人ほどだったと言われる。維新後数年間で六十万人になった。江戸は町人の数と侍の数が半々という奇型の人口比率の町であって、幕府が倒れてから江戸詰の侍が郷里に帰ったからだが、東京《とうけい》が首都と決まるとともにたちまち旧に復した。つまり総人口半分の入れ替えというとんでもないことが行なわれた。人口半減時代の俗謡が、〽お江戸見たけりゃ今見ておきゃれ、今にお江戸は原になる、というやつで、明治四年に流行した。

江戸町人は東京に残ったが、明治のそれは死に体であって、江戸っ子はすでに惰性であったというのが久作の独特の指摘である。近世日本語の洗練はその最後のランナー黙阿弥によって明治時代に行なわれ、江戸落語は明治になってから円朝によって完成されたのだから、江戸文化が死に体だったとは思わないが、化政期およびそれにつづく天保期に花と誇った江戸文化への劣等感を薩長の田舎武士が西洋文明に自己疎外した開化現象に、江戸っ子が組織立った抵抗をしなかったのは事実である。サッパリした好みを通しすぎてアッサリし、政治的無関心をもって文化的態度とする江戸っ子は明治維新を戦わなかったのだという久作の指摘はまさにそのとおりである。

「羅馬を亡ぼしたのは羅馬市民の『無自覚』であった。（中略）一国の首都の住民がその国の文化の粋を集めた生活に酔ふと、その国民性の美点と弱点とを極端に代表した性格となる。（中略）かうして『江戸っ子衰亡』の事実は、やがて大和民族衰亡の警鐘を乱打して居ることになるのではあるまいか」

ここで久作は維新時代のダメな江戸っ子と震災時殺戮者に転落してしまった江戸っ子を二重像につかんでいる。もう一つ。

「こうしてドン底に近づいた彼等の無気力さが、維新の時、江戸城を安々と官軍に明け渡してしまったのである。勝安房守は彼等の無力を理解し過ぎる程理解していたから、あんな手段を執ったのである。江戸城明け渡しは徳川家の滅亡であると同時に、江戸国民が亡国の民たる事実を裏書きしたのであった」。

勝のおかげで負けた、というのが俺の江戸落城論だ。内戦をすると英仏の植民地にされかねなかったから江戸無血開城というのは屁理屈。江戸が降参したあと奥羽連合は官軍と戦ったではないか。

小栗上野介の主戦論に従って、薩長軍を関東平野に入れ、海軍を清水港に回漕して官軍後続部隊を断ち、関八州の博徒を以て官軍を叩くことはできた。清水次郎長だって黙っちゃいない。ジョークではない。慶応二年、伊勢丹波屋伝兵衛攻めに際して次郎長水軍は、大船二隻に四八〇人の子分を乗せ、猟銃四十挺、槍百七十幹、米九十俵をのせて伊勢路を制圧している。敗れた側の奥州人、十五歳で戊辰戦争に投じた天田五郎『東海遊侠伝』の記載だ。慶応二年荒神山の喧嘩段階で次郎長の海軍力は龍馬の海援隊を上まわっていた。博徒の維新もあったのだ。

それ以来、江戸ッ子ほどだらしなく、やられっぱなしの種族はない。関東大震災の朝鮮人虐殺が第二の残念、二・二六で石原莞爾が反乱軍を鎮圧する反乱軍として現われなかったことが第三の残念（満州で独断専行し東京で日和った）、第二次大戦の敗戦革命がやれなかったのが第四の残念、闇市時代の中国人俘虜反乱と朝鮮人の結合を妨害し朝鮮人共産主義者を孤立させて米軍の後方基地たることをゆるし朝鮮戦争の特需で日帝の戦後復興をゆるしたのが第五の残念、ええいおまけだ、安保自然承認の一九六〇年六月十八日、斬り死に覚悟で再々度国会突入しなかった俺が第六の残念、トキオの都市論などやって中曾根にだまされて地上げ屋のまわし者みたいな意見をまきちらした同世代者のちょっと下あたりの連中が第七の残念。おのれ、右も左も真ン中も残念だわい。交通戦争、大気汚染問題、薬害問題、反基地闘争、公害闘争、食品公害問題、買占め、水、ゴミ、土地投機等、それら戦後の住民運動は東京都民からは起っていないのである。原水禁運動が杉並の主婦から始まったくらいが例外で、地方都市で相当に頑強につづけられている住民運動が、東京ではじつに低調なことをなんと見るか。

夢野久作が大正十二年の震災のルポおよび翌十三年の『東京人の堕落時代』に立って、江戸の過去を総括し、トキオの未来を暗澹たる想いで予見していたとおりである。

久作が、『東京人の堕落時代』で江戸町人のプロレタリア文化（と、この語を彼は使っている）の崩壊を語った一九二四年、洋の西ではレオン・トロツキーが『文学と革命』でプロレタリア文化の不可能性、反抗するブルジョワジーをプロレタリアートが武力で粉砕し、やがて国家の死滅に向う過渡的な社会であるプロレタリア独裁期にプロレタリア文化を夢想することはできないと主張したことが奇しくも対応しあっている。本稿ではそのことを省略する。本稿は近刊予定の筑摩書房『大歌謡論』中、二章約百枚の要約である。そちらの刊行が遅れていることもあり、久作特集の機会に、『東京人の堕落時代』の読みかた、すなわち関東大震災時における朝鮮人虐殺という一句を頂門の一針として加えれば謎は解けるのだということを言っておきたいので再度、同一主題を草した。容赦されよ。

最後に夢野久作の作品全体における『東京人の堕落時代』の位置、『ドグラ・マグラ』冒頭と末尾にあらわれる「……ブウウ――ンンン――ンンンン……」という自鳴鐘の音は大震災の地鳴りの再現だという説があり、狩々博士『ドグラ・マグラの夢』（三一書房、一九七一年）第八章「大正という時代」は、大震災が『ドグラ・マグラ』に落した影を論じた。その一節にいわく。「……とするならば、大正時代という夢から覚醒するためには、昭和の十年間が必要だったといってもいいことになる」。

そのとおりだろう。久作は『ドグラ・マグラ』を大正十五年に書きはじめて十年後に脱稿した。同様に、大震災の死者二十万人と殺された朝鮮人の地霊がたちあらわれたのが昭和八年の東京音頭の狂踊だった。〽ハァー、踊り踊るならチョイト、東京音頭……というハイヤ節変形の東京音頭にのって、盆踊りのすり足がバラック文化の地表一枚下に眠る死霊をよびさましたのである。地名も通りの名も建物も土地所有もふわふわと変りつづけて、リニアモーター・カーのように地から浮いているこの都会にあってたしかなものは維新、震災、戦争による厖大な死者である。まさに近代の墓場。ダンス・ステップが地霊《ドウエンデ》をよびさますのは舞踏学の定説だ。〽ハァー、なんてさ、震災後十年にして近隣の町村を加えて四十区、四百万人を越えて旧に倍した人口が踊り狂えば亡霊も足下から出よう。

追記――アルメニア地震で国際救援隊があらわれた。人類は七十年かかっている。

新内「ぶんやアリラン」

娼婦の唄が好きだ。あの「雨ショポ」、台湾の「雨夜花《うやふぇ》」、戦後歌謡曲で「星の流れに」、タンゴで「ジーラ・ジーラ」、琉歌で「ヒンスー尾類小《じゅりぐわ》」、ジャズでは、なにしろ十四歳で娼婦になったビリー・ホリデイが最高位にいるのだから娼婦の唄は目白おしで、そうだなあ。「ラヴ・フォー・セール」と近時わがお気に入りの「ジャスト・ア・ジゴロ」という歌を推すことにしよう。

どれも深味がある。どれも一筋縄ではいかない。俺は三十代、四十代、五十代と年を重ねるたびに見直してきているのだから、娼婦の唄をどのように理解できるかが男の貫禄をはかるものさしだと諸君の眼前に置いてもよい。カネ尺、クジラ尺、いずれにしろ尺貫法でやってくんなよ。

一九九二年三月に、ここに岡本文弥の「ぶんやアリラン」がくわわった。朝鮮人慰安婦を唄ったものだ。これが極北だ。これはアジテーションだ。芸術的価値ゼロ、効用百。九十八歳の巨匠がこんなアジテーションをやって、娼婦の唄の情感をぶち壊してしまったものすごさをこれから論じる。新内としては短いものなので、詞を全文かかげる。

コトバ「わたしは一九四〇年十六歳の時、朝鮮の学校で、担任の日本人教師に付きそわれて警察に行きました。警察官に乱暴された上、九州の慰安所に送られました。そこで憲兵に、上からの命令だ、命令にそむくと殺されるとおどかされ、犯され、慰安婦にさせられました。そして、数知れぬ多くの日本兵隊に身体《からだ》も心もボロボロにされ、わたしの一生は台なしにされました。今はもう結婚も出来ない、子供も生めない。誰のおかげですか、誰のおかげで私はこんなみじめなことになったのでしょう。憎い、くやしい、憎い、くやしい」（つぶやくように唄う——）アリラン、アリラン、アラリヨ。

〽アリラン峠のまん中で。行こか戻ろか、泣きました。峠を越せばふる里です。ぢさま、ばさまよ、ちちははよ。かわいい弟がそこにいる。いとしい妹も待っている。逢いたさ見たさは山々なれど。かくなり果てた身の上で。どうしてわが家へ戻れよう。宵の明星またたいて。胸の悲しみ、いやまさる。夜空の雁はどこへ行く。わたしの彼氏はどこにいる。

〽われらばかりかよその国。南や北まで手を伸ばし。人妻、娘と容赦なく。引立て引きつれ見も知らぬ。〝兵隊さん〟へのいけにえと。無情非道をくり返し。いま、かえりみてそっぽ向くのはどこの国。

〽千代に八千代にさざれの石の。いわおとなりてコケのむすまで。このくやしさは忘れられぬ。

アリラン、アリラン、アラリヨ。

娼婦の唄はけっして、俺の知る限り一曲も、こんなぐあいにはストレートに歌わぬものだ。台湾の「雨夜花」は、閩語で「花謝落土不再会《ふえしゃろとぶっあいえふえ》」という箇所と日本語で「ほろほろ落ちる」と並記されたところに核があり、北京語ではなく、閩語と日本語で歌うのが「正調」だというところに、一九三〇年代、日本時代の北投の娼婦によって歌われ、国民党支配下の台湾で非公然に——禁歌ではないがおおっぴらにではなく——歌われてきたこの哀歌の意味がある。そのようにストレートではない。

琉歌「ヒンスー尾類小」の明るさは、那覇の辻中島遊廓は女の自治に委ね、男たちの搾取と暴力支配がなかったことによるだろう。「ヒンスー尾類小」が辻中島の遊女であったという文字面はないが、昨日は北谷《ちゃたん》によばれ踊ってきたが、今日は糸満の青年衆によばれて恋のお相手をさせられるのかと思ったところ、鰹が大漁で、「鰹《かちう》の腹ごう切《ち》らさんど」、わたぬきを手つだわされたのよ、といった屈託のなさはそのためだろう。辻中島からはまるでお祭り騒ぎのような陽性の「国頭大福《くんじゃんでぇふく》」も出ている。

「ヒンスー尾類小」とは「貧しい女郎」の意味ではなく、遊女見習、仮免許女郎といった意味ではないかと思っている。北谷、読谷、糸満とあちこちの村によばれて流れて歩く性格は籠の鳥ではなく、遊女に身を売った妻を訪ねてきた夫を、せめて西武門《にしんじょう》のところまで見送りたいと歌う首里の遊廓の「西武門節」の哀切とは性格がちがう。遊女稼業は楽しみでもあるという一説を「ヒンスー尾類小」はあらわしており、そのようにストレートではない。

「星の流れに」の鍵は、人は見返える我が身は細る、という箇所だ。この女は戦争前はいい暮しをしていたのだ。戦災があった。爆弾が自分の家におちて、偶然落ちなかっただけであいつらは罹災者にならなかった。それなのにあいつらは、有楽町ガード下に立つあたいをきたないものでも見るような目でみる。転落と成り金の運命はサイコロの目の出かた。視線一つで階級的存在としての人間像が浮上してくる。そのように菊池章子が歌った昭和二十二年歌謡曲の名唱は、ストレートではない。俺はこの歌を「ストリート・エンジェル」の唄と評した音楽批評を罵倒したことがある。これはパンパンの唄である。パンパンガールという語が流行した戦後史の一回性をはずしてこの唄はない。

タンゴ「ジーラ・ジーラ」はストリート・エンジェルの唄と言ってもいいだろう。かくされた主題は「冷えこみ」だろう。暗い舗道を行きつ戻りつ《ジーラ・ジーラ》しながら、ねえ、お兄さんと声をかける娼婦の稼業一般を描いたものではなかろう。高価な衣裳に身をつつんではいても、家に帰るとビスケットとマテ茶もない稼業の、比喩的には南米のパリを誇ったブエノスアイレス黄金時代の、冷えこみの予感なのである。作詞は戯曲家ディセポロ。アルゼンチンは第一次大戦に参戦せず。農業で大いに繁栄したが、この曲ができた一九三五年頃から急激に冷えこんでゆく。タンゴでは「ジーラ・ジーラ」以前と以後という区分さえある。さすがディセポロ、この曲で詩人を自殺させ娼婦を飢え死にさせた一九三〇年代の漠たる不安をみごとにとらえている。つい昨日まで、目抜きのコリエンテス街三四八番地にあった高級娼婦の部屋をうたったドナードの傑作「淡き光に」から一転して、ほの暗い辻に立つストリート・エンジェルの、マッチ擦るつかのまの白い貌に時代を描き出して名曲だ。あぶく銭経済がはじけて「ジーラ・ジーラ」一つ歌えないわが市民社会が情ない。そのようにこの曲はストレートではない。

　雨ノショポショポ　フル晩《バン》ニ　満鉄ノ金ポタンノパカヤロガ　カラスノ窓カラ顔出《タ》チテ　上《アカ》ルノ戻《モト》ルノトウシュルノ　サワルハ五十銭《ゴチセン》　見ルハタタ　ハヤク精神決《チ》メナシャイ　決《チ》メタラ下駄《ケタ》モテ上《アカ》ンナシャイ　お客サンコノコロ紙高価《タカ》イ　帳場《チョウバ》ノテマエモアルテショウ　五十銭《ゴチセン》祝儀ヲ弾《ハチ》ミナシャイ　ソシタラ私ハ抱《タ》イテ寝テ　鶏《カシワ》ノ鳴クマテ　ポポシュルワ。

メロディーは「討匪行」。金ボタンの制服着ているのだからそいつは満鉄の平《ひら》。場所は奉天か大連か、満鉄の駅站所のある都会。女は朝鮮人娼婦。みごとな五族協和ぶりだ。

　この猥歌を何回論じたことか。またしても朝鮮なのである。もっともストレートでない「ドグラ・マグラ」感覚に旺溢した猥歌と、極限までストレートな「ぶんやアリラン」がともに日本の朝鮮支配から発している。「ぶんやアリラン」は対極の「雨ショポ」をにらんで一対であって、それが、芸術的価値ゼロに賭けた巨匠の意志だ。

満鉄の金ボタンのパカヤロはあんがい初心《うぶ》なやつかもしれない。満州を王道楽土と信じ渡ってきた東国農民の貧乏たれか、二・二六で満州に飛ばされた要領の悪い書生上りか、まあそんな野郎で、どの女にしようかと物色しているわけでもなく、女郎の買いかたを知らなかった、と。そんな野郎の筆おろしをしてやったのが朝鮮人娼婦だった。人間的成熟は娼婦の側にある。これがこの歌の逆理の第一段。朝鮮人をバカにして楽しむための性悪な歌が、朝鮮人娼婦の側にある人間的成熟を描きだしているのだから逆理である。

この猥歌の発想地点を、あるいは作者を、博多と炭鉱地帯の遊廓跡に精査して竹中労は、そういう娼婦の稼ぎかたをニヤニヤして見ている帳場＝遊廓経営者のシニシズムをさらにつきとめた。当時当所の女郎の代金はコミであって、帳簿のてまえ五十銭チップをはずむ必要はなく、この五十銭は娼婦が自分の懐に入れるのである、と。これをきいて俺は思わず「朝鮮女はズルい！」と言った。真の作者たる帳場の主はそれを知っていて、情夫《まぶ》はつとめの憂さばらし、くらいのことを言ってニヤニヤしている、と。これがくせ球の第二弾だ。

竹中労はこの猥歌の作者を村岡伊平治（南洋にからゆきさんの女郎屋網をつくった性的帝国主義者）型であると言った。このタイプの、王道楽土・五族協和の実態を知りながらお上に面従腹背して帝国主義のカスリを取る男がいるのだ。

俺は「雨ショポ」の唄と「かんかんのう」を比較したことがある。かんかんのう　きうのれんす　きうはきうれんれん　さんちょならえ　さァいィほう　にいくわんさん　いんぴいたいたい　やんあ　アろ　めんこんふはうでしんかんさん　もえもんとはいい　ぴいはうはう。これに、看看阿《かんかんのう》　久阿恋

思　久阿久恋恋　三叔《さんちょ》ならえ　二官様《にいくわんさん》　戎指大大《いんぴいたいたい》　送爾《やんある》　面孔不好的心肝様《めんこんふはうでしんかんさん》　蔵右衛門大《もえもんとはいい》　赧好好《ぴいはうはう》

と漢字を当て、「見よ見よ我久しく恋おもう三叔とあがめて恋する人は、藩方役人の二男なり、その人を恋慕うて指かねを度々おくりしなり、男はよき男にあらず、顔はまずく色黒けれど、蔵右衛門（男根）が素晴らしく妙接なり」と訳したりする。江戸の後期文政年間に長崎を出て江戸を席捲した狂踊である。「かんかんのう」については柳亭種彦やら曲亭馬琴や鶴屋南北が考証しているのだが、「雨ショポ」と比べ、どちらも日本人が中国人のふりをし朝鮮人のふりをして相手をからかっている点では同じでも、近代に入ってからの「雨ショポ」のほうがはるかに悪意が鋭いのであって、「かんかんのう」は四世鶴屋南北の天才をまってようやくたわけとエロの戯画性を脱して日本社会のよどみに達し、九州の無名の性悪な天才の底意に匹敵しうると言えるくらいだ。日本と朝鮮の下層社会の近親憎悪はこれほど鋭いものだ。

娼婦の唄イコール哀と苦の唄ではない。性のおどけやたわけや滑稽さをふくんであらゆるものがあり、「雨ショポ」や「かんかんのう」のように国際猥歌のひろがりをもったものさえある。その全体のなかの、効率百、芸術性ゼロに賭けた「ぶんやアリラン」の奇観である。

次に新内の内在律からしても、こんな新内はきいたことがない。新内は軟派音楽の極だ。こういうストレートな煽動が行われることはない。

新内は自殺幇助音楽、心中煽動音楽といわれる。そのとおりだろう。その効果は心中しろ、自殺しろと言わないことから生じる。遊女と客は心中しましたとは言わない。逆説ではない。「明烏」も「蘭蝶」も、二人は心中したのだろうか、とにおわせて段切れである。これは八代将軍吉宗時代の、情死および情死を煽る芸能の禁止令を迂回したときいらいのスタイルであり、婉曲になるほど煽情力を強める独特の審美主義を磨いてきたからだ。新内古典における自殺と情死のテーマは、ことごとく婉曲に訴えかけられている。

また文弥創作新内の内在律においてもそうなのである。遊女の自殺を扱った「ふるあめりか」「破れ傘唐人お吉」の名作を文弥はのこしているが、前者は横浜港崎遊廓異人揚屋岩亀楼の遊女亀遊が、米商人イルウスに肌をゆるすのを拒んで喉をついて死んだという物語であり、後者はタウンゼント・ハリスの召使いにされた女の不幸を扱ったもので、ともに異人に抱かれることを契機とする女の不幸を唄った浄瑠璃だ。

朝鮮人従軍慰安婦も異人に肌をゆるしたことに変りないって？　どういたしまして！

「ふるあめりか」に関して岡本文弥は、「怨みのタネを残しける」という段切れの一語が気にいらず、昭和十六年にこの曲を創ってから五十年ほど後、「亀遊は夢か幻か、噂とりどり」という段切れの語に変えてようやく納得のゆくしあがりになった、と語っている。

「破れ傘唐人お吉」についてはごく最新、『邦楽の友』一九九二年十月号にこう書いている。

……昭和初期の作品ですがお吉が「唐人のメカケにしやがって」と叫ぶ、然しハリスはクリスチャンで手軽にセックスに遊ぶ人物でないと解釈してこの夏から「唐人の召使にしやがって」と叫ぶことにしました。下田の新内芸者お吉の清潔を主張したい。昭和初期山本有三氏の「女人哀詞」築地小劇場初演大好評。山本安英さんのお吉、お手伝いして九州まで同伴した縁で、現在まで親しいお付き合をしています。安英さんのお吉を清く、いさぎよしとたたえる次第です。

彼の芸術的良心とはそのようなものである。したがって「ぶんやアリラン」のアジテーションを一句も変えることはないのだ。従軍尉安婦の唄に「情」も「婉曲」も「遠慮」も「粋」も加えてはならないのである。岡本文弥は青年時代「西部戦線異常なし」を創唱した。中年期に「ノーモアヒロシマ・人間をかえせ」を創唱した。九十八歳で「ぶんやアリラン」を創唱した。この三つはギリギリのアジプロである。

他に彼は三つの反戦新内を創唱し、それは「お吉人情本」「ふるあめりか」「河童のみちゆき」であり、河童のみちゆきは、B29の空襲で隈田川の水が沸きたって火傷をした河童の男女が手をとって源兵衛堀におちてゆくという話。お吉、亀遊、河童の三つは、粋も笑いも哀切もあって、新内美学の内部で伸縮し、げんに伸縮させた証拠を引用文でしめしたが、レマルク、反核、アリランの三つは伸縮させてはいけないのだ。芸術的価値がゼロで突っ立っていなければならない。

朝鮮人従軍慰安婦は娼婦でも遊女でもストリート・エンジェルでも辻君でもない。いたずら心でも、貧に迫られて身を売ったのでも、孝のために苦界に身を沈めたのでも、悪い男にだまされたのでもない。日本軍隊の暴力で慰安婦にされたのである。「慰安婦」という語さえ流布されていなかったのではないだろうか。当時は朝鮮ピーと呼ばれたのではなかろうか。屄《ピー》、シカバネがまえに穴と書く最低の中国語をあてられて。

断作戦、すなわちビルマと中国雲南省を結ぶ連合軍側の援蔣ルートを断つ作戦で、日本人娼婦が朝鮮人娼婦を逃がしてやったというようなエピソードがあることは知っているが、朝鮮人慰安婦の浄瑠璃は、したがって、粋でもいいなせでもあるわきゃない。

「ぶんやアリラン」における岡本文弥は、その最良のファンたちから、師匠ご乱心といわれる性質のものである。その予測は立つ。このアジプロ新内を最初にきいたのは、昨年の五月二十五日、伝統芸術の会主催の公開講座「文弥新内の魅力」の席だったが、岩波ホール九階の集会場を九分がたうめた聴衆の反応に当惑げのものが感じられ、文弥師匠とパネラーをつとめた俺は会場との文弥新内の独自性を強調する質疑応答に際してすこし攻撃的に発言した記憶がある。三亀松のアリラン都々逸についてならその機智を愛するだろう聴衆にも、九十八歳、新内巨匠のアジテーションはとどかなかったようにみえた。他人のことはよそう。俺も「ぶんやアリラン」は愛聴盤ではない。彼のカセットテープをさがしていて、つい指が敬遠するというやつでね、今夜は新内はやめにして、近頃お気に入りの「ジャスト・ア・ジゴロ」にしよう。どこに行ってもあいつはちゃらんぽらんで、有閑夫人のダンスのお相手に一曲いくらのロマンスを演じるあわれなジゴロさ。でもそんな男でもあいつは私の男。ジゴロ殿に身をたてさせ、小商いでも始めさせ、人並相応な暮しもして末々長う添はうとの楽しみばかりに、恥も世間もかえりみず身を沈めた深川竹の憂き勤め。ダメな男につくす女のよろこびもありますわなあ。

ブルジョワジー諸君。あと五、六年の辛棒だ。そうすれば中国人強制連行の生き証人も、朝鮮人慰安婦の生き証人も死んでしまう。そうすれば西暦二千年というフラットな時代がきて、チャラさ。昭和がおわって平成になって、いちばんホッとしたのが諸君であることを見せていただいたので、諸君の新世紀への期待もよくわかる。ごきげんよう。

梅雨明けのジゴロ

七月十四日、夜十時過ぎに「ダウンビート」に行くと、客はカウンターに三人いるだけで、がらんとしたフロアーにラムゼイ・ルイスの『群集の中で《ジ・イン・クラウド》』がかかっていた。終わるとシャンソンがかかった。

新しいマスターが来て言った。「申しわけありません。女房がまちがえまして」

「いいんですよ。シャンソンは嫌いじゃない」。ジャズ喫茶でとつぜん鳴った生粋のシャンソンに驚きながら言うと、彼は安心したように、「パリ祭だったもんで……」。コラ・ヴォケールです」。パリ祭？　ああフランス革命記念日だ。

「ビート」の安保《あぼ》さんが死んで、しばらくおかみさんが店をやっていたが、手ばなし、常連客の一人だった今のマスターが買った。最後の最後におかみさんが言った。「アメリカの年金で暮らしますよ」。彼女は米国籍だった。彼女が戦後ＰＸで働いていたこと、姪がアメリカでグラフィック・デザインの仕事をしていると聞いたことがあるが、鹿沼出身の名物おやじ安保隼人のおかみさんが米国籍だとはだれも知らなかった。

国際主義云々と難しいことを言う前にあっさり無国籍化したり外国籍になるという、ハマにはその手があった。それから一晩、無料のジャム・セッションをやって「ダウンビート」の安保時代はおわり、今のマスターに代わり、おかみさんは新しい経営者を俺に紹介してくれ、店員たちも店は変わらないというし、げんに変わっていないので俺は通っている。

そうそう、常連でないとわからないが、一つ変わったところがある。掃除をしたようだ。アルテックのＡ７「ヴォイス・オブ・シアター」スピーカーが拭き掃除をされて綺麗になっている。汚れも年季のうちといった顔つきでこのスピーカーは一日八時間、二十年以上ジャズを鳴らしつづけたやつだ。掃除して音がほんのすこしクリアーになっている。接点を磨いたか、ましじめしたのだろう。再生装置のメンテナンスとは掃除とネジをしめ直すことだと思っている。部品を変えるとバランスのとり直しが必要だが、シェルにつけるカートリッジのビスやら、シェルとアームの節合部のリングネジやらは何年も使ううちにゆるんでいるもので、しめ直すだけで音がクリアーになるものだ。

新しいマスターは若松孝二に似た顔の人で俺は嫌いじゃない。この夜、まちがえたふりをしてシャンソンをかけるなんて、味がある。

言われて今日がフランス革命記念日だったと気がついた。そういえばついさっき荻野アンナの番組が放映されていた。ＢＳ11の九十分番組『素晴しき地球の旅』で、「生と死の壁画を訪ねて」と題され、ヨーロッパ近世の「死の舞踊」の絵画を、フランス、スイス、北部イタリア、そしてシシリー島に追ういい番組だった。俺も同じ番組枠で三国志紀行をやったことがあり、九十分長尺番組の苦労を知っているから、終了と同時に彼女に電話して出来をたたえた。スイスのドイツ語圏山岳で寒かったそうだ。雪に降りこめられ、重ね着して寒さをしのいだが、足の指先の冷たさがどうにもならず、足の指に軍手をはめて耐えた、と彼女は笑った。それはそれは、ぼくも諸葛孔明終焉の地五丈原近く、祁山の宿で初雪に会い、簑虫みたいなかっこうで一夜を我慢したんですよ。

そういう話をしながら一七八九年七月十四日にバスティーユ監獄で苦労していた人に思いいたらなかったとは俺も薄情者だ。荻野アンナの番組がこの日に放映されたのはパリ祭狙いだったのかもしれないのに。

「ダウンビート」でコラ・ヴォケールはCD二曲目の「桜の実の熟する時」でとまった。店主はこれを聴きたかったのだろう。

帰ろう。「『ジャスト・ア・ジゴロ』第三稿、シャンソン篇」を書きはじめるのは今だ。英語で「たかが《ジャスト・ア・》ジゴロ」、仏語で「私の《セ・モン・》ジゴロ」、第二次大戦前のヨーロッパで流行したこの曲が好きで、新内を論じて第一稿、「蘭蝶」の一箇所をジゴロに変えて、〽ジゴロ殿に身を立てさせ、小商ひでも始めさせ、人並み相応な暮らしもして、末々長く添はうとの楽しみばかりに、恥も世間も顧みず、身を沈めたる深川竹の憂き勤め、と遊女此糸《このいと》のセリフに乗せてしまえば「ジャスト・ア・ジゴロ」なんて江戸のものというのが第一稿、第二稿はディートリッヒのヴァージョンを論じ、そのあと見つけたリュシエンヌ・ドリールのヴァージョンを論じる予定があって、今日まで放っといたのだが、ちょうどいい。外に出ると梅雨明けの気配がある。パリ祭を祝う義理はないが、梅雨明けはありかたい。

シャンソン・ヴァージョン「私のジゴロ」の核になる歌詞を橋本千恵子の訳詞から引く。

あなたを私の所にいつまでも
いつまでもおいておきたいという夢を……
でも私には、あなたに上げるものといったら接吻しかないのに

接吻はあなたにとって大したものじゃない
それから、私の優しさなんて
お金や、宝石と比べれば、何の値うちもないんだわ

ジゴロとは、ダンスホールにつめていて一曲いくらかの金をとって有閑夫人のダンスの相手をつとめる美男というドイツ語歌詞から、「ヒモ」「情夫《マブ》」といったフランス語文化圏的なニュアンスのものに変化してきたことをしめす箇所をしめした。

リュシエンヌ・ドリールとジャクリーヌ・フランソワで「私のジゴロ」を聴くと、この歌に関してはフランス女の優位性はゆるぎない。かりにジャズのクール派白人女性歌手が「ジャスト・ア・ジゴロ」を歌うとすれば、シャンソンに比して、都会的に洗練された女《ソフィスケイテッド・レディ》であろうとする意識、クールであろうとする意識が先に立って、ベルカント唱法が人為的なものであるように、クール唱法も人工的なものであるということが暴露されてしまうだけだろう。

リュシエンヌ・ドリールとジャクリーヌ・フランソワの歌いかたのちがいは、女のちがいである。ドリールは前奏に弦楽を使い、フランソワはアコーディオンを使い、ドリールは最後にハミングして、他愛もなく眠りこけているジゴロ殿をいとおしむ独身女の感じで歌い、フランソワは喧嘩に負けて帰ってきたジゴロをなぐさめてやる年上の、ある日ふとしたはずみで浮気をした貞淑な人妻といった感じで歌うといったちがいがあるが、それとてもある日の女性歌手の心理状態にすぎず、別の日にはドリールがフランソワのように、フランソワがドリールのように歌うかもしれないと思わせるものがある。ジゴロ殿に対する女の優位性はゆるがないのだ。

ジャクリーヌ・フランソワは「私の心はヴァイオリン」や、オードリー・ヘップバーン主演のアメリカ映画『ローマの休日』主題歌「魅惑」をフランス語にかえて歌ったキャリアから純情可憐型の歌手とされ、一九五〇年代の夜のラジオ番組『シャンソンの花束』(といったか?)を彩った中原美沙緒が真似しようとした歌手だ。今聴くと可憐型のジャクリーヌの声にはゾクッとするような肉感がある。

リュシエンヌ・ドリールについては永田文夫のライナーノートにこうある。「第二次世界大戦後、一九五〇年代はじめごろの日本のシャンソン界で、もっとも人気の高かった歌い手のひとりです。当時わが国で盛んに聞かれていた女性歌手といえば、イヴェット・ジロー、ジュリエット・グレコ、リュシエンヌ・ドリールあたりでしょうが、中でもドリールの歌声は、とくに男性の間で非常な評判を呼び、沢山のファンを擁していました。(中略)ただ甘いだけでなく、悩ましい肉感的な響きを持つその歌声は、いかにも女性らしい情感にあふれて、あらゆる人々の心をとらえずにはおかないのです」(『シャンソン・ド・パリ』第二十集解説)

思いだした。日本でのドリール人気は「ルナ・ロッサ」と「ドミノ」だ。「ドミノ」の日本語ヴァージョンはペギー葉山だったはずだ。その頃のペギー葉山は妖婦型といわれ、ドリールもそういわれ、二人に共通する点はじつは二人とも貞淑な女だったことだ(ドリールに配する夫のトランペッター、エーメ・バレリ、ペギー葉山に配する夫の俳優根上淳の、ともにおしどり夫婦である)。

シャンソンに対する俺のテーゼの一つ「人妻を口説きたくなる音楽であること」はリュシエンヌ・ドリールの歌声によるものだ。彼女の歌で俺の好きなものは、コンチネンタル・タンゴの「眼を閉じて」「ドミノ」、元はカンツォーネの「ルナ・ロッサ」、コール・ポーターの「アイ・ラヴ・パリ」、元はドイツ流行歌の「私のジゴロ」、そして彼女の最初のヒットになったワルツタイムの「サン・ジャンの恋人」である。

「サン・ジャンの恋人」に注目しよう。レオン・アジェル作詞、エミール・カララ作曲、戦時中の一九四二年に録音され、リュシェンヌ・ドリール最初のヒット曲となったこの歌は、「他の日と同じように、サン・ジャンの日も誓いの言葉は只のわなだった。私は自分の幸福を信じようと、彼の心をつなぎとめようと必死になった」（橋本千恵子訳）とあり、男に身を捧げた日の想い出を回想する女の情感に、金や宝石を失ったあとにキスでジゴロの心をつなぎとめようとする「私のジゴロ」に通じるものがあって、それをワルツタイムにのせ、どこかスラブ的なメランコリーを感じさせる旋律にのせる。しかしリュシエンヌ・ドリールの歌いかたの特性は、どちらも意志的な女を描きだすことだ。「つくす」「捧げる」「つなぎとめる」という動詞はあるが、「すがりつく」という動詞がない。ここがシャンソンと艶歌のちがいだ。

ローズマリー・キングスランド、井辻朱美訳『ジャスト・ア・ジゴロ』（新書館、一九八三年）という本があった。映画のノベライズである。この映画は日本公開されていない。デヴィッド・ボウイ、シドニー・ローム、キム・ノヴァク、マレーネ・ディートリッヒ、クルト・ユルゲンス、マクシミリアン・シェル出演のこの映画は、出演者の豪華さにもかかわらず、一九七八年の二月頃に「ロンドンで公開されたのだがまったくの悪評でなんと一〇日間で上映を打ち切りになり、その後、監督のデヴィッド・ヘミングスが降ろされて新たに編集が行なわれているというニュースも伝わっている」云々の記載を、日本で発売されたサントラ盤『ジャスト・ア・ジゴロ』の河原晶子の解説で知っていた。なぜ不評か、俺はこう推論しておいた。

へえ、そんなことってあるのかなあ。出演者の顔ぶれだろ、ファシスト擡頭期の銃撃戦の中で虫ケラのように殺される美男のジゴロの話だろ。「ジャスト・ア・ジゴロ」をはじめとする一九二〇年代ベルリンの退廃ムード、つまりオーストリア＝ハンガリー二重帝国時代の独特のけだるさの反照だろ、だめなはずがないと思うのだが、不評で十日間で上映中止というのは推測するに、一、ホモ色が強すぎる、二、英国紳士の偽善を逆なでしすぎる。三、ファシズム礼讃とうけとられかねない因子が濃厚である（たとえばジュネ『葬儀』がこうむった不運の如き）、四、監督が前衛をやりすぎて画面が弱々しい、といったことだ。

たぶん四の理由ではないか。監督を交替させて構成しなおすというのは素材に思想が負けて線が細すぎるケース、たとえば吉田喜重の『エロス＋虐殺』みたいなできだったのではなかろうか。

（「ジゴロの歌をもう一度、ディートリッヒ・ヴァージョン」、『横浜的』所収）

上映一回こっきりで打ち切りという映画にはトッド・ブラウニング『フリークス』や大島渚『日本の夜と霧』のような傑作もあるから気になっていた。

そして今回、古本屋のワゴンでノベライズを見つけた。奥付をみると、1978. based upon a film script by Johshua Sinclair とある。ジョシュア・シンクレアというユダヤ系を思わせる名の人物が、デヴィッド・ヘミングスがくびになったあとの監督か、もともとのシナリオ作者なのかはわからない。新書館という出版社は『地獄に堕ちた勇者ども』や『山猫』や『家族の肖像』などヴィスコンティ映画のノベライズを出している会社だ。読んでみると『ジャスト・ア・ジゴロ』は面白い。映画がこのとおりだったりすると、ファシズム勃興期の中欧上流社会を描きだした傑作だっただろう。ノベライズされたものの章立てを書きだしておく。
第一章　西部戦線異常なし
第二章　ドイツ零年――嘆きの天使
第三章　ベルリン特急
第四章　ジャスト・ア・ジゴロ
ははあん、日本なら東京音頭―阿部定―二・二六とつらなる昭和初期に対応する定番というところだな。黒色テント佐藤信の『阿部定の犬』『ブランキ殺し上海の春』、斎藤憐『東京行進曲』、映画では中島貞雄『総長の首』などが昭和初期を題材にしたものだ。この時期をへたに美学的にあつかうと愚作になる可能性が、洋の東西で大ではある。
ノベライズ版和訳解説にドイツ文学者平井正によるドイツ語原唱の邦訳詩がついている。

小柄な少尉さん、彼は最高の騎兵だった。
そして誰もがみんな、
すぐ彼を好きになった。
彼は誰よりもうまくキスし、
ダンスすることができた。
彼は来たり、見たり、勝てり、忽《たちま》ちに。
長い年月、彼は遙か彼方のフランスで戦っていた。
やがてウィッスラ川（ポーランド）や

ピァーヴェ川（イタリア）や他のどこかで。
だが今は彼に残されたものは何もない。
彼はジゴロになった。
美男のジゴロ、哀れなジゴロ、
君はもう、君が金モールも
華やかな軽騎兵として
街路を騎乗していくことの
できた時代をもう考えるな。
制服は過去のもの、
可愛い娘は「さよなら《アデュー》」と言う。
上流社会、君は消えてしまった。
悲嘆は暮れても、
顔は笑ってみせよ、
金を払ってもらって、
君はダンスしなくてはならないのだ。

一九二九年、ユリウス・ブラマー作詞、レオネロ・カズッチ作曲、原唱はテノール歌手リヒャルト・タウバー、原題は *Schöner Gigolo*（美男のジゴロ）とある。俺はドイツ語で聴いたことはないが、フランス版歌詞とくらべて苦味と皮肉がちがう。「彼は来たり、見たり、勝てり」というのはシーザー『ガリア戦記』を引いているのだろう。そういうヨーロッパの歴戦の兵士が戦後はジゴロになって一曲いくらのダンスのお相手をして有閑夫人から恵んでもらっている。この苦さは、第一次大戦の戦勝国フランスと、第一次大戦の敗戦兵に社会民主党政権が扉をしめてしまったことがファシズムを生んだこともあって、敗戦国ドイツのちがいだ。

平井正いわく。「日々のパンを稼ぐためにダンサーとして働くドイツの元騎兵少尉殿のジゴロと、年上の女のペットとして愛されるフランスのジゴロ——独仏の違いを絶妙に対照させた二つのジゴロの歌は、歌詞も歌い方も甲たりがたく、乙たりがたい」。では英語版「ジャスト・ア・ジゴロ」はどうかというと、平井正の評価はきびしく、こうである。

「そして英語のジゴロの歌は、例のマレーネ・ディートリッヒに歌わせている。止せばよかったのに。それはドイツ語の原曲の影に過ぎない」

平井正の評言には微妙なところがある。「例のマレーネ・ディートリッヒに歌わせている」。この意味は「リリー・マルレーン」の二匹目の泥鰌を狙ってということか。映画は英国産だから英語の「ジャスト・ア・ジゴロ」を歌っているのだが、それを「ドイツ語の原曲の影に過ぎない」と言うのは、歌およびディートリッヒの唱法への不満というより、平井正は日本未公開のこの映画を見ていて、映画が気に入らず、邦訳本の解説者という立場を考慮して歌にことよせて不満を述べているのかもしれない。英語版歌詞の邦訳を井辻朱実の本文から引こう。

たかがジゴロ《ジャスト・ア・ジゴロ》
どこへ行っても

ひとにはわかる
ダンスを売り
ロマンスを売り
夜ごとに愛を裏切る男
だがいつの日か
若さが失せたとき
ひとは何と言うだろう
そのときが来てひとはいう
たかがジゴロ
時が流れる　かかわりもなく

ディートリッヒの歌を俺はだめだとは思わない。「低唱し、崩さず、俗なものと触れた自分の過去をキングス・イングリッシュで語ってみせる老貴婦人の感じでジゴロを歌って、それこそ印象論だが、トマス・マン『ブッテンブローグ伯爵』の私室ではじめて疲労の色をみせる貴族の姿を連想させる、そんな『ジャスト・ア・ジゴロ』だ」とかつて評した。

ディートリッヒにしろ、リュシエンヌ・ドリール、ジャクリーヌ・フランソワにしろ、聴いてはいないが原唱のリヒャルト・タウバーにしろ、総じてヨーロッパ的な型というものを感じさせる。それは貴族と平民というものが存在するヨーロッパ社会の型だ。

これがジャズになるとずいぶん変わってくる。白人女性歌手がこれを歌ったとすればヨーロッパの型の影になるだろうが、一九五〇年代のおわりにサラ・ヴォーンがシカゴのジャズ倶楽部「ミスター・ケリーズ」で歌ったライブ盤で聴くと、ダメな男にひっかかる女のよろこびだ。サラは挑発的な歌いかたをしている。歌唱テクニックという点では彼女は抜群の歌い手だ。ソプラノからバリトン領域までカヴァーするのではないかと思わせる声域、ディジー・ガレスピーとスキャットで張り合うスピードだ。この曲で彼女はスキャットはやらないが、その歌唱テクニックを存分に発揮して、リュシエンヌ・ドリールに見られる曲の情感を無視して歌を器楽演奏に近づけている。それはテクを黒人的なるもの《ネグリテュード》の証左とするジャズのやりかただ。そのテクニックを「ジャスト・ア・ジゴロ」という曲にかぶせることによって、あたしたち黒人はヨーロッパの流行曲をこんなぐあいに別のものに変えることができるのだと主張している。

そうすることによって、ジゴロは一本の男根なのである。女にたかっているだめなやつだけど、すくなくとも性的に自分をイカせてくれる一本のジゴロへの、女のあわれみといとおしみ。サラは社会底辺に生きる女（この場合は黒人娼婦だろう）に仮託して歌っているように感じるが、その女がひろってやって、つくしてやって、お洒落させてやって、自分が女であることを納得させてくれる男。見栄もあるだろう、いささかのすてばちもあるだろう、しかしこれは愛なのである。低いほうの同一階級内のダメな男とダメな女の愛なのだ。しかし俺はサラ・ヴォーンの「ジャスト・ア・ジゴロ」を好まない。

そしてモンクだ。セロニアス・モンクの二つの演奏はなにか次元がちがう。小さな曲を演奏して大きな客観性がある。プレスティッジ盤とリヴァーサイド盤の二つの「ジャスト・ア・ジゴロ」の演奏があって、リヴァーサイドのは一九五八年、ニューヨークの「ファイヴ・スポット」の雰囲気をよく映している。一ステージおわり、サイドマンのジョニー・グリフィンらが舞台を下りたあとで、モンクが一服しながら「ジャスト・ア・ジゴロ」を指でころがしている感じがする。このとき俺には見えた、客なのかウェイトレスなのか知らないが、モンクの「ジャスト・ア・ジゴロ」に涙した黒人女がいるということを。女はいま自分をむしりとる男がいるということに悲嘆をかこったのではなく、自分にも娘時代があったことを想い出したのだ、と。俺はそう感じ、そう書いてからも、ますますモンクの「ジャスト・ア・ジゴロ」をそのように聴く。モンクはそういう女が「ファイブ・スポット」の客席か、あるいはフロアにいることに気づいたのではなかろうか。そしてその女への応援歌のように、指を鍵盤の上にころがしたのではないか。巨匠モンクのジャズと存在感は、そういう底知れぬ包容力を持っている。

戦前のヨーロッパの流行歌を、ジャズというハンマーが外側から破壊してしまったのではない。内側から喰い破ってしまった。今世紀の前半五十年は花の都は巴里《パリ》であり、芸術は巴里を中心としたが、後半を紐育《ニューヨーク》が奪ったのは、合衆国にジャズマンがいたからである。なぜヨーロッパ文化の精髄をなしていた花の巴里の芸術を、ジャズがもぐりこんで内側から奪ったか。黒人がいるからだ。ジャズは先進国心臓部への第三世界の進駐軍だからである。

「エンブレイサブル・ユー」三題

パーカー、マクリーン&オーネット

「エンブレイサブル・ユー」*Embraceable You* は「ツカえるあなた」と訳していい。女陰に毛が生えはじめて、そろそろあの娘も使えるぞと男たちが口にする下品な地口の「使える」だ。過去のシーンを再現する。

「エンブレイサブル・ユー」という題に、何年かかっても、うまい訳がつかないんですよ。この語が好きだから、よく拝借するんだけど、うまくいかない。「エンブレイス」というのは「抱きしめる」という意味ですよね。原曲は、ガーシュインの甘い恋歌なんで、メロディも単純な曲。〽エンブレイス・ミー、とはじまる曲で、ご存知でしょ？　でもパーカーのはちがう。ティンパン・アレイ（楽譜屋のあった一角から転じて、流行歌業界の意）の世界の抱きしめかたと、黒人の抱きしめかたがちがうんだ。

おれはパーカーより三年長く生きて、いろいろ満足したことはあるんですが、恋の方はだめなんだ。（中略）

そういうぼくがいうのも変だが、「エンブレイサブル・ユー」を聴くと恋をしたくなるんだ。背がすらっとたかくて、胴のキュッとくびれた女がいい。会場にいるかな。いないじゃないか！

「エンブレイサブル・ユー」に感じるものは初恋の思想ということなんです。これを「エンブレイス」に可能性をしめす「エイブル（able）」をつけたものだから、だれかが「ツカえるあなた」と訳したが……（爆笑）、でもね、性夢というのがあるでしょう。それまで淡い恋心をいだいていた相手が、性夢に出てきて、欲望が急に現実的なものに近づいてくるということが。夢精前、夢精後に橋をかける「エンブレイサブル・ユー」、この曲の真実は、第二次大戦を契機にルンペン・プロレタリアート化した黒人の世界の抱きしめかたが、パーカーとマイルスのホモ・セクシャルとしてあらわれた点にある。

（『クロスオーバー音楽塾』、講談社、第一夜「エンブレイサブル・ユー――チャーリー・パーカー系宇宙」、一九七八年二月一日、四谷「ホワイト」におけるＤＪ）

チャーリー・パーカーの

十八年前のＤＪとまるで変わらない。十八年前に爆笑をよんだギャグを、今回「ツカえるあなた」でいいと断じた理由は、「エンブレイサブル・ユー」の俺の理解は性夢だったからだ。

俺は性夢をあまり見ない。見たいと思うが、おかしな道徳的禁忌がブレーキをかけて、夢精というものをしたことがない。抱こうと思った瞬間に、柔らかな女体が別のものに変換してしまうのだ。

そのときは、絶世の美女が、自分ではロロブリジータということにしてあるがちがうだろう、チャーリー・パーカーに変わってしまって、その瞬間、「エンブレイサブル・ユー」の秘密が解けたのだ。この曲の真実は第二次大戦を契機にルンペン・プロレタリアート化した、合衆国黒人の世界の抱擁感がパーカーとマイルスのホモ・セクシャルとしてあらわれたことにあるというのは夢のお告げによる。

だから俺はチャーリー・パーカーに恋してしまった。

パーカーのこの曲はどの演奏を聴いても上々の出来で、なかんずくダイヤル盤『バード・シンボルズ』に入っているものが完璧である。吹き込みは第二次大戦終了二年後の一九四七年十月二十八日、パーカーが自分の五重奏団にマイルスのトランペットを配したグループで、演奏者はパーカーとマイルス、ピアノがデューク・ジョーダン、ベースがトミー・ポッター、ドラムスがマックス・ローチ。この日パーカーは「エンブレイサブル・ユー」を二回演奏しており、三分四十八秒のテイクAがオリジナル（『バード・シンボルズ』に入っている方）、三分二十一秒のテイクBがあり、この二つについて、六枚組『チャーリー・パーカー・オン・ダイヤル』解説で粟村政昭はこう書いている。

中でもｔａｋｅ－Ａの演奏があまりにも傑出したものであったために、パーカーの演じたバラードと言えば、直ちにこの曲が引き合いに出されるほどになったのである。即ちパーカーは原曲のメロディーをほとんど感じさせないフレーズでスタートし、このフレーズをまぶしながら、原旋律とは明確に距離を置いた、一つの作曲にも例えられそうな独創的なアドリブ・コーラスを築きあげた。このテイクに比べるとｔａｋｅ－Ｂの方はより原曲のメロディに近いが、テンポはこちらの方がはやく、パーカーのソロも依然としてイマジネイティヴである。ともあれ、スタジオに於ける限られた時間の中で、一つの主題から二つの異ったアドリブを即座に抽き出してみせるパーカーの天才は、聞く度に新たな感動をわれわれに与えずにはおかない。

粟村政昭のこの指摘どおり、二つのテイクはまるで別曲だ。ヴァーヴ盤『ナウズ・ザ・タイム』の「チチ」いう曲など二つのテイクがパーカーに関してはどれもピッタンコ同じでサイドマンの調子にむらがあるだけというそれ自体も神技みたいなことをやっているのとちょうど逆に、パーカーはガーシュインの同一曲から瞬時に二つの別曲をとりだしている感がある。そして二つのテイクでマイルスが同じ調子を持続し、かつ内容がいいのである。マイルスはどちらでもストレートに原曲のメロディを吹いている。

パーカーがトランペットにマイルス・デヴィスを起用したとき、その後のモダーンジャズ・シーンにくり返しあらわれるパーカー的なものとレスター・ヤング的なものの対立は、はやくもマイルスのトランペットをかりてレスター的なものの復権がパーカーのオリジナル五重奏団の中にあらわれているというヨアヒム・ベーレントの評言もそのとおりだ。

下手くそトランペットと言われたマイルスは「エンブレイサブル・ユー」や「バーズ・ネスト」などのスローバラードではみごとな演奏を聴かせる。パーカーの動を洗う静の水という対比は、ガレスピーではだめだろう。ガレスピーとパーカーだと格闘技みたいになっちゃう。バップはパーカーがマイルスを獲得したとき完成したといってよい。一九四七年の「エンブレイサブル・ユー」のグループから、ピアノがサディック・ハキムに戻れば、一九四五年のパーカーのオリジナル五重奏団とおなじだ。すなわち第二次大戦終了時点でバップ革命は完成したのである。

これをもう一つの側面から検討してみよう。ガーシュインの作曲時点でこの歌は相聞歌なのである。一九三〇年、エセル・マーマンとジンジャー・ロジャースのデビュー舞台『ガール・クレイジー』の二つの主題曲として「アイ・ガット・リズム」とともに登場し、次の歌詞がついている。野川香文訳でしめす。

（男の歌う歌）
抱いて　抱いてあげましょ
可愛い　僕の恋人
浮気をしないと　誓ってね
何処へ行くにも　二人づれ
いつも愛の道づれ
どこに居ても　手を組み
　夢の中でも
　浮気せぬように
　抱いてあげましょ

（女の歌う歌）
抱いて　抱いて下さい
抱いて　あなたの胸に
ほころび初めた恋心
今宵仄かに　ほほえむ
愛の花が香る

とわに変らぬ愛の
　夢の中でも
　浮気をせぬように
　　抱いて下さい

相聞歌だとすればパーカーの二つのテイクが解ける。舞台では男女は同じメロディを歌うのだろうが、パーカーは男のパートと女のパートを別々に即興したのだと。

パーカーにはもう一つ「エンブレイサブル・ユー」の傑作がある。一九四九年九月十八日のJATPカーネギー・ホール・コンサート実演盤で、ヴァーヴから『バード&プレス』と題されて出ている盤だ。パーカーとレスター・ヤングの競演である。そのソロオーダーをしめす。

ハンク・ジョーンズのピアノ前奏→ロイ・エルドリッジのトランペット→レスターのテナー→パーカーのアルト→トミー・タークのトロンボーン→パーカーのアルトふたたび→フリップ・フィリップスのテナー。レイ・ブラウンb.とバディ・リッチds.のソロなし。十二分十五秒の演奏。

なぜトミー・ダークのトロンボーンをはさんで二回パーカーがソロをとるのか。パーカーの「エンブレイサブル・ユー」が定評ある名演ということがあったにしても、他の奏者も、スタイルこそスウィングだがいずれおとらぬすばらしさだ。パーカーは男と女のパートを演じていると考えられる。すると全体の構図が次のように透視できるのである。

パーカーの二つのソロにはさまれたトミー・タークのトロンボーンは、若い男女を祝福するおとっつぁんを演奏していること。

ロイ・エルドリッジとレスター・ヤングは男の側の口説きを演じており、フリップ・フィリップスのテナーソロは女の側の受けを演じていること。

このフリップ・フィリップスがすばらしい。ブローテナーと目される彼がこれほど繊細で情感あふれるソロをとるとは。ここにはパーカーをはさんでレスターvs.フィリップスのテナー合戦が陽と陰の対照をなしてもいるのである。

そして全体は、パーカーvs.スウィング派の巨匠たちという対比をなしている。その対比こそ「エンブレイサブル・ユー」において黒人の世界観抱擁の変化をスウィングとバップという二つの黒人思想の両サイドの音楽家たちが承認しかつ祝福しているのである。ＪＡＴＰを粗放な腕くらべだなんていうことはできない。

ジャッキー・マクリーンの

『ア・ロング・ドリンク・オブ・ザ・ブルース』いうプレスティッジ盤ジャム・セッション・アルバムのB面一曲目に入っている。A面の長いブルースはマクリーンがテナーサックスを吹いていることでも話題になった。「エンブレイサブル・ユー」は一九五七年二月十五日の録音。パーカーとマイルスの「エンブレイサブル・ユー」のほぼ十年後だ。またパーカーの死は一九五五年三月十二日だから約二年後の録音である。パースネルは、マクリーンのアルト、マル・ウォルドロンのピアノ、アーサー・フィリップスのベース、アート・テイラーのドラムスによるワンホーン・ジャズである。

これもすばらしい演奏だ。マクリーンは情熱的で、ストレートで、なんのてらいもなく吹く。このとき二十五歳のマクリーンの自信はマルの支えが大きい。パーカー死の時点でのマクリーンの発言をひく。

……麻薬などやったりしないまともなミュージシャンを相手に張りあってゆくようにと、彼は私に言ってくれた。ある夜、機嫌の悪いパーカーが、「尻を強く蹴りとばしてくれ」と私に言ったことがある。「尻でも蹴られてみれば、頭のほうもすこしはまともになるかもしれない」と、パーカーは言っていた。（中略）

最後に彼に会ったときには、あまりいい気分になれなかった。ある夜、私は、グリニッジ・ヴィレッジのモンマルトルという店に出演していたとき、気持が悪くなってしまった。アーメッド・バシーアが、私を自宅までつれてかえってくれた。ホーンは私が持っていてやろう、とバードは言っていた。ところが、バードは、私のホーンを質に入れてしまったのだ。（中略）

それから間もなくのある日、私はバスに乗って席にすわり、新聞をひろげた。そして、バードが死んだことを知った。私は、そのバスを降りなくてはならなかった。どこで降りたのかもおぼえていないが、とにかく私は、泣きながら、歩いていったのだ。

（R・G・ライズナー『チャーリー・パーカーの伝説』、片岡義男訳、晶文社）

パーカーは十代でデビューしたマクリーンに目をかけていた。自分の代わりにマクリーンに吹かせたこともある。マクリーンはパーカーの申し子の一人である。彼にはホッジスやカーターやスミスらスウィング時代のアルト巨匠の影響はまるでないのだから生粋のパーカー派である。したがって「エンブレイサブル・ユー」に関してもパーカーの演奏を下敷にするのにためらいがない。

パーカーからマクリーンを見てはあたりまえすぎる。マクリーンからパーカーを見ると、引用したように、チャーリー・パーカーのルンペン・プロレタリアート的な生活実体が鮮明になる。後輩に、麻薬はやるな、麻薬をやらないクリーンな音楽家たちと組めと教訓するということはパーカーが麻薬禍に苦しんでいることを意味するし、ライズナー編のアンソロジーにはジョージ・サラノという麻薬密売人が出てきて、サラノはパーカーが自分に麻薬の悪を説いた、ということを半ばあきれ顔で語ってもいる。麻薬売人は自分では商売物の麻薬には手を出さないものだ。将来有望な後輩と麻薬売人の両方に麻薬の悪を説くパーカーという人物のありかたは、本人が至極まじめであるだけに、一小節の中で一オクターブを平気でジャンプするバップ・フレーズ（たとえば「ソールト・ピーナッツ」）みたいに面白い。またパーカーはだめな自分の尻を蹴ってくれと、彼を神と慕う後輩に言うし、ごまかして楽器を質に入れてもしまう。マクリーンは腹を立てただろう。もうあんなやっと二度とつきあうかとも思っただろう。しかしパーカーが死んだと新聞で読んで、彼は泣きながら町を歩くのである。そういう、まちがいなく二十世紀芸術の最大の天才の一人であるパーカーの生活実体におけるルンペン・プロレタリアートぶりが、「エンブレイサブル・ユー」における、第二次大戦勝利直後の紐育黒人の世界の抱きしめかたを決定している。

アメリカ合衆国は第二次世界大戦の唯一の戦勝国である。英仏ソ中等は自国が戦火を浴びている。しかしアメリカだけは自国を破壊されず、戦時中も好景気に沸き、五十年代には世界の富の半分を独占する。そのなかでの黒人の参戦であり、前線での黒人兵の戦闘に対応する銃後の実存主義的な音楽革命がバップ革命であった。

オーネット・コールマンの

『ジャズ、来るべきもの』『世紀の転換』につづく三枚目のアルバム『これがわれわれの音楽だ』B面一曲目が「エンブレイサブル・ユー」である。彼が吹き込んだ唯一のスタンダード曲である。録音は一九六〇年七月十九日。オーネット・コールマンのプラスチック製アルトサックス、ドン・チェリーのポケット・トランペット、チャーリー・ヘイドンのベース、エド・ブラックウェルのドラムス。

オーネットの「エンブレイサブル・ユー」はまさに口説きである。切々とかき口説く風情だ。美男マクリーンの二枚目ぶりの口説きは成功まちがいなしと見えるが、オーネットのは口説きに失敗する感じがある。ひしと抱きしめ、股間の熱い棒を女の柔らかい部分におしつけたりするが、ふいにさめた目で周囲を見まわし、淋しくなって離れる感じがする。

口説きそこなったのではない。女はその気になったが、オーネットが不条理感につつまれてひき下がってしまうのだ。狂気かもしれない。いや、狂気だ。オーネット・コールマンをオーネット・コールマンたらしむる狂気がそれだ。

あ、そうそう、マクリーンが口説いているのは女じゃないよ。彼はアルトサックスでパーカーへの思慕の念を吹いているんだよ。オーネットの口説きの対象は女でもいいだろう。

オーネットのソロは浄瑠璃のセリフまわしによく似ている。彼のアドリブを浄瑠璃の文句に「同時通訳」して、〽昨年の秋の病《わずら》いに、三つちがいの兄さんと……とか、〽春雨の、眠ればそよと起こされて、どうした縁でかかの人と、初手《しょて》から真に惚れぬいて、「のう時次郎さん」……云々と声色にのせてみるとよくあう。正確でなくてよい。適当に、サカタ歌舞伎の調子でやればいい。おお毛剃らかよ、横目にかかや、やまかがし、いたれからすみで喃《のう》、ぶひひひ。砂まじりの茅ヶ崎にその名も高き、御殿マカロニじゃ、なんて調子でね。

オーネットの自由《フリー》とは情動《エモーション》が音楽の論理になると同時に瞬時にして色彩になり、絵柄になり、匂いになり、望遠レンズから魚眼レンズにつけかえたようになり、手触りが羽毛から石綿に変わり、陸海空にジャズの三軍が展開され、五感のさまざまを放り出して、ただ主語があれば必ず動詞がそれを受けるという規則は守るというものだから、俺はこの調子で三十年間オーネット・コールマンの超現実主義を楽しんできた。おれはそんなこと考えているんじゃない、ジャズやってるんだ、というオーネットの抗議もあろうから、すこし妥協した言い方をしよう。

オーネットには五〇年代末に『何かほかのもの』『明日が問題だ』という二枚のコンテンポラリー盤があるが、これはドラマーがシェリー・マンであり、オーネット独自の組織論になっていないから習作時代である。

オーネットが真にオーネットになり、六〇年代フリー・ジャズの旗手になるのは『ジャズ、来るべきもの』(「淋しい女」の入ったアルバム)、『世紀の転換』、そして『これがわれわれの音楽だ』のアトランティック盤三枚である。

オーネットのプラスチック製アルトサックスがドン・チェリーのポケット・トランペットを獲得してフリージャズの方向は定まった。それはパーカーがマイルスを得てバップの完成した姿を見せたことにひとしい。プラスチック製楽器は貧乏で金属製の楽器を買えなかったからだそうだ。ところがこれが厚味のあるいい音がする。サキソフォンの音色を決定するのは、真鍮という材質だという。真鍮は響きがいい。プラスチックは響きがよくない。材質によって倍音がちがうから音色が変わる。ところがオーネット・コールマンが演奏するとこのプラスチック製アルトがじつに魅力的だ。テナーサックス的な音といえばいいのか。オーネットはいちどテナーサックスをためしたのちに(『オーネット・オン・テナー』一九六一年三月)、金属製のふつうのアルトにかえるが、俺は彼の演奏に関してはプラスチック製のアルトの音が好きだ。

オーネットとドン・チェリーにはそういう音色が必要だったのであり、同様にエド・ブラックウェルの、倍速でシンバルを打ちつづけ、左手は八木節の樽太鼓のような感じで小太鼓を打つタイム感覚が必要だったのであり、またピアノレス四重奏団の低域を支え、弓弾きでメロディ隊にも参加できるチャーリー・ヘイドン(そして後任のスコット・ラファロ)の弦バスが必要だったのであり、演奏の場としてジャズ倶楽部や劇場の客の前ではなく、諸民族諸人種からなるビートニクのボヘミアン気質の客が必要だったのであり、黒人生活区のハーレムではなく、ビートニク居住区のロフト(倉庫、屋根裏)が必要であった。すなわち組織論全汎が変わってハードバップの次のジャズたるフリージャズが生まれた。

サウンド、コンボ組織、メディア、客のすべてが別のものになって確立したオーネット・コールマンのフリージャズは、その三枚目にはじめてスタンダード曲をとりあげたということになる。スタンダードとは、他の演奏者とくらべられるということである。なぜオーネットが最初に録音したのが「エンブレイサブル・ユー」だったのか。

彼の「ロンリー・ウーマン」と対になる曲が「エンブレイサブル・ユー」だったと思っている。「ロンリー・ウーマン」はモンク「ラウンド・アバウト・ミドナイト」に比肩する類いまれな美しい曲だ。この二つの曲のメロディーは似ていると思う。この曲自体が現在ではスタンダードになっているけれども（スタンダードとは、一つはかつて楽譜出版社が売りに出したミュージカルや映画の主題曲、もう一つはジャズマンによくとりあげられているうちに有名曲になったもの）、これを最初にとりあげた別グループは一九六二年一月のＭＪＱである。ジョン・ルイスはオーネットのデビュー時からの支持者だった。オーネットは「ロンリー・ウーマン」がスタンダード化しつつあることを意識していたのではないか。その意識のもとに、「ロンリー・ウーマン」に対応する曲を探して「エンブレイサブル・ユー」を得たのではないか。

オーネットのこの曲の料理のしかたが、いささか異様で、ちょっとアブストラクトに聴こえるのは、前奏のユニゾンの部分の、なにかが近づいてくるような上昇旋律だけで、よく聴くとアルトとトランペットの斉唱のなかに、ヘイドンの弓弾きのベースもメロディ楽器として加わっている。これこそがオーネットのこの曲の演奏だと強調している導入部である。それにひきつづくオーネットのソロは、歌手たちが、「エンブレイス・ミー」と歌いはじめるのと同じである。

英文歌詞カードをお持ちなら、歌詞を追いながらオーネットのソロを聴いてみて下さい。

そのとき彼が念頭に置いたものは、ビリー・ホリデイの歌ではなかったか。オーネット最初のスタンダード曲演奏はじつによく歌っているのである。歌詞を念頭にプラスチック製アルトを吹いていると思われるほどみごとに歌いあげている。俺の耳には、その歌はビリー・ホリデイである。さらにオーネットを聴きながら、サラ・ヴォーンとビリーの「エンブレイサブル・ユー」を頭の中で口ずさんでみると、甘美に歌いあげるサラ・ヴォーンでは全然なくて、みごとにビリーの祈るような唱法に重なる。結びの一句 My sweet embraceable you というところをビリーは、「エンブレーサ・ババル・

ユー」と舌がもつれたように歌うが、オーネットもここで音をかすれさせる。ガーシュインの原曲でもパーカーのヴァージョンでもなく、オーネットはビリー・ホリデイの「エンブレイサブル・ユー」を吹いたのか。

抱擁を歌ってビリーは愛の渇きを感じさせる。オーネットは不条理を感じさせる。

オーネットのソロは肉感的であり、リアルである。ビリー・ホリデイやパーカーは一九五〇年代の故人だということもあって、異国の、かつ自分が憧れている芸術家というきらいが俺にはあるが、オーネット・コールマンに対しては同時代者意識があり、「ロンリー・ウーマン」で注目される前の彼が、エレベーターボーイの仕事をしていて、エレベーターを最上階にとめてサキソフォンの練習をしていたのを見つかってクビになった（また一説ではエレベーターが自動式になって失業した）というようなエピソードを含めて、彼の生活感を身近なものに想像できたためにいっそう彼のジャズはリアルだった。だから彼の「エンブレイサブル・ユー」を現代の満たされぬ恋の物語のように感じもしたのである。

ではなぜ彼の口説きは、男根が火のように熱いのに、ふっと憑きものがおちるように女から離れてしまう（ように俺は感じる）のか。ここで彼の狂気を解明しよう。

狂冷派なのだ。クレージーかつクールという意味の。狂気とは静かに狂ってゆくものだ。コルトレーンは自分の狂気に力攻めをかけて落城させようとするが、オーネットにはその必要はない。トロイの木馬ははじめからトロイの城内に運びこまれていたり、月の光のように浸透していたりする（月の運行と狂気の周期の間になんらかの一致があるとすれば）。

また「愛のかたち」も変わった。オーネットの時代、愛のかたちは逆説的になっている。

それをイメージでいえばこうだ。男女が姦っている。不倫関係である。男は助平そうな目で女を眺め、女はいやらしい流し目を男の視線にからめ、二人は舌なめずりしながらニンマリ笑い、男根は女陰の中に入っており、女はこつこつと子宮底をつきあげてくる亀頭に熱湯のような愛液を吐きかけて、それでたがいに相手の性器こそ自分には至上《スプリーム》のぐあいのよさと感じるのなら――それは純愛である。イメージです。「エンブレイサブル・ユー」はそんな下品なジャズではないが、オーネットの演奏はキリスト教の愛《アガペー》をアカンベーする内容は持っている。

神も変わった。オーネット登場から約十年後、七〇年代初頭にあらわれたルース、アニタ、ボニー、ジューン四人組ポインター・シスターズの黒人霊歌における無神論者ぶりをお聴きあれ。「イエス・ウィ・キャン・キャン」「スチーム・ヒート」等のヒットを飛ばした彼女らは説教師の娘なのである。カリフォルニア州オークランドの聖歌合唱隊を飛びだした四人姉妹のシンデレラ・ストーリーは省略するが、三〇年代ファッションに身をつつんだ一糸乱れぬ蓮ッ葉ぶりにもまして、その歌唱力にもまして、俺を驚かせたのは説教師の娘の虚無主義だった。オーネット以来十年で合衆国黒人の世界観はこうまで変わり、神もまたこうまで変わった。それをオーネットが先駆していた。だから「エンブレイサブル・ユー」も変わった。

長谷川伸の碑

新コは明治一七年、この土地、日の出町の大岡川にかかる黄金橋のたもとで生まれた。生家『駿河屋』はヨコハマ市街地建設のため野州から移住してきた請負業である。

新コはこの地で関八州の渡り職人衆から渡世の礼儀を学び、また神奈川県自由民権運動の魁、相州真土村騒動の指導者たちから、民衆の側に立って闘う男の姿を学んだ。

三歳時に母と生別し、面影を慕って、のち『瞼の母』を生んだ。『駿河屋』の没落によって小学校低学生で学業をあきらめ、三菱ドック（現みなとみらい21）に波止場小僧として働きに出た。外国人相手の土産物屋に飾られた浮世絵と、芝居小屋の看板を美術館とし、新聞の振り仮名で漢字の勉強をした。幼くして舐めた辛酸と、海に面して国際性を、川に沿って民族性を、浜風が丘にあたって人情の露にかわる港町が新コの人間性を磨き、長じてしがねえ男女の情愛をいつくしむ真の大衆作家にした。また治外法権の居留地のちゃぶ屋に、六連発拳銃を懐に乗りこみ、らしゃめんを開放する市井一箇の侠者でもあった。

昭和三年、『沓掛時次郎』の出現をもって、演劇界は黙阿弥の時代から長谷川伸の時代にかわる。『一本刀土俵入り』『雪の渡り鳥』『舶来巾着切』等が生まれる。長谷川伸の義理人情世界は西部劇

『シェーン』にも、日活渡り鳥シリーズにも、近くはニューヨーク・インディ派作家にも影響しつづける国際艶歌である。大道芸の町野毛は、文藝において長谷川伸を師表とする。

平岡正明

一九九七年四月六日　桜吹雪の大岡川河畔にて。

マイルス最後の闘い　合衆国黒人街からブラック・アフリカへ

1　父性の抒情

雨上りの午後、保土ヶ谷駅前の銀杏の木の下に資料を持った向井徹がいた。その場所、鳩の糞に気をつけろよ。八月の最後の週にちょびっと夏らしくなった。水たまりに青空が写っている。

たのんでおいたビーコの本、手に入りましたよ、と向井徹は電話してくれた。スティーヴ・ビーコ『俺は書きたいことを書く』を受けとって、ビーコは手ごたえがありそうだな、現代企画室の本か、あの本屋はいい評論集を出す、と思いながら駅舎のエスカレーターを上りかけて、俺は言った。

「あなたが聴いておいてくれと言った『タイム・アフター・タイム』という曲のことだが、俺にはマイルスの『トゥー・ヤング』と聴こえた。

若い歌手は too young 若すぎると歌えばいいと思うが、ナット・コールが歌うあの曲は、We are not too young , at all. もう若くないんだ、という一句が神髄だ。否定の not が肝腎、だから〝ナット〟・キング・コール、と所説の如くさ。マイルスもそういう心境をトランペットで綴る味わい佳きエッセイの一節と俺は聴いたが」

「もってきましたよ。あれは歌だとあなたが言うから」と向井徹は言った。

「ナット・キング・コールをか？」

「いや、シンディ・ローパーです。あれからシゲノブの家へ行って、借りてきたんですよ」

彼は夜中に友人の家へ行った。重信文彦は向井徹の学生時代からの親友で、ジャズ・ドラマーになった。メリケン・ポップスに詳しい。たまたま神田神保町の「李白」が彼の伯父の店であり、「ラゴージン」のこともおぼえているということがこの書き下ろし期間中にあって、世の中はけっこうせまいものだ。

「シンディ・ローパーってウーパールーパーみたいな歌手だっけ？」と俺は言った。

「ええ。ちょっとバカっぽい……」言って向井徹は外盤屋のビニール袋から『シンディ・ローパー、トップ10ヒッツ！』をひっぱりだし、「昨夜聴いてみたんですが、『シー・バップ』ではシー・バッパー・ア・ルーパーなんて歌ってますよ。『タイム・アフター・タイム』はB面最後の曲で、ええと」と歌詞カードをのぞきこみ、「ベッドにぐたっと横になりながら時計が秒を刻む音を聴き、あんたのことをチェーンスモークのように次から次へ想い出しもしたが、なまぬるい夜の想い出はスーツケースに入れて後ろに放りっぱなしにした云々、なんて歌っていますね」

「ふうん。そういう女はたいてい低血圧なんだ。マイルスとどっちがいい？」

「マイルスがいいです」

「何年の曲？」

「一九八三年」

「ああよかった」と俺は言った。

「よかった、って何か？」向井徹はきいた。

俺は言った。言われてマイルスの「タイム・アフター・タイム」を聴いて、こりゃロケハンは本牧あたりだと思ったよ。マイルスが吹き込んだのは一九八四年一月で、その頃の横浜R&Bシーンは軒並みこういう音楽をやっていた。今もそうだろう。マイルスのトランペットはとびぬけているが、ジョン・スコフィールドのギターをエディ藩にかえたらもっとよくなる。

エディ藩。陳信輝。李世福。ファンキー・チャイナタウンから来た三人がキューンと胸迫るハマギターの泣きの淵源といわれる。虞や虞や、我、汝をいかんせん、とあの連中は泣くからな。

俺が「タイム・アフター・タイム」を聴いて想い出したのは石黒ケイの『ヨコハマ・ラグタイム』という盤だ。ギュイーン。第三京浜をトゥインカム・エンジンをひびかせて飛ばして行く。チョンワ・チョンワとエレキベースが追う。チャック・マンジョーネみたいなトランペットが奏される。〽ドライヴィン・クレイジー、第三京浜(三回くりかえし)、ラグタイム・シティ・ヨコハマ、サムシング・ハプン・トゥナイト。そしてふわりと横浜に軟着陸して二曲目が「マイ・ロンリー・タウン」。〽降りつづく雨に問いかけてみた、このメランコリイ、どこかへ消しておくれ……数原晋のトランペットが重なる。作詞作曲は石黒ケイ、編曲は武藤祐二。

向井さん。「丘の上のエンジェル」を取材したあなたにはわかるだろう、この盤は港の女というものの相当に深刻なドキュメントでもある。「トルコ軍楽」なんて福富町ソープランド街にくりこむ様子のウーパールーパーもやっているが、「横浜ホンキートンク・ブルース」があり、「港のマリア」がある。最後の洋妾《らしゃめん》といわれた「港のメリー」を想定して書かれた曲だ。

二曲目の「マイ・ロンリー・タウン」に英文歌詞の部分がある。He once said me. What do you want me to do? Goodbye my love, Goodbye my happiness, Thank you for a long time 元町　My lonely town. 字面を見れば、女を元町あたりに残して帰国するＧＩが、別れに際してオレに出来ることはなんだ？　と言っているのだが、歌を聴くと、去ってゆく異国の男に、少女がたどたどしい英語で精いっぱい語りかけているように聴こえる。

横浜山手の第三の外人墓地「市営根岸外人墓地」へ行って、作詞の山崎洋子、作曲のエディ藩、問題をアピールしている「霧笛楼」社長といっしょに、ＧＩとオンリーさんの間に生まれ、育つことができずに埋葬された八百人からの混血の赤ン坊の墓を見てきたあなたが感じただろうとおり、このセリフは、横浜の女たちが言いつづけてきたものだ。

「長い間、ありがとね」。time after timr でも、time and time again でも同じだ。女が万感の想いで言う語の、二感か三感をわかってやらなくちゃ男じゃない。マイルスは四感くらいわかってるんじゃないかな。

その頃、東京の青山や六本木のジャズクラブではジャズ姫たちが、ワタシ、恋ニオッコチタと紅唇を半開きにしてさえずっていた。胸毛なき英語の夜会服にしなだれかかってな。俺はジャズが好きで、女が嫌いだ。だからジャズを歌う女はますます嫌いになるのだが、そういうのとくらべて、横浜はちがうと思ったものだ。

石黒ケイの盤は何年だって？

それが、一九八二年四月なんだよ。俺はベイスターズに優勝してもらいたいよ。横浜R&Bのリードを保ってもらいたいよ。でもマイルス「タイム・アフター・タイム」が石黒ケイそっくりで、シンディ・ローパーの歌がマイルスの演奏より上だった、なんてことになったらいやじゃないか。俺もそのくらいにはマイルスびいきだ。

石黒ケイのは横浜戦後史から生まれてきた物語がたまたまマイルスのある状態あるいは断面と似通った偶然の一致であり、横浜音楽シーンの優秀さを自慢すればいいが、シンディ・ローパーと聴きくらべて、マイルスの「タイム・アフター・タイム」の抒情は父性なのである。「アンフォーゲッタブル」のナット・コールとナタリー・コールのデュエットを思わせる。ナット・コールの没後、父親の遺した歌に娘のナタリー・コールがダビングした曲だ。あんなにうまいナタリー・コールなのに、父親が一声「アッフォーゲッタブル」と出ただけで、娘が父の胸に顔をうずめて泣き崩れてしまいそうな抱擁力がある。

三分五十九秒のシンディの歌と、三分三十七秒の演奏だから、マイルスは歌詞を想い出しながら吹いたのだと思うが、二台のプレイヤーで演奏して比較しても大して意味はない。頭の中で合成してくれ。焦点が合うとマイルスの演奏を受けてバカっぽいシンディ・ローパーの純なところが浮きあがってくるだろう。すなわちマイルスは、一九八一年の復活時点で、音楽という共通感情のなかの「家族の肖像」を獲得していたのである。『ウィ・ウォント・マイルス』の「ジャン・ピエール」という曲は、フランシス夫人の連れ子の名前であり、「バック・シート・ベティ」の「ベティ」はたぶん三番目のかみさんベティ・メイブリーである。そのようにこの時期、マイルスのジャズには「家族」というレベルが登場している。

「タイム・アフター・タイム」を聴かないでよかった。この曲は復帰第五作『ユアー・アンダー・アレスト』という盤のB面二曲目だ。全身黒づくめでピストルを手にしたマイルスのジャケット写真がおもちゃっぽかった。復帰三部作は『ザ・マン・ウィズ・ホーン』『ウィ・ウォント・マイルス』『スター・ピープル』である。四作目が『デコイ』。

「タイム・アフター・タイム」を最初に聴いてしまったら、これは極上のムード音楽だから、俺はマイルスも老境をエッセイのように語るようになり、家族の愛を語り、自伝を出したりして、死にめが近いのかよ、とへんに納得してしまっただろう。

おもちゃっぽいジャケットに金釘流の筆記体で書かれたタイトルは *You're Under Arrest.* 汝とらわれて獄中にあり。六年間の自堕落はマイルスの牢獄だったのだ。ハドソン川沿いの陽のあたる舗道に出て、目についた名もない花の前で立ちどまり、おれは草は花をつけるというようなことを何年も忘れていたが、なんで花は咲くんだろうね、と自問して、花の勝手だ、だからそれがどうした So what? と鴉みたいな声でつぶやいて歩いて行った、と俺は思うんだな。

2　黒い皮袋に新しい酒を

『ウィ・ウォント・マイルス』は、黄土地に褐色のマイルスが、地面をつきさすような構えでトランペットを吹いているジャケットからして、五〇年代ハードバップのレコードのように力がある。

二枚組全五曲ことごとく強く想像力に訴えかけてくるものがある。五曲というのは「ジャン・ピエール」（テイク1と2）「バック・シート・ベティ」「ファスト・トラック」「マイ・マンズ・ゴーン・ナウ」「キックス」である。たとえば、

「ジャン・ピエール」というのはフランシス夫人の連れ子の名であるが、このフランス式の人名は、その父親がハイチかニューオルリンズのクレオールだったのだろうと想像させる。曲想が原始カリプソといったものだからであり、アルバート・アイラーの『ゴースト』のようにブードゥ教的ななにか

を伝えているように感じる。

「マイ・マンズ・ゴーン・ナウ」は『ポーギーとベス』からのもので、マイルスは『死刑台のエレベーター』の頃からこのメロディ（の片鱗）を好んでいたが、復帰第二作にLP片面吹き込んだということは、ガラ・ニグロに関する発見があったからではなかろうか。とすれば、デンマーク・ヴェセイの反乱計画である。


デンマーク・ヴェセイがサウスカロライナ州チャールストンに来た時期も、なぜそこが選ばれたかも定かではない。だが、彼はアメリカ合衆国での黒人奴隷独立革命を起こすべく精力的に叛乱軍を組織しはじめた。これは蜂起直前に裏切りによって失敗するが、この計画に加わったウィリアムズという黒人奴隷の陳述から、デンマーク・ヴェセイは次の三つの戦略のもとに計画を進めていたことが判明する。

㈠黒人奴隷一万人の独立蜂起部隊の編成。

㈡サウスカロライナ黒人共和国の建設。

㈢ハイティ共和国との連帯。

この戦略に基づいて、デンマーク・ヴェセイは、実際に一万人以上の黒人奴隷たちを組織し、彼らに槍と銃剣をつくる仕事を開始させ、ハイティ共和国との連絡も確立していた。これにアメリカ合衆国がどれだけ驚愕したかは想像に難くない。とくに南部プランターたちの間では恐慌状態《パニック》が巻き起こった。すべての自由黒人の追放と黒人奴隷にたいする警戒の強化がいたるところで叫ばれた。

彼らはカリブ海からやってきた他国船籍の四一隻の船の黒人船員たちを理由もなく逮捕して国際論

争を惹き起こしたほどである。

デンマーク・ヴェセイは他の三十四人の盟友とともに縛り首にされて死ぬ。盟友のひとりピーター・ポイヤズという黒人奴隷は他の仲間に向かってこう言ったと伝えられる。

「口を開くな、おれのするように沈黙を守って死ね」

（豊浦志朗『叛アメリカ史』第二章補記1「黒の山岳派、トゥサン・ルゥヴェルテュールからナット・ターナーへ」）

『ポーギーとベス』の物語は一八二二年のデンマーク・ヴェセイの反乱の後日談である、と俺は断言できなかった。故郷のチャールストンの町を離れなかった詩人・作家のデュボーズ・ヘイワードの本、一九二五年の『ポーギー』には、きっとポーギーとベス前史があるのだろうと思っているが、ここは豊浦志朗の告げるところを引こう。ヴェセイはアフリカかハイチの生まれだろうといわれ、一八〇〇年頃、富籤で千五百ドルをあて、その金で自分の自由を買い、英語とフランス語を勉強し、チャールストンにやってきた。歌劇『ポーギーとベス』幕開けのチンチロリン賭博は、賭博好き一般の描写ではなく、黒人たちがかつて自由人の地位を賭博であてた金で買い戻したことを意味しないか。歌劇ではそこで殺人が起こるのである。また、ガラ・ニグロ共同体から出て紐育に行き、戻ってきて麻薬買人、女衒をしている裏切者スポーティング・ライフの存在感が、『マクベス』におけるイヤーゴォのように彫りこみ深く描かれていること、黒人たちの共同体外の者に対する警戒心の強さもまた彫りを深く描かれていることは、デンマーク・ヴェセイやナット・ターナーの黒人奴隷反乱が裏切り者によって壊滅させられたことへの痛恨の念（白人のヘイワードにも、黒人が黒人を裏切ることへの鋭い感受力があるように思う）によるものではないか、なんてことも俺はマイルスによる「マイ・マンズ・ゴーン・ナウ」再演を聴きながら想像している。

ハイチの奴隷反乱指導者トゥサン・ルベルテュールについて豊浦から素描しておこう。仏領ハイチ（イスパニョーラ島）は白人二万、黒人奴隷四十八万人の島だった。黒人たちはダホメー族の出身者で、言語、宗教を同一とした。

一七八九年のフランス革命が「自由、平等、友愛」の旗をかかげた。トゥサンはその旗にしたがって、黒人奴隷の反乱を行った。千二百のコーヒー園、三百のサトウキビ園が焼かれた。白人荘園主は殺された。島内の戦争は十二年間つづけられた。

英国は奴隷反乱のどさくさにハイチを我がものにしようと一万五千の遠征隊を島に上陸させたが、トゥサンはこれを撃破。以後、五次にわたって英国は軍隊を出すが、ことごとくこれを撃退した。英兵の死者四万。

一八〇一年、トゥサンは全島を制圧、白人植民者を追放して全奴隷を解放し、共和国を宣言する。ナポレオンはハイチの反乱鎮圧のために、五十四隻の軍艦と三万五千の精兵を上陸させる。ライン河守備隊としてドイツとの戦闘に勇名を馳せた軍隊である。トゥサンの軍隊はこれを山岳戦でむかえうち、撃破。ハイチの奴隷反乱軍はナポレオンの軍隊をうち破った最初の軍隊である。一八〇三年、ナポレオンは第一帝制の威信にかけて再度四万三千の兵を送ったが、トゥサンの軍はことごとく撃破。仏軍の死者は合計六万五千人。一八〇三年十月に仏軍は降伏。

トゥサン・ルベルテュール自身は仏軍降伏の三ヵ月前の七月、和睦交渉に来た仏軍代表と軍艦内で交渉を行い、軍艦がそのままトゥサンを乗せて出帆するというだましうちにあって、ヨーロッパの獄で死んだが、怒ったハイチ人はトゥサン股肱の二人の副将軍にひきいられて仏軍を最終的に壊滅させた。

ハイチ共和国独立が一八〇四年一月一日。

ニューオルリンズ割譲が一八〇三年。

トゥサンは生前から北米におけるフランス植民地ヌーヴェル・オルレアン（ニューオルリンズ）の解放を計画準備していたのである。あわてたナポレオンはこの地を合衆国三代大統領ジェファーソンに一万五千ドルの「地上最大のバーゲンセール」で売り払った。

英軍とナポレオン軍を連戦連破したトゥサン・ルベルテュールの黒人奴隷解放軍五万がフロリダに上陸し、合衆国南部の奴隷を解放しながら「ケロンパ」「ゲローナップ」「ステイ・オン・ザ・シーン」「ライク・ア・セックス・マシーン」と進撃してきたら、トマス・ジェファーソンの二万の兵力では対抗できなかった。

アメリカ合衆国は建国二十八年で消滅しただろう。

トゥサンの記憶さめやらぬ一八二二年のノース・カロライナ州チャールストンに、ハイチ（あるいはアフリカ）から来た解放奴隷デンマーク・ヴェセイが、一万人規模の黒人奴隷を組織して槍と銃剣を作って武装反乱計画を練っていると知ったら、白人はその未然の鎮圧と、事後の記憶の抹消にどれほど狂奔するかは想像がつく。合衆国はアメリカの柔らかな下腹部フロリダをカリブ海から衝かれるのを伝統的に恐れる。キューバ革命への恐怖もそうだった。

『ウィ・ウォント・マイルス』でまた注目すべきは「キックス」kixという曲だ。これはレゲだ。kix

というのはマイルスが再起に際して出演したボストンのジャズクラブで、マイルスもいきなり大劇場に登場したわけではない。この店での印象的なシーンを一つマイルスは語り残しているので、引用してから先にすすもう。

ある晩、脳性小児麻痺で身体の不自由な男が、車椅子でステージの前に座っていた。三五歳くらいに見えたが本当の歳は知らない。オレはブルースを吹く時、彼に向って演奏した。彼がブルースをよく理解していることがわかっていたからだ。ソロの途中で彼の目を見ると泣いているじゃないか。で、震えるしぼんだ手を差しのべて、その麻痺している手で、トランペットを、そしてオレを、まるで祝福するかのように触ったんだ。その瞬間、ほとんどすべてを忘れて、オレも泣き崩れそうになった。彼に会いたくて、追いかけて外に出たが、もう誰かが連れて帰った後だった。

（『自伝』十八章）

「キックス」がなぜレゲかというと、大麻《ガンジャ》でキックしてハイにたる、というような連想だろう。注目すべきはビル・エヴァンスのテナーサックスだ。マイルスは彼に存分に吹かせている。ケツが落ちるまで吹け。そのソロの内容はレゲというよりカリプソ的だ。

ビル・ヴァンスの白人らしからぬソロを聴きながらソニー・ロリンズの偉大さをだれしも思いだしたはずだ。ロリンズは、カリプソは遠く離れて想うもの、と教えているように思う。「セント・トーマス」、これはロリンズの母の生まれた島である。「ブルーソンゴ」と「ジャンゴソ」、ロリンズ復帰第二作『ホワッツ・ニュー』で演じられたこのカリプソ二曲は、カリブの海の漁火を遠景にとらえ、ボブ・クランショーのベースと、キャンディードのコンガだけの伴奏で奏される。引きの美学によるロリンズのソロは、ヴードゥの鬼火を見つめているかのようだ。

そして「ファスト・トラック」だ。「速いの」というだけで題名のない十五分十秒の演奏が『ウィ・ウォント・マイルス』の扇の要である。これは歓喜である。

ドストエフスキー『カラマーゾフの兄弟』の一寓話を思い出す。神を否定した無神論者がごろりとひっくり返って千年間不貞寝していた。ある日、彼はむっくり起きあがると神の頌歌《ホザナ》の聴こえるほうへ歩きだした。その眼は涙でぐしゃぐしゃに濡れ、身体はよろこびにぶるぶる震えていた。

マイルスは神を信じてはいないだろう、依然として。しかしジャズがあった。

「ファスト・トラック」の爆発的な歓喜から自惰落なの六年間を測定しよう。諸人はマイルス引退の六年を闘病と、遠慮して、言うが、闘病ってったって、麻薬と女は身体にワリいぜ。

ロリンズの二年間の引退、名声の絶頂にあった一九五九年に雲隠れして、オーネット・コールマンを聴きに「ファイブ・スポット」にあらわれたり、イースト・リヴァーにかかるウィリアムバーク橋の上で一人でテナーサックスの練習をしていたという伝説的な引退も二年だ。目的があった。オーネットによるフリージャズ登場とコルトレーンの急成長に追いあげられて、自分のジャズを組みたて直すためだ。

モハメッド・アリの中断だって四年だ。理由があった。ヴェトナム戦争の徴兵を拒否したために国家権力に資格を剝奪された。だからそれと戦い、チャンピオン・ベルトを奪いかえす四年間の雌伏にアリは耐えた。

文学はちょっと別で本書に登場する人物では、ジャン・ジュネがそうだ。サルトルに『殉教と反

抗　聖ジュネ論』二千枚を超す大冊を捧げられてから、ジュネは十数年間、執筆をしなかった。

マイルスはいずれともちがう。使いはたしてスッカラカン。再開する意欲も理由もない。ただ快楽に溺れ、安易に走り、無為に流された。不貞寝でもストライキでもない。悪事をしなかったって？　悪にはエネルギーがいる。

ふつうなら、権威化する、権力にすがる、肩書きを利用する、なんてもがくと思うんだ、自分の力がおとろえたと察したときには。マイルスはなにもしなかった。

だから、なぜ自分が復帰したかもわからないだろう。事実経過としては、甥っ子の一人が音楽をはじめて、その面倒を見てやるうちに火がついたということだが、マイルスの内部に、宿命を自覚したとか、インスピレーションが生じたとか、正義に動かされたというようなことはなかったと思う。

万物は流転する。したがって虚無もまた転がる。『カラマーゾフの兄弟』の寓話はそういうことだろうし、マイルスにあっては、自惰落に退屈したということだろう。

復帰のために一年をかけた。

この一年に、アフリカを見たのだと俺は直観した。今、引用したまま放りだしておいたボストンの「キックス」で見かけた身体障害者の場面をふり返っていただく。

マイルスは突然ヒューマニストになったのか？

直観だが、俺はこの場面を読んだとき、テレビの画面を見て大粒の涙をポロポロこぼしているマイルスの顔が浮かんだ。画面にはなにがうつっていたか。アフリカの村の歌と踊りではなかろうか。ジンバブェ解放戦線の兵士と村の衆が歌うビデオ『ムビーラ・ミュージック』などに。

想像だよ。マイルスの本にはそんなことは書いていないのだから、根拠をしめせと言われたらお手あげだが、マイルスが後を追おうとしたらもうそこにはいなかったボストンのジャズクラブの車椅子に乗った男は、アフリカの精霊である。マイルスに、合衆国都市の路上と、アフリカの村とを同時につかまえることを教えに来た精霊である、と。

直観でも幻想でもないことを述べよう。『ウィ・ウォント・マイルス』は、ジャズに歓喜するマイルスの主体を軸に、レゲ、カリプソ、ガラ・ニグロの隠された歴史に扇型に展開される黒い世界観である。マイルスはこの盤でカリブと合衆国内陸を自在に往復する術を得た。黒い皮袋は新しい酒でみたされた。一つ欠けている。アフリカだ。だからマイルスは『ツツ』をやった。黒豹党が狩りとられ、ブラック・パワーが退潮し、黒人解放闘争は公民権のレベルに後退させられたのみか、ヴェトナム戦争の徴兵制による軍隊の厭戦にこりて、応募兵による職業軍人集団に軍隊を改変して黒人を合衆国防衛の第一列に変えた白人権力の眼前で、マイルスは毅然と合衆国黒人の闘争とアフリカ解放運動をふたたび結びつけるジャズを放ったのである。

3　夜哨の太鼓

自伝とは、とマイルスは考えているようだ、洗いざらいぶちまけることだ。無口で、言いわけをしないマイルスがぶちまけるから効く。ものすごく効くやつが一つ残った。アート・ブレイキーが麻薬の件でマイルスを密告したというやつだ。

オレの腕には昔の針の跡が残っていて、警察も気づいたが、その時は本当に何も打っていなかった。弁護士にそう言うと、彼は驚くべきことを言って、オレをぶったまげさせた。アートが警察に、みんなの扱いが軽くなるように、オレが打ってることにしたと言うんだ。信じられなかったが、警官の一人もそう言っていた。アートがオレを裏切ったんだ。このことでアートに今まで、恨みがましいことも何も言ったことはない。これは今回、初めて公にすることだ。

（『自伝』七章）

一九五〇年のことである。マイルスはビリー・エクスタインのバンドでロスに行った。町から町へ長いバス旅行がつづき、良いクスリが手に入らなくなり、その旅の途中、「デクスター・ゴードン、アート・ブレイキー、それにバードも一緒だったと思うが、バーバンク空港に向う途中、アートが知り合いの売人の所に寄ってクスリを買った」。彼は警官につけられ、空港でつかまった。警察の車におしこまれ、名前を言わされたとき、アート・ブレイキーがモスレム名のアブドゥラ・イブン・ブハイナを名乗った。これで警官が怒った。

ブハイナは本名である（『ブハイナス・ディライト』いうブルーノート盤あり）。ブレイキーのは「黒い回教」ではなく、古くからスンニ派の公認された回教徒であり、一九五〇年にはイライジャ・モハメッドの「黒い回教」はさして影響力のあるグループではなかったようだが、警官はなめられたと怒り、留められなくてもよかったところを一同は留置された。その取り調べ室でアート・ブレイキーはマイルスも麻薬常習者だと言ったのである。

ブレイキー自身は売人の家からつけられていた現行犯だからしかたがない。態度が反抗的だったということもあって、取り調べ室で腹を殴られもしただろう。おまえ一人で用いる量じゃない、もう何人か名前を出せと迫られたのだろう。一九五〇年時点で各自の年齢を出すと、ブレイキー三十一歳、パーカー三十歳、ゴードン二十七歳、マイルス二十四歳である。言い逃れできぬと知ったブレイキーは「みんなの扱いが軽くなるように」最年少のマイルスにかぶせたのだろう。

自分のことはしゃべってもいいが、他人のことをしゃべるなという取り調べ時の原則への違反である。

そのときミスターBのバンドには他に何人が同行していたかはわからないが、五〇年といえば、ジーン・アモンズ、レオ・パーカー、トミー・ポッター、セシル・ペインなどがいたのではなかろうか。そういう連中に累が及ぶのを避け、一緒にひっぱられた連中の罪を軽くするために、自分とマイルスが以上総代になるというブレイキー任侠道のプラグマチズムだとは思うが、他人の名を出すのはうまくない。

一九五〇年のそのことを、自伝を語りはじめる一九八九年まで四十年間口外しなかったマイルスはえらい。翌五一年にはアート・ブレイキーの強力なリズムを得て『ディグ』を出しているし、一九五八年には共同してキャノンボールを盛り立てる『サムシング・エルス』も出している。マイルスの侠気こそたたえられてしかりだ。

四十年間黙ってきたことを語ったのはアフリカの太鼓が呼んだのだと思う。黒い三人、すなわちブレイキー、ローチ、マイルスを結びつけるアフリカのリズムが。

ブレイキーには『アフリカン・ビート』という作品がある。一九六一年頃のブルーノート盤で、吹き込み日がわからないのだが、ブレイキーがナイジェリア人打楽器奏者で説教師のソロモン・イロリ、ジェームス・オラ・フォラミ、セネガルのチーフ・ベイ、ジャマイカのモンテゴ・ジョー、在米のガルヴァン・マッソー、父親がスーダン人のベーシスト、アーマッド・アブダル・マリクのリズム隊に、ユーゼフ・ラティーナのテナーとフルート、カーティス・フラーのトロンボーンなどを加え「アフロ・ドラム・アンサンブル」と号してリズムの狂宴を行った。

もろにアフリカだった。現地録音が発展した今日から見れば、紐育のスタジオでルディ・ヴァン・ゲルダーが録音し、紐育在住のアフリカ各国の奏者（たぶん留学生と国連関係の研究員）に集まってもらってアート・ブレイキー指揮下に演奏したアフロ音楽は、スワヒリ語が人工言語であるようにどのアフリカの国の音楽ともいえず、純粋のアフリカ音楽ではないということになるが、一九六一年時点ではもろにアフリカだった。

だれもこんな風にはジャズをやらなかった。ハードバップの次の局面を模索するジャズシーンの真ン中にアフリカをわっしょい、わっしょいと持ちこんだ。どんと神輿をすえると傍に立ってソロモン・イロリが説教をはじめる。ぼんじゅーる、あらにじぇじぇ、じぇいちぇい、うんぽこ、たーばし、しむさいあ、き、わだりーしは、わだりゅーわ、うんぽこ、いる、あらにじぇじぇ、おうぱーろ、わーらいえ、かにゃらーからしえ、アーメン。アーメンだけわかる。

ナイジェリアの儀式だと説明されているが、アフロ語的音素をかき集めたデタラメかもしれない。するとあやしげなユーゼフ・ラティーフのオーボエとともに神輿がせり上り、くす玉がパカーンと割れるように神輿が割れて、中から世界大酋長アート・ブレイキーが現れる。シンバル一発。ドンタカタ、ドンタカタ、ンセンセ、バイーン、カラハリコレラ、これを合図に各打楽器奏者の、ギロ、マラカス、コンガ一斉にカウンター・リズムを出しあって、合唱〽イロコ、ンロ、ジェジェー。

頭骸骨がずれるような爽快さだ。これをやられると、ウヘー、お助けお助け、と三拝九拝するよりない。忠実にアフリカかどうかではなく、だれもこんなことはやらなかったから、もろにアフリカなのである。ジャズはアフリカ起源だろうかとか、アフリカ諸国の独立運動に合衆国黒人は連帯すべきかどうか、という議論を一発でぶっ飛ばして、「ウヘー」「お助け」「有難や有難や」と叩頭させるなかに猛烈なブラック・ナショナリズムを分泌させるのが彼のやりかただ。

同じころマックス・ローチは『我らは主張する！』(六〇年八月)、『打楽器、このにがくて甘美なるもの』(六一年八月)、『イッツ・タイム』(六二年)三部作で、理詰めに、黒人とは戦闘的黒人になることを意味するという立場を構築してきている。『我らは主張する！』がキャンディード盤、その次の二枚がインパルス盤とレコード会社を移籍したために組曲と見えにくいが、この三枚は各曲が独立しながら一貫したアフロ・アメリカン史の組曲である。『我らは主張する！』B面の「オール・アフリカ」という曲に、アビー・リンカーンの歌う詞の一部、「かつてない多くのアフリカの人々が海岸に集まる」という、その光景は興奮させ、神秘的であり、人々の背負っている体験は「にがく、そして甘美である」という一節があって、これが次作『パーカッション・ビター・スイート』につながる。

かつてない多くのアフリカ人が海辺に集まるという導入部の序詞は、フランツ・ファノンの「私の望みは長い戦線、砂漠を横切る大きな運河。砂漠を無力にさせ、否定し、アフリカを糾合し、大陸を創りだすこと。マリからわれわれの地へ、マリ人・セネガル人・ギニア人・象牙海岸人《コートディヴォアール》・ガーナ人が押し寄せてくること。そしてナイジェリアとトーゴの人々も。すべての人々が砂漠の斜面を這い登り、植民地主義者の砦の上に旗をなびかせること」にぴたりと照応する。それのみかアビー・リンカーンの歌はその次からアフリカ諸民族の連呼である。「バントゥー、ズールー、アシャンテイ、エロー、イポー……ダホメー、マサイ」

アルジェリア民族解放戦線理論誌『アフリカ・アクション』一九六一年二月二十日に載ったファノ

ンの論文を読んでローチが作曲し、同年八月にレコード発売したとは思わないが、それほど情勢のとらえかたが似ている。すなわちブラック・ナショナリズムの上げ潮。

なにから始めてもよい。ブレイキーの『アフリカン・ビート』があやしげだったように、ローチ『我らは主張する!』にもあやしげなところがある。A面二曲目の「フリーダム・デイ」という曲は日本童謡「山寺の和尚さん」そっくりだ。〽山寺の、和尚さんは、マリは蹴りたし、マリはなし、猫をかん袋につめこんで、ポンと蹴りゃ、フリーダム・デイ、と聴こえる。ローチが記憶していた中野忠晴(タップダンスチーム)のレコードなんかが出たのではなかろうか。

その何がわるい。マックス・ローチが構築的なドラマーだというとおり、彼は一年に一枚ずつアフロ・アメリカン史組曲を創作しながら、一曲毎に弾着修正してきているのである。

そして「オール・アフリカ」の次の曲が「ティアーズ・フォー・ヨハネスブルグ」だ。なんでヨハネスブルグに涙するかって、南ア白人権力によるアパルトヘイトにきまってるじゃないか。

一九六〇年三月二十一日、南アフリカの首都ヨハネスブルグのシャープヴィル警察署の前に集まった群集に警官隊が一斉射撃し、六十七人が虐殺された。

だからローチは泣いた。

この過程で、マイルスのカーネギー・ホール・コンサートへのローチのプラカード抗議が行われるのである。

予想していなかった唯一の混乱は、マックス・ローチが何人かを引き連れて、プロテストに来て、ステージに座り込んだことだった。オレは、もう気になって、演奏できなくなってしまった。そのコンサートは、アフリカ救済財団の慈善コンサートだったが、マックス達は、アフリカの植民地主義を続けているＣＩＡの見せかけか、何かの団体を援助しているものと考えていた。その団体はほとんど白人ばかりだったから、アメリカの道具に使われているとマックスたちが考えたのも、間違いじゃなかった。だがオレが問題にしたのは、演奏が始まるって時に、プラカードを持ってステージに座り込んで、音楽を台なしにしてしまったことだ。（中略）後で彼は「マイルスに、何に首を突っ込んでいるのか知ってもらいたかっただけだ」と言ったが、「もっと違う方法でオレに言うべきだったな」と答えると、えらく反省していた。（『自伝』十三章）

マックス・ローチに同情する。

彼はアフリカ民族主義の高揚に浮かれていたのではない。アフリカの革命と反革命の相克に身悶えしていた。

コンゴのパトリス・ルムンバ暗殺が一九六一年二月二十日である。ファノンの盟友ルムンバ初代コンゴ共和国首相の死は、ＣＩＡにあとおしされたコンゴ軍モブツ大佐のクーデタによる謀殺であり、ファノンの構想したアルジェリア革命のブラック・アフリカへの波及を阻止しようとする反革命工作である。ルムンバの死とヨハネスブルグ虐殺によるアパルトヘイト確立はアフリカの反革命を象徴する事件である。

これらはすべて、ローチのアフリカ組曲三部作の創造過程で起こっている。アフリカにおける革命と反革命が、アフロ・アメリカンの命運に連動することを、マックス・ローチほどわが身に体化したジャズマンはいなかった。

この五ヵ月あと、ローチはブッカー・リトルを失う。ローチ発狂説が流れたのもそのころだ。

ある日、マットレスやクッションの類を乱雑にほうりだした暗い部屋で、俺は、仲間たちとおもいおもいの姿で身をよこたえながら、ジャズのレコードを聞いて半日をすごした。（中略）

「マックス・ローチが発狂したらしい。」

「演奏中のドラムの手を休めてアヂ演説をはじめるという話だ。」

ちょっと間をおいて言葉はこのように続いたが、赤いアンプの点に血走った目玉の比喩的な潜在を見た男にとって、黒人ドラマーの発狂の状態にかんしてなにか言うことは、意味をなしていないはずである。（中略）俺はけだるさについて連想する未成熟の反抗だ。

（平岡「韃靼人ふう」、犯罪者同盟機関誌『赤い風船あるいは牝狼の夜』発禁本）

ローチのジャズはそのように日本の学生からも注目されていた。アフロ・アメリカン史三部作に参加したミュージシアンをかかげる。

ボーカル＝アビー・リンカーン。サックス＝コールマン・ホーキンス、クリフォード・ジョーダン、ウォルター・ベントン、エリック・ドルフィー、トランペット＝ブッカー・リトル、トロンボーン＝ジュリアン・プリースター、ベース＝ジェームス・シェンク、アート・デヴィス、ピアノ＝マル・ウォルドロン、打楽器＝カルロス・ヴァレーラ、カルロス・トティーコ・ユージェニオ、そしてドラムス＝マックス・ローチである。ローチが「やるぞ」と手を挙げたら、こういう連中が集まった。熱い情勢があったのである。

「フリーダム・ナウ」というプラカードを持って舞台に上りこんできたローチのアピールはマイルスの心に残った。そしてマイルスはやった。『ビッチェス・ブルー』はローチやブレイキーのやったアフロリズムの再現であり、最晩年の『ツツ』は、ローチがヨハネスブルグの虐殺に涙した南ア・アパルトヘイト政策の、その崩壊の時点で創出された。

4　南アフリカにおける民族文化形成

南アフリカ、ケープタウンの映画作家ジミ・マシューズJimi Matchewsが来日したのは一九九四年十月のことだ。彼は南アフリカ共和国都市部の音楽運動＝民族文化再形成運動をとらえた邦題『タウンシップ・ミュージック』という記録映画を撮っている。一九八九年の作品だ。タウンシップとはスラムのこと。

ジミ・マシューズは多摩アフリカ映画祭に他のアフリカの映画作家、モロッコのナギブ・クトリ・イドリッシュ、ガーナのジョン・アコンフラーとともにやってきて、それぞれの作品を上映し、シンポジウムで討論した。司会は主催者の白石顕二で、俺は多摩会場と吉祥寺会場で二回シンポジウムに参加し、かれらの作品を観、アフリカ民族文化創出の第一線現場で活動している三人の作家たちと討論することができた。

ここで報告するのはマイルスとの関係上、ジミ・マシューズ『タウンシップ・ミュージック』ということになるから、忘れぬ前に、ジョン・アコンフラー『マルコムX七つの詩』に触れよう。ジョン・アコンフラーは一九五七年生まれで、スパイク・リーと同世代者。父はガーナ独立運動の指導者の一人、母は一九六四年にガーナを訪れたマルコムXと会っている。そういうアフリカ人作家の作ったマルコムX追悼ドキュメント映画で、すなわちアフリカ人の見たマルコムXである。

スパイク・リー作品が合衆国スラムからいかにして黒人革命家が生まれたかを描いているのに対し、アコンフラーはマルコムXがどのようにアフリカ革命に影響を与えたアメリカの革命家かを描いている。ナチスの勃興、ヒロシマの原爆投下、朝鮮戦争、ヴェトナム戦争、合衆国の黒人反乱をつなぐ二十世紀中葉史の中のマルコムの「七回の」生と死を追うのである。

ナギブ作品を見落とした。事故があってフィルムが旅の途中で紛失したようだ。フィルムはなかったが、このすばらしいモロッコ人作家の存在は、ブラック・アフリカだけでなく、北アフリカ回教圏を含むアフリカの所在をぶあつくした。

では『タウンシップ・ミュージック』を報告する。ビデオを持っていないが、白石顕二を交えて二回観、シンポジウムで作者自身の意見もきいているので、内容理解はまずまちがいあるまい。

第二次大戦終了後の十年間、南アの都市部で独立運動を軸とした文化形成が行われ、首都ヨハネスブルグ近郊のソフィアタウンや港町ケープタウン第六区に、作家、画家、音楽家たちが集まって活動していた。作家ではカン・テンバ、ブロック・モディサネ等の名前と写真、画家のジェラルド・セコトのタブロー、音楽家では「ドーケイ・ハウス」という拠点によってアフリカのチャーリー・パーカーと称されたキッピー・モエケチ、ケープタウンから来たピアニストのダラー・ブランド、スイング・スタイルの楽団アフリカン・ジャズ・パイオニアーズたちだ。生きている人々は証言し、回想し、亡くなった人たちはその写真と近親者の回顧談によって紹介される。

ダンスホールの華やいだ回想フィルム（元はニュース映画か？）が挿入される。

この時代の昂揚が一九六〇年代に入ると悪名高いアパルトヘイトによってつぶされる。ソフィアタウンの音楽家たちはソウェト地区のスラム（タウンシップ）に強制移住させられ、黒人音楽家たちは白人の前で演奏するためのビザを必要とする。ローチが「ティーアーズ・フォー・ヨハネスブルグ」で泣いたのはこのことだ。アメリカで黒人専用レストランや、バス後部の黒人専用座席の差別待遇の廃止が闘いとられたそのときに、南アでは都市部からの黒人の強制追放が行われたのである。

このとき海外脱出した音楽家がピアノのダラー・ブランド、歌手のミリアム・マケバ（アルジェリアでストークリー・カーマイケルと結婚）、マイルスが応援したトランペッターのヒュー・マスケラ等である。

とどまった人たちもいる。ビッグバンドのアフリカン・ジャズ・パイオニアーズたちであり、そのリーダーは国内ビザを得て白人の前で演奏する屈辱を語る。「南アのマヘーリア・ジャクソン」と綽名された雄大な体軀の女性歌手は、隔離されたスラムの人々の中で歌い、屈辱の歴史を歌いつづけることを決意する。去った者、とどまった者の心の環を描くジミ・マシューズの映像は感動的である。

そして現代史（映画制作時点は一九八九年）だ。シンポジウムに際してのジミ・マシューズの挨拶を引用しよう。「七〇年代末および八〇年代初期にかけて、我々は、表面的には文化的再興にともなった大衆的な政治組織の再出現に遭遇している。そして、南アフリカのミュージシャンたちは、もう一度実験を行い、南アフリカ特有の音を明らかにしようとしているのである」

映画はその「南アフリカ特有の音をあきらかにする」実験の記録である。アパルトヘイト政策廃止後の一九九四年四月にいよいよ黒人参政権が発効する時点で、南アフリカ黒人共和国を樹立し、そのなかに白人も包摂するという実験である。

白人を包摂するのであって、追放するのではない。それが南アフリカの動向を世界が注視するゆえんであり、被抑圧者が抑圧者を解放するという芸術の特性を正面に掲げた運動である。

現在進行形の南ア音楽シーンにあって、白人黒人混成楽団のリーダーはみな黒人だった。技術によってだけではない。五〇年代アフロ音楽の興隆を支え、人種隔離政策下で苦難に耐えたその歴史の背負いかたによって、黒人音楽家が現在の南ア音楽のリーダーシップをとる必然があった。

港町ケープタウンの謝肉祭が写る。リオの謝肉祭そっくりだった。きくと南米から逆輸入されたものだった。ケープタウンはアフリカ唯一の奴隷輸入港だったのだ。俺は輸入《インポート》と輸出《エクスポート》をききちがえたのかと思った。ケープタウンはインド人、東南アジア人、そして南米黒人逆輸入の港だったのだ。そしてこのケープタウンに諸民族混淆のとほうもない文化が生まれつつある。

子どもたちを集めて、木琴演奏を通じて民族音楽を形成しようとする長身の青年指導者がいる。彼がチベット僧のような黄色い衣に長い手足をつつみ、海岸に少年たちを円座させ、シロフォンを演奏させる姿はすばらしかった。小学校上級生くらいだろうその少年たちが、とんでもなく精妙な複合リズムを演奏する。それが生まれつつある南アの音楽だ、とリーダーの青年が語った。

単色の汎アフリカ音楽なんてものはない。北アフリカ回教圏の音楽、キンシャサやジンバブェの黒いアフリカの音楽、ザンジバルの抒情歌と多様であって、それらの要素をとりいれて南アフリカ共和国の芸術を創造しようとするのである。

5　合衆国スラムとアフリカ解放運動の交響

ジミ・マシューズとその友人である木琴で少年たちに民族音楽教育をさずける青年が正しいなら、イージー・モオと組んで『ドゥ・バップ』をやったマイルスも正しい。少年を相手にするからだ。大芸術家マイルス最晩年を託すものが、息子というより孫の世代だったというのが正しいのである。ジェス・モウリーの小説『ウエイ・パスト・クール』（杉山次郎訳、講談社、一九九六年）に登場するストリートの少年たちが、マイルスの『ドゥ・バップ』に対応する。『ウエイ・パスト・クール』はこんな作品だ。

黒豹党指導部の壊滅からざっと二十五年経っている。その間に二世代がすぎている。中学生がピストルを持って登校する。「ヴァケーション」の綴りをvakationと書いて直されるなど勉強のほうはからきしだめだが、ワルのほうでは犯罪者寸前である。飲酒、喫煙、麻薬販売、恐喝、そしてスラム街に通り何本かの縄張りを持っていて、やくざの下部組織をやっていて、自分の縄張りをスケボーで走りまわっている。

揚所はカリフォルニアのオークランドである。公民権を得たが、スラムの生活は依然として同じだ。リーダーのゴードンは太っている。ほかの少年たちは痩せている。太れるほど食事をとれないからだ。より小さな子どもたちの空腹を描いた場面がある。バーガー屋につとめる女マルキッタは時間の経ったハンバーガーやポテトフライを捨てにいく。

小さな二つの影はマルキッタが近づいていくとその場から離れた。その大きな悲しげな目が、南京錠をかけるマルキッタをじっと見つめていた。マルキッタは一瞬ためらった。それからカチリと音をさせて錠をかけるとゴミバケツを置いたまま店に向かって歩き出した。二つの影がバケツに向かって突進して行ってても振り返らなかった。

いかにやせるか白人ヤッピーは議論している時代（一九九〇年代はじめ）にだぜ。

悪ガキたちのヒーローは、マルコムXでもファノンでもゲバラでもない。名前もきいたことはないだろう。ビートルズでもジェームス・ブラウンでもない。だれだと思う？

「ちびっこギャング」だ。えっ！　俺もあの番組は好きだったよ。日本のテレビ放送版ではナレーションが故林家三平で、白人の児二人と、林家三平みたいなちぢれっ毛の頭をした黒人少年の三人組「三バカ大将」が主人公で、この黒チビがめちゃ可愛かった。夢野久作「犬神博士」を論じるときこの「ちびっこギャング」をひきあいに出したものだ。アナーキズムの極みたいなテレビ映画だった。

『ドゥ・バップ』四曲目「ハイ・スピード・チェイス」はスケボーの追跡にちがいない。車輪の音はしないが、辻を一つ曲がるごとに、猫が鳴くようなニャーンという音（声？）が入っている。

ブレイク・ダンスはスケボーのしぐさをとり入れた踊りだろう。頭や尾骶骨を支点にくるくるまわるのはスケボーのターン、手をくにゃくにゃさせるのはスラロームと説明できるだろう。スケボーとラップを流すCDラジカセは黒人少年の新ファッションだったのだ。

マイルスにはウェイン・ショーター時代の余りもののテープを集めた『ウォーター・ベイビー』という盤があった。マイルスの描いた絵ではないが、撒水器の栓がこわれてふきあげる水の中で、黒い肌のこどもたちがチンポ丸出しで遊んでいるジャケット絵だ。いまにして思えばマイルスは無政府天使が好きだったのだ。こんなことは考えたこともなかったが、マイルス・デヴィスこそアナーキストなのではないか。

やはり彼はどこかで泣いたのだ。さきに述べた『ムビーラ・ミュージック』はアフリカ映画祭で観たもので、ジンバブェの民衆歌手トマス・マプフーモを中心とした記録映画で、ジンバブェの村で、青年も少年も、一丁の銃、木の皮を叩いて作ったサンダル、食べ物を入れる籠を肩にかけて、無名の英雄の歌を歌いながら戦争に行くシーンは、その貧しさにではなく、その心と姿に涙が出る。

そしてマイルスは復帰したボストン「キックス」のステージで、車椅子にのった身障者の姿をかりて訪れたアフリカの精霊を見た、と。

小説の最初の方では二組の悪ガキの対立が描かれる。彼らを律するのは掟《ルール》である。そのルールは、他組の縄張りをスケボーで通るときの仁義であり、辞儀代りに差し出す缶ビールであり、交渉に臨む人数は双方同数であることであり、発言は手をあげて自分の組のリーダーの許可を得るといったことどもである。悪ガキたちはこのルールに生きる。合衆国憲法に生きているわけじゃない。

悪ガキたちは自分たちが登校途上、ウージー自動銃で銃撃された事件を通じて、地区のボスが勢力拡大のために自分たちを噛みあわせていることに気づく。ボスは十七、八歳である。改造したトランザムに乗り、用心棒に守られ、殺し屋を傭ったりする。運転免許をとる年齢まで生きられれば成功者なのだ。

その殺し屋二人組の口をふさぐためにボスは二人を消す。消しかたは、廃品のバッテリー電極にたまるふわふわした綿みたいな腐蝕物をヘロインといつわり、水に溶かして動脈注射して死なせるというものだ。

小説の最後に、和解した二組の悪ガキが共同して、買収された白黒コンビの警官とボスに挑戦し、廃車場の銃撃戦で、少年二人も死んだが、悪辣な白人警官とボスを殺すというものだ。射殺された警官は、バーガー屋のごみ捨てをあさっていた幼児二人を、警棒で追いちらしたやつらである。

この小説が発売されたとき、日本の読者は、中学生がピストルを持って登校するアメリカ社会の暴力に驚いたが、それはすぐ現実のものだと知らされた。今年一九九八年三月、アメリカ・アーカンソー州の静かな田舎町で中学生が同級生と教師に発砲し、十数人を死傷させた事件だ。

しかしこの小説でもっと驚いていいことは、傷ついた少年を治療してやったスワヒリ語の教師が言うことばである。

「ゲームボーイとタンクだろ？　あいつらなら大丈夫だ。先生がゲームボーイの腹から弾を取り出してくれたんだ。それに握手までしてくれたんだぜ。で、こう言ったんだ。『私の国では君らより小さな子供でも戦っている。ウフール』だってさ」ダニーはマットレスの下からタイの拳銃を引っ張り出した。

「ウフール」とは自由のこと。アメリカ都市部スラム街のアフロ・アメリカ系住人の現実と、植民地の現実をつなぐ回廊は存在したのである。スワヒリ語を教える名前の出てこない「先生」は、アフリカの医師だった。小説の半ばまでは、彼はアフリカの呪術師のような描き方をされていて、最後に弾丸剔出手術のできる医師であることが明らかにされる。たぶん解放戦線の側の人間だ。そのような人物がなんらかの理由で合衆国大都会のスラムに漂着し、赤ヒゲとして活動していたのである。スラムの路上をスケボーで走りまくる悪ガキと、木琴で民族芸術を創出しようとしているケープタウンの少年が重なる。『ツツ』と『ドゥ・バップ』のマイルスが重なる。オークランドの悪ガキを領導した行動原理としての掟《ルール》と英雄像「ちびっこギャング」が、アフリカの大地の主人公としてふたたび登場する黒人のもがきを主体形成にかえたスティーヴ・ビーコの思想と重なる。マイルスが、司教デスモンド・ツツを、親交があったのかもしれないが、ノーベル平和賞を獲得した偉人だからというだけの理由でたたえたとは思わない。

そして彼のために、黒人と白人をひっくるめたわれわれのために、黒人と白人の子どもたちのために、愛する南アフリカの解放を目指した闘いに身を投じようではないか。

(デスモンド・ツツ「ビーコの死・深い闇は夜明けの直前」、桃井健司・近藤和子訳『南アフリカに自由を』、サイマル出版)

スティーヴ・ビーコは一九七七年九月、三十歳で獄死した。

マイルスは、ツツ司教の祈りに、キング牧師を、黒人霊歌を、そして死に直面しながらも勝利を確信していたビーコを見ていたのにまちがいない。

脱稿する朝、アンプを真空管にきりかえて何度もくり返し聴いた。「ツツ」「トマス」「ポーシア」「スプラッチ」「バックヤード・リテュアル」「パーフェクト・ウエイ」「警戒心をゆるめるな」「フル・ネルソン」の八曲のうち、「ツツ」*Tutu*、「トマス」*Thomas*、「フル・ネルソン」*Full Nelson* の三曲は人名で、最後の曲はネルソン・マンデラだ。「フル・ネルソン」はレスリングの羽交い締めの意味もある。制作は一九八六年の二月から三月、アパルトヘイトは崩壊過程に入り（鉱山労働者の組織百万人と千件以上のストライキ、交通機関、公共施設の人種隔離撤廃）、南ア民衆は勝利に向かいつつあるが、ネルソン・マンデラはまだ獄中にある。彼の出獄は一九九〇年、二十七年間の獄中生活である。前曲「警戒心をゆるめるな」でのマーカス・ミラーの一人多重録音（エレキベース、シンセ、パーカッション）は緊張感のあるリズムを出すが、その間を縫ってゆくマイルスのソロは、メキシコ映画主題歌を思わせるように明るい。ちょうど、「ラ・クカラチャ」がパンチョ・ビリャ軍の革命歌で、「クカラチャ＝ゴキブリ」というのはメキシコ農民革命軍が自分たちにつき従う女兵士《ソルダテーラ》を愛称したことを思わせる。

この二つのトラックで、マイルスが、流れは勝利に向かっているが、まだ気をゆるめるなと言っていることが理解できる。

A面二曲目「トマス」はジンバブェの民衆音楽家トマス・マプフーモにちがいあるまい。リズムはムビーラ（おや指ピアノ）を模している。記録映画『ムビーラ・ミュージック』の紹介が白石顕二『アフリカ音楽の想像力』（勁草書房、一九九三年）にあったので報告しよう。十四年間にわたる武装闘争によってジンバブェは一九九〇年に独立した。マプフーモは一九七七年に出した最初のアルバム『ホコヨ』（気をつけろ）で少数白人スミス政権に対する抵抗をよびかけて逮捕された。マイルス「警戒心をゆるめるな」のボレロ的なメロディは「ホコヨ」なのかもしれないが、元を聴いていないのでわからない。九十日後に釈放されたトマス・マプフーモは歌を持って農村に入った。「映画は、首都ハラレから楽器ムビーラを抱えて故郷へ戻っていくひとりの若者の姿を映し出すシーンから始まる。農村での村人の踊りや、その歌声に伴奏するムビーラとドラム。そのメロディとリズムがマプフーモの演奏に重なってくる」

そう、想い出した。冒頭はバスの場面だった。首都のターミナルを出たバスが田舎道をごとごと走る。あのシーンはマプフーモの体験を映像化したものだったのか。

武装闘争下の民族音楽教育が写る。おや指ピアノの響きをよくするために、大きなひょうたんの中に楽器を置いてリーダーが演奏している。人々は見ている。歌になる。解放戦線側のニュース・フィルムのモンタージュだと思うが、兵隊たちが乾いた大地を行く。銃と肩につるした編んだ袋の中の水と食料。木の皮の靴やよごれた布靴。そして同じ歌だ。壮年者も少年兵も同じだ。世代間の断絶などない。「ジェネレーション・ギャップ」という語もないだろう。生きることと闘うことが同義である。楽器は素朴だからいい。牧歌的で、アフリカの空気に浸透力のあるおや指ピアノが民族解放軍の黒人兵士を鼓舞している。

洗い清めるようなすがすがしさが画面から立ちのぼってきて、マイルスが見だのはこのようなフィルムだろうと思うが、映画は一九九〇年の製作で、監督はサイモン・ブライトという白人である。ジンバブェ独立から十年後のフィルムだから、八一年に復帰したマイルスが見ていることはないが、カムバックを決心し、水泳で肺活量を回復し、口唇をマウスピースになじませるトレーニングに入ったマイルスが、『ムビーラ・ミュージック』に類するアフリカの記録にふれて涙を流したのはまちがいないと思う。

さて、表題曲の「ツツ」である。ミサ曲のような二音が冒頭に響く。ほう、教会だ。それも西洋にあるゴチック建築の。天井が高く、ステンドグラスを透して壇に光があたり、空気はつめたい。ツツ司教の教会はオランダ系植民者がヨーロッパ式をそっくり持ってきたものではないだろうか。知らないよ。見たわけじゃないから。しかしそう感じさせる音だ。ツツ司教が祈っている。懺悔中かもしれない。けっして、会衆に説教してはいない。

マイルスがツツである。祈るツツ司教の姿を描写しているのではない。坊主が十字架に口づけて祈るようにマイルスはトランペットのマウスピースに口をつけて吹いている。俺が肉声をよくとらえる真空管アンプに切りかえて聴きとろうとしているのは祈りの内容だ。その内容は、白人どもの罪をおゆるし下さい、だ。俺がキリスト教徒なら聖書の何頁をひろげて祈っているかわかるほど、このトラックのマイルスのジャズは肉声的である。

この盤全体でマイルスが獲得した抒情は『死刑台のエレベーター』に似たものである。「ツツ」にも「アイ・ラヴス・ユー・ポーギー」の一節が顔を出している。しかしマイルス最後の抒情は『死刑台のエレベーター』とはちょっとちがう。つきしたがうものがマーカス・ミラー一人だけでも、トランペット一本で交響詩的スケールを支える抒情である。

それは、ジャンゴ・ラインハルトの抒情である。第二次大戦の戦勝にわく巴里のジャズシーンにあって、ひとりジャンゴのギターだけが、身の丈より長い淋しさの影をひきずっていたように、マイルスのトラッペットは南アフリカ民衆の勝利を予見できた時にも浮かれない。死が鼻先にきてもなお勝利の確信にみちていた若きビーコと、勝利を予見しながら孤独なマイルスが見つめあっている。『ツツ』はそのように聴け。

一九八〇年の復帰から一九九一年九月二十八日の死までのマイルス最後の十一年間を俺は一気のものと見ている。一気にやって、マイルスは死んだ。

ブードゥ的加速

アルバート・アイラーとハイチ革命

一九六二年はアルバート・アイラー登場の年である。処女アルバム『アルバート・アイラー／ファースト・レコーディング』はスウェーデン録音。ベースのトルビョルン・フルトクランツ、ドラムスのスーネ・スペングベルイをサイドマンに、一九六二年十月、ストックホルムで吹き込まれている。

これはMJQ『コメディ』とほぼ同時期である。MJQが国際批評家投票でコンボ部門一位の座を獲得していたこの時期に、あるいは『コメディ』によって十六世紀イタリア文藝復興期自由都市への黒人の参加というMJQの逆説がピークを迎えたときに、一九二〇年生まれのジョン・ルイスより若い黒人世代（アルバート・アイラーは一九三六年生まれ）が、北欧で北欧人奏者をサイドマンに処女アルバムを出した。

加速度の一つだ。前衛ジャズは、前衛ジャズ嫌いの抵抗が弱い環である北欧で一つ突破したということだ。アイラーが北欧で処女アルバムを出した理由は、彼が兵隊として（軍楽隊の一員）三年間ヨーロッパに駐屯していたということにある。一九六一年に除隊になるが、すぐには帰国せず、パリやコペンハーゲン、ストックホルムで演奏活動をつづけていた。

A面が「アイ・リメンバー・エイプリル」一曲、B面が「ロリンズ・チューン」「チューン・アップ」「フリー」の三曲だ。面白い現象が起こっている。B1の「ロリンズ・チューン」に「モリタート」「ドキシー」「ソニー・ムーン・フォー・トゥー」「オレオ」の断片が出てくる。その断片化が、ロリンズ自身が復帰第三作『アワ・マン・イン・ジャズ』でやった「オレオ」と「ドキシー」の自己解体作業（一九六二年七月）に似ているのである。

アルバート・アイラーが、ロリンズのやったことを三カ月後に真似したとは思わない。同時並行現象だろう。その現象は、かつてバップがスタンダード曲のコード進行を分解してバップ曲に組みかえたことに似て、フリー・ジャズに突入するにあたってこんどはハードバップの名曲を、ロリンズの場合は自分自身のかつての名演を、解体するという手続きをジャズメンがやりだしたということを意味する。

アイラーの処女レコーディングは大して面白くない。ロリンズの自己テキストの解体演奏に比して、北欧人サイドマンがリズムの伸縮性を欠いて（下手ではないのだが）、ドン・チェリーのポケット・トランペット、ボブ・クランショーのベース、ビリー・ヒギンズのドラムスをサイドマンに立てたロリンズの演奏に聴き劣りする。

ところがアイラーはその一カ月後にはやくもオリジナリティを発揮しているようだ。「その頃渡欧中のセシル・テイラーとスウェーデンで会い、（デンマークの）コペンハーゲンの『カフェ・モンマルトル』で共演。同年十一月同地を訪れたジョン・コルトレーンにニュー・ミュージックで衝激を与えた」（SJ誌一九七六年臨時増刊『世界ジャズ人名辞典』）

コルトレーンに衝激を与えたアイラーとセシル・テイラーの演奏がどんなものだったかはわからないが、ロリンズの曲をアイラー風に変奏したものがコルトレーンを驚かしたとは思わない。「ゴースト」か「ベルズ」か「スピリッツ・リジョイス」のオリジナル曲が出来ていたのではないか。これらがさかんに録音されるのは一九六四年のＥＳＰ盤だが、作曲年はわからない。

想像だが、コルトレーンに衝激を与えたのはアイラーのブードゥ的なものである。

相倉久人に会った最初の頃、というと一九六六年だが、新宿「ピットイン」で、生演奏の合い間にレコードを流していて、Ａ面だけ録音されているＥＳＰ盤（エスペラントの略）の『ベルズ』だったか、「ゴースト」の入っている『スピリチュアル・ユニティ』だったかを聴き、どう思うかと相倉にきかれ、レスター・ヤングみたいだと答えて、「君はいい耳をしているな」と言われたことを覚えている。くすんだハスキーなテナーサックスの音色によるダガジュク・ダガジュクと聴こえるレスターのフレーズを思いだしたからだ。

アイラー自身がレスターを師表としていたことを『アルバート・アイラー／ファースト・レコーディング』日本盤油井正一のライナーノートで知った。

「人はアイラーを、すぐにロリンズやコルトレーンと比較したがるが、アイラー自身、最も尊敬するテナー奏者としてレスター・ヤングをあげ、最もすばらしいサウンドの持ち主としてシドニー・ベシエをあげている。

すぐれた批評家が、アイラーの音楽からともにニューオーリンズ・ジャズを想起しているのは面白いが、ぼく自身は、ニューオーリンズ・ジャズ発生以前における『ジャズの原型』のようなもの、特にラテン・アメリカ音楽からのルートのようなものを、彼の演奏から感ぜずにはいられない。彼のオリジナル《ゴースト》は、カリプソを連想させるのである」（油井正一）

アイラーがレスターを、アーチー・シェップがベン・ウェブスターを尊敬するということも興味深い。俺はアイラーの方が好きだけどね。

「ゴースト（幽霊）」とはなにか。

ゾンビだろう。

ゾンビは、ブードゥの呪法によってよみがえった死者を言うが、その発想の起点はカリブの島で虐殺されたインディオの呪いだろうと思う。白人がインディオを皆殺しにし、その代りの労働力としてアフリカから黒人奴隷を連行してきて成った白人の天国—黒人の煉獄—インディオの地獄というカリブ海の荘園制度の中から、殺されたインディオの呪いを黒人がひきついだときに生まれたものにちがいない。

やがて黒人たちの手のつけられない怒りが、インディオの呪いを仇討ちして、アメリカを一大納骨堂に変えるだろう、というシャルル・フーリエの言は、空想ではなく、カリブ海の荘園を舞台にした現実だったことにやがてわれわれは気づく。

ゾンビという概念が日本に紹介されたのはあんがい古く、意外なところで、というのはハリー・ベラフォンテの『グリーク・シアター・コンサート』第二集のB面一杯に歌われた「ゾンビ・ジャンボリー」であって、日付は一九六三年八月、日本盤解説は中村とうようである。

このショウのラスト・ナンバーは、最初に前書きでも触れた「ゾムビー・ジャンボリー」です。

LPの片面を費す長篇になっています。

この曲は『喜びも悲しみもベラフォンテと』のアルバムで既にご存じの方もあるかと思いますが、コンラッド・ユウジン・マウジ・ジュニアの作になるカリプソです。

なお、ゾムビーというのは米国南部の黒人の迷信に出てくる死者の亡霊のこと。

「ニューヨークの墓場で、幽霊たちのジャンボリー（ドンチャン騒ぎ大会）が開催された。島のあちこちから幽霊たちが集まり、中には偉いカリプソ歌手もまじっていた。時あたかもカーニヴァルのシーズンで、集まった連中は飲めや歌えのランチキ騒ぎ。幽霊たちが歌うには、背中と背中、お腹とお腹をくっつけあって、どうせ死んじゃってるんだから気にしない、気にしない……」

明るい歌だ。グリーク・シアターというのはロサンゼルスにある野外劇場で、写真を見ると、ドーリア式円柱のある建物の後ろに半円形式の擂鉢型野外劇場がある数寄をこらした劇場で、観客はUCLAの大学生などの白人リベラルのようだ。ベラフォンテは合唱《グリー》クラブの人たち歌ってとか、奨学金生だけで歌え、と指示して客を乗せている。

背中と背中、お腹とお腹、どうせ死んじゃってるんだから気にしない気にしない。背中と背中、お腹とお腹、ゾンビのお祭りだ。Back to back, belly to belly. I don't give a darn. I done dead already, ho ho（ドンデダ・ダーディホーというように発音）. Back to back, belly to belly, at a Zombie Jamboree.

このリフレインを客に歌わせ、たぶん。背と背をつけて揉みあうような動作もやらせるのだろう、場内は笑いにつつまれる。

聴衆を巻き込んでもりあげてゆくベラフォンテのやり方は「マチルダ」と同じもので、黒人エンターテイナーのそのやりかたは当時の日本人には新鮮で、「マチルダはおれの金を持ってベネズエラに逃げた」Matilda, she take me money and run Venezuela. というリフレインを歌うように要求された「産経ホール」の聴衆が、狼狽して蚊の鳴くような声で歌うと、ベラフォンテが、マズイ、マズイと日本語で言って笑わせたシーンを覚えている。

「かつて俺がアジテーターだったころ、カーネギー・ホールでやったハリー・ベラフォンテの『マチルダ』や、吹くほどに泥のように熱くなっていくジョニー・グリフィンというテナーマンのローク節から煽動演説の方法を学ぶことはできたのである」(「腹ちがいの双生児」、『ジャズ宣言』所収)

早稲田鶴巻町都電通りに自治会活動家が集まる「ハバナムーン」という大きな喫茶店があった。その店でベラフォンテがよくかかっていた。「ハバナムーン」という店名はこの店の経営者がラテン音楽好きだということだったのだろう。コンチネンタル・タンゴやペレス・プラドのマンボもあった。当時の「純喫茶」で、BGMに軽音楽を流し、小会議もできる。平凡な店だが、個々の活動家の背負っている内的な烈しい物語がその店の椅子や便器で演じられていた。ある活動家は狂気にとらわれ、ある日レジで、持ち金をすべて百円札にとりかえてもらい、トイレに入ったが出てこない。気づかった友人がドアをこじあけると、彼は泣きながら百円札を水洗便器に流していた。彼は天才的な頭脳の持ち主だった。狂気にとらわれた彼が静かに語るフーリエ的な幻想に俺も影響された。

活動家はベラフォンテが好きだったが、「さらばジャマイカ」や「ダニー・ボーイ」の哀愁を、騰写版のにおいのする議論や活動に疲れた耳に愛するという聴きかたで、アジ演奏の教材として「マチルダ」を勉強した俺は変わり種だったろう。

アジビラとアジ演説の良否が、デモ動員数を決定したり、他党派を沈黙させることができたので、活動家は演説と発声の訓練をした。スターリン主義者(日共)のデスマス体の猫撫で声、「でありまってえ、でありまってえ」というピリオドのない浅沼稲次郎式の(ピリオドがくると野次られたり、割込まれたりする)獅子吼する旧タイプ活動家、雄弁会の連中の古色蒼然たる鶴見祐輔訳プルターク英雄伝調のどれもがだめだった。五秒も聴けば党派性がバレてしまう。俺は黒人的なものをとりいれた。

当時こんなベラフォンテ理解があった。

労働者があくまで労働にいそしむ労働者にとどまっていなければならないという、階級秩序温存の原理は、ブルジョワのテーゼであり、労働者にとって本質的な経済原理とは、労働者が労働の苦痛に絶望し、労働者が労働を拒否すること、すなわち、端的に言って、ストライキの原理であろう。単純な論理から言って、どうしてもそうなる。「汝の部署を放棄せよ」という古い革命歌のあったことを思い出すがよい。あるいは、労働の苦痛を切々と訴えるハリー・ベラフォンテの悲痛な声を思い出すがよい。「バナナ・ボート」の歌詞のあいまには、バナナをかつぐ荷役労働者の重々しい呻き声が聞える。「しあわせの歌」より、こっちの方がよっぽど本物だ。

澁澤龍彦である。『神聖受胎』（現代思潮社、一九六二年）所収の「生産性の倫理をぶちこわせ」という文章である。

「バナナ・ボート・デイオー」。一九五六年に流行したこのカリプソの元唱は中南米とカリブの島を支配したUSフルーツ社独占体の下で呻く農奴化された黒人労働者から生まれたと言われ、それは、日清戦争によって日本に割譲された台湾から内地に移入されてくる台湾バナナと、比喩的にそれに重ねあわされた台湾人娼婦の物語を背景にしたバナナ叩き売りのたんか売《バイ》、私のバナナちゃんの因縁言って聞かそうか、生まれは台湾台中の阿里山麓の片田舎……云々というやつと、洋の東西で軌を一にしたものであると指摘されたのは、朝倉喬司『バナナちゃんの唄——バナナ売りをめぐる娼婦とヤクザたち』（一九八三年、情報センター出版局）によってである（この労作は単行本化にあたって、初出の『ミュージック・マガジン』誌発表時エピソード的に指摘されていたカリプソとの比較部分が除かれている)。かつて琉球奄美の黒糖地獄があったように、バナナ地獄もあるのだ。日本人の食卓にのぼるためのバナナの単一作つけのために、フィリッピン・ネグロス島の農業構造が破壊され島民が貧困と飢餓の中に置かれた現状を、鶴見良行『バナナと日本人』(岩波新書)が現地報告しているので参照されたい。

ハリー・ベラフォンテの全盛期は五〇年代中期から六〇年代初めだったと思うが、彼は白人に媚びず、ときには戦闘的な姿勢もしめすエンターテイナーだった。出発はジャズ歌手である。マチート楽団をバックに歌った「リーン・オン・ミー」という歌がルーレット盤に残っている。これは一九四九年の吹き込み。

カリプソを歌うようになってからの彼については前出『グリーク・シアター・コンサート』の中村とうよう解説が詳しい。一九五一年にベラフォンテは紐育《ニューヨーク》グリニッジ・ヴィレッジに「ザ・セイジ」というレストランを出し、この店の夜毎のアフターアワーズ・セッションに集まる各人種の歌い手たちからベラフォンテは教わってレパートリーを拡大し、図書館通いをして民謡資料を集め、さらに現地採取して、民謡歌手になった。「ハバ・ナギラ」「ハヨシェヴェット・バガニム」等のイスラエル民謡、「ダニー・ボーイ」は英国から、カントリー&ウェスタンの「シェナンドー河」、「豚と酔っ払い」はニューオリンズのノヴェルティ・ソング等だ。ブルース、バラード、黒人霊歌の盤も出し、なかでも異色なのは囚人歌集《チェイン・ギャング・ソング》の『スイング・ダット・ハンマー』(たぶん一九六〇年吹き込み)である。「ルック・オーバー・ヨンダー」「女囚の唄」「おおぐま」「ダイヤモンド・ジョー」「スイング・ダット・ハンマー」「陽よ二度昇るな」等十曲のヨイトマケ唄が歌われており、「女囚の歌」と訳されている場で *Bald Headed Woman*「禿頭にされた女」は鉄道敷設工事に使役される男の囚人のところに苦いコーヒーを運んでくる髪を刈りとられた女囚への性欲がむんむんするような歌で、ロシア民謡「丸太の唄《ドウビヌーシカ》」や九州の炭鉱猥歌と並んで人間存在の呻きを伝える傑作である。

ベラフォンテは一九二六年、マルチニック島民（仏領）の父とジャマイカ人の母の間に紐育に生まれる。八歳時、一家の者とジャマイカに移住し、十三歳時紐育に戻る。ハイ・スクール卒業後、軍隊生活二年。除隊後、演劇学校に入って舞台俳優をつとめる。かたわら「バードランド」に出演し、マチート楽団の歌手としてジャズを歌う。この時期の俳優修業がのちの『陽のあたる島』（黒人と白人のキスシーンが物議をかもした例の作品）、『カルメン・ジョーンズ』（主役のホセ役なのに歌わせてもらえず画面は白人歌手の声だったというので問題になったやつ）、『手錠のままの脱走』（埴谷雄高がアメリカ的ヒューマニズムの限界と指摘したやつ）で半分花開く。どの作品も白人社会の妨害を受けているから五分咲きと表現したのだが、ベラフォンテの責任ではない。まことに、アメリカには白人問題があって、黒人問題はないとリチャード・ライトが言うとおりだ。俳優修業のかたわら「ザ・セイジ」というレストランを経営して民謡運動の中心人物になった。以上の経歴のしめすように彼がカリプソを歌うようになるのは必然である。

移民および移民の子孫の国アメリカの中心都で彼が外国の民謡も歌う民謡歌手になったことは、国民歌手になったということである、外務省を国務省と呼ぶこの国の本性のままに言えば。南北戦争時代、半独立国状態にあった各州の調整機関だったから外交は国務省の任だったと言われるが、世界国家のようなものになってからの合衆国は、他国への内政干渉が国務の国だ。

ゆえにベラフォンテの民謡は擬似民謡だと現在の立場で言うことはたやすい。紐育ラテン人の音楽・サルサがくっきりと姿をあらわし、ジャマイカ音楽はレゲとして独自に発展し、ハイチ音楽グループの「スカシャ」「エグザイル・ワン」の盤も聴けるようになった現在からすればだ。

それではハリー・ベラフォンテの存在をもって過渡的に合衆国内に浮上しつつあった第三世界（もちろんこの語はまだない）を見落とすことになる。『グリーク・シアター』実況盤には奇妙なねじれがある。聴衆は太平洋岸カリフォルニアのリベラル派白人であることはまちがいなかろう。なぜベラフォンテがゾンビを明るく歌ったかということだ。彼は、ゾンビが明るい幽霊じゃないことくらい百も承知している。カリブ海側のフロリダではゾンビの記憶は生々しくて歌えなかっただろう。

同じ盤に「楽しいメヌエット」という曲がある。これも中村とうよう解説を引こう。

「アフリカでは暴動、スペインでは飢餓、キューバでは台風、シナでは旱魃、そして全世界で人類と人類が憎しみあっている」……ここでベラフォンテは「そして私はウォーレス知事が大嫌い」といっていますが、ジョージ・ウォーレスは人種差別政策で名高いアラバマ州知事の名。そのあとで「これで私の南部での仕事は全部オジャンです」といって笑います。

省略した歌詞にこうある。「フランスはドイツを憎み、ドイツはポーランドを憎み、ユーゴスラビアはユーゴスラビアを憎み、南アはオランダを憎み、私はウォーレス知事が大嫌い」

これはたぶん、ベラフォンテ版「会議は踊る」である。聴いている白人リベラルの脳裡には、憎しみと因縁をひきずった各国代表が偽善的な笑みを浮かべてワルツを次々に輪舞するウィーン会議のイメージが写っているはずだ。フランスとドイツとポーランドの旧態、ヨハネスブルグの虐殺とアパルトヘイト政策開始の記憶も生々しい南アにおける黒人大衆とオランダ系入植者の暴虐、キューバではアメリカに後押しされた亡命キューバ人のグアンタナモ侵攻とキューバ民兵によるその撃退、中国では大躍進政策の失敗と文革開始寸前、まさに世界は第一次大戦も第二次大戦もごっちゃで風雲急。

そのなかで「ユーゴはユーゴを憎む」とはなにか？　セルビア皇太子が暗殺されたサラエヴォの一発の銃声で、ウィーン会議のつかの間の平和が破れ、第一次大戦がはじまったということを意味しているだろう。そして「楽しいメヌエット」の偽善的な輪舞と、紐育の墓場にゾンビが集まって背と背、腹と腹をあわせて狂踊している「ゾンビ・ジャンボリー」は一対のものである。明るいようでいて『グリーク・シアーター』実況盤には不気味なところがある。

「楽しいメヌエット」と「ゾンビ・ジャンボリー」をつなぐものはなにか？　たぶん、ドラキュラだ。ユーゴとルーマニアがトランス・シルヴァニアと言われた頃、キリスト教徒の太守ヴラド・ツェペシ串刺し公があらわれて、トルコの回教徒と戦って、捕虜を木の杭で串刺しにして殺した。このヴラド・ツェペシがドラキュラのモデルである。その地では現在も旧ユーゴのセルビア、クロアチア、回教徒が三つに分かれ、民族浄化と称して殺しあいを演じているさまは、ドラキュラの再現かと思わせる。ドラキュラが処女の血しか吸わないというのは、キリスト教徒のトルコ系回教徒への「民族浄化」の比喩だったのだから。

ドラキュラがゾンビをよびよせ、ゾンビがドラキュラをよびさますという、明るいベラフォンテの想念の暗い一点で二つの曲は相補的である。これが一九六三年八月である。

このとき、アルバート・アイラーは登場していたのである。ベラフォンテの陽、アイラーの陰の両面でゾンビは、あるいはブードゥ的なものは、合衆国に登場していた。

植民住宅地区の居住者や町の住民たちは、夜になるとヒヤヒヤして眠れず、はるか遠くの山あいから聞こえてくるニグロの太鼓の鋭い連打に耳を傾けた。人びとにはこの太鼓の連打が、島の黒人同胞すべてに向けての知らせなのか、異教の神々への祈りなのかよくわからなかったが、ひとりひとりの心の奥底まで耐え難い緊張感で震えあがらせた。幾人かの奴隷は、住まいや仕事を放り出したまま、やみくもに森の中の太鼓の音のする方へと消えていった。

（アンナ・ゼーガース『ハイチの宴』、初見昇訳、新泉社、一九七〇年）

トゥサン・ルベルチュールの反乱のよびかけである。俺はこれはトーキング・ドラムだったと思っている。ハイチの黒人奴隷はダホメ王国から拉致されてきた。そこではダホメ社会の習俗、宗教が解体されぬままに生き残り、山岳地帯の森の中に逃げ込んだ逃亡奴隷たちはトーキング・ドラムの通信を解することができた。東独の女流作家が描写した「住まいや仕事を放り出したまま、やみくもに森の中の太鼓の音のする方へと消えていった」という箇所は、トーキング・ドラムによる通信をキャッチしたからだと解される。

そう、これだ、ブードゥによるトーキング・ドラムの本質はこの恐怖でなければならない。アフリカのトーキング・ドラムやブードゥ・ドラムの民俗音楽資料音源を聴いたことがあるが、こわさがない。サンバやカリプソの太鼓に聴こえる。しかし、白人に対して森の底から武装反乱をよびかけるブードゥの太鼓は、こわくなければいけない。黒人奴隷には恐怖こそが魅惑であり、白人荘園主には神経衰弱におちいらせるような。そのようなブードゥ太鼓の恐怖は民俗音楽音源の現実の音からはアルバート・アイラーもサニー・マレイも得ることはできなかったはずだ。

アルバート・アイラーのジャズを真に独創的なものにしているのはサニー・マレイのドラムの力が大きい。ザ、ザザザザザ……（拍は等間隔で音量が減衰）…ザ、ザザザザ……と波打ってうねる「パルス奏法」とよばれるやつだ。この「ザザザ……」をくり返しながら「オー」という声が入る。響線をはずした左手スネヤの脈動的連打が基本だから、点、点点点点……と表記してもいい。ときどきテープの逆回転の音も入る。ンワーシュ、と流れ弾が耳もとをかすめて飛びさるような人工的な効果音だ。

このパルス奏法に似たものをアフロ音楽にもアラブ音楽にも聴いたことはない。実験室でつくりあげた主知的なリズムだと思う。アイラーとマレイは、ブードゥの恐怖を感じさせるようなリズム・パターンを、アフリカ音楽、アラブ音楽、インド音楽、カリブ音楽などのなかに探すことをあきらめ、東洋の演劇にヒントを得なかったか。歌舞伎と京劇だ。役者が六方を踏んで花道を退場していくときの、チョーン、チョーン、チョチョチョチョチョ………ンという柝《き》の打ち方や、これは立ち廻り場面で使うのだが、拍子柝で床を叩いて出す、ドン、バタバタバタバタ……という連打音、能にもあって打楽器、能管《のうかん》（笛）がピーッと鋭く一音、あいの静寂に深山幽谷の中にいるような雰囲気を出す演出法、あるいは謡にあるやつだが、かわいた大鼓《おおかわ》がポッ、人声が「イヨー」、イヨー、ポッ、イヨー、ポッ、リズムを走らせずにアクションの密度が上るように感じさせる演奏法などだ。

京劇俳優を養成する北京国劇院の稽古風景を見たことがあるが、俳優たちはぬき稽古を手拍子と口三味線でやるのである。京劇では役者は、アリアを歌って、セリフをしゃべって、アクションをやらなければいけない。舞台で役者がやっていることを、舞台右袖の紗におおわれた楽団員座で、胡弓、笙、ドラ、月琴、笛、小型のシンバル等を持った楽士たちが鼓舞するのであるが、ぬき稽古のときは楽士がいるとはかぎらないから俳優同士が手拍子と口三味線で合わせるのだ。タン、タン、ンンンンウー、タタ、タンというように手拍子と声で言うと、役者はそれにアクションをつける。音楽にリズムを探すのではなく演劇に探せば、トーキング・ドラムの約束事は精密で様式化されているものが容易に手に入るだろう。東洋人の行動様式とリズムの関係に自分自身が興味を持っているので、サニー・マレイやアルバート・アイラーが考えていただろうことにピンときたのである。

サニー・マレイは一九三七年のフィラデルフィア生まれ。一九三六年生まれのアルバート・アイラー、一九三七年生まれのアーチー・シェップと同世代者だ。一九五七年に紐育に出て、スイング時代のアルト名手ウィリー・ザ・ライオン・スミスの伴奏者をつとめたというから、そのままオーソドックスな4ビート・ドラマーとして成長していればフィラデルフィアの先輩フィリー・ジョー二世と噂されるようになったのかな。その時代の彼のレコードを聴いたことはないが。

六〇年代に入って前衛ジャズ・シーンが形成されて、サニー・マレイのドラムスを聴いて、必要なのはこのリズムだったことがわかる。オーネットが「ロンリー・ウーマン」を出した五九年、衝撃力を持ちえたのは、試作的な『明日が問題だ!』というレコードにおけるシェリー・マンのリズムから解放されて、ビリー・ヒギンズ、ついでエド・ブラックウェルのドラムを得たからだ。調子っぱずれのように聴こえるオーネットのソロを際立たせるためにはヒギンズやブラックウェルのとぼけたのりが必要だった。しかし俺はこの二人でもまだちがうんじゃないかと思っていた。ヒギンズとブラックウェルは高速化したロイ・ヘインズに思えた。二人のリズム・パターンは、右手のシンバルはオーネットのよく歌うメロディの倍速でシャシャシャシャシャと打ち鳴らされているが、左手の小太鼓はブルトン・ブルトン、テンコ、ステテコ、ステテコとロイ・ヘインズ節を角力の櫓太鼓化したようなパターンを出している。

ステテコがオーネットに似合わん。エドのステテコが決まったのは『ファイブ・スポットのエリック・ドルフィー』で、ホンキートンク気味のマル・ウォルドロンのピアノと相まって（「ファイブ・スポット」のピアノの調律が狂っているらしい）、ドルフィー、ブッカー・リトル、マル、リチャード・デヴィス、エド五人組の一九六一年七月の実況盤が前衛ジャズシーンの成果であった。

パルス奏法の登場を予感させるような二例を俺は見つけている。一つはエルビンで、彼がバリトン奏者ペッパー・アダムズ・グループの一員として一九五八年四月、「ファイブ・スポット」に出たときの実況盤『午後十時から朝の四時までファイブ・スポットで』というのがあって、その一曲目「ティス」のドラム・ソロにある。左足でバスドラをトトトトトトと軽く連打しながら、左手のスネアーでバララララ……間……バララララと間歇的にくり返す。これはドラムソロの過程に自然発生した霊感だ。

二例目はマックス・ローチで『スピーク、ブラザー、スピーク！』いう盤に入っている。これもライブ盤で彼がテナーのクリフ・ジョーダン、ピアノのマル・ウォルドロン、ベースのエディ・カーンを伴って、一九六二年十月、シスコのクラブ「ジャズ・ワークショップ」に出たおりのドラム・ソロにある。ローチの「ドンチ」といって当時の東京のジャズファンに話題になったもの。この夜の演奏はリズム面の実験色の強いもので、表題曲の「スピーク、ブラザー、スピーク！」では各ソロイストを演説家に見立てて、同じ曲の中でローチが各自にちがったテンポとリズム・パターンで演奏させる。クリフ・ジョーダンには変拍子、マルにはワルツ、エディーカーンには相手がベーシストだからローチはベースの音をマスクしないように小音量の4ビート、そして自分のソロで「ドンチ」をやる。

左足のバスドラをドン、右足のハイハットをチッ、ドンチ・ドンチ……（間）……ドンチ・ドンチ、これを一ユニットとしてしばらく持続させ、やがて手が加わって、バスタムで、タタタタタン、ドトンというパターンが入り、ドンチ、ドンチ、間、ドンチ・ドンチ、タタタタタン、ドトンがこんどは一ユニットになってしばらく持続したのち、こんどはフリー・フォームで両手がシンバルやスネヤの上に稲妻のようにひらめく。この間も両足によるドンチ・ドンチは持続している。

石積みをするかのように堅牢に構築される。クライマックスに達するとこんどは積みあげたものをとり除いてゆくのだ。稲妻のようにひらめくオカズがはずされ。タタタタタン、ドトンがはずされ、ドンチ、ドンチだけが残る。構築がシンメトリカルなのだ。

みごとに構成的である。石積みのしかたも堅固そのものである。左手首に板バネが入っているかのように硬く、ゴリゴリして、戦闘的なドラムだ。しかしそのピラミッド型の構築は地面に逆立ちしたピラミッドをすえつけようとするかのようだ。倒立ピラミッドなんてとんでもないものをマックス・ローチは構築しようとしたのか。

ローチ発狂説が信じられたのもこのレコードだった。ブッカー・リトルを病気で失い、南アのヨハネスブルグでは首都の白昼、警官隊による市民虐殺があり、ローチは激しく抗議したあとの、このシンメトリカルなある種のクールな演奏に、伴奏にではなく彼のドラム・ソロに、狂気を感じた。それがなんであったかはわからなかったが、この演奏にジャズ以外のものを感じた。ローチがハイチで学んだチロロのドラム缶ドラムの響きだったのかもしれない。

サニー・マレイのパルス奏法の予兆となる響きをエルビンやローチに求めることができたというだけで、サニー・マレイの過去が優秀な4ビート・ドラマーだったことも推定できる。

かくてフリージャズのドラム奏法のありかたを一気に進めたのがサニー・マレイである。彼は右手シンバルによるタイムキープの役割を捨てただけでなく、ビートという概念も捨てた。チンチキ・チンチキと聴こえるのが4ビート、ドンドンチッチ・ドンドンチッチと聴こえるのが8ビート、ツクツクタカタカ・ツクツクタカタカと聴こえるのが16ビートだが、彼のはビートではなくパルスなのである。右手の等間隔の……ザザザザザザ……というパルス点射で、そのパルスを何発送りこむか、どこを強拍としどこを弱拍とするかというきまりはない。なんで強弱や脈動がきまるかというと仲間のソロイストが出しているエネルギーなのである。

サニー・マレイはものすごく耳がよく、ものすごく反応が早い。ソロイストに霊感が訪れたり、グループがスイングしたりを察知して、瞬時にして……ザザザザザ…と煽るのだ。インスピレーションやスイング感をエネルギーとして察知して火に油を注ぐのである。「パルス奏法」「エネルギー・ミュージック」という語はサニー・マレイにぴったりだ。

この奏法には弱点がいくつかある。一つはパルス奏法のドラム・ソロというのが考えられない。第二にエネルギーの弱い相手と組むと、まっ昼間の幽霊みたいになる。

リーダーアルバム『サニー・マレイ』という一九六六年の盤があって、ジャック・クールシルのトランペット、ジャック・グラハムとバード・ランカスターの2アルトサックス、ベースがアル・シルバー、そしてリーダーのサニーの五人組で「ファーズ、1、2、3、4」（組曲ともメドレーとも思えない）「ヒラリオゥズリー（愉快な）」「天使と悪魔」「ギブレット」の四曲だ。

最後の曲「ギブレット」で、他の曲では大いにがんばっている二人のアルト奏者のエネルギーが弱いせいか、まるっきりヒュー、ドロドロの歌舞伎のお化け場面になっちまう。ギブレットがハムレットに関係あるとすればデンマークの古城に夜な夜な現れる父王の亡霊ということになるけど、前衛ジャズがよく使う細かく震える音が、ゾンビ的なもの、あるいは霊的なものを感じさせる前に、都会インテリ化した若い黒人ジャズマンの神経質な現代詩的感覚に対応しているために、パルスの力が弱まってしまうのである。

そしてサニー・マレイ一九六六年のESP盤ほど、夢野久作『鼻の表現』における神楽囃子のリズム表記、Ten Teretsuku Teretsukuten, Ten Teretsuku Teretsukutsu にぴったりはまるものはない。久作は、このリズムに乗って、世界史はオカメ、ヒョットコ、天狗が三巴に乱舞する一大神楽堂と化していることを描き出したのである。

さて、アンナ・ゼガース『ハイチの宴』にみる如く、山の奥から響いてくるブードゥのトーキング・ドラムが、荘園の農奴や都会の都会の黒人召使を、ある日、とつぜんかれらが仕事道具を放りだしたまま山岳の根拠地に向かわせてしまうことと同じ現象が日本にもあったではないか。「おかげまいり」だ。ある日、伊勢神宮の札が降り、拾った者は家や仕事を放りだして、やみくもに伊勢路をめざす。そしておかげまいりには狂踊がつきものであることもブードゥの憑依現象に似ている。ブードゥ教の経典があるとも思えないが、その呪文をいくつかぬいてみよう。

Eh,Eh! Bomba! Heu! Heu!
Canga, bafio té!
Canga, nouné de lé!
Canga, do ki la!

Canga, li
（C・L・R・ジェームズ『ブラック・ジャコバン――トゥサン＝ルヴェルチュールとハイチ革命』、青木芳夫・監訳、大村書店、一九九一年から）

C・L・R・ジェームズによるその訳。

白人と白人の全財産を破壊することを誓う。この誓いが守れぬくらいなら死んでしまおう。

日本語版訳者による訳注（石塚道子）。

ジェームズはこの歌詞と訳を、ドゥ・ベルシィの説明を紹介したサン＝メリーかブリス＝マリスから孫引きしたものと思われる。そのサン＝メリーは、ドゥ・ベルシィの訳の信憑性に疑問を投げかけ、ブードゥ教の入会式のときに「ブードゥーの王」と呼ばれる司祭が入会希望者の頭を軽く板でたたきながらこの歌をとなえ、まわりのみんながそれに和したとしるしている。

つまり、戦場における鬨《とき》の声などではなかった。また、アフリカのコンゴ地方に起源をもつことまでは分っているが、定訳といえるものはない。これについてもっとも綿密に考察したF・オルティスは、次のように訳している（『キューバ民族音楽のなかのアフリカ』）。「エー！　エー！　ボンバ！　エー！　エー！　私は黒人に誓う！　私は白人に誓う！　私は精霊たちに誓う！　アリャー！　あなたも彼らに誓いなさい」

行手を照らす松明を手にした反乱の指導者たちは、ルカプを見おろす山、モルヌルージュの密林に囲まれた広場に結集した。そこでブックマンは最後の指示を与え、ブードゥの呪文を唱え、刺殺された豚の血をすすってから、仲間を励ますためにクレオール語で次のように祈った。この祈りは、そのようなばあいには必ずとなえられるので、いまなお残っている。

「われらに光をもたらす太陽を創造し、波をおこし、嵐を鎮める神は、雲の陰からでも、われらを見守りたまう。神は白人の行ないすべてを知りたまう。白人の神は悪事をそそのかすが、われらの神は善行を求めたまう。われらの味方である神は、不正への復讐を命じたまう。神は、われらの戦いを導き、助けてくださるであろう。われらの涙の源泉である白人の神の象徴を捨て、われらすべての胸のなかに語りかける自由の声に耳を傾けよ」

（C・L・R・ジェームズ『ブラック・ジャコバン』）

このクレオール語の祈りは、「私は黒人に誓う。私は白人に誓う。私は精霊たちに誓う。あなたも彼らに誓いなさい」の発展型ではなかろうか。

ブードゥ教は呪殺宗教といわれるが、ほんらいのアフリカでの信仰が呪殺宗教だったとは思わない。アフリカの大地からひき剝がされカリブ海および南米に移植された後の植民地の現実にあって呪殺宗教に転化したのだろう。アフリカにさかのぼってみよう。「他の神々と異なりレグバ神には僧職者が仕えていない。災厄神の司祭には病人の隔離とか死者の取り片付けといった衛生管理の義務が課せられている。

この地方では聖なる存在はすべて『ヴォドゥン』と呼ばれている。これが西インド諸島の『ヴォードゥ』の祭祀――とくにオロルンとレグバの神聖が造られる――の起源である」[9]（ユベール・デシャン『黒いアフリカの宗教』、山口昌男訳、クセジュ文庫）

山口昌男による訳者注＝（9）「本文にも述べられている如く、『ヴォドゥン』という言葉そのものはダホメ起源である。ギニア海岸のフォン族（ダホメ族の中核をなす種族）系統の言語を話す住民の間では『霊』或いは『神性』を表わす語であった。ハイチではこの言葉は『聖詞』の儀礼から歌や踊り一般に亘る祭祠行動全体を指すものとなった」

見たようにダホメの間ではブードゥの災厄神司祭は死体処理を司る聖職者だった。したがってそれはカリブ海の島々に至って死体をよみがえらせる（とされる）技術に変化したのは不思議ではない。

どの宗教にも死者を生き返らせる秘法があるとされるそのことはめずらしくはない。日本では安倍晴明の陰陽道だ。安倍家と蘆屋家の陰陽道の争いがある。術に破れた蘆屋道満は安倍晴明の父保名《やすな》を一条戻橋《もどりばし》で謀殺した。保名を父とし狐妻である葛の葉を母として生まれた晴明は生まれついて霊力が強く、父のバラバラ死体を蘇生させる。その術が、文珠菩薩の化身である伯道上人から受けた『金烏《きんう》玉兎《ぎょくと》』という書と、安倍家に唐の国から伝わった『簠簋内伝《ほきないでん》』という書にある術をあわせた秘法である。『金烏玉兎』と『簠簋内伝』がどんな書であるかはわからない。ところで、こんなのがある。

トカゲとガマとフグとやすでとタランチュラと漆の、「キムチだと思うがいいね」、そう言ってピエールは、つけた煙草の煙を、プハとはいた。やすでとタランチュラはよく擦りつぶすが肝心、と付け加えた。

フグ毒の「キムチ」には、仕上げに入れるものがある。ママン・グェペに、マシャシャ。啞の砂糖黍《ダムケイン》に、ブワ・ピネ。いずれも刺や針や毛のある植物である。代わりに痒い豆《ムクナ・プルリエンス》を用いることもあれば、微細なガラスの破片を練りこむこともある。

出来上った粉は、密かに家の戸口に撒かれる。さもなくば相手の肌に、直接吹きつける。薬の中の、棘やガラスが肌を傷つけ、そこから毒が浸透していく。

肌の下を、蟻が這いまわる感じに襲われたら、狙われた人物は先がない。喉に綿を詰めた苦しさ。胃も裏返らんばかりの嘔吐。これらの自覚症状に、医師は血圧の上昇と体温の低下を付け加えることだろう。水気の抜けた血管を尿毒が駆けめぐり、枯れ木と化した身体の、肌は腐った果実の青に染まる。ついには呼吸が停止する。

「死んだように見えても、仮死状態でしょ」

「いいや、死ぬだ」

「仮死状態のまま埋められて、二日後に掘り出され、解毒薬を与えられて、息を吹き返すのよね」

「quoi?　誰がそたらこと言うただ?」

「そんな夢を、見たことがあるのよ」

「ほれ、それ、でたらめだ。薬で vraiment 死ぬだね。puis 二日後、墓から掘り出すだ。でもアタンション、注意だよ。死人のティ・ボナンジュはちゃんと壺に入れねばなんねえだ。puis 死人には『ゾンビの胡瓜』を食わす。そいつ、よみがえって肉のゾンビになる。霊のゾンビは、壺の中」

（中略）

一人の人間がゾンビ化すると、二種類のゾンビが生まれる。よみがえった肉体はゾンビ・カダーヴルになり、肉体から分離した霊魂の一部は、ゾンビ・アストラルになる。

われわれがゾンビと呼んでいるものは、肉のゾンビことゾンビ・カダーヴル、個人としての記憶も意識も失った廃人のことである。自分を作りだしたボゴールの意のままに、新しい名前を与えられ、奴隷として売り払われる。

（荻野アンナ『半死半生』第二章の裏の裏の裏「マルファクチュールのピエールについて」、角川書店、一九九六年）


俺の読んだかぎりゾンビに関するいちばん詳しい記載だ。典拠があると思っている。ブードゥは現在ハイチの国教であるから、それこそ毒にも薬にもならないような体系が整備されているはずだが、それが体系化される過程で、密教として呪殺部分が精密化されたと思うのだ。その密教部分をクレオール語あるいはフランス語で記述した文献を荻野アンナは読んでいるのではないか（たぶんハーバード大のウェイド・デイヴィスだ。とすると原文はクレオール語ではないが、その『蛇と虹』の名が巻末の、女主人公に蹴られて雪崩れ落ちる参考文献一覧塊のなかにあり、彼の『ゾンビ伝説　ハイチのゾンビの謎に挑む』が樋口幸子訳で第三書館から一九九八年七月に出た）。引用した箇所にはアメリカ産のホラー映画に出てくるゾンビとはだいぶちがうところがある。ゾンビは「個人としての記憶も意識も失った廃人」というところは、ゾンビはバカであるという北米産ホラー映画と同じだが、ゾンビに噛まれた者もまたゾンビになるという伝染性はない。伝染性はハリウッド映画が吸血鬼から密輸入したものだろう。ハイチのゾンビのつくりかたは「医学」である。それはアフリカの毒物学と、きわめて高度なレベルに達していたインディオの薬物学の結合ではなかろうか。荻野アンナが描き出したハイチのゾンビは、薬物学の知識と技術をもって作りだしたゾンビ薬で相手を毒殺し、埋葬された死体を二日後に掘りだして霊と肉を二分する。霊魂は壺に入れて別に保管する。肉体は「ゾンビの胡瓜」を食わせてよみがえらせる。こいつは魂のないバカであるからゾンビ主の意のままにあやつられ、「新しい名前を与えられ、奴隷として売り払われる」

まさに奴隷制の記憶だ。白人ははじめカリブの島々のインディオを奴隷として使おうとしたが、適さないと知って殺し、アフリカから黒人奴隷を輸入した。荻野アンナの小説は、こんどは日本の暴力団がハイチ産ゾンビに目をつけてのりこみ、覚醒剤やチャカより確実な商品として大量生産すべく、ハイチ人ゾンビ作り技師ピエールを招聘したが、フグ毒の「キムチ」は国産品で間にあったものの、ママン・グエペ、マシャシャ、啞の砂糖黍《ダムケイン》、ブワ・ピネがなく、漢方薬で代用して調合したところこれが精力剤になり、相手がビンビンに元気になって、ヤクザの組に怨まれたピエールは作者の家に逃げこんでくるというドタバタになるのである。

俺と荻野アンナは発想が似ていて、こちらもゾンビとキョンシーとドラキュラの比較幽霊学なんてものを考えていたから、大笑しつつも、ハイチ人青年マルファクチュールのピエールのゾンビ・テクノロジーが風太郎忍法帖『魔界転生』における切支丹伴天連の邪法でよみがえった魔剣士ほど荒唐無稽ではないと知っていたが、砒素入り食品事件続発に気味悪くなってきた。

アルバート・アイラーは一九六四年七月にＥＳＰレコードから『スピリチュアル・ユニティ』を出す。ここに「ゴースト」が登場する。パースネルはアイラーのサックス、ベースがゲイリー・ピーコック。ドラムスがサニー・マレイの三人組。

四曲入っている。「ゴースト・第一変奏」「ウィザード（魔法使い）」「スピリッツ（精霊たち）」「ゴースト・第二変奏」である。

ブードゥだ。タイトルだけ鬼面人を驚かす類の呪術っぽいものを並べたのではなく、このレコードはブードゥの体系をとらえているのである。これまでの知識を『スピリチュアル・ユニティ』の各曲目にあててみれば、「ゴースト」とはブードゥの秘儀でよみがえったゾンビ、「魔法使い」とは災厄神レグバに仕え死体処理を司る技術者、「スピリッツ」とは、荻野アンナ小説にいう霊のゾンビ＝ゾンビ・アストラルである。「スピリチュアル・ユニティ」とは肉のゾンビと霊のゾンビの再びの合一《ユニティ》を言う。

日本にも「ゴースト」吹きはいる。坂田明だ。そしてアイラーと坂田明の他にはゴースト吹きはいない。そのことは両者の音楽的類似性をしめすのであって、ふたりとも「砂かけ婆のにじり口説」奏法を得意とする。語は奥成達の開発であって、坂田明のは白髪の婆さんが三つ指ついて、「そうでございましょう。でございましょう」と畳のふちをにじり寄ってくる気味のわるい旋律をバリトン・クラリネットで出すというものであるが、「ゴースト」以前のアイラーは、ドン・チェリーと組んだ『紐育、眼と耳』（一九六四年六月）という盤の「ドン・チェリーの暁」という曲で、ヒュードロドロの幽霊が出そうなメロディを吹いているのである。

ところで坂田明は「ゴースト」に「赤トンボ」を引用する。山下トリオが「ゴースト」を最初に演奏したのは、山下、坂田、小山彰太による一九七四年の第四次欧州演奏旅行時の『モントルー・アフターグロウ』である。山下ジャズの愛好家なら想い出すと思うが、二十二分の長い演奏が終わって、拍手の中でスイス人司会者がメンバー紹介して、「アキューラ・サカタ、ショータコ・ヤーマ」と発音し、これは坂田明の「ゴースト」演奏にドラキュラを連想したから「アキューラ」になったんだ、と帰国後言われた演奏だ。ゴーストの主題に「赤トンボ」が重なり、「セント・トーマス」のメロディが出たかと思うと、とつぜん坂田スキャットになって、「コネコ、コネコ、ネコ、オコゼのコ」なんてのが飛び出す。野口久光のライナーノートから一部を引く。

洋輔さんの話では、ヨーロッパ聴衆の中にはこの曲を日本の民謡かときいた人もあるとのことだが、アイラーを知っている人によればどうやらアイルランドの民謡にヒントを得て書いたものらしいとのことである。坂田明はアド・リブのなかに「赤トンボ」のメロディをのぞかせたりしてそれが山下洋輔をうれしがらせている。

アイルランド民謡ではない。「埴生の宿」をそれもので吹けば「ゴースト」に聴こえないでもないが、アイラーの吹いているのはハイチのブードゥ教を念頭に置いたゾンビの曲「ゴースト」だ。その後、俺は坂田明の「ゴースト」を何度も聴いている。それは、「ゴースト」を「赤トンボ」で受けるのが精神感応であり、アイラーがよびさました幽霊を坂田が「赤トンボ」で鎮魂するという一点に収斂されてゆく。そのような精神的合一《スピリチュアル・ユニティ》は坂田明にしかできなかった。

おう寒！　水たまりに薄氷がはりはじめた未舗装路をしゃりしゃり踏んで、まだ単線だった横浜線の遮断機のない踏切を越えてアルバート・アイラーのレコードを聴きに四つ角のスナックに行ったことをおもいだした。場所は町田だ。時間は一九六九年か、七〇年になっていたか。坂田明の赤トンボつき「ゴースト」が現れる以前だ。

町田市森野のやよい団地というところに住んでいた。小さな家がよりそっている小さな団地で、畑、雑木林、里山のなかに同じくらいの規模の建売り団地と県営の鉄筋アパート群が散在していた。境川が流れていた。橋本のほうから流れてきて流れつく先は片瀬海岸、川幅はせまいが暴れ川だ。台風のあと、上流から豚が流れてきたことがある。団地を出ると境川に架かる木の橋があり、渡ると横浜線の土手の踏切まで畑のなかの道だった。単線には四輛編成の錆どめ色の電車が走っていた。踏切の上で左右を見ると鉄路は一直線、淵野辺《ふちのべ》のあたりから国電原町田のあたりまで見渡せた。踏切を渡ってちょっと行くと四つ角の手前に新築の中華料理屋とスナックが出来て、そのスナックに「ゴースト」を聴きに行ったのである。

俺はアルバート・アイラーのジャズが好きなのに論じたことがなかった。自分のジャズの聴き方中の別系統だったのだ。いわばアルバート・アイラーは町田で聴くもの。

住んでいた家は小田急線新原町田から歩いて二十分ほどのところで、ちょっと行けば相模大野圏内でもあった。疎に雑木林の生えた丘がある。濡れてすべる丘の泥道を上ると、荒蕪地をきりひらいて出来たばかりの忠実屋スーパーがある。そこから相模大野圏だ。相模大野は米軍基地のエンドだった。フェンスの金網でかこわれた米人住宅がある。利用計画も決まらずとりあえず谷戸を切りひらいただけで資材置場になっている荒れ地に、大きなアメ車が停めてあり、そのまわりに日産チェリーやマツダのファミリア・クーペといったやや速めの、農協ジュニアの持ち車が停めてあり、捨てられていたのだと思うが、図体の大きなアメ車を喰いちぎる小ぶりな日本車という図が現出していた。

ベトナム戦争が続いていた。

英文で書かれた洋服仕立屋が何軒か街道にあった。

片脚のない米兵が松葉杖と戦友に支えられながら陽気に笑って歩いていた。

新原町田は日本人の町だったが、新宿を背に、小田急線が相模大野、相武台前、海老名と行くほどに米軍基地の色彩が強くなっていた。

そんな時代の新原町田はずれの四つ角にできたスナックで聴くアルバート・アイラーだった。俺はその町にサラリーマン三年、失業二年を暮らした。そこに居たというだけで、寒かった。金が無かった、「ゴースト」を聴いた。アルバート・アイラーは自分の中で別系統だった。

ブードゥ教をとらえるために遠景に幕末の「ええじゃないか」を置いてみよう。「ええじゃないか」の代表的な歌詞はこういうものである。京都の例では、

市内祭り、二見之浦などの作り物これあり。衣裳美くしく飾り、おどり歩き行く。その歌にはく、

「ゑいじゃないか。ゑいじゃないか。おそそに紙はれ、破れりゃ又はれ、ゑいじゃないか、ゑいじゃないか」

と云ひて市中大賑合い、夜は八ッ時ごろまで太鼓打ち、囃子にて山手などへ聞え申し候。

（「慶應伊勢御影《おかげ》見聞諸国不思議之扣《ず》」）


核になるのは「ゑいじゃないか」というリズミックなシャウト自体である。「おそそに紙はれ」と

ある紙は空から降ってくる伊勢神宮のお札のことだろう。伊勢神宮の札さえ女陰に貼っておけばフリーセックスおかまいなしの意味だ。同様に、他人の家に踊り込んで飯を食っても酒を飲んでも、商家に踊り込んで金をせびっても、ええじゃないか。幕末もどんづまりの慶応三年にあらわれた「ええじゃないか」の狂踊はそれまでの「おかげまいり」とは性格を異にするところが多く、「おどりと打こわしとは紙一重であったとも見られる」（藤谷俊雄『おかげまいりとええじゃないか』、岩波新書）

「ええじゃないか」の発生と同時期に、正確に何年何月どこでとまではわからないのだが、七七七七……調の瞽女唄のリズムに乗った「おかげ世直しくどき」という歌が流行したと添田唖蝉坊は記している。その歌詞の一部をかかげる。

およそサエ、日本ひらけしよりも、神のりやくのとうときことは、あまた世界にある其中に、すぎし嘉永の年間よりも、ひらくこうえきいじんのために、神の心にそむきしゆえか、ききもおよばぬころりのやまい、またはかんとうさて大じしん、世にもまれなるふしぎがつづき、ここやかしこにたたかいおこり、諸人なんぎのそのおりからに、きみのめぐみはさてありがたや、なびく神風東かいどうや、又はつづいて中仙道の、凡そ宿々在々《しゆくじゆくざいざい》までも、しょしょのあら神ふりたるしだい……

（唖蟬坊『流行歌・明治大正史』、刀水書院）

プロパガンダである。「宮さん、宮さん」が長州の品川彌次郎の作であるように明確に、尊皇攘夷そして倒幕をアジったもので、天明の大地震を天譴（命運のつきた王朝に天が地震、疫病、旱魃等の災害をもって王朝交替を告げる思想）ととらえ、黒船来航、開港による物価騰貴、コレラの流行、伊勢神宮のお札降り、幕府権力と志士の各所での小ぜりあいを、すべて内乱へ、権力掌握へと束ねてゆくたくみなプロパガンダである。

それがつらつら、つらつらとなめらかにつらなるヤンレー節瞽女唄のリズムに乗っていたことに注目すべきである。ひょっとこ的陽性の阿呆陀羅経、雪女的陰性のヤンレー節瞽女唄と俺は理解していたのだけれども、怨んで、嘆いて、かき口説く七七拍の嫋々たるヤンレー節の浸透力にのせてプロパガンダを行うというこの作者の創見におどろく。

阿呆陀羅経も戦闘的なリズムなのである。これをプロパガンダに使った最強のかたちを夢野久作『ドグラ・マグラ』中「キチガイ地獄外道祭文」に見よう。

▼あーァ。軽いところで牢屋の住居《すまい》じゃ。世界の歴史を調べてみますと。高い身分や爵位や名誉じゃ。または財産、領地の引き継ぎ。女出入りや跡取り世取りの。お家騒動、内輪の揉めから。邪魔な相手を片づけたさに。こうした手段を使った例《ため》しが。チラリチラリと残っております。ならば今ではどうかと見ますと。おなじことじゃと云いたいなれども。いえぬどころか、もちっとひどいよ……スカラカ、チャカポコ。スチャラカ、チャカポコ、チャカポコ。

こちらのほうは八六拍である。「八木節」のリズムだ。浮き浮きしてくる。陰のヤンレー節、陽の阿呆陀羅経あいまって江戸に攻め上ってくるリズムを聴いて、幕閣につらなるものは四面楚歌の如き恐怖を感じなかったか。

その恐怖を、山岳に立て籠ったトゥサン・ルベルチュール逃亡奴隷軍のタムタムを闇の中で聴くハイチの白人荘園主たちに重ねあわせることができるのである。リズム、すなわち「ええじゃないか」のごとく、それ自体が戦闘に憑依するものであると同時に、通信内容そのものであるトーキング・ドラムであったとしたら。

コルトレーンが、アイラーの演奏に衝激を受けたのは、ブードゥ的なものにであったのはまちがいなかろう。

一九六二年、キリスト教の神を捨て急激に異神に接近しつつあったコルトレーンを、ハイチの山岳から反乱を呼びかけてくるブードゥの呪文のような、アルバート・アイラーのジャズがゆさぶったのであり、フランツ・ファノンいわく、「リズム＝その重さに黒人がたえかねてよろけるもの」と逆説的に表現されたリズミックな黒い世界観にあらためて衝迫されたのだろう。

アルバート・アイラーは黒人である。だからゾンビを回向し鎮魂させる前にゾンビの怨みを晴らしたい。鎮魂される前に白人支配を破壊したい。

香華の方法は東洋にあるということを教えてくれたのはキョンシーの登場によってだった。香港映画人サモ洪金寶一九八二年の『鬼打鬼』がキョンシー映画の最初だ。俺がキョンシー概論を提出するのは一九八七年だ。さすが坂田明、あいつはずっと俺よりはやかったということになる。概論を再提出する。

記憶の底をひっくり返してみると、「ゾンビ」という語がはじめて日本に紹介されたのは、ハリー・ベラフォンテの曲「ゾンビ・ジャンボリー」で（中略）、日本登場以来かれこれ四半世紀になるのに、この島国にはまだ居住権をもたない。

理由は日本には立派な先輩が多すぎるからだろう。狐狸、一ツ目小僧、雪女郎の類から、鵺《ぬえ》、河童、天狗、そしてこんなところに名を出して失礼ながら平将門まで、異界と異族の闇がひかえており、八百万《やおろず》の神々から中世までにインド、中国から帰化しおえた眷族がひしめいていて、小松和彦・内藤正敏の共著『鬼がつくった国・日本』とまでいわれているのだから、霊的精妙さもこれといった得意技ももたないゾンビごとき下等の化けものが住みつく余地はないのだぞ、共産主義という妖怪さえ住みにくいのだぞ、と威張ってみて、ああ、いたいた、中世仏教の餓鬼というやつがゾンビに近い。

これとても高度成長期に転向して市民になった。

漢民族も同じだろう。香港映画リッキー・リュウ監督作品『霊幻道士2　キョンシーの息子たち』でも、中国版ゾンビ＝キョンシーは、原産地の泥だらけのものから、もうすこしクリアーなものに性格変化している。その特徴をかかげると

①九十九年前のミイラである。九十九年という数字は、英国が香港を租借している期限である。

②キョンシー一家は、腐ったような衣服を着ているのではなく、曾国藩や林則徐などの清朝の高官（阿片戦争時の民族抵抗者）が身につけていたような立派な着衣をつけ、顔立ちも立派である。

③キョンシー一家には夫婦、親子の情愛がある。ことにキョンシーをかばった市民一家を、襲うのを中断して去るというシーンには儒教倫理さえある。

④キョンシーはドラキュラとゾンビの中間である。光に弱く、木製の剣にやられ、血を吸い、噛まれた者がキョンシー化するというところはドラキュラ型特性だ。

（平岡「霊幻道士2――キョンシーの帰属をめぐって」、『香港喜劇大序説』所収、政界往来社、一九八七年）

キョンシーとは、一言でいえば怒れる祖先である。子孫が礼をわすれると怒って地上に現出するものであるから、香華、回向、鎮魂の方法が儒仏道の東洋思想にあるのだ。そうした東洋の香華の思想が、「ゴースト」を「赤トンボ」で鎮魂するという坂田明の方法の背後にあるのは言うまでもない。

アイラーにはゾンビ鎮魂の方法はなかった。というよりも鎮魂を拒否した。そしてゾンビが何に対して怒っているのかを明確にしたのが一九六五年九月の『スピリッツ・リジョイス』である。何を怒っているのか。ナポレオン軍のハイチ島への軍事侵攻をだ。表題曲「スピリッツ・リジョイス」は軍隊の起床ラッパではじまる。〽起きろよ、起きろよ、みな起きろ、起きないと、班長さんに叱られる、と聴こえるやつだ。トランペットを吹いているのは弟のドン・アイラー。

〽兵隊さんはつらいのね、また寝て泣いてるのね、と聴こえる消灯ラッパの陰との対称のなかで、陽の起床ラッパではじめるのは意外だが、アイラーの猛烈なヴァイブレーションを伴ったテナーサックスがフランス国歌「ラ・マルセイエーズ」の「変奏」を主題にしたとき俺は指を鳴らした。クレオール語化されたラ・マルセイエーズだ！！

フランス国歌の変奏といってはことの本質をあやまる。フランス国歌のクレオール転訛をアルバート・アイラーはやっているのである。ハイチの言語はフランス語のアフリカ語化したクレオール語である。

クレオールがいる旧フランス植民地で、起床ラッパで起きる軍隊がいてフランス国歌が斉奏されるとなるとハイチしかない。ニューオリンズではない。ではこの軍隊はなにか。トゥサン・ルベルチュールのハイチ革命正規軍である。トゥサンの軍隊はすでに山岳の森の奥にひそんで英軍や荘園主の私兵と戦う黒人逃亡奴隷の群ではない。ジャコバン党政府のハイチ支部である。その肌はフランス革命の自由、平等、友愛の三色旗である。トゥサンは白人兵も含むハイチのジャコバン党軍を率いて、ハイチ王党派を打倒した司令官だ。

やがてフランス本国ではナポレオンが権力をにぎる。ナポレオンはハイチの革命政府を倒すために六万の精兵を送る。トゥサンの軍隊はこれをことごとくうち破る。ナポレオンの軍隊を最初に破ったのはスペインのゲリラでもロシアの冬将軍でもない。トゥサン・ルベルチュールの黒人軍である。そのときどちらの軍隊も、自由・平等・友愛を掲げ、「ラ・マルセイエーズ」を歌って戦ったのである。

チャイコフスキーに「一八一二年序曲」というのがあるだろ。最初「ラ・マルセイエーズ」が優性だ。しだいにロシア国歌がもり返す。最後にロシア国歌が圧倒的になり、「ラ・マルセイエーズ」が息も絶え絶えに逃げてゆくというのが。そんなのにくらべれば、どちらもフランス国歌を歌い、トゥサンの軍がナポレオンのハイチ派遣軍を敗走させた戦いの逆説を演奏したアイラーの「魂のよろこび《スピリッツ・リジョイス》」がどれほど痛烈であることか。

アルバート・アイラーのジャズのうしろに一冊の本が見える。シリル・ライオネル・ロバート・ジェームズの『ブラック・ジャコバン』である。ジェームズは一九〇一年、トリニダード・トバゴの教師の息子として生まれる。クリケット選手として少年期を送り、青年時代にはスポーツ評論、音楽や演劇の批評を行い、一九三二年英国ランカシャー州に移住してから著述生活に入る。植民地の社会主義革命を主張してスターリン主義と対立し、トロツキーの第四インターに属する時期もあった独立マルクス主義者になる。『ブラック・ジャコバン　トゥサン゠ルヴェルチュールとハイチ革命』を出版したのは一九三八年である。渡米したが、一九五三年、マッカーシズムの赤狩りによって合衆国追放、トリニダード・トバゴに帰還、一九八九年六月、ロンドンにて死去。

アルバート・アイラーはC・L・R・ジェームズの影響を受けているはずだ。ことによると本だけではなく本人から直接に。『ブラック・ジャコバン』改訂増補版がアメリカで出版されたのは一九六三年である。

アイラーは一九三六年七月オハイオ州クリーブランドの生まれ。七歳でアルト・サックスを演奏。五六年まで断続的に「アカデミー・オブ・ミュージック」でレッスンを受けるとあるから音楽的基礎はしっかりしたものだ。この経歴のどこにブードゥとの接点があるかは不明。

C・L・R・ジェームズはフランツ・ファノンと並ぶカリブ海が生んだ黒人革命家の双璧である。ファノンやマルコムXの思想的影響を受けたジャズメンはいるが、ジェームズ影響下のジャズマンはアルバート・アイラーただ一人ではなかろうか。しかしアイラーのジャズが孤立していたとは思わない。

ベラフォンテの「ゾンビ・ジャンボリー」とアルバート・アイラーの「ゴースト」がほぼ同時にあらわれた時点の一九六〇年代初めに戻ろう。アイラー『ファースト・レコーディング』は一九六二年十月である。それは三カ月前のロリンズ『アワ・マン・イン・ジャズ』におけるテキストの自己解体に似ていた。そのロリンズをあと一齣もどすと、復帰第二作『ホワッツ・ニュー』が一九六二年四月と五月の吹き込みである。その盤に「ブルー・ソンゴ」と「ジャンゴソ」の二曲のカリプソの名演がある。どちらもロリンズのテナー、ボブ・クランショーのベース、キャンディードのコンガによる五月十四日の録音だ。絶品である。こう述べたことがある。

アントニオ・コンセリエイロの乱の武装した逃散農民たち、かれらは「ジャングンゾ」（流賊）と呼ばれる。この語はブラジル音楽とジャズとの六〇年代初頭の交流となる鍵である。テナー・サックスの巨人ソニー・ロリンズのボサノバＬＰ『ホワッツ・ニュー』中の第一に注目すべき作品は「ジャンゴソ」であり。ロリンズがブラジル音楽の何に感応したかを今となって俺は解けたのだが（中略）、中南米諸国では宗教戦争と並行して、諸神混淆が行われる。カリブ海のブードゥ教、ブラジルのカンドンブレ（マクンバ）、アフリカ化したキリスト教、キリスト教化したアフリカ系宗教、インディオ系宗教、ある意味ではとても本来のキリスト教とは呼べない合衆国南部の黒人教会……こうしたさまざまの変種をうみながら、宗教が本来のものから解体される。

（「サンバ水滸伝」、『歌の情勢はすばらしい』所収、冬樹社、一九七八年）

俺はカリプソとボサノバをまちがえているがそれは小さな瑕だ。当時、みんなまちがえた。制作者のジョージ・アヴァキャンが、これはブラジルの新しいリズム、ボサノバにロリンズがとり組んだものと言っているので、ボサノバの入ってきていなかった日本のジャズ評論家は油井正一でさえアヴァキャンの言を信じてロリンズのボサノバとしてしまったからだが、そのことよりも、ベースとコンガだけを伴奏にした「ブルー・ソンゴ」「ジャンゴソ」の響きからアントニオ・コンセリエイロの乱を直観した俺は正しかった。乱のことは現在ではバルガス・リョサ『世界終末戦争』（旦敬介訳、新潮社、一九八八年）によって日本でもよく知られている。ブラジル・バイーア地方の千年王国伝説に基づくカヌードス村の反乱だ。綿花と砂糖黍労働に使役されていた黒人奴隷が集団で密林の奥に逃げこみ、白人荘園主に狩り立てられたインディオと結合し、カヌードスという村をつくって武装自衛し、当時の首都バイーア政府の軍隊と戦争した。その指導者が伝導説教師のアントニオ・コンセリエーロという人物であり、千年王国の到来近しと説いたために一九〇〇年に逃亡奴隷の武装反乱が起こったのである。この一九〇〇年、東洋では彌勒信仰に基づく義和団の乱が起こる。そうしたものへの論究に俺はかかった。

「ジャンゴソ」をブラジル・カヌードスの乱の流賊に求めるのではなく、カリブ海に求めれば、まさにトゥサン・ルペルチュールの乱をロリンズは吹いていたのである。カリブは遠く離れて想うもの。ロリンズは「セント・トーマス」でこの島出身の母を追慕し、「ブルー・ソンゴ」でカリブの漁火をとらえ、「ジャンゴソ」のダブル・タンギングによるざらざらした音色で、山岳から反乱を檄するトゥサン軍のブードゥの祈りを描いたともとれるのである。

一九六〇年代の初め、ブードゥの記憶は、ロリンズ、ベラフォンテ、アイラーという知性によって合衆国中枢にもちこまれていた。一九七〇年のアイラーの謎の死は何だったか。ブードゥの秘儀と関係はないか。

一九七〇年代中期にはブードゥはアフリカに帰還している。ナイジェリアのフェラ・アニクラポ・クティのアルバム『ゾンビ』(一九七七年)だ。ここで言うゾンビは、自分の意志を持たずに権力の命じるがままに民衆に襲いかかる警官隊を言う。皮肉なことにロシア革命では民衆に襲いかかるコサック兵を「ファラオ」と言ったけどね。十二分近いこの曲のお終いの部分、ピジン・イングリッシュによるすばらしいカウンター・リズムの呼びかけ(ゾンビ化した警官隊への民衆からの逆指令?)のあとで出てくるクティのテナー・ソロはロリンズの「ジャンゴソ」そっくりだ。偶然だろうか。そしてテナー・ソロのカデンツァの部分のメロディは軍隊の消燈ラッパである。起床ラッパにはじまり「ラ・

マルセイエーズ」のクレオール転訛を演奏しつづけるアイラーの「スピリッツ・リジョイス」の裏である。これも偶然か？

俺はフェラ・アニクラポ・クティの「ゾンビ」という曲は、アメリカ合衆国に六〇年代を通じて姿を現したゾンビ出現史を七〇年代のアフリカでとらえかえした知的な作品と信じる。俺はこの曲を好きだったが、ろくすっぽ歌詞カードも読まず、スワヒリ語だとばかり思っていたのだが、ピジン英語だと知って驚き、歌詞カードを眺めながらくりかえし聴いて、この曲の内容をつかめたので紹介する。全体はクティと女声コーラス隊のかけあいである。阿呆陀羅経を念頭におかれたい。

女声コーラス「ゾンビー・オーゾンビー（二回）」

クティ「ゾンビは話せない、話しかけても答えない。Zombie no go to talk unless you tell am to go.」

女声コーラス「ゾンビー」

クティ「ゾンビは行けない、あっちへ行けと言っても」

女声コーラス「ゾンビー」

クティ「ゾンビは来られない、来いと言っても」

女声コーラス「ゾンビー」

クティ「ゾンビは考えられない、考えろと言っても」

女声コーラス「ゾンビー」

クティとコーラス隊斉唱「ゾンビー・オ・ゾンビー（二回）」

クティ「まっすぐ行けと言え」

女声コーラス「ジョロ、ジョロ、ジョロ（これはまったく日本語の「ぞろぞろ」だ）」
クティ「右へ曲れと言え」
女声コーラス「ジョロ、ジョロ、ジョロ」
クティ「左へ曲れと言え」
女声コーラス「ジョロ、ジョロ、ジョロ」
クティ「殺せと言え」
女声コーラス「ジョロ、ジョロ、ジョロ、ゾンビの道ハ一つ道 Zombie way na one way」
クティ「アテンション！（気をつけ！　このあとすばらしいカウンター・リズム）」
女声コーラス「ゾンビー」
クティ「急いで行進！」
女声コーラス「ゾンビー」
クティ「ゆっくり行動！」
女声コーラス「ゾンビー」
クティ「右行け！」
女声コーラス「ゾンビー」
クティ「左行け！」
女性コーラス「ゾンビー」
クティ「ぐちゃぐちゃにまわれ！（歌詞は about turn）」
女声コーラス「ゾンビー」

クティ「ダブル・アップ！（両腕をつきだせ、の意か？）」
女声コーラス「ゾンビー」
クティ「お辞儀！」
女声コーラス「ゾンビー」
クティ「帽子とれ！」
女声コーラス「ゾンビー」
クティ「楽にしろ！」
女声コーラス「ゾンビー」
クティ「寝ころべ！」
女声コーラス「ゾンビー」
クティ「寝ころび、やめ！（Fall out!　フォール状態からアウトしろの意に解す）」
女声コーラス「ゾンビー」
クティ「準備いいか！」
女声コーラス「ゾンビー」
クティ「H-A-L-T!　やめ！　O-R-D-E-R!!　命令だ!!（お化けが消えるときのような叫びかた。ほんらいなら「かかれ！」といって警官隊が襲いかかってくるシーンだろうに、「やめ」という命令で何もしないことをあらわす）」
女声コーラス「消えちゃったわ、そして行っちゃったわ（Fade then D-S-M-I-S-S）」
自分の頭で考えられず、命令されなければなにもできず、いいようにからかわれて消えてしまうゾンビ＝警官隊をバカにした歌だ。「アテンション！」以下、まるでスワヒリ語にしか聴こえないコーラス隊とクティのかけあいのリズミックなことよ。このかけあいに入る前の16ビートによるテロレン、テロレン、スカラカ、チャカポコ、チャカポコという阿呆陀羅経的間奏の爽快さよ。

まさにアフリカ民衆はリズムのよさで鈍重な権力の動きを凌駕し、金縛りにするのである。ナイジェリアの民衆と警官隊の衝突現場を想定してみよう。どちらも黒人同士である。デモ隊が黒人、警官隊が白人なんて単色のものではない。黒人同士だからいっそう憎しみが強まるのか、たがいに手加減するのかはわからない。わからないが、民衆の側のリズムが、それこそ犬に「お手、伏せ、チンチン、おあずけ」と芸をさせるようなからかいかたをしたあげく、そのリズミックな乗りをもって権力機構の反射神経を凌駕し、やがて解体された警官隊の一人一人の警察官を、民衆のリズムに巻きこみ、民衆の側に寝返らせる希望を感じさせるのがフェラ・アニクラポ・クティの音楽の陽性なのである。そう、陽性だ。ベラフォンテ「ゾンビ・ジャンボリー」の陽性が、メビウスの紐のように裏返って、クティの「ゾンビ」に再現されたのを感じる。

こういう闘いかたはアフリカ以外にも存在した。この頃、日本では三里塚闘争が続いていた。代執行にやってくる機動隊に農婦は浴びせかけた。「青虫（ゾンビー）。青びょうたん（ゾンビー）。うらなり（ゾンビー）。おまえさんはこの母さんの腹から生まれたのだぞ、その母さんに手をあげるつもりか、この土手かぼちゃ（ゾンビー）」。アフリカほどリズミックではないが、機動隊の青い戦闘服から芋虫を連想した農作業的悪罵の洪水は、ポリ公、税金泥棒と呼ぶしか能のない学生とは勝手のちがった相手であり、青服の機動隊員を蒼ざめさせた。

マイルスはどうか。マイルスにも「ゾンビ」はあるぜ。『ビッチェス・ブルー』に *Miles Runs*

Voodoo Down というのが。野口久光・訳では「マイルスはブードゥをけなす」。マイルスにアイラーの影響などないだろう。嫌いだったろう。マイルス『自伝』にアルバート・アイラーが出てくるのは一度だけだ。

アメリカは、ものすごいスピードで変りつつあった。音楽も、一九六四年には大きく変ろうとしていた。ジャズは死んだという連中が増えてきた。アーチー・シェップ、アルバート・アイラー、セシル・テイラーらが演奏していたフリー・ジャズが、その原因の一つだった。
（マイルス／クインシー・トループ『マイルス・デイビス自叙伝』十四章、中山康樹訳、JICC出版局、のち宝島社、一九九〇年）

これだけだ。しかしアイラーの「ゴースト」は嫌いでもブードゥ的なものはマイルスもとらえていたのである。油井正一がはやい時期から主張していた。「リズム・フィギュアは、大きなサイクルをえがいて廻転し、サウンドを前方に押してゆく。こうしたポリリズムは、マイルスの創案にもとづくようにみえてそうではなく、古くVoodoo（ヴードゥ教）の音楽に発しており、多くのフリー・ジャズメンと同様、マイルスもまた『先祖がえり』によって伝統に結びつけながら、最も新しいサウンドのヴィークル（車輪）としたものである。《マイルス、ヴードゥを追求》という一曲が、いみじくもそのルートを明らかにしている」（油井『ジャズの歴史物語』第三章・後記「フリー・ジャズとポスト・フリージャズ」、スイング・ジャーナル社、一九七二年）

野口訳で「ブードゥをけなす」、油井訳で「ブードゥを追及」と邦題されている曲だけでなく、『ウィ・ウォント・マイルス』の「ジャン・ピエール」がまたカリプソである。「ジャン・ピエール」というのはフランシス夫人の連れ子だということだけはわかっていて、マイルス自伝を読んでも、ジャン・ピエールがどんな人物だったのか、別れた後のフランシスがどうなったかは一行も出てこない。ジャン・ピエール。『ウィ・ウォント・マイルス』の一曲目、針を落とすと出てくるまぬけなメロディはなんてすばらしい。マイルスのミュート・トランペットとビル・エヴァンス同姓異人のソプラノサックスのユニゾンで奏されるテーマは、ペーポー・パーポー、サイレンの音が裏町の石甃を流れる古い古いフランス映画、蟹面のジャン・ギャバン扮するノエル親分の『現金《ゲンナマ》に手を出すな』あたりののんびりしているけれどいっそうたかまる緊張感か、そんなものがあったらだが、エジソンの蠟管式蓄音器に記録された最古のカリプソみたいな、おまぬけな音がする。マーカス・ミラーのエレキベースだろ、マイク・スターンのギターだろ、そしてアル・フォスターのドラムスがつくりだす筋肉質のリズムの戦場を、まぬけなメロディがのんびり歩いてゆく。いい！

　マイルスはこのメロディが好きなのだ。だから『ウィ・ウォント・マイルス』のなかで二回演奏した。アイラーのカリプソを思い出す。前衛ジャズの最先端で突然先祖返りしてしまったような「聖家族」やら「スピリッツ・リジョイス」だ。ナポレオン軍の陣営からフランス国歌が流れてくる。山岳にこもるトゥサンの陣地からもクレオール化された「ラ・マルセイエーズ」が流れてくる。どちらも自由、平等、友愛の同じ三色旗。その二つがこれから戦争を始めるのだ。この痛烈な逆説をカリプソ化した「ラ・マルセイエーズ」がつづってゆく。

　そういうのがありだから、マイルスとビルの斉奏して出す音がスコットランド兵のバグパイプに似ていて、このバグパイプがとんちんかんな方角に戦場を横切るのも、また、ありなのだ。

軍隊の先頭に立って、格子縞のスカートはいて、仔牛の皮袋みたいな楽器を胸に抱いて弾雨の中を演奏しながら進んでくるバグパイプ隊というのは英軍の華なのだろうな。先頭を進むから敵弾を受けて、あそこで一人、ここで一人と声も立てずに倒れる。生き残った者は無表情で進む。悲愴なのだが、バグパイプ隊は死ぬから華なのだろう。江戸火消しの纏持ちと同じだ。がまんを入れた青い肌に刺子の火事場装束をまとい、炎にいちばん近い屋根に上って纏を振って、わが身が紅蓮の炎に転げ落ちるのもいとわない。その覚悟が味方を鼓舞する。

だから英軍とやるときにはバグパイプ手だけ狙う狙撃手を並べたらどうかと想像する俺みたいなやつがいるのだから、マイルスが、戦場のとんちんかんな方角に行軍する黒人兵によるバグパイプ隊を想像すれば「ジャン・ピエール」みたいな曲になるだろう。消えたバグパイプ隊はどこに出るのかって？　敵軍の隊列の中さ。言うだろう、あなたの心に闇があれば、あたくしは闇の中ににじみ出るのですよ、と。俺はジャン・ピエールは死んだのだろうと想像している。

樋口一葉『十三夜』の底力

1986（S61）11-23と日付を手書きされた岡本文弥のテープがある。『十三夜』を歌ったものだ。この日付は文弥九十一歳時に二十四歳の一葉作品を歌ったということをしめす。

神々しい。九十一歳の老匠が二十四歳の一葉小説を歌って神々しいのである。谷川雁のこんな比喩を思い出す。十七歳の革命家と七十歳の革命家が同時に問いを発したらどうなるか、と。七十歳の革命家は問う。未熟な革命思想になにができようか。十七歳の革命家は言う。成熟した革命思想とはそもそも矛盾ではないか。同時に発された矢は中間地点で落ちるだろう。はたしてそうだったのか。中間地点なんてものは一歳児と九十九翁の平均年齢は五十歳であるというのと同じような無意味であり、雁がポツリと落ちたら落雁という菓子になると笑っていればいいことだが、革命思想の矛盾を鋭く衝いたアポリアの「実例」を思いつかなかった。問いを発したときの谷川雁の脳の中にあったものを推定すると、荒畑寒村と中国紅衛兵か。老いたる革命家とガキの革命家が同時に矢を切ってはなすと……やはり落雁かね。『水滸伝』第百十回「燕青　秋林渡に雁を射ち　宋江　東京《とうけい》城に俘《とりこ》を献ず」、方臘《ほうろう》との戦いに梁山泊勢を率いて出発した宋江は宛州の秋林山で上空を雁行する渡り鳥の群が突然列を乱したのを見た。弩《いしゅみ》の名手燕青が座輿に先頭を行く雁を射たのだ。豪傑たちは燕青の腕前をほめそやす。なかで宋江だけが暗い顔をして思う。これまで梁山泊の兄弟たちはだれ一人欠けず連戦連勝してきたが、いま燕青が雁を射て一羽を殺したのは、われわれが今度の戦で一人死に、二人死ぬことの予兆ではないか。

ところで九十一歳の岡本文弥が『十三夜』の樋口一葉を『たけくらべ』の初恋のように歌い、二十四歳の一葉は『十三夜』で成熟した年増の女を描きあげていて、両者がひょうと切って放った矢が出会うところ、銀の盆のように輝いて宙天に懸る月の中を黒い二本の矢がかすめる。

〽今宵旧暦十三夜、月見の団子こしらえて、好物なればすこしなりとも食べさせたいと、もったいない親心。その親心なおざりに、夫の讒訴《ざんそ》、身の苦労、泣いて口説いて今日限り、離縁と覚悟をきわめしを老いたる父が涙のいましめ。セリフ「つらかろうとも一つは親のため、弟のため、生れてきた、太郎のため」〽、と、因果をふくめて涙のいましめ。

一葉原作では、お関《せき》が夫原田との離婚を決心して、七歳になった我が子太郎を残して、実家の斎藤の家に戻ってきたのは月見の十三夜、そのお関の心のうちを置き浄瑠璃に処理して遠景に斥け、岡本文弥はいきなり本題を語りはじめるのである。主題はかつて恋仲だった煙草屋の倅高坂録之助が俥夫《くるまや》に身をおとし、たがいにそれと知らず客と俥夫の身、知ってお関は人力俥を下りて暗い夜道を並んで歩きながら上野広小路で別れるまでの身の上話にある。段切れは、〽塗り下駄の音遠ざかる十三夜、と結ばれ、録さんのとらえる別れの視線中のお関の後姿だろう、チンカラ、チンカラ遠ざかる新内流しの音をのこして、文弥、三味線宮染、上調子の宮之助の三者が楽屋に立つ姿に重なって幕、水を打ったように静かだった客席からドッと拍手がくる。

客席のいずまいの感じから上野本牧亭と聴いた。あの寄席は演者うしろの薄い檜板の襖が声や三味の音と共鳴して響きがいい。本牧亭の岡本文弥はいつもすばらしいが、『十三夜』は上野を舞台とするために土地の記憶がよびさまされて曲と一緒に息づくかのようだ。『たけくらべ』『にごりえ』『大つごもり』とくらべて、四百字詰原稿用紙で三十枚ばかりの『十三夜』は一段小粒の作品のようにかつては思っていたが、どうしてどうして、文弥新内に磨かれたものを見ると奥の深い小説だ。文弥の一葉腰斬といいたくなるほどの腕の冴えがきいている。一葉自身は三十枚ほどの『十三夜』を上下二章に分け、お関が実家《さと》の斎藤家に戻ってきて愚痴を言う部分を上の章として二十枚ほど、帰りの俥屋がかつて恋仲だった録之助だと知ってこもごも語る部分を下の章としてこれに十枚、文弥は下の章こそ『十三夜』の神髄として前半の物語二十枚ほどを、今引用した〽今宵旧暦十三夜、花見の団子こしらえて、好物なればすこしなりとも……云々だけを置き浄瑠璃（落語のまくら）化して残して、あとを斬り飛ばしてしまった。

　ところが残された三分の一部分から樋口一葉の底力が出てくる。あきらめてのち、滅びた江戸の底からなお艶然とあらわれる年増の強さであり、それは一葉が二十五歳で肺病で死なず、あと数年生きることができたらわれわれの眼前にあらわれただろう姿を想像させる。

　お関は二十四歳、それは『十三夜』執筆中の一葉と同い年だから、お関の経歴は一葉自身の伝記に沿うものと思っていい。お関の実家の姓は斎藤、父母と亥之《ゐの》という弟の三人暮し。家業は何とは書かれてはいないが、士分ではなく、そのころは神田猿楽町に住んでいた。十七歳の正月だった。お関がついた羽子板の羽根が官員原田勇の俥（馬車ではなく人力俥だろう）に飛びこんだことが縁で見染められ、強《た》って嫁にとの請いに、花嫁修業の芸ごともしつけもまだだからと一度は断ったが、旧幕時代は町家の娘は武家の嫁女にもとめられると、一定期間養女として武家屋敷で見習奉公し、それから輿入れするという慣習を父母は述べたのだろうが、断りきれず、原田の妻になる。原田は能吏で、維新元勲から二勲から二、三ランク下の長州人という感じがする。証拠はないが原田勇ってなんとなく長州人という感じがするだろう。

お関には神田小川町の煙草屋の倅で録之助という思いを寄せる男がいた。許婚者というほどでもなく、お関は自分はいずれ録之助の嫁になって「新聞を読みながら」煙草店をきりもりするだろうと思っている仲だ。女が新聞を読むのだから明治だが、御一新がなければ二人は結婚し、平凡な商家の夫婦として暮らしただろう。お関が原田に見染められたのは十七歳の年とすると明治二十二年だ。憲法発布の年である。薩長の兵がやってきて江戸娘を見染めるという構図に変わりはないが、明治二十年代にもなると、すなわち最後の国内戦だった明治十年の西南の役がおわって十年以上経ち、藩閥政府を打倒する動きが一掃されて官員万能の時代がくると、西洋知識を身につけた地方出身の官員たちには江戸文化へのコンプレックスがなくなって、新聞を読める江戸娘お関に対しても、高級官僚の妻として「教育のない身」、実家の家柄が低いとバカにするようになっている。

十七のとき嫁入りした当初はお関は夫に可愛がられた。すぐこどもが生まれて、太郎と名づけられてはや七年、夫の愛情は薄れ、芸者買いにうつつをぬかすのみか、召使の前で「太郎の乳母がわりに置いて遣わす」と言わんばかりのありさま、ついに辛棒もできなくなり夫と別れるつもりで今は上野の新坂下に移った実家《さと》に戻ってきた。

一葉自身の十七歳時（明治二十一年）はどうだったか。この年樋口家の家督をついでいる。父樋口則徳は警視庁を退職し友人の実業家松岡徳善と組んで荷車請負組合を設立している。父親が事業に失敗し、失意のうちに死ぬのは翌明治二十二年、一葉十八の年である。一葉の転機は樋口家没落の十八歳時である。小説のお関は一子太郎を産んで夫の愛情が薄れ原田邸内で孤立してゆくのが十八の年。

一葉とお関はまちがいなく並行している。

一葉の父母は安政四年に山梨から江戸に出て、南町奉行所八丁堀同心の株を買って直参になった。幕臣だから維新後負け犬視されたと思うが、そのまま横すべりするかたちで明治政府の警察畑で働いた。明治政府は欧米を真似ていろんな政府機構をつくったが、やりかたがわからず、実務は旧幕臣が担当したという典型的なケースである。ということは樋口家の維新体験は落語「素人鰻」の如くアッという間に没落する士族の商売でも、会津士族のように薩長藩閥政治の迫害を受けつづけて北海道開拓に従事して塗炭の苦しみを味わうといったものでもなく、比較的穏やかなものであり、樋口家の没落も戦乱の間に力づくで破壊されたのではなく、父親が事業に手を出し失敗するという性質のものだった。

その性格がお関に投影されている。岡本文弥が一葉腰斬といえるまでに切り捨てた前段に、残しておいてもらいたかった細目がある。小説の冒頭「例《いつも》は威勢よき黒ぬり車の、それ門《かど》に音が止った娘ではないかと両親《ふたおや》に出迎はれつる物を」という箇所と、お関が煙草を吸う箇所だ。いつもならばお関は黒塗りのおかかえの人力俥で里帰りする。高級官僚の奥様である。この黒塗りの人力俥というのは、夫原田勇がこの七年間に官界でより出世したこともしめす。お関が煙草をのむところは、自分は嫁ぎ先の家を捨てるのだということを両親に言い出しかねて、「烟《けむり》にまぎらす烟草二三服」という箇所だ。

彼女は刻みたばこを吸う江戸前の女である。お歯黒もしているだろう。そしてこの喫煙ぐせは、神田小川町の煙草屋の倅で、ガキの頃から煙管《きせる》をくわえたませた少年録之助のお関における残像と理解できる。

したがって黒塗りの人力俥と刻みタバコという二つの細目は、お関が権門の人身御供にされた哀れな町娘だったのではなく、それなりの貫禄と張りのある年増女になっているということを意味する。年増女の結婚七年後の離縁話、そんなものはありきたりだから切って捨てたというのが文弥新内の斬れ味だ。お前が原田に冷たくされて召使たちにもバカにされるのはつらかろうがこらえてくれ、家業とてない父母が生計を立てられるのも、弟の亥之が昼は区役所の職を得て奉給を受け、夜は夜学に通えるのも、原田さんのおかげあってのこと、また生まれた子は原田家のもの、別れてしまえば二度とお前は会えないのだ。この説得にお関は、私が短慮でしたと頭を下げる。

その程度のものに岡本文弥は新内の神髄である口説を使わない。また樋口一葉にとっても、その程度のことは、自分の小説に書く主題ではない。

お関が帰路にひろった辻留めの人力俥が、現在の斎藤の家のある上野新坂下から駿河台に向かう道のりの佗しいところにさしかかると、俥夫は、今日はもう働く気がしないから下りてくれ、という。俥代をはずんでくれというのではない。働くのが大儀になったのだ。緩い上り坂でもあったのだろうかと思うが、こういう形で一度ひきうけた仕事を途中で放り出すようなことは江戸の辻駕籠にはなかった。

こんな暗いところで放り出されては困る。せめて広小路まで連れて行っておくれ、とお関は頼む。これは私が悪かった、代はいらぬから広小路までおのりなせえと俥夫は言う。提燈の明りで見るその顔は、色黒くやつれてはいるがかつて恋仲だった高坂の録之助。このシーンがいい。江戸っ子の心棒がへしおれているのだ。気にいらぬ仕事は請け負わぬ職人気質とはちがう。維新の負け犬根性が染みついて、骨の髄まで疲労しているのである。今は官員の奥さま然と収まっている風合の江戸女を見て、いや気がドッと出たと解する。

たがいと知った二人は話す。お関が言う。私もお前のことは気にしていた。「今は何処に家を持って、お内儀さんも御健勝《おまめ》か、小児《ちっさい》のも出来てか、今も私は折ふし小川町の勧工場《くわんこうば》［デパート］見《み》物に行きまする度々、旧《もと》のお店がそっくり其儘同じ烟草店《たばこみせ》の能登やといふに成って居まするを、何時通っても覗かれて、あゝ高坂の録さんが子供であったころ、学校の行返《ゆきもど》りに寄っては巻烟煙のこぼれを貰ふて、生意気らしう吸立てた物なれど……云々」

離婚した配偶者とばったり顔をあわせたときの男女の気持ちを俺はわからない。しかし想像がつく。こんな歌の断片を覚えている。

〽……昨夜《ゆんべ》、横丁でネ、元のお女房《かか》に会ってネ、お女房健勝《まめ》だか達者でいるか……お前さんの世話にはなりゃしない……昨夜、横丁でね、夜の夜中に女に出会い、道をきかれてハッとして、あわてて駆け出しゃ木の根に蹴つまづき……。

芸ごとは玄人はだしの一族の宴席で、いちばん芸が下手くそな父親がよく歌っていたしみじみとした情感と滑稽さのまじった俗謡のきれぎれの断片なのだが、別れた女房とばったり再会した男の気恥かしさと、それ以来女がにがてになって、疑心暗鬼、夜中に女に出会って幽霊に会ったようにこわかった……。俺だって夜中に刑事に出くわすより、女に出会って、あの、もし、と話しかけられる方がこわい。

他人の手に渡った自分の生家の前を通りかかるのはどんな気持ちがするものか、さぞ複雑だったろう、ことに録之助の場合は居抜きで同業者の手に渡ったので、と想像してみるだけだが、これも俺には経験がなくてわからないが、空襲で駒込病院前のわが家があったあたりが焼き払われて更地になったのを見た恐怖を覚えている。

病院前を通って動坂にぬける自動車通りをはさんでこちら側の横丁に、入口が杉山葬儀社、次が父母が住んだ小さな借家、つきあたりが伊藤晴雨の家だった。伊藤家とわが家の間には柴の生垣があって、生垣をはさんだたがいの勝手口から母と伊藤家の女が世間話をしていた。伊藤家が庭に井戸を掘った。つるべ井戸だった記憶がある。葦簀《よしず》のおおいが一枚してあっただけの井戸のふちに猫が乗って、葦簀がずれて猫が落ちて死んだ。俺は井戸なんか掘るからいけないんだ、と言ったそうだ。するとそれまで親しかった伊藤晴雨がねじこんできた。猫が死んだのは井戸のせいだというのはこどもの知恵じゃない、うちが井戸を掘ったのを嫉妬して親がこどもにいいふらせるようにしむけたのだろう。俺の父親が怒った。とんでもない言いがかりをしやがるクソ画家め。喧嘩になって父親は伊藤晴雨をポカポカひっぱたいた。昭和十八年、俺は三歳、太平洋戦争の戦況は日本が敗色に傾きはじめた頃のはずだ。

井戸を掘ったのを嫉んだ、という言い草が頭に残っていたので、一九七七年冬に『絶体絶命』という雑誌に「わが隣人伊藤晴雨」という文章を書いたおり、「古井戸ではなかったはずだ。東京にはその時代にはいくらなんでも水道が完備していたからあらためて井戸を掘るのはめずらしかったから、この記憶でいいはずだ。今おもえば戦争に備えたのだろう」と俺は書いた。それから二十二年経ってさらに今思えば、井戸は責め絵を描くための舞台装置にちがいない。丈の低い柴垣をはさんで母と立ち話をしていた「姪」と称する若い綺麗な女を縛ってモデルにし、古井戸に吊られる御殿女中の絵を描いていたのだろう。その写生場面を隣家に見られたのではないかというおそれから、猫と俺にかこつけてとんでもない言いがかりをつけてきたのだろう。おや、話がそれた。

一葉は天才だ。時代が変わったことを、他人手に渡った生家を零落した眼で見るという一点でおさえるのは並みの観察力ではない。高坂録之助の立場になればかつて惚れた女から、女房こどもはどうしているか、あなたの店が他人手に渡ってどんな気持ちか、とでも問われでもしたようにいやおうなしに過去の傷口に触れられる残酷さで、維新内戦前の江戸市中とご一新後の東京府《とうけい》とを湿式写真版で比較するかのようにギラギラと照らしだされ、しかも同じ没落したにしても自分よりずっとすくなくしか没落しなかった初恋の相手から、悪意なしに質される男の哀れさが、一挙動だ。江戸から東京に変わったことをこんなぐあいに描きだしたのは一葉くらいだろう。

男は答える。自分があなたに惚れていたということをあなたが原田さんの奥様になられてから気がつきました。それから身体の芯棒がなくなったようにあたしは放蕩した。女房を貰えば女狂いもおさまるだろうと周囲は期待したが、だめだった。女房はあなたがご懐妊ときいた年にもらいました。こどもが生まれたが、うっちゃらかしにしたおかげで女房子どもに逃げられた。五つの歳にこどもは流行り病のチフスで死んだと風の噂にきいた。今は浅草の木賃宿でゴロゴロして、煙のように生きています。

無法松、富島松五郎と比較してみてくれ。馬喰の子無法松が、北九州小倉の古船場の木賃宿で、女房ももらわずゴロゴロしているのは、昔の遊俠無頼の仲間たちが腰弁階級（勤め人）になって上役の顔をうかがいながら暮しているのを嘲笑して、人力俥夫の自由を享受するためだ。いわば労働者階級への形成を自ら放棄した無頼の姿である。無法松に比べて江戸っ子は弱々しい。『十三夜』は明治二十八（一八九五）年の作品である。執筆年代はちがうが岩下俊作は『無法松の一生』を明治三十年の出来事として書いている。だから高坂の録之助と無法松は同世代者である。そして一葉が『十三夜』を書いたのは一八九五年、今から約百年前である。この年、岡本文弥が生まれている。

広小路までの道を録之助は空の人力俥を挽き、お関はその横に並んで、話しながら歩いてゆく。あたかも一幅の明治浮世絵だ。広小路まで来た。「阿関は紙入れより紙幣いくらか取りだして小菊の紙にしほらしく包みて、録さんこれは誠に失礼なれど鼻紙なりと買って下され……」。録之助は受け取る。それでよい。武士は食わねど高楊子なんて気取ることはないや。そんなことをしたら重ったるくなっちゃうよ。庶民は流されることに生き様もあるのだ。幕切れにどこか救いがあるのはお関のつつむ金を録之助が受け取るからだ。

お関はどうなるか。俺の理解だが、そのときの彼女は、この作品を執筆している時点の樋口一葉の近未来なのである。嫁いで七年後、お関は離婚を決心した。父母に説得されて離婚をやめた。ここで結婚生活七年という過去の負債を捨てた。帰途、録之助の人力俥にのった。これで十二歳から十七歳までの五年間の少女時代という大過去を捨てた。十三夜の数刻のうちにお関は二段に過去を捨てたのである。だから原田の家に戻って、なにくわぬ顔で十三夜のお月見に実家に戻ったと報告し、よくおとなしく母を待っておいでだったね、と太郎を抱いて、そのときから奥様の重みを、すこしずつ、増すはずだ。

一葉の放った矢は文弥新内をおし返したと見る。時間と空間をへだてて、真の芸術の天才あるいは革命思想家同士の場合には、たがいに放った矢が、皓々と輝く銀色の月に吸いこまれることがまれにはある。短篇『十三夜』がこれほど多くの糸の結び玉をこしらえるとは思わなかった。樋口一葉、明治二十九年没。岡本文弥、明治二十八年生。一年のクロスオーバーをもって両者はすれちがっている。

大山倍達、東洋の思想家として

大山先生に恩がある。一九七五年初夏のことだ。反日武装戦線事件の教唆煽動者と目されて家宅捜索をくらい。暗い気持でいたある朝、電話が鳴った。「大山倍達です。カラテの。あたしと飯を食いませんか」

地面から掘り出したようなバスの響きを一言一句おぼえている。この超人が、俺の巻き込まれつつある事件を知っていて助け舟を出してくれようとしているのを知って、つつみこむような声の響きに安堵した。

築地の「すえひろ」でビフテキのフルコースを食べて、スープ、生肉のたたきの前菜、オレンジ・ジュース、六百グラムのステーキ、パン二箇、メロン¼切れ、コーヒー、グラスになみなみの水一杯。その時、俺は三十四歳。体重六十五キロ、職業著述業。「私と同じだけ食べたね」と大山先生は言った。格闘技家と同じ量だった。

反日武装戦線事件というのはちょっとやそっとの事件ではない。「狼」「大地の牙」「さそり」を名乗る左翼グループが三菱重工本社、三井物産、間組等に時限爆弾をしかけ、三菱重工本社前では爆風と飛散したガラス壁に直撃されて通行人が八人死んだ。これら一連の企業爆破が一九七四年夏から起り、その容疑者の逮捕が七五年五月だったのである。

逮捕に来た刑事の前で青酸カリを噛んで自殺した斎藤和と、のちアラブ赤軍の牢破りによってアラブに渡った浴田由紀子は俺の友人だった。斎藤和逮捕のテレビニュースが流れているとき五人の刑事がわが家に踏みこんできたところを見ると、かれらは俺を実行犯の一人とみなしていたのかもしれない。新聞紙にくるんであったなにかの缶をとり出したときの刑事たちの緊張した顔は、それが爆発物だと思った顔で、むこうも覚悟して来た連中であって、たがいに警察が事件ついでに容疑者の知人にいやがらせをしてみたり、こちらも「見込みちがいで無駄骨だったね」と皮肉を言ってバイバイと送り帰す程度の問題ではないことはわかっていた。

かれらは竹中労との共著『「水滸伝」窮民革命のための序説』（三一書房）、鎖、電線を押収して帰った。市販している本を押収してもなにもならないと思うが、この本には梅内恒夫の地下からの論文「共産同赤軍派より日帝打倒を志すすべての人々へ」が併載されており、鎖はかつてハンストをやって友人と身体を結びごぼうぬきされないために一端を柱に固定させたときに使ったものであり、電線はオーディオ用の耐熱絹巻き線ＭＩＬ《ミリタリー・グレード》規格の高級品である。国家権力が俺を反日武装戦線の一員とデッチ上げるつもりなら物証にならなくはない押収品目だろう。

こんなことがあっては飯がうまいはずはない。左翼の攻撃が通行人を殺してしまったこと、自分が今後危険人物視されて活動がやりにくくなること、左翼テロリズムの自己批判とその後に必ず運動周辺で行なわれる転向現象によって、「狼」らの行動の是非とは別に、やっておくべき日本帝国主義の戦争責任追及が鈍化すること。マイナスだらけだ。反権力闘争をやれば国家権力からの報復があることは覚悟の上だが、自分のやらないことをひっかぶされてはかなわない。

鬱々としていたときの大山倍達からの電話だ。この巨人とは一度会ったことがある。『闇市水滸伝』という主題の一環で、闇市時代に暴れに暴れ、いちばん強かった人物にインタビューするというものだった。そのインタビューで、若き日の大山倍達か石原莞爾「東亜連盟」に属し、将軍の用人棒をしていたことを知り、また大山先生も、石原莞爾将軍に興味を持つ戦後世代の左翼活動家に興味を持ったのである。

俺は『石原莞爾試論』という連載を一九七四年に『第三文明』に始めていて、（単行本化は一九七七年五月）、これは左翼が書いた最初の石原莞爾論だが、極真カラテ風に言えば、速いだけではなんにもならない。効かなくちゃだめだ。極真カラテを学ぶようになったのは、自分の思想を効くようにするためだ。ところで石原将軍の思想と行動を要約すればこうである。

――満州を軍事占拠する。日本の重工業生産の中心を満州に移して十年不戦。ことに中国との戦争は避ける。欧州の戦争には不介入。ドイツとソ連はとも倒れになるだろう。その間に日本は国力をたくわえ、モンロー主義を守って欧州の戦争につり出されずますます国力を備える米国との間に最終戦争が闘われる。その指標は満州の鉄鋼生産がU・S・スチールを上まわったとき、太平洋を無着陸で飛行する爆撃機が開発されて渡洋爆撃が可能になったときである。日本と米国の戦争は東洋王道文明と西洋覇道文明の決戦であって、この最終戦争を以って人類前史は終る。現在は（石原莞爾がその構想を実行するために満州事変を起こす昭和六年時点）最終戦争の前段階の、日米独露四者による準決勝戦段階である。日本が決勝戦に出るべく、満州に日満漢朝蒙の五族協和を実現して、日本を盟主とする東洋民族の団結が不可決である。朝鮮、台湾を独立させよ。日本軍は山東、河北から撤兵せよ。東洋を小口盗りするようなしみったれた精神で最終戦争に勝ち残ることはできない。

石原莞爾はそのように考えただけではなく、そのように実行した。彼が関東軍の実権をにぎった軍人だったということは、北一輝や大川周明らの民間右翼と大いにちがうのだ。石原莞爾は民間右翼や大陸浪人をゴロツキと軽蔑した。

また最終戦争が必然であるという考えを彼は専門の戦争史の研究と田中智学国柱会の日蓮教から発想して、天皇制から発想していない。天皇信仰はあまりにも国内的《ドメスティック》に過ぎ、東洋諸民族の協和というスケールには世界宗教の一つたる仏教のひろがりがなければならなかった。

そしてなぜ、竹中労・平岡の汎アジア窮民革命論者がはやい段階に（竹中労にあっては一九七〇年代に入ると同時に、両者の石原莞爾論公開対論は『週刊読書人』一九七一年一〇月一八日号「戦争と革命」映画シンポジウム）石原莞爾に注目したかといえば、攻守両面で、石原莞爾の思想にリアリティーを感じたからだ。

国際革命根拠地の創出という左翼の課題が、満州建国と最終戦争に向けての準備《スタンバイ》という石原莞爾の右翼革命を想い出させた。ハイジャックで北朝鮮に飛んだ赤軍派や、アラブに根拠地を構築してPFLPと共同軍事行動を行ったアラブ赤軍の行動は、満州を策源地に世界を夢見た戦前の石原莞爾「東亜連盟」の夢の見かたに共通するところがある。

守の部分について言えば、三島由紀夫自決以後、右翼の建軍路線が台頭し、戦前の大正リベラリズムが昭和六年の満州事変一発で脆くもやられたように、一九七〇年代前半の状況にあっても、右翼に石原莞爾型の実務家が出てくればやられる。ゆえに石原莞爾の研究を右翼より先にこちらがやる。

一九七五年初夏、そういう考えを持っていた、武断派だが頭デッカチのアカ二才が、石原莞爾の思想をもっとも良質なかたちで継承しつつ、世界の格闘技界に君臨しようとする寸前の、というのは極真カラテ世界選手権第一回大会半年前の、武道家大山倍達に会ったのである。

池袋の本部道場に、世界大会前夜に漲った雰囲気に身に覚えがある。一九六〇年六月の全学連だ。六月十五日、樺美智子が国会南通用門で殺されるあの日々の、国会突入方針を固めていた学生自治会の雰囲気に似ていた。

若き大山倍達は東亜連盟の朝鮮独立という主張にひきつけられた。大山倍達は朝鮮全羅道の名門、全州崔氏の出身である。幼くして父母の元を離れ、満州扎蘭屯《ツァーラントン》の姉の農場で育つ。ここで季節労働者の李相志という人物から朝鮮古代武術借力《シャクリキ》を習う。幼くして父母の手許を離れたのは、関東大震災で杉並にいた親戚の一人が殺され（震災下の朝鮮人虐殺）、そのショックで母親が精神に異常をきたし、倍達少年を風光明媚な扎蘭屯高原の姉の農場で育てようとしたからだ、と大山先生に伺った。

写真を見ると扎蘭屯高原はゆるやかな丘陵にたわわに実った高粱が黄金の波のようにつらなる土地で、ずいぶんスケールが大きい。満州をぶん盗って一度世界を夢見、日本敗戦によってポーンと外に投げだされた人々の戦後過程は興味深い。「外地引揚派」と総称される人々で、大藪春彦、五木寛之、赤塚不二夫とその父親赤塚藤七などを論じたことがある。ここに三波春夫をつけ加えよう。彼は王道楽土を希んで大陸に渡ったのではなく、兵隊にとられて関東軍の一兵として富錦守備隊に配属されたのだが、敗戦後のシベリア抑留体験によって赤色浪曲師となり、「浪花節」「義理人情」「軍隊」「天皇信仰」などの戦前的価値を、まっ向うから別の内容のものに組みかえたことが稀有なのである。奇しくも大山倍達、三波春夫ともに『すべてを我が師として』と題された書を座右の銘にする。それはともにどこか超常的なところのある両者に共通する明るいニヒリズムのような気がする。

倍達少年（「倍達」は韓国音で「ペダル」、朝鮮民族の古名である）が石原莞爾思想に共鳴したのは、直接には「朝鮮独立」という主張であり、戦前戦中の日本人の口から朝鮮独立という語が語られたことの驚きがわかるが、他に「軍事占領」「準決勝戦時代」という二つだったろうと思う。

石原莞爾は満州経営を軍事占領策を以って行うという意見だった。清朝廃帝や溥儀をかつぎだして日本皇室と婚姻関係をとりむすび、清朝の王政復古をはかるという考えに積極的ではなかったといわれる。中国民衆が一九一一年の辛亥革命で清朝を打倒しようやく王制を廃止したのに、その廃帝溥儀をかつぎだして満州国皇帝の座にすえることが、中国民衆を憤慨させるだけであることを石原莞爾は知っていた。

原理論的にも、征服者は軍事占領を以ってその地の民衆に臨み、文化、宗教、慣習に手をつけないほうがかしこい。そもそも東亜連盟の協和主義は、日帝の朝鮮支配における同化政策の失敗からはじまっている。創氏改名、皇民化教育の強制が三・一民族独立闘争となって火を噴き、それにこりて協和政策に切り変えたのである。

大山倍達が極真カラテの組織発展にもっぱら館長による上からの任命制をもってすることは石原莞爾の軍事占領方針に発想されているのかもしれない。

また「準決勝戦」段階という石原莞爾の現状認識はリアルである。単独で世界征服を夢見る誇大妄想を斥けて、媒介項がある。アンチテーゼ、すなわち石原最終戦争論にあっては西洋覇道文明の代表者アメリカを想定することによって日本が世界を夢見る夢の見方であった。二は食うか食われるかだ。ローマとカルタゴの如き。三は諸葛孔明の三国分立の計だ。孔明の考え方は、司法、行政、立法の三権分立して権力の集中を防ぎブルジョワ民主主義を安定させるのとは発想を異にし、魏蜀呉三国のうち力の弱い劉備の蜀を消滅させないためにまず三国鼎立の状態に組みとめ、しかるのち宿敵の魏を討って「中原を定めん」=漢の世界国家を再興して世界の中心をすえるというものであって、三を統じて一にするというものだ。鼎立が目的ではない。

魏を倒したのちは呉と蜀の間の結着をどうつけるかを孔明は考えていなかったように（歴史の事実は魏が蜀を倒しついで呉を滅ぼして覇をとなえた）、石原莞爾も決勝戦に進んだ日本とアメリカのどちらが勝つかは言っていない。いずれにしても地上単一権力の登場が人類前史の最後に来たるべきものだという発想があって、それが第二次大戦までの想像力のありかたである。

これは俺の想像絵柄だが、海のように連なる満蒙凍土地帯の草原を見たときに、ジンギス汗を既視感として、ジンギス汗が蒙古の大帝国を樹てたとき蒙古人、色目（西域人）、漢族というヒエラルキーを形成したことが、東亜連盟の五族協和の発想地点になかったか。石原莞爾が日蓮『立正安国論』の「閻浮提に一大争闘起るべし」という言を引いて最終戦争をイメージしたときに、蒙古襲来の日蓮の危機意識を石原莞爾はひきこんでしまわなかったか。くり返すがこれは俺の想像であり、石原の神秘主義に感応する隙はない。

一九七〇年代のはじめに、準決勝戦論のリアリティーはトロツキー『過渡的綱領』のリアリティーに近似したものだった。『過渡的綱領』は通称であって正式の題は『資本主義の死の苦悶と第四インターナショナルの任務』という。一九三〇年代、世界史がファシズム登場をむかえた段階は資本主義が断末魔にたちいたったときであって、その段階で労働者階級の日常的要求が世界史的な労働者階級の権力奪取につき進まざるを得ない必然のトロツキーによる洞察である。社会民主主義は労働者階級の日常的要求を「最小限綱領」と呼び、プロレタリアートの権力奪取をいつやってくるかわからない遠い未来にゆだねて「最大限綱領」と呼んだが、資本主義の末期症状が、プロレタリアートの位置に落とされるプチブルジョワジーの恐怖をもってプロレタリアートに暴力的に襲いかからせ、労働者の階級そのものの破壊に向かおうとする段階、すなわちそれがファシズムの暴力であるが、そのような時代が到来したときのプロレタリアートの自己防衛は、労働指導部の裏切りを斥してプロレタリアートを権力に就けるとトロツキーは宣言した。

「つぎの時期――煽動と宣伝と組織との前革命期――の戦略的なしごとは、客観的な革命的状況の成熟と、プロレタリアートのその前衛との未熟（古い世代の混乱と失望、若い世代の未経験）のあいだの矛盾を克服することである。日々のたたかいのなかで、大衆をたすけて、現在の要求と革命の社会的綱領とのあいだに橋をみつけださねばならない。この橋は、労働者階級の広汎な層の現在の状況と現在の意識とからその最後の結論、プロレタリアートの権力のかくとくに必然的にみちびくような、過渡的要求をふくめなければならない。」（姫岡玲治訳、一九五九年六月。リベラシオン社、このパンフの出版年月に注目あれ、国会南通用門の一年前である。安保全学連はこのトロツキーを読んでいた。）

その過渡的要求とは、狂乱する物価上昇にスライドする賃金のスライド制、生産をサボタージュして逃げだすブルジョワジーにかわって工場委員会を組織し労働者が生産を継続する自主管理制の確立、私立銀行の接収と信用制度の国有化、工業製品と食糧の交換による労働者と農民の同盟、土地の国有化と農業の集団化、等々である。

労働者と農民の交流による食糧確保というのは闇市の展望であり、買出し列車の自主運行などのイメージから、人民の活動はコンミューン状態に入る。

国家防衛の暴力装置たる常備軍と警察を廃止し、住民の武装をもってこれにかえること、官僚のリコール制と労働者並賃金への切下げ、三権分立を廃止して直接行動する住民の単位に変えること。これがパリ・コンミューンの経験である。

パリ・コンミューンで典型的にあらわれた労働者執権の内容は各国の階級闘争の経験をもって読み変えられるものである。たとえば「直接行動する住民の単位」というのは、闇市時代のテキヤでもかつぎ屋でも、江戸の祭の連や町内会といったものでよい。「全住民の武装」というのは、武器をつくりだす、かっぱらう、国家権力が反乱する民衆をおさえつけるべくあらゆる手段をつかって武装させようとする私兵の手にする武器をかたっぱしからとりあげる、軍隊そのものを民衆の側に寝返らせるといったすべての方策を含めたところの人民武装の過程である。武装を過程と見なすところがプロレタリア兵学である。

トロツキー『過渡的綱領』を民衆反乱史から照明し直すと、リアリティーを生じる。安保ブンドは戦後世代の学生が多かったから、幕末維新期の諸隊や秩父困民党、あるいは闇市時代の抗争史から見直すことがなかったといえ、街頭左翼としてのブンドの洞察力は次のような考察を生んでいる。

一九三〇年代の「死の苦悶」を乗りきって国家独占資本主義段階に発展するという「この資本主義の段階的変化がもたらしたにすぎない資本主義の『死の苦悶』という認識を一面化し、この過渡期にとられた戦術、要求を固定化するならば、国家独占資本主義段階の資本主義のもとで、それはともすると改良主義への道を切り開くであろうことは、国有化、賃銀スライド制、労農政府などの問題について、読者がそれぞれ考えてみられるとよいと思う。」（姫岡玲治あとがき）

『過渡的綱領』の戦術を教条主義化すると、つぶれようとする資本主義を助けてやることになりかねない危険性を指摘しているのである。

『過渡的綱領』が革命思想である理由は、プロレタリアートの日常性が危機の時代にはプロレタリアートの権力獲得につきすすまざるをえない必然をヴィヴィッドに描きあげたことになる。ゆえに石原莞爾最終戦争論の準決勝戦時代という把握を、俺は右翼過渡的綱領ととらえたのである。

大山倍達にもどろう。大山先生は、十七歳の学生時代（山梨少年航空学校）、石原莞爾の講演を聴いて感銘し、東亜連盟に入り、東亜連盟の武術道場義奉会の空手部門の師範代になった。柔道師範が牛島辰熊、空手師範が剛柔流の曹寧柱（のち韓国民団長）であった。この義奉会道場柔道部の師範代が木村政彦である。ライバルは東条英機で、両者はことごとく対立し、石原側にも東条暗殺計画はあったのだ。東条首相の太平洋戦争指導は国を滅ぼすと判断した牛島辰熊が単身東条殺害を狙って、青酸瓶を懐に桜田門に立って皇居から出てくる東条の車を待ったが、東条辞職を知って暗殺中止したという事件があった。

この暗殺未遂事件で大山倍達の果す位置がどうであったかは知らない。想像するに、牛島、大山ともに武人の倫理で行動しただろう。すなわち近代テロリストの方法、殺人者は自裁するという玄洋社の来島恒喜が採ったやりかただ。明治二十二年、来島は大隈重信の馬車に爆弾を投げ、その場で、耳の下の頸動脈を首が落ちるほど自分で切って自決した。殺した者は自ら死なねばならぬこと、このテロリストの倫理は、洋の東では玄洋社の来島恒喜によって右から、洋の西ではロシアのセルゲイ大公を爆殺した社会革命党の赤色テロリストによって左から、ほぼ同時に実行されたものであり、斎藤和もそのことは十分に心得ていたと思われる。

大山先生が一度会ったことがあるだけの俺に電話してくれて、事件には一言もふれずに、ともにして下さったのは、生命がけの現場を何度もくぐってきた男の貫禄だったのである。大山倍達という人に惚れた。

入門した時点で大山先生は四十路の半ばを越しておられたから武勇伝は過去のものだったが、一度だけ超人伝説の一端を目撃したことがある。上総一の宮の夏の合宿だった。講話に熱中するテーブルの端に飛んできたカナブンブンが止った。館長の手がスッとのびて、人指しゆびが虫をはじいた。ピシっと音をたてて甲虫は糸をひくように飛んで、三メートルほど先のガラス窓にぶつかり、固い甲羅の片側がもげかけて、ボンネットをはねあげた自動車のようにヨタヨタと床の上を歩いた。一同、異様な雰囲気に、シーンとなった。たぶん館長は無意識だった。

大山カラテの勝利が石原莞爾の理念の勝利と重なる時期が大山先生の心にあったのだと思う。「特攻隊残侠伝」といった一時期が日本戦後社会にある。いわば死にそこなった特攻隊くずれが闇市で死に場所を探しているような無頼の話を指すが、俺の知るかぎり、特攻隊くずれを自称する者の大半が嘘である。この問題は相当に根深く、近時でも、なかにし礼の自伝小説『兄弟』が、特攻隊くずれを自称しついに自分でもそう信じるに至った兄となかにし礼の骨肉の争いをつづった作品である。戦友が死んで自分は生き残ったということを負い目としてひきずっている人物の戦後過程がときほぐされぬまま次の世紀にもちこしになるケースは多いだろう。その教訓は、負い目を自己切開することなく権力なり地位なりを持ってしまった人物は危険だ。

大山先生は、自分は特攻隊員にはなれなかったと語る例外的な人物だった。山梨少年航空学校に入ったのは戦闘機乗りになりたかったからだ。しかし朝鮮出身兵は戦闘機乗りになれず（戦闘機に乗ってそのまま中国軍に投じた例があったという）、整備兵にまわされた。配置された先で、上官の初年兵いじめにあう。上官がやってきて、朝鮮の民族衣装をつけた妹の写真をあざけり、破りすてた。怒った彼は上官を一撃、昏倒させ、反抗罪で八カ月の重営倉である。夜な夜なその上官が仲間を連れてやってきて、竹刀で倍達を私刑《リンチ》した。倍達は自ら口唇を噛んで出血し、病院にかつぎこまれ、そして病院から脱走した。

戦時中の脱走は重罪である。脱走兵大山倍達は千葉県に強制連行されて来た朝鮮人徴用工の飯場に身をひそめた。本土決戦用の地下壕掘りに大量の朝鮮人徴用工が動員されていた。千葉や神奈川にはまだその当時の地下壕跡が残されている。その集落にかくまわれているうちに、親切な医師が診断書と、倍達が自分の病院に来て治療を受けている旨の経過報告をそえて軍へ直送してくれた。上官の私刑のために軍は倍達を処罰できず、彼の脱走は不問に付されることになる。戦闘機乗りを志願した彼は晴れて特攻隊要員として出撃を待つうちに日本の敗戦をむかえる。戦後間もなく彼が君津の朝鮮人職業訓練所の隊長になり、また日蓮修行の地清澄山に山籠り修行する千葉県との縁は、脱走してかくまわれた徴用工集落に由来するのである。

大山倍達はまず自分が属した日本軍からその内部にあってひどい目に会った。「解放軍」米軍からおたずね者として追われた。敗戦国日本の婦女を強姦する米兵を殴って歩いた話だ。日本軍と米軍の両方から追いかけられた朝鮮出身の日本兵——大山倍達の軍隊体験はふつうではない。その幾重にもおりたたまれた戦争戦後体験の底で、大山先生の大愚とでも言うべき魂の単純さが光を放ちはじめる。石原莞爾が戦後の二十年十月、「昭和維新とは東亜諸民族の全能力を総合運用して、身に寸鉄を帯びず生活そのものの力によって、この決戦に必勝を期することに他ならず」と発言したことをまっすぐとらえ、身に寸鉄も帯びず、つまりカラテで、米兵と戦い、ついでアメリカ本土に乗りこんでレスリングやボクシング相手に実戦して勝利し、カラテを東アジア産の奇妙なダンス視していた西洋の国々に、武道は東洋思想の精華であることを認めさせ、ＦＢＩに採用させた。大山倍達の前半生には、ひとたび武道精神などというものが泥まみれになってのち百八十度転換して世界思想に達した「東亜連盟」のいま一つの戦後経過がある。

大山倍達という発動機は東亜連盟のプロペラが戦後日本の高度成長期に止ってしまったその時期にいっそう力強くまわりはじめている。極真カラテの歴史を見ると、海外で先に普及し（支部第一号はボビー・ロー氏のハワイ支部）、やがて日本国内に及ぶという現象がある。武道の国粋主義から極真カラテは邪道視されてきた。極真カラテの正当視がいちばんおくれたのは日本だったと言えるほどだ。

東亜連盟どころか第二次世界大戦も記憶の彼方に消えかけている現在、大山倍達という人物を東洋思想の一画からふり返ってみると、日本と朝鮮が生んだ間民族的文化の最高精華だと言うことはできよう。日本と朝鮮の間にだけ、奇妙な近親憎悪がある。日中間には生れず、日朝間にだけ生れる根と根がからみあったような近親憎悪だ。武道にもそれがある。大山先生にきいた話だが韓国の跆拳道《テコンドウ》誕生のこんなエピソードがある。李承晩大統領の前で韓国人空手家が演武した。大統領は上機嫌だった。それはなんという武術か、と武道家にたずねた。日本のカラテというものだ、と武道家は答えた。それをきいて日本嫌いの李承晩大統領はとたんに機嫌が悪くなって言った。いやそれは、わが国に古くからあるテコンドーというものである。鶴の一声に学者たちが額をよせあって、跆拳道という文字をさがしあてた、と。げんにテコンドーの古い教則本は極真の『百万人のカラテ』の海賊版である。写真の演武者は蘆原英幸氏である。俺はその海賊版を持っている。

ではテコンドーは極真カラテか？　ちがう。韓国には韓国の事情と環境があって、それに沿って武術も変化発展する。文化というものは種子が着地した先でその土地に適した形になり、様々な変種を生むことこそ国際化なのである。かつて艶歌について、艶歌の起源は一九三〇年代の朝鮮だ、いや日本だというひっぱりあい（逆にその時々の両国間の都合によっておしつけあい）があった。それはたがいに鏡になって自分を写しだすことに似ている。そして時として、鏡の中の顔に腹を立てるというのが日韓の関係に生じる近親憎悪なのである。

この近親憎悪を、大いなるプラスに転換しうるものと見なすのが窮民革命論の一命題であって、一九八〇年四月、光州蜂起のさなかにたまたまソウルの国際歌謡祭に参加する機会があった。銃撃戦下の外国へ歌謡曲を聞きに行くというのは酔狂にしてもジョートーの口だ。「行ってきます」と館長に挨拶した。今回は美人に誘惑されることをふくめていろいろあるでしょうと言うと、大山先生は「あなたの才覚でどうぞ」と言って、ニコリと笑った。戒厳令が布かれ、探照灯が空に光の柱を投げあげて索敵し、通りには人一人なく、装甲車も静寂におびえるかのように走り去るという鉄桶の戒厳都市を明りを消したホテルの窓から眺めながら、それとまったく逆の直観すなわち、もしこの国の民主化が実現した時には韓国が日本文化に与える影響は中国の影響以上のものになるだろう、という直観が現実化しつつあるように感じる。金大中大統領が一九四八年四月三日の済州島蜂起事件を認め、国軍による島民殺害の調査を命じたことだ。韓国の済州島蜂起は台湾一九四七年二月二八日の反国府軍二・二八起義と並んでそれぞれの政府の厳秘してきたものであり、戦後アジア史の最暗部になっていたものである。台湾政府は二・二八蜂起の事実を認めた（だから侯孝賢作品『悲情城市』が公開された）。日本が加害した多くの事件を認めたがらない日本政府は恥だ。

明治維新が生みだした嘉納治五郎、中国第一革命（一九一一年の辛亥革命）が生みだした上海精武体育学校の霍元甲、そして太平洋戦争と日本の戦後過程が間民族的に生みだした大山倍達は、近代というものに組み込まれざるをえなかった東洋の国が生みだした大武道家であり、大教育者である。その声咳に接し、偉大な魂にふれて弟子となったことは俺の男冥利である。

落語、新内、冬の虎退治馬退治

中学三年の夏休みに落語論を書いた。夏休みの宿題ではなかった。国語教師をかこむ文学少年たちの自主的な作文提出という性格のもので、おとなびてみたかったので、原稿用紙を使って、二十五枚ほどだった。

「明烏」「芝浜」「船徳」等を論じたのだが、内容を思い出せない。小中学校時代の愛読書や漫画、見た映画はおぼえているのに、自分の書いた文章が、そこで脳の空白域に飛びこむように、はたと記憶がとだえる。

西洋式の生活様式は合理的なものであるが、日本人は一中節や河東節のこころを忘れてはならない、とそんな箇所が点滅する。葛藤がそこにあったからだ。中学生が「一中節」「河東節」と書いたのだ。そういう浄瑠璃の流派があると母親に教わったからで、原稿用紙にそういう文字を書きながら、自分は嘘をついているという意識があった。

人は少年期に一度ナショナリストになるそうだが、俺の場合、一族の宴席で、長唄が主だったが三味線音楽のぬめっーとした琥珀色の江戸情緒が苦手で逃げだし、浪花節は好きなものと好かないものが半々で、落語がいちばんだった。炬燵に入ってラジオのダイヤルを落語番組にあわせて聴くのが至福であり、鈴本の枡席なんてそうちょくちょく連れて行ってもらえるものではなかったが、太鼓と三味の出囃しの浮き浮きする音色に、切り絵やら都々逸の色物が終って、いよいよ落語真打が登場する緊張感がラジオからも伝わって、落語に心酔することによって猛烈にナショナリストだった少年というのは変なやつだったと自分でも思っている。

もう一つ葛藤があった。銀座六丁目で、進駐軍のジープに轢かれて死んだ落語アジテーター三遊亭歌笑が好きだったが、中学生の俺は古典落語をとった。古典派じゃなくてはならないという規範意識が、江戸っ子を残すということが唯一の教育方針だった伯父への妥協だったのかもしれないが、猛烈にナショナリズムを分泌しはじめていた時期の自分には、炬燵に入ってラジオの桂文楽を聴くことが至福だったのである。

夏休みが終るなり意気込んで落語研究を提出したが、数日後、尊敬していた国語教師に、こどもが研究するテーマじゃないよ、と原稿の束を投げ返されて落語憑きがおちた。

太田という人だった。彼は悪い教師ではなかった。文学好きの生徒を三鷹下連雀の家によんで芥川や志賀直哉の講読会をやってくれもした。その家は屋根の上に貯水タンクのある小綺麗な文化住宅で、手漕ぎの井戸のポンプを動かして井戸水をタンクに上げる式のものだった。和服に着換えた彼をかこんで文学少年たちが名作を輪読する輪の中にいるよりも、ポンプの水揚げに俺が熱心だったのは、雰囲気に気押されたというより、ミカンの会と称したそのサークルにかすかな異和感をおぼえたためだった。それ一度切りしか行かなかった。

俺は文士の雰囲気を知っていた。疎開先から戻ってきて寄寓した慶二郎伯父の家が本郷千駄木町五十七番地というところで、明治文学案内といった冊子に出てくるが、この番地は夏目漱石邸跡と同じだ。漱石が『吾輩は猫である』を書いたその平屋は齋藤という人の持家で、文学碑が立てられて勝手に改修もできないらしいのだが、路上野球のボールが飛び込みやすく、とらしてくださいと声をかけて拾いに入ったものだった。この家は漱石だけでなく鷗外も一時的に居住している。現在は愛知犬山の明治村に保存してある。鷗外の観潮楼も近くにあった。その一帯を汐見といい、汐見小学校や汐見坂があり、汐見の漢語的表現が観潮なのである。観潮楼は団子坂の下り際にあって、道をへだてた斜前に非人頭車善七屋敷跡の巨塁の如き石積みがあった。大名も及ばぬ財力を誇った車善七の権勢が坂の反対側におおいかぶさっている感じだった。善七屋敷跡の石積みにくらべると観潮楼はちょっとした洋館に過ぎなかった。眺望はいい。谷中の丘の頂上に五重塔がくっきりと見える。露伴「五重塔」に描かれた塔だ。本郷台と根岸台にはさまれた谷間の通りが不忍通りで、下町根津の町並がほんのり薄闇を染めている都電の走る大路のその先端が池之端七軒町、その先に不忍池の暗さと上野の灯が空を赤らめている夕景は明治浮世絵そのままだった。観潮楼跡地の鷗外辻公園での三角ベース野球を切り上げるそんな夕景の空には蝙蝠が舞っていた。戦後の昭和二十年代の東京だ。

伯父の家から四軒先に豊島與志雄が住んでいた。芥川龍之介、菊池寛、久米正雄などと「新現実主義」作家と称された大正文壇の人としてよりも、ヴィクトル・ユゴー『噫無情』の翻訳者として知られた豊島與志雄は、戦後も健在で、夕暮れ時になると、黒猫のいる和洋折衷の平屋建の家から、こどもの眼にも粋筋上りと見える夫人を伴って、懐に仔猫を入れたトンビを羽織って、千駄木坂の中華ソバ屋にシューマイを食べに出かけた。物静かな老夫婦は町に溶けこんでいた。

文士と学者と芸人が多かった。踊りや小唄の師匠が一つ町内に一人はいた。異った種類の人々がふつうにつきあっていた。学者や文士の特性は銭湯で会わないということだったかな。生れてこのかた本郷以外には住んだことのない慶二郎伯父の、江戸っ子を残すという教育方針のもとに岡本綺堂『半七捕物帖』を読んできかされ、落語好きの少年だった俺は、文士の親玉の漱石と鷗外にだけは親しみを感じている。それから五〇年経って、年表を見ると豊島與志雄は一九五五年に六五歳で亡くなっているのであるが、死の年の八月に「白蛾」という作品を『文藝』に書いている（吉田精一「現代日本文学年表」、『現代日本文学全集　別巻2』筑摩書房、これは年表のほうに誤植があったのであり、のち、小さなミステリーが生れる）。これが絶筆のようだ。未見である。未見のままに想像している。俺もこの年になって蝶より蛾が好きになっているのだ。全身が帆みたいでつけたしに頭と胴と脚がある蝶は、風に煽られて韃靼海峡を渡ったりして、紙屑みたいだ。対して蛾は飛ぶのが下手だ。野毛の「ダウンビート」という行きつけのジャズ喫茶に、二台のプレイヤーの間に落ちていた蛾の死骸のエッセイを俺も書いて、豊島與志雄の「白蛾」というのがどんな小説なのか、あるいはエッセイなのかも知らないが、人は還暦を過ぎると蛾が好きになるのかと思ったりしている。「白蛾」って、いるだろ。親指の爪くらいの大きさで、どこかぼやぼやして白子《アルビノ》みたいで、湯気の立つ風呂場なんかに飛びこんでくると翅が水蒸気で重くなって飛ぶのが大儀になって、感冒薬の頓服の紙包みみたいな姿で壁に貼りついているやつが。

　夕刻になると、トンビの合羽の胸に仔猫を入れて、哲学者イマヌエル・カントの散歩のように、お内儀と二人でシューマイを食べに根津権現の方に散策に出た物静かで、文士らしくて、感じのよかった豊島與志雄は今の俺と年齢的に同じだ。ずいぶん老けていたように感じる。一〇歳の見る六〇歳というのはあのように老人なのか。それとも自分が騒々しすぎるのか。まあいい。俺は俺だ。

　ある日の授業だった。そうそう、これは京華中学の話。太田という国語教師に関する追想なのである。

ある日の授業だった。笠信太郎『ものの見方について』の一節が国語教科書にあった。フランス人は駆けだしたあとで考え、ドイツ人は駆け出す前に考え、イギリス人は駆けだしながら考える。国民性を比較したのちに、日本がヨーロッパのはずれの島だったら、日本人は英国人型のものの考えかたをするだろうか、という笠の文章を批判して、彼は、こういうのが笠信太郎のよくないところだ、と言った。日本が地理的にブリテン島と同じ位置にあったと仮定しても意味をなさない。東洋の一角にあるという現実を離れて論じる形式論理が笠の限界である、と言った。

教科書というものは、正しいことが書いてあり、そのまま信じるべきものだと思っていたから、教科書の内容を批判したり論評したりしていいのだと知って驚いた。俺は彼を尊敬した。

夏休みに入ってすぐのことだった。水道橋駅近くの「波木井」という古書店で矢田挿雲の『江戸から東京へ』五冊本一揃を買って、お茶の水駅まで坂を上って並木道を歩いて、中央線快速を待つと、房総発のディーゼル特急中野行きがホームに着いたので乗った。千葉の先はまだ電化されていなくて、九十九里からくる長距離のディーゼル列車が夕刻の中央線を走っていたのである。同じ車輛《ハコ》で三鷹に帰る彼と顔をあわせた。彼は俺が持っていた矢田挿雲を目にし、見せると手にとってから、どうするのかと聞いた。落語研究の参考にすると答えた。新宿で降りる際に、彼はしっかりやれとはげましてくれた。

夏休みが終った。落語論を提出した。中学生の研究するテーマじゃないと冷淡に投げ返された。俺の熱はさめた。後で知ったことだが、彼は寒川道夫の弟子で、生活綴り方運動をやっていた。蛾が気になる年になって、いつまでもそんなものをしょっていちゃよくないから、トラもウマも叩き斬ってやる。

『新内的』執筆時点で、新内「明烏」を論じるに際し落語の「明烏」も聴き直してみようと思ったが、落語レコードを持っていなかった。水滸伝研究会仲間の大久保凡に頼んで八代目桂文楽の一席をカセットテープに写してもらったら、彼はB面に「よかちょろ」もいれてくれた。A面「明烏」がさばけた父親が息子を吉原に遊ばせにやる話、B面「よかちょろ」が、親を親とも思わぬ放蕩息子が勘当になる話。この二題を突破孔にして五十年ぶりの桂文楽再論といこう。

話の筋をざっと述べよう。まず落語の「明烏」から。大店で地主の息子時次郎は今年二十一になるが、本ばかり読んで、遊びということを知らない。かたすぎるのは将来商人として融通がきかない。父親は一計を案じた。町内の源兵衛と多助という遊び人に、息子を吉原に連れて行ってもらおう。お稲荷様におこもりということにしてだまして連れて行けば、あとはなんとでもなる。お金がないとお稲荷さまのご利益が薄いよ。身なりも大切だよ。それから源兵衛、多助の二人には金を使わせてはいけないよ。払いがあればさっさとおまえが出すのだよ。

信心とだまして若旦那を吉原に連れてきた。土手八丁、衣紋坂、見返り柳、大門《おおもん》と過ぎて引手茶屋に入る。このあたりから時次郎は様子が変だと、そわそわ逃げ腰になる。

遊女が盛装して廊下を渡る。ここはお女郎屋じゃありませんか。こんなところにいると悪い病気が感染《うつ》ります。私をだましましたね、帰ります。泣きだす。

さっきの大門のところでこわいおじさんたちが見ていたでしょ。坊ちゃん一人で帰ろうものなら、あやしいやつだってんで、大門のところで縛られちゃいますよ。

泣く時次郎を女将がだまして浦里花魁の部屋へ。ああいう初心《うぶ》で様子のいいお客ならわちきのほうから、と絶世の美人浦里から惚れられた。

源兵衛と多助も敵娼《あいかた》と消える。

一夜が明けた。源兵衛多助はふられた。面白くない。若旦那の部屋をのぞく。しょんぼりしているものと思ったが、部屋の雰囲気がどことなく華やいで艶っぽい。坊ちゃん、あけますよ。次の間から声をかけ、寝間のしきりの唐紙をあけると、時次郎は顔を紅くして絹布の花魁の布団にもぐりこむ。あ、うまくやりやがった。坊ちゃん、帰りますよ。花魁が離さない。じれた源兵衛多助の二人、あっしらは横浜に仕事がありますから先に帰りますよ。若旦那は言う。帰れるものなら帰ってごらん。大門のところで縛られちゃいますよ。

新内に行こう。エッサ、エッサ、夕暮れ時の日本堤を吉原に急く四ツ手駕籠。三味線の清掻《すかがき》(チューニング)でも聴こえてこようかという置き浄瑠璃があって、しっとり春雨も降っている。

ここは青楼山名屋の二階浦里の部屋。時は同じ夕刻。時次郎が、女の部屋着にくるまれて眠っていたが、戸外の雨の音に眼をさます。浦里が語りかける。おまえも私のために金を使いこみ、追いつめられてさぞ窮屈でござんしょう。それをこらえてくれるのも私のため、うれしうございます、かたじけないと、男の肩に噛みついて声をしのんで泣く。

それを外で遣り手のかやが立ち聴きしている。これはあぶない。これ以上煮つまったら心中沙汰にでもなりかねない、と楼主に忠進。

楼主が男衆をつれて時次郎をひきずりだす。ダダダ……と階段を転げ落とされ、時次郎は放り出される。彼は金を払えずに女の部屋にかくれていたのだ。

時次郎とは切れろ。このままでは二人とも死ぬことになるぞ。なに、別れない、とな。強情な女だ。こめかみに青筋たてた山名屋は浦里の髪をつかんでずるずると庭へ。もう夜だ。女を松の木に縛りつけ、禿のみどりも見せしめのために庭帚で打つ。春雨は寒のもどりの淡雪に変わっている。こいつがいちばん寒い。

浦里はみどりにわびる。おれのような女郎についたために、おまえもつらい目にあわせてしまった。遊女が「おれ」と自称するのは古型で、あやまりではない。いいえ、花魁と時次郎さんこそつらかろう、とみどりは気丈だ。

庭の松の古木に縛られた浦里の耳に、どこの見世で浮かれ客が楽しんでいるのか、〽昨日の花は今日の夢、という端唄の一節が聴こえる。それは浦里時次郎の恋の唄でもあった。

浦里とみどりは淡雪降る一晩放置されて凍えて気を失いそうになる。そのとき、黒い大鴉のように、時次郎が救出にあらわれる。屋根伝いにやってきて松の枝に移り、トンと地上に降り立つと、浦里と禿の縄を切り放ったが、女が塀にのぼれぬと見るや、脇差しを口にくわえ、大力をふるって忍び返し（泥棒よけの逆茂木）をひっぱがして塀に立てかけて梯子代りとし、片脇にみどりをかかえ、浦里を助けおこして塀の上に立ち、外の世界にひらりと飛び下りたのは、夢であろうか、現実のことであろうか、カアと明烏が鳴く時刻のことだった。これが新内の「明烏夢淡雪」である。

落語「明烏」が新内「明烏」と共通するのは、男の名が時次郎、花魁の名が浦里という一点だけだ。時次郎を吉原に連れてきた町内の遊び人、源兵衛と多助が敵娼《あいかた》に振られて面白くない気持の朝、甘納豆を食いながらふてくされて二階から下りて、多助が階段を踏みはずすところが、新内「明烏」で遊女浦里の部屋にかくれ忍んでいた時次郎が妓夫太郎（牛太郎）たちに階段をひきずり落されることに、また源兵衛、多助が若旦那を置いて帰ろうとすると、若旦那が、ことわりなく帰ったら大門のところで縛られちゃいますよ。と言うサゲの「縛られる」というのが浦里が雪の夜、庭の松の古木に縛られて折檻されることに対応しているのかとも考えられるが、これは新内と落語におりあいをつけてやろうという好意的な聴きかたで、落語「明烏」にはカアと鳴く肝腎の鴉が出てこないのだから、両者を共通させるのは浦里と時次郎という名前だけなのである。

鴉が出てこないということが、この噺が本質的に新内とは無関係なところから発想されていて、八代目文楽に磨かれているうちに新内の格調に近づいてきたと見る。

はなしの変遷を興津要『古典落語』（講談社文庫）の解説から引く。

新内「明烏夢泡雪《あけがらすゆめのあわゆき》」や人情噺「明烏後正夢《あけがらすのちのまさゆめ》」の発端を落語化した廓話の代表作。商人としての社交もできない若旦那の軟化をたくらむいきな父親のアイディアと、それを実行にうつす源兵衛と多助の活躍によって噺が展開されるが、それが、堅い梅のつぼみもほころびる初午の季節を背景に、堅い時次郎の青春も花ひらくという筋立てのために、たくまざる色気があふれている。人生と季節感が効果的に交錯した佳篇といえる。

亡き八代目桂文楽によって、艶と品位をそなえるにいたったこの廓噺も、もとはかなり官能的な演出もあったらしいことは、明治二十五年五月の雑誌『百花園』所収の春風亭柳枝の速記からも想像される。

官能的な演出とは、花魁の足が時次郎の足をはさんで床を出られない、といったことらしい。そういう明治時代の速記があって、いまの形になるのはもっぱら桂文楽の芸風によること、しかし文楽によって品よくされたといってもこんなものを中学生が論じて国語の教師がいい顔をしなかったのもしかたがない。自分が落語「明烏」を好きだった間接的な証拠がある。

文楽が、死んだ。昨年（一九七二）十二月十八日、築地本願寺で葬儀が行なわれた。夜、テレビをつけると、TBSが文楽をしのぶ番組を組んでいた。「明烏」「あんまの炬燵」に、踊り「深川」と俗曲「有明」を配し、その間に円生、小さん、円蔵、フランキー堺の座談をはさむ番組だったらしいが、スイッチを入れた時、桂文楽はテレビの中で甘納豆を喰っていた。ラストナンバー「明烏」吉原の朝のシーンだった。

「文楽か、なつかしいな」と思ううち、ゆったりとひきこまれ、それから廓噺の、ぬれ甘納豆のような艶やかさと、ジャック・ティーガーデンにつながる軽さが、とつぜんもの狂おしいものに俺の心で酸化し、もう一度、生前の文楽を聴きたいという想いと、ただいまこの瞬間あずきの甘納豆を喰いたいという想いとが寸分の狂いもなく、ズンと沈んできた。

皮かむりの亀頭が朝の気配に歓喜している初々しさを桂文楽は表現することができる。花魁の床からぬけだそうとしないそんな若旦那を横目で見て、皿小鉢の底に少量はいった甘納豆を、スイスイと二口ずつ、二粒か三粒ずつ口に吸いこみながら、若旦那、ねえ若旦那。くりごとを言う若い衆の、その甘納豆がかならずあずきのものであり、砂糖の結晶の下の、かすかに日向くさい甘味を、俺は一瞬味わったように錯覚したのだ。

（「光になりたい」、『読書人』一九七三年一月一七日）

興津要『古典落語』に収められた速記本でも、女に振られた源兵衛が朝まだき若旦那敵娼の花魁の部屋で失敬して食うのはたんに「甘納豆」であって、「あずきのぬれ甘納豆」とは書いていない。インゲンやオタフクの粒の大きなやつじゃない。それだと口に吸いこめない。小豆のでも砂糖がガサガサ浮いているのじゃだめだ。俺はそんなことを中学時代に書いたのかどうか。落語に蓋をして、かさぶたになって、精神的ひきつれになって残っているものがなにかの拍子に血が噴きだして、この場合は桂文楽の死の追悼だが、ジャック・ティーガーデンのトロンボーンないし歌と酸化結合するのである。

落語「明烏」ができたのは、明治になってからだと思う。江戸時代じゃないだろう。浄瑠璃のほうから迫ってみよう。興津要が新内「夢泡雪」や「正夢」の「発端を落語化した」と述べたところだが、発端にはそういうものはない。新内「明烏」のオキ（置き、落語のマクラにあたる）の節が失なわれ、詞だけ残るのであるが、こういうものである。

「夕暮ごとの浮雲に、心を載せし四つ手駕籠。ほんに揃った肩と肩。重き恋路も軽々と、かけると思ふ己《おの》が身も、かけられて居る心同志。逢へば別れが思はれて、烏はさのみ憎からで、あの鶏《にわとり》がめかりせぬ。」

もうすこしあるのだがここでとめよう。吉原の夕景である。四つ手駕籠というのは辻駕籠。日本堤を散策して吉原に入るというより、なじみの女がいて心浮き浮きと辻駕籠で駆けつける。節は失なわれているが当然陽気に歌われたはず。「烏はさのみ憎からで、あの鶏がめかりせぬ」というところに明けの烏の意味がある。烏が鳴く時刻に客と遊女は別れるのだ。ところが鶏は気が利かぬ。朝もあけぬうちに痴呆来ッコー《コケコ》と時を告げる。函谷関の門を開けろってんじゃねえやい。烏の鳴くときが男女の後朝《きぬぎぬ》というのは都々逸にいい例がある。

三千世界の烏を殺し、主《ぬし》と朝寝がしてみたい。高杉晋作と伝えられる。

新内に戻ると、そういうように浮き浮きと吉原に通って一夜の夢を契ったのも昨日の話、時次郎は浦里と深くなって国表の父親が江戸の地頭にさしだす二百両の金を使いこんで、今は浦里の部屋にかくまわれている身。二百両ねえ、生首二十人前だ。

〽春雨の、眠ればそよと起されて、乱れそめにし浦里は、どうした縁でかの人に、逢うた初手《しょて》から可愛さが身に沁々《しみじみ》と惚れぬいて、こらえ情《じょう》なきなつかしさ……とここから有名な節が始まる。江戸吉原では遊女と客とが初手、最初の回から惚れあうことはなく、二回目を裏を返すといい。ここで男女の仲となり、三回目をなじみの仲というから、一目惚れしあった浦里時次郎はめずらしいケースということになる。

落語「明烏」でも、浦里のほうから初いういしい時次郎を気に入って床入りをのぞんでいろから新内「明烏」を継いでいるが、それよりも、初手、裏を返す、なじみと手順を踏む江戸吉原の習慣がなくなった明治の花街を舞台と理解したほうがいい。いずれにしろ新内「明烏」のオキの部分から落語「明烏」が出来たわけではない。

「明烏夢泡雪」の後編が「明烏后真夢《のちのまさゆめ》」であるから、ここから落語「明烏」が生れるわけもない。「泡雪」と「真夢」とは作者も成立年代もちがう。

「明烏夢泡雪」、通説に従って、鶴賀若狭掾作、安永元年（一七七二）。

「明烏后真夢」、富士松魯中作、天保年間（一八三〇～一八四四）の作。話の筋立ては、廓を逃れた浦里時次郎は手をとりあって深川猿江の慈眼寺まで道行きし、心中して果てるつもり。時次郎は家宝の小烏丸という名刀を持っているが、心中に使って血で汚したくはないと二人は柳の枝に縊れ死にしようとするが、枝が折れて地面に投げだされて失神。音をきいてかけつけた慈眼寺の上人の妙法蓮華経の法力と護身刀小鳥丸の霊験で二人はよみがえり、「色情に命棄つるは人道に背けり、さるに依って存命なる時は非人に落す世の掟恐るべし恐るべし。幸ひなるかな山名屋はわが檀越《だんおち》、殊に信者の義にあれば事穏便に取計ひ両親へ言立て時節を待って夫婦の語らい致させん」とハッピーエンド。魯中という人は日蓮宗だったのか、あるいは江戸時代は芸ごとが行きづまると忠臣蔵か日蓮劇をかければ大当りするというジンクスにならったのか、さらに推測すれば浦里の抱え主吉原の青楼山名屋が慈眼寺の檀家だったからことを荒だてずに済ますというあたりに不受布施派（日蓮宗徒以外には布施をせず、ほどこしも受けない）的な宗門の秘密があるのか。

「泡雪」の作者と成立年代を「通説に従って」としたのは黒木勘蔵編『日本名著全集江戸文藝之部・歌謡音曲集』（昭和四年）にもとづいており、戦後、宮地敦子『新内明烏考』によって、新内を代表するこの古典は、遊女が「おれ」と自称する古い用語法があったり（コレみどり、嘸《さぞ》そなたは悲しかろ、おれが憎かろ、堪《こら》えてたも）、時次郎が浦里救出に塀を乗り越えてくる所作に人形繰りを感じさせること、浦里の恋心を語る口説「粋《すい》の粋程箝《はま》りも強く、唯なつかしういとしさの」とあるその「粋」という行動美学が江戸の「いき」より古く、粋《すい》―通《つう》―いきと発展する行動美学の初期、上方的陰翳があることなどから、「明烏」は若狭掾よりも古い、と論じられているが、通説に従っておく。「明烏」「蘭蝶」「伊太八」を新内三絶といい、いずれも若狭掾の作品とされている。「蘭蝶」「伊太八」は若狭掾でまちがいないから、「明烏」も彼の作品だとすることは、流派としての新内節のアイデンティティー樹立には都合がよい。豊後節系浄瑠璃すなわち常磐津、新内、富本、清元はすべて都半中=宮古路豊後掾という天才から出ている。このうち新内が最初に分派し、芝居の出語りをやめ、人情本、洒落本、滑稽本の遊廓文学と並走して情の世界に耽溺して、死に至る性愛の貫徹を歌いあげる実存主義的な傾きをもって宮古路豊後掾の血をもっとも濃くうけついだといわれる。カラマーゾフの兄弟みたいなものだ。常磐津を正嫡のイワン・カラマーゾフとすれば、新内は不義密通の私生児スメルジャコフだろう。

流派としての新内節が成立したあとは、「名古屋心中」と「桶伏せ」という反権力的レパートリーを持ち、芸能賤民と接点のあった宮古路豊後掾の作風に近い「明烏」をどうするかはやっかいな問題だったろう。「名古屋心中」というのは、畳職人と大店の娘との身分ちがいの恋を成就すべく、心中未遂者は非人身分におとされるという幕府の禁制を逆手にとって、偽装心中して下に落とされて添いとげようとする「水平運動」であり、それが八代将軍吉宗と対立していた尾張家宗春の都会名古屋で大ヒットしてから江戸に乗りこんできた。「桶伏せ」とは金を払えなかった客を覗き穴をあけた大きな伏せた桶に入れて広場にさらしものにするという遊廓の滑稽にして悲惨な私刑である。恋人がこの桶伏せの憂き目にあった敦賀港の遊女が、自分の身をさらに下位の色街に売ってでも金をつくって助け出すと桶の外から口説き、南は長崎の丸山遊廓、北は佐渡金山の相川遊廓でもいとわないと、恋の自己犠牲を歌いあげる港町ブルース。

八代将軍吉宗の頃はまだ、佐渡金鉱とそのゴールドラッシュをあてこんだ男たち相手の相川遊廓には佐渡を支配して家康さえもなやませた梟雄大久保長安の幻影もあったろうし、長崎には対清戦の援軍を乞うた明の遺臣鄭成功の足跡やら切支丹の影もちらついていただろう。ようやく鎖国して安定した江戸幕府の心胆寒からしめる危険思想が、豊後掾の心中美学といっしょに江戸にやってきたのである。だから幕府は豊後節を禁じた。豊後節停止《ちょうじ》を喜んだ浄瑠璃旧派による落首がある。

豊後米八斗二升と触れられて菰をかぶるか宮こじきめら。八斗二升＝法度にしよう。

この狂歌は宮古路豊後椽が都半中と名のっていた京都時代、河原乞食と蔑称された稚児芝居衆と共演したことへの茶化しでもある。浄瑠璃の太夫がこじきとののしられたことはほかにないそうだ。そして江戸で豊後節の処分を受けた瞬間、新内は分派し、常磐津が正嫡を継ぎ、この常磐津から富本が生れ、富本からさらに清元が分派し、京都にとどまったグループは薗八太夫を中心に薗八節を興し、大坂のグループは繁太夫節を興し、東西に扇型に展開して豊後系浄瑠璃は発展しつづける。

「明烏」の行動美学は「名古屋心中」や「桶伏せ」に近い。豊後掾作とはっきり決っている「桶伏せ」「名古屋心中」とくらべて、作者がはっきりせず、成立年代も豊後節が新内と常磐津に分化しないうちにできた「明烏」という題材に対して、流派としての新内節は二つの選択肢をもっただろう。作者は豊後掾自身だと宣言して自分が豊後系浄瑠璃の正嫡にすわることがその一つである。新内はその道をとらなかった。曖昧な部分はすべて危険な部分である。よって「蘭蝶」「伊太八」同様、「明烏」も若狭掾の作だと宣言する。俺はどちらも一筋縄ではいかない人物であった新内流祖鶴賀若狭掾と常磐津文字太夫の間に協定があったと想像する。

いずれにしろ「明烏」は流祖若狭掾作の新内三絶の筆頭でございますとカチッと流派的アイデンティティーを固めた。それが動いたのが幕末の嘉永年間（一八四八〜一八五四）だった。清元が五十両で「明烏」を芝居出語りで使う権利を新内中興の祖富士松魯中から買いとるのである。嘉永四年、ペルリの黒船来航二年前のことだった。新内は芝居に出語りしなかったから清元が買って芝居にかけたのだが、遊女浦里の恋人時次郎実は忠臣蔵の義士の一人佐藤與茂七という仕組にした。鶴屋南北「東海道四谷怪談」が、お岩の夫民谷伊右衛門が赤穂浅野家の金を持ち出して逐電した不義士という型で忠臣蔵に接続し、同じく南北作「盟《かみかけて》三五大切《さんごたいせつ》」に義士不破数右衛門が殺人者として登場するという、江戸時代最大の騒擾事件たる赤穂浪士の討入りに江戸の色と欲と陰謀とが、義士が不義士になり幽霊が間接的に赤穂浪士の同盟軍になるという反転をともないつつからみあってゆくことが面白い。清元になった明烏は「明烏花濡衣《あけがらすはなのぬれぎぬ》」という。

義太夫にもなっている。黒船来航の年嘉永六年に大坂の人形浄瑠璃で上演され、題は「明烏六花曙《ゆめのあけぼの》」という。青楼山名屋主人が大切な客から預かった掛軸が紛失し、浦里が手引きして時次郎に盗み出させたのだろうという嫌疑が二人にかかる。そのための浦里雪責めだから、播州皿屋敷的なところがある。そして富士松魯中自身が「明烏后真夢」を作っている。黒船来航をひかえてあたかも新内「明烏」も動きはじめたかのようだ。

新内、清元、義太夫いずれも、金のない色男時次郎を遊女浦里が部屋にかばい、遣り手婆に見つかって主人につげ口され、心中でもされたら大変と女郎屋の主人が時次郎をあきらめろと説得したが、きかない浦里を淡雪降る庭の古木に縛りつけて折檻すると、あけがた近く時次郎が黒装束で忍んできて浦里の縛をほどいて手に手をとって逃亡しようとする。カアと明烏が鳴く。二人は塀の外へ飛び下りて逃げたのだろうか、逃げる夢を見たのだろうか、という筋立ては同じ。清元だとこれに忠臣蔵が外づけされるのであり、義太夫だとお家騒動が外づけされる。

「明烏」は完成されていて事件を外づけする以外、動かしようがなかった。よって落語版も男女の名を浦里時次郎としたことのほかにやりようがない。そもそも明烏というのは、朝一番で鴉が鳴いて後朝《きぬぎぬ》の切なさをオキの部分で語り、浦里雪責めの段では捕われの遊女救出にあらわれる時次郎の黒装束とすばやい身のこなしを鴉にたとえたものであるか、落語では鴉の鳴き声一つあるわけではなく、まさか甘納豆を食う場面で、あずきの粒が鴉の糞みたいだというわけでもあるまい。

明治人が落語「明烏」を聞けば、哀切骨を噛む新内節を借景して、落語の笑いが強調されたのだと思うが、現代人にはそうもいかないだろう。「明烏」が他流に移調されたのが幕末の嘉永年間とすれば、落語化されたのは明治になってからだろう。こんな俗謡がある。

浦里が忍び泣きすりやみどりも共に
貰ひ泣きするあけがらす
　キビスガンガン　イガイドンス　キンギョクレンスノ　スクネッポ
　スッチャン　マンマンカイノ　オッペラポーノ　キンライライ　アホラシイジャ
　オマヘンカ

「金来節《きんらい》」という。添田唖蟬坊『流行歌明治大正期』（刀水書房）からひろつた明治オノマトペ歌の一つだ。これでみると「金来節」とは拝金主義への自暴自棄な嘲笑であり、紅葉『金色夜叉』とも地続きのように見える。「金来節」流行は何年かは記載されていないが、「オッペラポー」という語から推して川上音次郎のオッペケペ節、落語家ステテコ踊りの圓遊らと地続きであるように感じさせるから、明治二十年代後半だと思う。

こまかなことだが、「金来節」流行の一端を斎藤緑雨に見つけてある。「おぼえ帳」の一節にいわく。

「○威権堂々などといふ声を本郷にて聞くときは、浦里が忍び泣きすりゃを本所にて聞くときなり、其差異を簡略に示すものは、銭湯と縁日となるべし。」

緑雨が「おぼえ帳」を発表したのは明治三十年、緑雨三十一歳時であるから、「金来節」は明治三十年以前に流行っていたことがわかるが、意味は、書生っぽの町本郷で「威権堂々」なんてへんな日本語がまかりとおる今の世の中は、江戸っ子の下町本所深川で「金来節」なる下品《げほん》の流行歌が流れているのをきくのと同じで嘆かわしいということである。幕臣的感覚と戯作者の観察眼を捨てなかった緑雨には、文明開化、富国強兵の国家の学の牙城帝国大学がある本郷も、がさつになった深川も、アホラシイジャオマヘンカ。

　奇怪なオノマトペ（擬音語）の日本俗謡への登場は文久二年の「ノーエ節」からだ。オッピキヒャラリーコ、ノーエというやつだ。これは開港期横浜で西洋語の語感にふれた浜っ子第一世代が生んだ。それまでの囃しことばや口三味線の安定がこれで崩れ、明治十一年、西郷隆盛の西南の役がおわって国内戦がなくなった直後から、一気に、日本社会下層からオノマトペが噴出した。

　明治十三年、浅草にステテコの圓遊、ペラペラの万橘《まんきつ》、ラッパの圓太郎、釜堀りの談志の「寄席四天王」が登場した。「金来節」も寄席芸人がはじめたのではないかと思う。ごらんのように「明烏」が下敷になっている。みどりというのは浦里つきの禿《かむろ》、可愛そうに浦里折檻の場でこの幼女も雪の庭に放り出されるのである。オノマトペ部分に関して、四代目立川談志は落語がおわると奇妙な踊りを披露し、その囃しの内容が「アジャラカモクレン、キューライ、テコヘン、キンチャン、カーマル、セキテイよろこぶ、テケレッツのパー」とやったとある（興津要「古典落語」、解説「落語の歴史」）。「金来節」のオノマトペに似ている。その「金来節」のオノマトペだが、「キンギョクレンスノ」というのは看看踊りではなかろうか。久恋思《きゅうれんす》というのは「看看踊《かんかんのう》」の一節だ。カンカンノウ　キウノレンスキウレンス　キウハキウレンス　サンチョナラエ　サイホウ　ニイクワンサン……看看阿　久阿恋思

久恋思　久阿久恋思　三叔阿ならえ　財副　二官様の漢字をあてて、見よ見よ、久しく恋する人は蛮方役人の二男坊にして我恋して彼に九連環の指輪を送りたり……云々の意に解する長崎起源の中国風踊りが江戸で流行したことがある。その「看看踊《かんかんのう》」の趣向を芝居にとりいれたのが四世鶴屋南北であり、亡者が棺桶から踊り出すという南北的趣向をとりいれた落語が「らくだ」である。「金来節」の作者は新内「明烏」と落語「らくだ」を知っていた人物ということになるだろう。

桂文楽で聴くと、時次郎が登楼する大見世の長い長い廊下を、文金《ぶんきん》、赫熊《しゃぐま》、立兵庫《たてひょうご》なんて髪形を結い、部屋着の花魁が歩いていくのを灯す「電気が配在してある」と語られている。電灯が最初にともったのは明治十七年（一八八四）の上野駅だ。その白色光を見るために人々が集っている浮世絵が清親にある。上野駅の電灯は試験的なもので、民間に電気が引かれるようになったのは明治二十年、鹿鳴館の舞踏会は煌々ともる電灯でも話題になった。電灯ともる廊下を女郎衆が歩いてゆくなんて今では寒々したイメージを喚起するだけだが、当時はシャンデリアきらめく鹿鳴館のワルツ舞踏会に対する白色電球に照らされた吉原の花魁道中というモダーンな対称で語られたはずだ。

とすると落語「明烏」の成立は電灯が使われはじめた明治二十年以後、春風亭柳枝の速記が明治二十五年とあるから、その五年のあいだにということになりそうである。

落語「明烏」成立時の精神風土は「金来節」と地続きである。明治二十五年の春風亭柳枝の速記は、その内容がエロなものであったことがわかっているから、はじめ「金来節」の騒々しく捨て鉢気味のポスト西南の役期の江戸庶民のなかで新内の古典的格調を嘲笑するようなかたちで生れ、明治二十年代に現在の形になったが内容的には下種な廓話だったものを、八代目文楽が磨いて艶と品を備えた古典的格調の落語にしたという理解でいいだろう。

奇しくも、江戸浄瑠璃の新内と八代目桂文楽の落語の似た姿があらわれる。第一に新内も桂文楽も「明烏」を自分を代表するレパートリーにすること、第二に、新内も桂文楽もレパートリーがすくないことだ。新内は黒木勘蔵『歌謡音曲集』ではわずかに十五曲、八代目桂文楽は小島貞二によれば、テープに残るもの二十九席である。

赤色残侠伝

1　一九六〇年、夜のプラットホーム

一九六〇年六月四日の品川駅頭だ。全学連の部隊は朝一番の列車発着を阻止するために東海道線ホームを占拠していた。あと一本最終を見送る前だったから夜中の十二時頃だったろう。ホーム新橋寄り先端で騒ぎがあった。カメラを持った男がかこまれていた。

「ぼくは日大写真科のものです。スパイじゃありません」彼は顔を赤くして抗議した。小学校時代の同級生だった。当時の日大は右翼の拠点校だった。誤解が解け、彼が同じ学生として闘争を記録するために現場にやってきたと告げると、日大にも右派の目をかすめて闘争を記録するチームが来ていると知って拍手が起こった。

その様子を見守っていたリーダーにきくと、日大にもブンドがいるよ、と隊長Sは小さな声で言った。俺が足立正生の存在を知ったのはこの六・四品川駅頭である。ブンド組織論の先端が深部に達しているという感銘があった。組織論の感動はこれが二回目である。

島　同盟ができたのは一九五八年の十二月十日ですが、同盟ができた動機は、国会デモ、羽田デモ

に示されたとほとんど同じような状況を何べんもこれまでに繰り返してきたからです。直接の動機は警職法闘争だった。（大幅に中略）
大きな話にきこえるかもしれないが、日本の労働運動の指導の面では、将来は西尾新党・全労とぼくらの同盟、この二つに分れてくるのではないかと思う。
（座談会「トロツキストと言われても・共産主義者同盟に聴く」、島成郎・吉本隆明・葉山岳夫、『中央公論』一九六〇年四月号）

引用箇所はすぐに決った。雑誌に線が引いてあったからだ。四月号ということは、三月に町に出ている。大学生は春休み、受験生は入試期間で、なにか地ゆれがする短い休暇の感があり、ブンド書記長がはじめて一般誌に登場発言するということもあって、『中央公論』のこの号は貪り読まれた、機関紙「戦旗」、理論機関誌『共産主義』、社学同理論誌『理論戦線』は市販されていなかった。
一九五八年、高校二年時、級友三人とメーデーに行ったのが俺のデモの第一回目。刑法改悪に反対するためだったが行動のしかたを知らず、メーデーに参加してどこかのデモ隊に加わろうと学校を脱けだして明治外苑に行くと、あまりの大群衆にただうろうろし、新宿に向う隊列に「日本共産党法政大学細胞」と大書されたとほうもなく大きな赤旗があった。三畳敷ほどもある大旗の竿の先端を腹巻きのような革のベルトで支えた学生を先頭に、五人横隊の大学生の列が蛇行《ジグザグ》し、交差点では渦を巻く。その隊列にいれてもらって、明治外苑から解散地の新宿ミラノ座前噴水のところまで駆け通したように記憶するが、実際には歩いた区間もあっただろう。体力が保ちはしない。これが全学連か、と圧倒された。

三人の高校生がこの隊列の中で戦闘的な蛇行《ジグザグ》を経験したのは、日共からブンドが離陸しようとする激しい内部討論の時期だった。「直接の動機は警職法闘争だった」と島成郎が言ったその一端に、数時間、高校生がかすったということになる。

そして一九五九年一一月二七日だ。全学連は国会構内に突入した。テレビ中継を板橋区の友人宅で見ていた。黒白テレビに、全学連と東京地評労働者二万のジグザグデモが、新聞社のニュース撮影用ライトに照らされる薪能のように、ライトが消されると大蛇のように映しだされ、津波のシュプレヒコールとすり足のザッ、ザッという足音に、いよいよ自分も来年は大学に入って、全学連に加わる時期が来ていると身震いした。

武装闘争はプロパガンダの最高の形態である――『赤軍－PFLP・世界戦争宣言』を出すのはまだはやいが、先頭を切って国会に突入した全学連の姿が鮮烈だったから、そしてそれが学生の単独行動ではなく警職法が上程されるやただちに結成された国民共闘会議の行動の一環だったから高校生をとらえたのである。

一回のデモ参加だったが、それがひきつづいて右派教師への反抗を継続させたから、警職法を粉砕した闘争は自分の勝利でもあると充実感をおぼえたハイティーンの眼に、現実の闘争のなかでスターリン主義左派を割って成立したブンドはたのもしかった。

トロツキスト受難史の宙天から下りてくる4トロや、一九五六年ハンガリーの民衆蜂起を鎮圧したソ連軍への憤激からはじめた革共同とちがい、闘争現場でスターリン主義左派を割る、これがブンド的ということの一つだ。だからブンドは革共同から、戦術左翼、不徹底な反スターリン主義、理論面における宇野弘蔵経済学、黒田寛一哲学、対馬忠行ソ連論のゴッタ煮と非難された。

ゴッタ煮けっこう。リンゴのゴッタ煮《スクラップル・フロム・ジ・アップル》、ゴッタ煮だからバップだ。純血主義はかぼそく、混血・雑血・売血の方向で黒くなって、黒カン哲学だろうと宇野経だろうと、石コロ、薪雑棒、腐ったトマト、そんじょそこらのものを手にとって武器にするという戦術左翼が俺の性《しょう》にあった。

性だって？　ああ、俺の無産階級性にな。

スターリン主義党左派を割る。よど号赤軍派が北朝鮮に革命の国際根拠地建設を企画して飛んだことも、アラブ赤軍がパレスチナに飛んでＰＬＯの中のマルクス主義左翼、ハバシュ博士のＰＦＬＰと国際共同軍事行動を行ったことも、そして不幸にも連合赤軍が、日本共産党革命左派や京浜安保共闘と無理に組織統一して内部殺戮のうちに壊滅したことも、左派を割って前衛党を創出するというブンドの発想をひきついだものだ。

一九六〇年に入ると俺はおぼろげに共産主義者同盟の存在を知っていた。吉本・葉山（東大自治会委員長で逮捕状が出ていて、警官隊が東大内導入されるかどうかが焦眉だった人物）・島三者鼎談が『中央公論』に掲載されたのは三月であり、この雑誌は当時の総合雑誌の中で文学・思想・政治論文の内容でトップをきって影響力が大きかった。だからのち右翼に狙われた（深沢七郎『風流夢譚』を狙った右翼が社主嶋中邸を襲い、お手伝いさんをふくむ家人二人を刺殺した。一九六一年二月の事件）。ブンドは組織論のない戦術極左にすぎないという悪口も流布されていた。一一・二七のあとで、その中継を見た友人Ｅ（彼も入学と同時にブンドに入る）の家に遊びに来ていた板橋区の若い共産党員が、暗い顔で、労働者と学生の行動を賞讃した前言を翻し、あの行動は階級的展望なしのプチブルの盲動だった、と言ったのは、ブンドに対してだった。共闘の最左翼に位置するというだけで組織論がないはずのブンドが、はじめて書記長の口から、「大きな話になるかもしれないが」、日本の労働者組織は近い将来、ブンドか全労（同盟）かの争いになるだろうと宣告され、島成郎がドン・キホーテと言われたのはこの展望だった。総評も社会党も左右に両極分解され、共産党系労組はこちらに乗りかえて、日本の労働運動はブンドと同盟の間でまっ二つ。胸のすく大言壮語だった。

一九六〇年六月四日、国鉄労働者が一番列車をとめようとする時限ストの応援に来た品川駅東海道線発着ホームで、日大写真科の学生が公安のスパイとまちがえられた一悶着の輪の傍で、早稲田の隊長Sが、日大にもブンドがいる、と小声で教えてくれたことは、島成郎三月のブンドか同盟かという壮語に次いで、こちらの組織論の先端が深部に達しているという感動をあたえてくれた。ただ、感動を受けた俺の方が三月とはちがっていた。六月には俺は同盟員の一人だった。

顔を真赤にして自分はスパイではないと抗議した彼は、王貞治の最初のライバルである。投手で中軸打者で、彼が通った文京八中は野球が強かったがいつも王貞治のいた墨田二中に負け、高校は日大三高に進んだが彼のチームはまたいつも王貞治のいた早実に敗れ、自分は王貞治に勝てないのだと野球を捨て、日大写真部に進んで記録写真と映画を手がけるようになったのである。

足立正生の存在と名を知ったのは彼からではない。旧友は日大ブンドの秘密党員ではなかったと思う。一途に、同じ学生が闘っているのを記録しにきたのである。右派学生の包囲をぬけて坐りこみ現場の品川駅にやってきた彼の存在から、日大に深海魚のようにボウッと光って同志がひそんでいるという手ごたえがあったのである。

日大は六万人なのだ。六万！　小都市なみの学生数だ。いつか、この巨大な大学が動きだすという最初の手ごたえが六月四日品川駅ホームだった。一九六〇年代後半、右翼との武闘に勝利して白山通りをうめつくした日大全共闘銀ヘル部隊の最初の雨滴の一つが品川駅ホームでエピソード的に出会った小学校時代の同級生だったと思っている。

足立正生が一九六〇年段階の秘密同盟員だったかどうかは知らない。そうであったほうが話ははやいが、そうでなくてもいい。足立の存在はブンド以上のものだからだ。右派拠点校腹中のブンド細胞の存在は異教徒のようなものだろう。俺は単位自治会だけで同盟員十七人というブンドの巣みたいな早大二文班に属していたから、ワラ半紙四分の一大の紙片に「必読後焼却」とガリ版刷りされた内部通達を一般学生に見られるというようなヘマはやらなかったが、党派性がバレたから身の危険を感じるということは全然なかった。スケスケでもよかった。スケスケでも、のちに犯罪者同盟を生むだけの暗さと黒さを俺は保持していた。足立はもっとだったろう。ブンドは六〇年秋に中執が解体し、戦旗・プロ通・革通の三派に分解したが、日大フラクションは、どの派に属そうとアカはアカと徂われたから、論争があっても分派はなかっただろう。足立正生が俺のことを論じてくれた文章にある。

彼の遠まわしの論理は、六〇年安保ブンドの亡霊の頑固一徹、好んで半殺しに出会った政治生命の不死身の警戒心であり、歯切れのよさ加減は、党利党略論理がつかんでしまうプラグマティズムへの反逆なのだろう。

（「平岡正明論」、『映画への戦略』）

そのとおりだが、これは俺のこと以上に足立正生は自分のことを言っている。そういう足立も潜行は快楽であったということを言わないと返信にならない。敵包囲下にあって党利党略論理につり出されず、どんな敵も自分ほど暗くはなく、どんな状況も自分の想像力ほど複雑ではないと、ガードを固め、一撃で敵を倒す機をうかがっているのは快楽である。革命か反抗か。革命は勝利をめざすが、反抗は刺しちがいを狙う。刺しちがえればどんな敵も倒せる。そういう男が記録写真撮影者の背後に息づいていることを駅ホームで感づいた俺の直感は悪くなかった。

デモ隊員の認識力について記す。

全学連が国鉄スト支援のために品川駅にすわり込みに行ったのは、ブンドと共同戦線を張っていた革共同が、自分たちは田町保線区の動力車労組に組織をのばしているからという言に義理立てしたからだ。品川を選んだことは適切だった。

震災後初めて東京に行く人は、先づ品川駅に着くとホームの雑音にまじって、

「品川アー……品川アー……山の手線、新宿……方面行乗換へエ……品川アー……〳〵……お早く願ひまァす……」

と云ふ特別に異様な割れ鐘声を聞くであらう。記者も変な声だなと思つて、窓から首を出して見た一人であつたが、不思議なことに怒鳴つて居る駅夫の顔が見えない。変だなと思つてキヨロ〳〵見まはすと、それはホームに備へ付けられた蓄音機で、声自慢の駅夫に吹きこませたものだとわかつた。

夢野久作、大正十三年の『東京人の堕落時代』書き出しである。『九州日報』記者杉山泰道（夢野久作の本名）は震災の年、救援船備後丸に乗船して震災直後の東京に来た。その翌年にも東京に来た。一年で東京は復興に目途をつけた。だが何かが変った。品川の先で、何かが変っている。そのことを

九州からの急行列車が品川駅に着いて、ジューとシリンダ内の蒸気余圧を白い湯気にして吐いているうちに、レコードでアナウンスする駅名に直感する。

久作のルポを追跡調査してわかったことは、彼が東京に入ったなりレコードによる駅アナウンスを異様と感じたのは、品川駅が、軍事列車発着拠点として震災後の帝都再建計画の主要な一環になっていたからだ。現在の品川駅のホーム配置はこうなっている。

山側に私鉄京急線高架ホームがある。これは独立している。しかし軍港横須賀へのバイパスである。地表に国鉄ホーム群が整然と並んでいる。①②番が山の手線。③④番が京浜線。⑤⑥と⑦⑧が団体臨時ホーム。ふだんは使われない二本の空のホームである。⑨⑩が東海道線急行ホーム。⑪⑫が湘南電車ホーム。⑬⑭が横須賀線ホームで、これは横須賀線と湘南電車が別のレールを走るようになってから新設された。いちばん海側に高架の新幹線レールが走って、これは品川駅を無表情で通りすぎる。

この基本的レイアウトは関東大震災直後に決定されたものである。ふだんは使用されない団体臨時ホーム二本というのが、軍隊列車発車ホームだった。日中戦争、太平洋戦争を通じて日本兵はここで列車に乗りこみ、行く方を告げられないまま戦地に向った。

この品川駅レイアウトに対応するのが田町の操車場である。蛙を呑みこんだ蛇の腹のようにふくれ、いったい何本レールがあるのかもしれない巨大な操車場、これは帝都の西向きの心臓弁だった。ここで帝都に入り出てゆく巨大な物流をコントロールする。東向きの方は田端操車場である。全学連がスト支援部隊を品川に出したのは、心臓部の弁にあたる田町操車場に動力車労組の戦闘的な労働者が多いことと、かつて軍隊列車進発ホームだった二本の空きホームがあって、いくらでも大人数の支援部隊がつめかけられることと、機動隊との衝突があった場合、動きまわる余地があるからだ。高架の東京駅で戦闘かあれば落ちて死人が出る可能性がある。

六・四スト支援の拠点が品川駅だったということは、軍国主義時代の亡霊がデモ隊を呼びこんだのである。この磁場によびこまれた人物を点綴しておこう。

十時過ぎだったと思うが、学連部隊がつめていた湘南電車ホーム（現在の⑪⑫番）に六月行動委員会が来た。松田政男が行動隊長だった。「私たち六月行動委員会は、戦闘的インテリゲンツィアを代表する吉本隆明氏とともに……ました。」この……のところに六月委による六・四闘争の位置づけがくるのだが、内容は忘れた。

マイクを渡された吉本隆明はやや迷惑げに言った。「そんな大げさなことでなく、その、あれです。座り込みに来ました。いっしょに戦いましょう。」拍手があった。

終電後に、学生にはジャムを塗った食パン二切れが配られた。終電が出た後も、品川駅の労働者は学生部隊がすわり込むホームの電灯を全部落さなかった。ぼんやり明るいホームをはずれて、東京寄りの暗がりで、鶴見俊輔が新聞記者から貰った大きなにぎり飯を食べていた。この日、鶴見俊輔は国民的英雄だった。都立大教授竹内好と、京大教授だった鶴見俊輔は、岸内閣の如き反人民的政府下にある官学の禄を食まずと声明を発して大学を辞めた。民主か独裁か、とご両所は獅子吼した。

民主か独裁かという竹内・鶴見の問題のたてかたは、反ファッショ統一戦線ディミトロフ時代の二段階革命論的な問題提起であり、生産点における労働者階級のゼネストを以つて岸内閣を倒すという主題に水を差し、民族民主統一戦線を主張するヨヨギを利するものである、という批判がトロツキスト活動家上部にはあった。国鉄労働者がようやくにして時限ストを打つのだから、次はゼネストだという方向にすべての宣伝煽動を集中させせなければならない、と。俺は「民主か独裁か」でもいいと思った。二者択一のスローガンでデモの人数が増大するならそれでいい。今の段階では量が質だ。

夜が明けた。時限ストは終った。学連部隊は引きあげずにいた。一番線向うの空地に菜ッ葉服を着た国鉄労働者が一人立って、手をメガフォンのように口にあてて、言った。「全学連の諸君、おれは労働者だ。ストライキは成功した。一番列車はとまった。あとは労働者にまかせてくれ。この場を引き上げてくれ。たのむ。」「ヨヨギだよ」と先輩活動家が言った。男が労働者であることは疑わないが、保線区のとかこの駅のといわず、自分を絶対値—労働者—であることを強調して、労働者物神傾向にある学生活動家をビビらせようとするテクニックは経験豊富な共産党員だ。彼は学生たちが電車の姿を見るやわらわらとホームから線路に飛び下りて電車をとめてしまうことを恐れたのである。階級闘争が激化する時期には、松田発言や吉本発言に傍点をつけて示した部分のような微妙なところで、インテリ語だったり、指示代名詞のリューメイチックな使いかたなりに反応して、相手の層的な、ないしは党派的な匂いを察知して共闘関係を調整していくものだ。

それにしても労働者が学生に、「帰ってくれ、たのむ」とはね。単身、肉声で語りかけてくるのはえらいが、音吐朗々たる泣き節だ。「品川アー……山の手線、新宿方面行乗換へエ……。」

2　六月十六日、空城の計

軍事は赤軍派が最初に提起したのではない。一九六〇年六月、安保の中で埴谷雄高に、三池で谷川雁によって提起された。安保から行こう。国会周囲をうずめつくすデモ隊の中で埴谷雄高は、自ら「陰謀家として」と言いながらこう問題提起した。

あらゆる革命は支配層を心ならず防衛していたものが支配層から離れ自己の出身地である被支配層の側へ自覚的に復帰することによって成就する。換言すれば、支配層が裸にされたとき成就する。その逆転する防衛者の根幹は軍隊である。そして、これまでの革命の歴史が教えるところによれば、軍隊が被抑圧者の一翼として武器をもって立つ決定的な瞬間、殆んどすべての警官は抑圧者の眼をも被抑圧者の眼よりも隠れて何処にもいなくなり不思議な行方不明の状況を現出する。いわば双方からともに見放される不運な宿命を負わねばならぬ根本的な理由は、まず第一に、武器の保持者でない彼等に双方から決定的な価値が認められぬからであり、第二には、日頃から人民に接触している彼等に対して、日頃接触をもたぬ軍隊とまったく反対に、近いものが激しく憎み合って、遠いものが却って親しみ合うという政治の原理がきびしく働くからである。

（「自己権力への幻想」、『民主主義の神話』所収、現代思潮社新書）

このあと埴谷雄高は六〇年夏の六月行動委員会の総括集会で「自衛隊を出させたかった」と言っている。

一九六〇年三月二十八日、三池争議最昂揚局面ホッパー前ピケットラインで、谷川雁は次のように労組下部に軍隊があらわれたことを問題提起した。

午後にひとりのおとなしい労働者が刺殺されるにいたった。再び指令によらない武装が一夜にして整えられた。この瞬間に、闘争の質に関するもっとも重大な決定が組合統制によらない方法で決

定されたのである。（中略）
この日、現場にいた目撃者として私は証言することができる。この日〔一九六〇年三月二十八日〕こそ万を越える大衆が戦後労働運動のワクをのりこえた、決定的にのりこえた日であったことを。それはもはや労働組合の体系にとじこめられた運動ではなかった。防衛的であるにせよ、かくて三池は戦後はじめて躍りでた労働者の自然発生的な武装闘争となった。（中略）私たちは自分たちの軍隊の姿を、といって悪ければその前駆的形象をはじめて眼のあたりに見たのである。
端緒的であるが、大隊単位の部隊編成がなされた。大隊長のいるところ大隊旗をもった労働者がしたがい、くりかえし演習が実施された。三池艦隊とよばれる木造船の海軍が登場した。最高潮時には二万人の第一線戦闘要員と家族をふくむ一万人の補給要員が組織され、炊事から衛生にいたるまで、この三万人の戦時編成師団はほとんど想像もできない滑らかさで活動した。（中略）
指導の上部にいくにしたがって軍隊のおもかげはなくなり、ただの労働組合にすぎなかった。しかし底部にいくにしたがって、それは実態としてまごうかたなき軍隊であった。大衆は進んでそれぞれの分隊長や小隊長の決然たる指揮を要求した。（中略）軍隊というスタイルをとった、下部からの組織化の方向なしに、三池がこれまで隔絶していた中小鉱をふくむ坑夫の気分とあれほど密着することはとうてい考えられなかった。それは三池を支援する他の炭鉱、とくに中小鉱で、シュトルム・ウント・ドランクとでもよばなければならないような熱狂をひきおこした。
では、この軍隊的発想はどこから思いつかれ、借用されてきたか。いうまでもなく、赤軍や八路軍ではなかった。あきらかにそれは敗戦以前の日本帝国主義陸軍であり、戦中派の体験がその支えとなっていた。

（「定型の超克」第三章「三池に出現した軍隊」、前掲『民主主義の神話』所収）

反戦平和論を軸としてきた戦後左翼には、日本敗戦からたった十五年後、戦争を忘れるほどたっぷり食ったわけでもなかろうに、三池と安保という眼前の闘争のただなかで谷川雁、埴谷雄高の両左翼思想家が軍隊の必要性を声高く宣言したことは青天の霹靂であった。軍隊＝右翼という度し難い偏見にとらわれているのは、戦後左翼が左翼にすぎず、革命家ではなかったのでしかたないが。俺が軍隊の問題をこのように考えることができなかったのは未熟さのゆえだ。埴谷雄高が希んだように、六〇年安保闘争の首都街頭へ自衛隊が治安出動したらどうか。

民衆の生活を常時看視しているために警察と民衆の間には接触嫌悪感が生じて、ために警官が民衆の側に寝返ることはなく（推測するに警官は民衆のあんがいなずるさときたなさを知っており、民衆はまた自分たちを色眼鏡で看視している警察を嫌悪するからだ）、より強力な暴力が登場したときに消える運命にあるならば、自衛隊がデモの民衆の前に出てきたときに警官隊の自信喪失がはじまるだろう。

革命はより強力な敵を発見しながら前進するというマルクスの言はつくづく真実である。より強力な敵が手つかずのままでは階級闘争は決着しない。機動隊でケリをつけられたことが安保闘争の限界であった。

ではいつ、自衛隊が出てくる可能性があったか。六月十六日だった。六月十五日、全学連は国会突入し、警官隊に激突して樺美智子が殺された。押し戻されたあとも大群衆は国会をとりまいて去らなかった。防壁がわりに正門前に並べられたトラックがひきずり出された。ひきずりだしたのは学生だが、火をかけたのはだれか。俺は学生服の男がトラックの下にもぐりこんだのを見ている。当時、学生はわざわざ学生服を着てデモに行っていない。梅雨空とはいえ六月だ。

一台燃えればあとは次々だ。トラックがひき出される。ひっくり返される。ガソリンが雨に濡れた斜面を流れる。火をつけられる。炎が斜面を走る。

遠くでタイヤが破裂するような音が続いた。催涙弾だ、という声が伝わってきた。きたら投げかえせ、と口々に言いかわしていたところに頭上でガーンと一発。だれも催涙弾を知らなかった。古い外国のニュース映画で見たままの、手投げ式のものだと思いこんでおり、短い筒の銃から発射され、空中で炸裂するものだとは知らなかった。呼吸がつまり、眼が痛んで立ちくらんでいるところに青い乱闘服の機動隊が突っ込んできた。顎を殴られて倒れたが、立ち上れたので逃げた。三宅坂を左に折れた。機動隊はまだ追ってきた。敗走するというのは口惜しいものだ。相手の数は雪崩れをうって逃げる群衆のおそらく十分の一、密集隊形を崩さずひたひたと追ってくるのに、踏みとどまって反撃できない。半蔵門近く、追いつめられて曲れなくなり、濠の傾斜でとまらなくなって水に飛込んだ学生を機動隊員がひきずり上げるのを横目で見ながら逃げた。

法政大学に逃げこんだ。右翼の襲撃とでも思ったのだろうおばさんもまじえた宿直の生協職員が血相変えて飛び出してきたが、すぐに事態を察し、門をひらいて、入れ入れと学生、市民、野次馬の別なく校内に入れてくれた。催涙弾のきつい上シャツだけ脱いで、階段教室の床に倒れこんで眠った。

翌朝、握り飯が用意してあった。大学生協はどこでも共産党系が多かったが、トロだスタだと言っている事態ではなかった。男たちは逃げこんできたデモ隊員が眠っている間、徹夜で門のところを見張ってくれた。おばさんたちは飯をたいて握り飯をつくった。〽海猫《ごめ》が鳴くからニシンが来ると、赤い筒袖《つつぼ》のヤン衆が騒ぐ。雪に埋もれた番屋の隅で、わたしゃ夜通し飯を炊く……というなかにし礼作詞、北原ミレイが歌う「石狩挽歌」が好きなのは、あの日、徹夜で飯を炊いてにぎり飯を結んでくれた法政生協職員への感謝の気持もある。天保時代の百姓一揆の記録に、炊き出しに出た女たちが、ムシロ旗で戦う男衆に応えるべく、飯の熱さで掌が赤く腫れるほどにぎり飯づくりに献身することが書きとめられているが、これをうるわしい姿と読むだけではまちがいだろう。米がないから一揆に立ち上るのだろう。女たちの掌が飯の熱さで腫れるほど米を炊くのは水盃の意味もあるだろう。

六月十六日は白い握り飯一箇からはじまった。早稲田に戻ると、一夜にして学生の顔が変っていた。建物の外に群れている。外でデモの準備をしたりプラカードを作っている。プラカードは、ハガキ大のボール紙に「反対」と二文字書いて木の柄に画鋲でとめただけのものだ。つまりコン棒。学生たちの表情には悲痛さのほかに解放感もあった。

樺美智子の死が学生を解放した。警官が学生を殺すならこっちもやり返す。腹をくくった者の解放感があって、それがどう見てもコン棒でしかないプラカード作りに出ている。殺されたのが樺美智子だということは活動家にはわかっていた。一文ブンドの女子活動家に樺美智子と高校時代の友人だった者がいて、彼女が遺体確認しているのだが、一般学生にかくしたのではなく、名前を言ってしまうのが悲痛で、また死者は六人だという噂も流れ、活動家にも噂の当否がわからなかった。六人殺されても不思議ではなかった。南通用門から入った中庭で学生と警官隊が二度目の衝突をしたとき（二番目の衝突で死者が出た）、ぶつかりあう学生と機動隊の圧力で人間が盛り上ってしまい、俺の足は地面から離れていた。

死者の数と名前はわからなかったが、東大の女子学生が死んだ、ということは伝わっていた。それをきいて、これまでデモに出たことのない学生まで弔い合戦にとりあえずキャンパスに蝟集していた。

催涙弾の臭いをさせて戻ってきた者は一晩闘いぬいて生還した勇者だった。大きく三波に分けて出発したように記憶する。主流派も反主流派もなかった。その間にもサークル別、クラブ別の小集団が三々五々出発する。それと同じ光景がどこの大学でも見られた。遺影などありはしないが、樺美智子の霊がなぐさめられるとすれば、死の翌日の全学生の隊伍にあっただろう。新兵を勇者に変えるのは戦友の死である、というのはほんとうだと思われる。ものすごい闘志の渦が続々と国会に向った。

これがブンドの終りであった。ブンドは方針を出せず、大衆に呑みこまれた。

国会正門はあけはなたれてあった。正面玄関前の広い敷地には人がいない。投光器が打水でもしたように清められた広い空間を照らしていた。植込の蔭にも警官隊の姿はなかった。ただ怒号する人の群が門外にうねっていた。早稲田最終部隊とともに国会についたが、地下鉄で行ったのだか、都電を借り切って行ったのだか記憶にない。ふだんは田村町交差点か警視庁前か三宅坂下に張られた関東近県から応援に集められた警官隊の阻止線をぬけてから国会前に出るのだが、この日は、学生の先行部隊が追い払ったか、警視庁の判断で引いたのか、阻止線はなかった。たぶん後者だろう。デモ慣れしていない近県派遣の警官隊などが阻止線に配置されると、この日の学生はいつもとちがうのだ、襲いかかられ、市民にも袋叩きにされ、一中隊丸ごと拉致でもされようものなら、応援部隊を出すことになり、これもたちまち民衆の大海に呑まれて壊滅するだろう。火に油を注ぐことになる。

スポッと国会前にぬけた。すでに日は傾き、投光器が煌々と無人の前庭を照らし、投光器後ろの闇にひそんでいるだろう機動隊の姿は見えなかった。国会正門は口をあけてデモ隊を誘い込んでいた。

「罠だ」と学生は口々につぶやいた。罠に入るべきだった。

あれは空城の計だったのか。諸葛孔明が魏の大軍と戦ったとき、馬謖の軍律違反で前進基地の街亭を失い危機に陥ったが、城をあけはなち、望楼に登って琴を弾じる姿を魏軍に見せ、きっと城中に策があると魏の大将司馬仲達に思わせて魏軍を退かせたことを空城の計という。泣いて馬謖を斬ったのはこのときである。日本では三方ヶ原の合戦で武田信玄の軍に敗れた徳川家康がほうほうの体で浜松城に逃げ込み、命じて城門を開け放させておいたところ、これも策があると判断した武田軍が城攻めをせずに通過した。この二つの例から見ると空城の計は追いつめられた側の捨身である。恐れず攻め手が突入すれば孔明も家康も首を討たれた。

階級闘争に空城の計などというのはあるのか。自民党政府は空城の計を弄さねばならないところまで追いつめられていたのか。

埴谷雄高が、自衛隊を出させたかった、と言ったのはこの六月十六日の光景にちがいない。ペニス傘持ちホーデンつれて、入るぞヴァギナのふるさとへ。尾崎士郎『ホーデン侍従』の破廉句を思い出す。足立正生が映画『性遊戯』の終局、両翼にホーデンを従えてボナパっているペニスの如き国会議事堂を遊撃するに、裸の女に国会正門前を走らせるシーンをもってしたのもまた、六月十六日、せっかく権力が国会正門をあけはなってデモ隊を誘い込む罠をしかけてくれたのに、その挑戦に乗り、その罠に入りこんで、再々度、国会突入をやらなかった口惜しさを見つめてきたからにちがいない。

六月十六日デモを警官は読めなかっただろう。樺美智子を殺されて怒り狂った学生がなにをするか読めなかった。ブンドさえも呑みこまれる怒りだった。労働者も、労組幹部や社共の統制を振り切って、暴発したら、もう手がつけられない。だから警官隊は退いた。しかし国家権力にもう後はなかったのか。そんなことはなかっただろう。自衛隊がいた。それは手つかずのままいた。六・一六の国家権力にとって空城の計が破られるということは自衛隊を治安出動させるか否かのボーダーラインということだった。

チャンスだったのだ。俺は投光器がかっと光をなげつける国会正門前庭のだれもいない空地へ一人で歩いて行って坐りこまなかったことを悔いた。一人やれば二人つづいたろう。排除されれば十人がすわりこんだろう。十人が排除されれば、十人一かたまりの群が、そこに一つ、あちらに二つ、バラバラにすわりこんだだろう。それを排除するために投光器の後ろの闇だまりから、乱闘服を着た機動隊員が警棒をふり上げて突進してきたら、門の外からデモの群衆が仲間を助けようと殺到した。乱闘になったら、あの日は群衆が勝っただろう。数がちがう。殺気だってもいる。

突っこんできた群衆に国家権力側にかりに秘密狙撃班なりがあの日用意されていたとして、銃器を使ったか。それはないだろう。昨夜のように警官隊が催涙弾を発射したとする。今度は群衆は前に逃げただろう。前に逃げると、国会開催中である。再々度国会突入は、議事堂内集会ということになるだろう。

デモ隊が建物内に入れば、自民党陣営にパニックが生じる。社共だってあわてふためくがね。六・一五までにすでにパニックにおちいっていた議員はいた。自民党議員のパニックは、かならず失政の引き金をひく。
十六、十七、十八の三日間、夢中だったから罠の前でしりごみした自分の口惜しさはあまり感じなかったが、敗けてから口惜しさはました。
暴動は統一戦線のすぐれた形態である。ブンドが、各人・各単位の用意に応じて順次ヤマネコ式に暴動を起こせ、と方針を出していたらどうだったか。

もっとも多くの大衆を闘争に参加させる形態が暴動である。大衆は組織の怜をのりこえて暴動に参加する。樺美智子が殺されて学生がそれぞれの党派性から解放されて端緒的な武装をはじめたとき、ブンドは暴動を提唱すべきだった。暴動というものは自然発生的なもので「方針提起」ができるものではないと思うが、安保闘争の衝撃はスラムまで届いていた。山谷暴動である。基幹産業の闘争を重視するブンドは都市下層社会の分析ができなかったし（都市と農村の二重構造が都会内二重構造に変化しつつあること）、方針提起も介入もできなかったが、俺は個人的趣味として野次馬に出かけ、酔漢も老人も野次馬も加わる暴動という統一戦線の組織力＝祭りに瞠目した。山谷の指導部なき暴動はそれまで労働組合に組織できなかった未組織労働者を街頭で組織した。

暴動には死んでもかまわぬような快楽がある。これがピンク映画時代の足立正生が執拗に追求してきた存在論的ラジカリズムである。芸術的直観は存在の根へ下向するものであって、それは大衆の実存の深部に反乱の原基を見出す革命の直観に等しい。なお「反乱」と「暴動」の別を言えば、暴動は自然発生的、盲目的に低次なものであり、反乱は方向性と計画性をもった高次なものであるという論は、インテリのまちがいだ。反乱だから鎮圧される。指導部がやられると全体がやられる。戦後階級闘争史の経験によれば、九割九分まで指導部は日和見装置である。反乱は暴動より低次のものである。暴動とは、自己権力《コンミューン》創出に至る統一戦線の端緒的な運動である。

六月十六日に俺を尻ごみさせたのはまず恐怖だ。投光器の投げかける光の輪の中に出たら射殺されるという恐怖があった。第二は前衛意識だ。俺はブンドから方針が出るのを待っていた。再々度突入方針をではない。それは、早大二文班でも、全学連が国会突入を決めたことを知って、肺病で活動休止中の同盟員二人が病いをおして出てくるという決意構造を要するものだ。他の何か、たとえば国家機関の別の場所をやる、というようなことを。そして暴発しようとするノンポリ学生に対して、学連の決定を待て、と自分が抑止する側にまわった。不遜にもブンド一年生のガキが。
十六、十七、十八日の三日間は、小鳥がとまってもグラリと傾くような微妙なバランス状態にあったこともたしかだ。六月十五日に機動隊に追われて吉本隆明が警視庁裏庭に追いこまれて逮捕された。「ひねた全学連」と思って訊問した刑事が、詩人と知って釈放したが、かりに訊問者がウルトラな公安委員かなにかで、この男こそ全学連の黒幕と功名にはやって吉本隆明を数日間留置したらどうなったか。死者の中に吉本隆明もいる、という噂が流れただろう。そんなことでも天秤が傾きかねない情勢はあったのである。なにかが起るかもしれない。期待しながら、黄色い袈裟を着た妙信講の僧侶たちが叩く団扇太鼓の音とともに六月十九日、空は明けた。いわく。「壮大なゼロ」。
組織嫌いが狂的なエゴイズムにいたるタイプの男がいる。かつて、「あんたも世界革命を一人でやる方法を考えているのか?」と足立正生にたずねた。「そうだ」とやつは言った。

ところで、埴谷雄高が望んだごとく、一九六〇年六月に自衛隊が治安出動したらどうなったか、と考えておくことも無駄ではない。自衛隊はなにもできなかっただろう。強い軍隊は経験ある下士官層にありと言われるのだが、対外戦争はさておいても、階級闘争場裡の経験の蓄積ということにおいては、街頭行動では労組的、市民運動的限界はあるとはいえ、デモ隊のほうが上だ。勝つとは、民衆が自衛隊を押し返すということではない。鎮圧を命じるウルトラな指揮官の命令を隊員がきかないということであり、そこからはじめればいいと思う。

民衆に向けて発砲を命じるウルトラな指揮官は百人のうち何人か。地に伏せる民衆を狙って銃口を下げて射つ狂った兵士は千人のうち何人か。

鎮圧出動部隊の水平射撃は、デモ隊を地面に伏せさせるためだ。射殺が目的ではない。ただし流れだまや跳弾がどこに行くかは弾丸にきいてもわかるまい。

軍隊の発砲が民衆を殺傷してしまったらとりかえしのつかないことになるだろう。

だから自衛隊は出したかった。

埴谷雄高は一九六〇年六月に、既存の軍隊が、民衆の渦の中で民衆の側に寝返るケースを考察したが、谷川雁は筑豊炭田にあって、人民の軍隊の創出に立会った。炭坑夫が労働組合の下部に、かつて経験した軍隊生活の記憶を再現して人民の軍隊の端緒をつくり出し、「帝国主義戦争を内乱へ」というのはそういう形もあるのだと告げた。

既存の軍隊を民衆の側に寝返らせようとする安保闘争の都市蜂起型よりも三池が先行し深化していたのは、三池労組下部が筑豊の中小炭鉱の坑夫たちに下向きに突破して、労組の枠を超えて、労働組合運動が労働者運動に揚棄される組織論を提出したことだ。支援を超えた合流があり、労組が労働者評議会へ成長する糸口である。「二万人の第一線戦闘要員と家族をふくむ一万人の補給要員が組織された。」（谷川雁）

前線と銃後をあわせもつ戦闘集団、ないしは生産と戦闘を具有する三池における炭坑夫の軍隊は、玉砕的戦闘にはたけても補給線確保に劣るかつての日本軍よりも萌芽的にすぐれたものだったと言えるだろう。一九一四年メキシコ革命時のパンチョ・ビリャ農民革命軍と従軍婦《ソルダデーラ》やら、ガンジー印度独立軍の木綿布織りなどは、戦争と生産を具有した人民の軍隊の見本であるが、外国のパルチザン組織を手本にしなくても、百姓一揆がそうだった。いま一度、歌をきこう。

〽私しゃ夜どおし、飯をたく。三池の軍隊は百姓一揆という史的に豊富なナショナリズム領域に接続するのである。

　日陰者の自衛隊を軍隊に公然化することをもってナショナリズムの結集環とする三島由紀夫の上からの組織化構想は、百姓一揆の記憶をパルチザンの中によみがえらせようとする谷川雁のサークル村構想の倒錯であった。石原慎太郎が三島由紀夫の「悲願」を継承しようとしている。ざっと描きだすと、かつて関東軍が統帥権を干犯して、つまり軍隊を動かすのは大元帥天皇の命令によるということを無視して満州で独断専行したように、自衛隊の動員令は首相の権限であることを「干犯」して、首相の頭越しに災害救助の名目で、あるいは実際に救災活動の必要によって、都知事が自衛隊を動かす。三島的出師《すいし》の「恋厥の情」（天皇制的心情）と異って、石原慎太郎の独特なところは、災害時の「三国人」の脅威をいいたてて自衛隊の救災出動に治安出動の性格を持たせようとすることだ。これではまるで関東大震災時の朝鮮人暴動のデマと戒厳令施行と同じだ。石原慎太郎の三国人理解はいいかげんなものではない。「ファンキー・ジャンプ」のヒロイン沙和子の仇名はキムである。「乾いた花」の殺人者の名前は葉である。葉は香港人と日本軍人の混血で「筋の悪い素人」である。「死んでゆく男の肖像」の主人公の前に執拗に立ちふさがるノミ屋のボスは朝鮮人である。俺はそれらの太陽族小説の傑作を読み返して驚いた。ものすごく優秀である。反抗する良家の息子たる太陽族は、かれらが軍国主義の遺物みたいな老権力者から権力を奪ってリーダーシップを確立してゆく過程で、戦後闇市の三国人との衝突を通じて、サッカーでの、ボクシングでの、パー券売りでの、ポーカー賭博での、諸々の場における腕力沙汰を通じて、石原慎太郎は戦後過程における鮮烈な存在としての三国人をよく描きだしている。

　彼は日本の戦後過程で三国人が必然であったことを知っている。知っているから、帝国主義的復活をとげた日本のリーダーに自分自身を裏返したとき、必然であった三国人も裏返して叩きつけようとする。

そして一たん動いてしまえば軍隊はとまらない。石原内慎太郎莞爾変換なんてね。

自衛隊を軍隊に公然化しようとするのは独占ブルジョワジーの階級本能のようなものである。敵階級が軍隊のオーナーとしての対民衆出動を研究しつづけているのに、東欧スターリン主義国家群が連続崩壊したことにこり、重信房子が逮捕されたからとがっかりして軍事を否定しては、左翼の遠慮のしすぎというものだ。

一九六〇年六月段階の三池闘争は問題提起した。人民の軍隊の端緒が革命軍に成長したことをしめすメルクマールはなにか。谷川雁はこう回答した。「元憲兵准尉といった大隊長のかたわらには政治委員の影すらみえないからといって、これは菜の花におう邪馬台国の白日夢にすぎなかったのだろうか」と書いて、軍隊付政治委員の存在であると示唆している。中国紅軍の政治委員というのは本来の東洋的な発想であって、諸葛孔明がそのはじまりだと言われる。兵士に政治状況を説明して自分たちの作戦行動が革命の何処にあるのかを位置づけさせる軍隊内教師役であって、作戦面には口を出さない。しかし暴動に政治委員が必要か。民衆の自然発生的抵抗が解放運動に高まるための存在たる政治委員なしではじまったから三池の武装は電光石火だったのではなかろうか。まず軍隊化。ついで政治委員という順を守らないと際限ない党派闘争におちいる。

暴動は統一戦線であるという性格を三池は安保の首都街頭より鮮烈に見せた。下層のナショナリズム領域へ道をひらくことによって筑豊の炭坑夫の軍隊は、既存の軍隊を民衆の側に寝返らせる都市型の工作=左翼クーデターより階級性が大きく、したがって農村は都会を包囲する。

農村は都会を包囲するという毛沢東テーゼは東洋反乱史の型そのものであって、西洋の革命は封建諸侯の束縛を逃れて自由都市を建設した市民階級が、都市を拠点に教権と王権を打倒したが、東洋にあっては都会は城壁でかこまれた皇帝とその官僚の支配下にあって都市に自由はなく、自由は農村にあり、農民革命軍が都会に攻めのぼって官僚制を打倒するというかたちをとった。三池闘争が安保闘争よりも日本階級闘争の深部に達していたのは反乱の東洋型の伝統による。

炭坑夫が闘争の最昂揚局面で大日本帝国陸軍を想い出したというのは、農民兵を想い出したということではなかろうか。ロシア革命の告げるところによれば、ロシアの農民は自然成長的に農民評議会《ソヴェート》を作りださなかった。制服を着た農民としての兵士評議会を経て、労兵ソヴェートを形成して農民はロシア革命に合流した。三池の炭坑夫が、上部は労働組合、下部は軍隊という二重構造にいたったとき、その下部とは、労働者・兵士・農民三相の自己権力を萌芽していたと見る。

革命はその必要によって、既存の軍隊を人民の側に寝返らせる説得と、民衆の軍隊を創出する過程とを同時に進行させる。民衆の軍隊を創出する過程とは、戦闘集団の組みかえ、道具の武器への転換、非戦闘員をふくめた補給網の創出等のすぐれて組織論的な領域での実践である。一九六〇年、日本の階級闘争は三池と安保の両端から軍隊を提起した。しかし二つの軍隊論は結合しなかった。

この問題で、安保の方が決定的におくれていたのである。戦闘的労働組合の下部に生れる大日本帝国陸軍。その幻の大日本帝国陸軍はそれ自体が労働者・兵士・農民ソヴェートを萌芽していること、それは上に向って労働組合に貧弱化するのではなく下に向って開かれて、大手単組を越えて中小炭坑の労働者の熱狂的な支持を受け、農民闘争（と水くさい言い方より百姓一揆と言いたい）と結合して、農村が都会を包囲する東洋型革命の地平に立つこと。これら一切をブンドは言わなかった。谷川雁が都会の低温のニヒリズム、炭坑夫の高温のアナーキズムと呼んで安保闘争を哀れんだのも無理はない。ブンドから赤軍が生れたのは、六〇年ブンドの輝かしさの継承ではなく、まさに六〇年ブンドの歯かみしたくなるようなダメさからである。

過去を振り返って別の観点からの異議申し立てをしよう。九州の炭鉱では、ピケットラインの労働者が右翼に刺殺されたことを契機に、坑夫は大日本帝国陸軍を想い出して武装した。では六〇年時点の東京の労働者部隊が、右翼との抗争から、帝国陸軍を想い出すかといえば疑問だ。想い出すのは闇市ではなかろうか。日本敗戦の一九四五年、坑夫は次々に兵隊にとられて、北九州炭鉱地帯の坑夫はその四〇パーセント近くが朝鮮人坑夫であったこと、大陸の撫順炭坑帰りの者が多かったこと、そして石炭が明治以来のエネルギーの根幹であって、炭坑夫はもっとも密集した労働者部隊であったことなどから、労組下部に大日本帝国陸軍が現出した。この条件は東京になかった。

炭坑夫の武装自衛は右翼との衝突から生れている。警官隊との衝突で労働組合員が軍隊化するということがあるだろうか。公権力の介入は過程ではなくむしろ結果である。右翼との激突は闘争の過程である。

3　あねさん待ちまち

足立正生と俺は六〇年ブンドにはめずらしく強烈なナショナリストの一面を持っていた。雑誌『血と薔薇』４号の敗戦処理のために足立正生をたずねたのだから、一九六九年だ。彼は素麺をゆでていた。ご馳走になった。刻んだ茗荷のつゆがいい味で、湯上りに浴衣に袖をとおすような江戸前の味がした。うまい素麵がなくちゃ無法松の話にはならないよ、と彼は言った。

無法松の話はだれでも知っているが、その頃は春陽堂文庫にしか入っていなかった岩下俊作原作『無法松の一生』を読んだものはすくなく、素麵ではじまりうどんでおわるのが無法松だ、と要約してのけるような相手に会うのははじめてだった。人力車夫富島松五郎は小倉警察剣道師範に喧嘩を売って打ちすえられ、三日寝込む。四日目、起き上って、「兵《ひょう》、腹が減った。なにか食わせい」と言う。松五郎をしたっている弟分の兵と呼ばれる男は、笊一杯山盛りの素麵を茹で、無花果の植わった井戸端の冷たい水に浮かべた真白な素麵を持ってゆくと、松五郎は何本か残しただけできれいに平らげ、元気になった。終幕だ。老いた松五郎はうどん屋に入り、素うどんと一合の酒をのみ、しみだらけの壁に頭をもたせかけて小声で民謡を歌っていたが、立ちあかってゆっくりと小学校の方に歩いてゆき、石垣に腰を下ろして小学生の歌う唱歌をききながら死ぬ。

清潔感がなくては『無法松の一生』はだめなんだ、と足立は言った。そしてこどもの頃、祇園太鼓では彼の属した町の連でなかなかの撥さばきの上手として知られていた自分を語った。足立正生は福岡の出身であるが、彼は通学の帰りに団栗の実を峠の鴉にぶつけて小学校に通ったということを語って他人を笑わせ、ために山里離れた山間部に育った野生児だというイメージを強化することに役立ったが、俺は足立は根っからの都会人だと思っている。俺だってこどもの頃は夕方になると下駄を空に投げあげて蝙蝠をとろうと遊んだ。蝙蝠は額から出す超高音の鳴き声をレーダーにして暗闇を飛ぶから、下駄を獲物と思って飛びかかり、翼を下駄の鼻緒の間につっこんで落ちてくると思われていたのだが、そんな間抜けな蝙蝠なんているものか。そんな遊びをしたのは東京本郷なのだ。足立正生が鴉に団栗をぶつけたのが人里離れた山間部ときまったものでもなかろう。団栗で鴉を仕とめたというなら、あいつは生れつき山岳ゲリラ向きだと言うけどな。

足立正生と語りあった最初のナショナルな領域の話は無法松であって、夢野久作ではなかった。俺はソバ好きで、うどんは風邪をひいたとき厚着して、短冊に切った長葱と玉子をとじこんだ煮込みに七味をたっぷりふりかけてふうふういって食うものだと決めていた。じっさい関東人はうどんは得意ではない。足立正生の茹でた素麵をすすりながら無法松の話をして、うどんを食う美意識というものがあることをはじめて知ったのである。冷たい井戸水に洗われて鉢のなかにとぐろを巻いている白い素麵のような清潔感が無法松になければならなかった。無法松が、通天閣下の屋台将棋でフンドシのわきから手をつっこんでキンタマの毛をぬきながら、東京の関根名人を破る手を工夫している坂田三吉のようになってはならない。無法松には、妻帯せず、木賃宿の一室に柳行李に収められるだけの身のまわりのものを持ち、人力車夫を捨てて腰弁階級（勤め人）に変りつつある車夫仲間を横目に、市井一介の俠気に生きる男のすがすがしさがなければならなかった。

そのように語る足立正生に俺は感じた。赤色無法松！　そのようなナショナルな領域を通過して彼は世界革命を考えるのである。「俯瞰願望、ネゲブ砂漠の神《マハディ》」と題された一九七三年秋の文章は次のようにはじまる。


絹街道《シルクロード》は、東風が西へ向けて吹き抜ける歴史の生命線であり、逆の方向、西から東へ吹きだまったのは梅毒菌だけである。その東風が烈風となって最後のオアシス、チグリス・ユーフラテスを包み込んで竜巻をおこし、砂嵐となるのが、中東の入口ネゲブの砂漠である。

日本人は、右翼汎アジア思想の名のもとに満蒙を駆け抜けながらベンガル湾に葬られ、僧衣をまとって何度かこの地を往来して神かくしにあった。アーノルド・トインビー老は、梅毒菌の伝播系図を解説しながら西から来た。（中略）
あのオリオンの星となったマハディ（導きのもの）の孫弟子だちと、赤軍となった被占領地の息子たちの力を支えて来た、この新しい怒りは、再び、全てをネゲブの砂漠の中へ埋めてしまうだろう。
（『季刊ドラキュラ』1号）

唐十郎や三上寛や俺に似ており、あるいはアングラ劇舞台に上った磨赤児のセリフまわしにぴったりと感じさせるこの文体は、それぞれの立場で「好んで半殺しの目に出会った」同世代者が身につけた比喩の強さであるが、先行するこんなものにも似ている。

他のすべての労働運動が、三池闘争を再び疎外させた地点に根拠を求めたとき、おれたちは三池闘争よりも一けたほどちがう原基形態に接近し行動的にもおれたちによって越えられたのだ。その原因はどこにあったか、三池が意識の「炭鉱」から一歩身を引いて「炭鉱」を維持しようとしたのに対して、おれたちは故郷の粘着性と肉体の具足性を棄てつくすことに集約される「炭鉱」の意識構造の枠をさらに前方へ向けて破ろうとしたからだ。
（谷川雁「筑豊炭田への弔辞」、『日本読書新聞』一九六三年四月八日号。のち『影の越境をめぐって』に収録）

一度だけ和文邦訳する。アラブ赤軍政治委員として左翼誌にアピールを書くときとちがった「ネゲブ砂漠の神《マハディ》」というううねるような文章は、美学誌『季刊ドラキュラ』（編集長は唐十郎だったか）に発表されたので、比喩的であることが即足立正生の戦闘である。一般誌は不特定多数が読む。左翼用語を符丁のように使ってすますわけにはいかない。裸の足立個人が不特定の読者に向きあうのだ。日本人は右翼汎アジア思想の名のもとに満蒙の地をかけぬけネゲブの地に至ったというのは、『コーラン』を研究した大川周明、トルコのプリンキポに亡命中のトロツキーを訪れた橋本欣五郎、満州を策源地に世界最終戦争を構想した石原莞爾をさす。ことに石原莞爾だろう。

満州を策源地に、世界最終戦争、右翼、石原莞爾。

パレスチナを国際根拠地に、PFLPと共同して世界戦争宣言、左翼、足立正生。

対応する。対応すると断言したのは、『石原莞爾試論』の連載を俺は準備していたからだ（連載開始は『第三文明』一九七四年十二月から）。「国際根拠地と革命」という章で、俺は昭和初期右翼武断論とアラブ赤軍の類似を、比喩的に、つまり右翼を語って左翼を語らず、徹底的に論じた。

またある者は「僧衣をまとって何度かこの地を往来して神かくしにあった」というのは田中智学の国柱会を指すだろう。ネゲブ砂漠はユダヤ教の神とキリスト教の神とアラーの神とがひしめく場所である。これら啓示宗教の溶鉱炉へ仏教徒がちょっかいを出して神かくしにあったということだろう。

後半の「オリオンの星となったマハディの孫弟子たち」というのは、イスラエルのリッダ空港（テルアビブ）を攻撃した奥平剛士、安田安之、岡本公三の三人を指し、「赤軍となった被占領地（パレスチナ）の息子たちの力を支えて来た、この新たな怒り」とはアラブ赤軍を指す。英国の歴史学者アーノルド・トインビーが解読した梅毒菌の伝播系図というのはたぶん、トインビーの著作『ハンニバルの遺産』のことだろう。映画『赤P』を徹底分析した長大な論争論文「戦争の映画か革命の映画か」（『映画批評』一九七一年一二月号―一九七二年二月）で俺は「ハンニバル城外にあり、砂漠のゴリラ」という章を設け、足立正生を紀元前のカルタゴの英雄ハンニバルと重ねて、これも比喩的に語った。ベイルートはフェニキアの故地にある。そのフェニキアの植民地から発展したのが北アフリカのカルタゴ、現在のチュニジアとリビアの境のあたりだ。カルタゴの猛将ハミルカル・バルカがスペインに建設した第二のカルタゴがカルタヘナである。ハンニバルはスペイン根拠地から大軍を発してアルプスを越え、イタリアに入って背後からローマを衝いた。平岡は階級闘争を『プルターク英雄伝』で解説すると言われたくもないから詳論しなかったが。

それら個々の絵解きよりも注目すべきことは足立正生がネゲブの礫漠に立って、この地点を地球を動かすテコの支点と思い定めたことだ。支点は歴史性と革命家の決意の交点に成立する。その論理があたかも谷川雁の「筑豊炭田への弔辞」を継承したかのように見えるのだ。

谷川雁はボタ山が自らの重量で自然発火し、炭住が傾き、いがらっぽい道にペンペン草が生えはじめた筑豊の半ば廃墟に立って回想した。三池闘争はホッパー前を突破できなかった。武装した警官と軍隊化した労働者数万名がホッパー前でにらみあって、ともに化石化したように硬直して、正面衝突は回避された。このホッパー前状況は、六月十六日の国会正面の空城の計に等しい。力ずくで突破できなかった。戦後労働運動史が警官隊と正面から武力衝突してこれを突破できなかった地点を「ホッパー前状況」と呼び、国家を突破して現出するその先の真空におびえて、ふたたび労働組合運動に後退した三池闘争を越えて、中小炭鉱大正鉱の坑夫たちは大正行動隊を組織し、警官隊および右派の襲撃に際し、坑底二千メートルへ退却するという戦術を実行した。炭坑夫以外には入ってこられない坑底の労働者司令部。「だれが何といおうと、三池ホッパー前の状況は思想的にも行動的にもおれたちによって越えられたのだ」。

石炭は日清日露戦争以来の日本近代産業のエネルギー源だった。その石炭の時代が終ろうとするとき、坑夫たちはついに難攻不落の地下司令部という「思想と行動」に到達したのである。

筑豊炭田がついに掘りぬいた地下の王国から四通八達する坑道がどこに通じるかという具体性を谷川雁は提示していない。彼が大正炭坑闘争がおわったあと上京してブル転したことと、提唱された内容の輝かしさは当面関係がない。その谷川雁と俺が闘争したこともここで述べる必要はない。谷川雁の最良の思想は、恩を仇で返した俺にひき継がれたということを言っておけばよいのである。

思想的、行動的に四通八達する筑豊の坑道はディエンビエンフーの地下を掘り進むベトミン軍の塹壕に通じると言うもよし、ベトナム密林の下を掘り進む解放戦線の輸送路であってもよし、在日朝鮮人詩人金時鐘の長篇詩『新潟』の一節、「海にかかる／橋を／想像しよう。／地底をつらぬく／坑道を／考えよう。」という海峡を越えて半島から大陸につらぬく足跡であってもよい。足立正生にはそれがネゲブ礫漠だった。

『鎖陰』は俗に言う「穴なし小町」の物語。一九六三年、日大新映研製作のこの実験的作品は、坑道未だ通じずということを象徴していないか。犯罪者同盟の猥褻書『赤い風船あるいは牝狼の夜』事件とのあまりの類似に驚く。この事件は、一九六三年十一月二十七日、諸富洋治が本の万引きで逮捕され、持っていた鞄のなかから同人誌『赤い風船』が出てきたことからはじまる。諸富ほど俊敏な男がなぜドジったかというと、早稲田の古本屋でサド『悪徳の栄え』を万引きしたのは彼の情婦であり、その女性が小児麻痺で逃げきれないと判断して、自分が盗んだことにしたというのがほんとうのところだ。この女性が「鎖陰」だったのである。鎖陰という語ではなく、もっと下世話に「膣がカーブしていて入らない」状態であり、ものすごく頭がよくて、険のある美貌の持主だったその女は、ズベ公で処女だった。その顔立ちは、女優若林美宏に似ていた。状況劇場の李礼仙、自由劇場の吉田日出子、若松映画の若林美宏と称されて六〇年代を彩った三名花の一人で、若松作品『狂走情死考』出演のあと自殺した美宏だ。『赤い風船』がエロ本として摘発されたのは写真家吉岡康弘によるその妻美宏の毛つきヌードが載っていたためだが、足立正生と吉岡康弘は自分の妻の出産を撮影したという共通点を持っている。げんに二人は友人だった。諸富の彼女が美宏に似ているのは偶然である。足立正生が拠った実験色、前衛色の強い集団日大新映研と早大犯罪者同盟は美術や音楽の友人をだいぶ共通にしていた。当然、俺は足立正生の名を知っており、六・四の品川駅ホームで、日大にもブンドの秘密細胞がいると知ったその男は足立正生にちがいないと思っていた。

だいぶ後になって足立正生から直接きいたことがある。『鎖陰』を制作していた時期、男五人で、ペニスを使わずに女一人をいじくったことがあるそうだ。十本の腕、五十本の指による愛撫というのは強烈だ。快美感の頂上で女は脱糞し、子宮まで産んだという。女は狂い、自分が愛撫（というより拷問だな）された部屋を訪れてきては「ごめんなさいごめんなさい」と泣きながら謝っては、糞臭が消えないと畳を拭いて帰るようになった。

足立のグループと俺のグループは、価値＝強烈さというバタイユのテーゼを実行する徒であり、変態領域に突入して性的実験を、ブンド分派の陰謀として行ったのである。足立正生の『椀』『鎖陰』『銀河系』はきれいに俺の『韃靼人宣言』『犯罪あるいは革命に関する諸章』『韃靼人ふうのきんたまのにぎりかた』（一九八〇年に執筆十六年後に陽の目をみた小説）に対応する。

しかし、それでも一九六八年の暮まで俺は足立正生に会うことがなかった。会ったのは『性遊戯』の試写室だ。それは一撃だった。俺は足立ピンク映画に一撃をくらい、そして一撃にして足立の思想返さないと出てこないと悟った直後のことだった。『性遊戯』論の冒頭をかかげる。
相手の労働争議によってクビになり、日本ナショナリズムとは、憎っくき九州野郎の地金をひっくり
的深部を理解し、最初の足立論を書いた。奇しくもその時期は、語学産業の専務になり下った谷川雁

足立正生は国会議事堂の尖頭が陽根のさきっちょの形をしていることに気づいた数少ない男の一人だと思う。新作『性遊戯』（若松プロ作品）のラスト・シーンで、彼はあの威圧的な両翼にホーデンをしたがえてボナパっているよ、といった風情のなくもないやつらの建物の全景を撮らず、愉快なことに、馬糞型ピラミッドのさきっちょにある議会神殿の亀頭だけをとらえ、それに配するに、チャペルセンター前の並木通りを、ゲシュタポ・ルックに身をかためた数名の若者と半裸の娘たちを走らせてみせたのはすばらしく印象的である。滑稽でもあるし、かつ衝撃的だったといいかえてもいい。あるとき国会がペニスのように見える。したがってそれを遊撃するものは娘たちの裸身でなければならない。

（「足立正生における敵への挿入」、『映画評論』一九六九年二月）

国会議事堂尖塔がテラテラ亀頭のように光ってペニスのように見えるという感覚は、既述の如く、六月十六日の怨みの感覚である。放射寸前の「男根」は裸女をもって迎撃する。またゲシュタポ・ルックの若者を走らせたことは、ドイツ共産党がファシストと組んでワイマール議会を焼きうちにした愚行の比喩である。同じようなことを考える男もいるものだ。『韃靼人ふうのきんたまのにぎりかた』で国会議事堂を最後まで防衛する反革命軍は、ひよこ色のビキニ水着を着てライフルを構える二百人の娘っ子である。革命軍はこれをとらえ、赫々と燃える夜営のたき火で女を焼いて食っちまう。

足立も俺もかならずしも荒唐無稽ではなかった。太平天国に陰門陣という陣形があったそうだ。城壁にずらりと全裸の女たちをおっぴろげて並べるのだそうだ。そうすると女陰の呪力で攻め手は大砲が射てない。これを破るためには大砲の横に坊主を並べればいいそうだ。剃り上げた僧侶の頭は男根に似ているからだそうだ。こういうのが実際に行なわれたという。これじゃアジアの植民地化を狙う列強軍隊に勝てない。

アジアの軍隊がヨーロッパの軍隊に次々に敗れて、トルコが、ペルシャが、インドが、ベトナムが植民地化されるのを見たエンゲルスは、アジアの抵抗は、藩兵の正規軍から離脱し、西洋式の軍事技術と操典を身につけた下士官によって指揮される不正規軍（パルチザン）でなければならないと論じた。封建諸侯の藩兵の軍事水準、型式主義、官僚制では西洋の軍隊に歯が立たなかった。そう指摘したエンゲルスは、西洋式軍事教育を受けた下士官に指揮された不正規軍が、長州の奇兵隊（士分以外の博徒、力士などからも隊士を募集したから奇兵隊）や、幕府側では新撰組であることを知っていたかどうか。副長土方蔵三が創出した隊規は、主君なき武士道（主君なき武士道はありえないと主張した芹沢鴨の水戸学と対立して芹沢を斬）、局長近藤勇に対して隊士はその家臣ではないこと、隊士の月給制、行動の輪番制の廃止などの諸点で近代的軍隊であった。

西洋式の軍事技術を学んだ下士官による不正規軍の創出は、役に立たない藩兵との抗争を経てこれを打倒し、明治維新を招来した。

エンゲルスの説いた抵抗の軍隊はパルチザンでなければならなかった。これと左翼の手工業的発想が結びついて、人民の軍隊はパルチザンでなければいけない、という観念が支配的であったときに、ロシア革命の軍事人民委員トロツキーは、世界革命を闘うための正規軍という概念を提起した。正規軍は志願によらず徴兵による。それはソ連一国社会主義を防衛するための軍隊ではなく、勝利した個々の社会主義国の軍隊を結びあわせたものでもない。世界革命の軍隊である。

ブンド赤軍派の新らしさは、日本国内の個々の反権力、反体制闘争の足し算にはなく、国際軍事行動を行う主体をいきなり建軍するということにあった。世界同時革命論である。大菩薩峠で軍事訓練を行って大量逮捕者を出したことを反省したのち、国内では山岳戦を行う部隊と、ハイジャックで北朝鮮に飛んで国際根拠地をつくろうとした部隊と、アラブ赤軍とを同時に遂行しようとしたことは、世界革命を闘う赤色正規軍の創出というトロツキー軍事理論の影響ではなかったか。赤軍が同志殺しとあさま山荘銃撃戦で壊滅した連合赤軍の獄中兵士を厳しく批判しつつ、外国で外国の大使館を占領し大使館員を捕虜にとり、交戦国間の捕虜交換の手法で奪還した牢破りの方法は、世界革命の軍隊という概念から生れたものと見る。

このような思想は六〇年ブンドはむろん、六〇年段階に安保と三池の両端で軍事を構想した者も考えたことはなかった。

世界革命のための正規軍という思想を一面で強烈なナショナリストでもある足立正生はどこで受け入れたか。俺はその観念の力、思弁力だったと思っている。価値=強烈さのバタイユ的命題から、強烈な観念は快楽であるという芸術家的認識を経て、ドタマでイカす、というレベルに至る。ドタマでイカすとは、美に向って射精すれば芸術になり(若松プロ時代の足立正生)、暴力イメージに向って射精すれば革命家になる。

多くの論者はピンク映画作家の彼がいかなる論理をもって赤色革命家になったかを納得しようとして、ピンクの溶液に赤の顔料を加えて眺めたりしているが、足立正生においては、両者は最初から同じものだ。存在論にウエイトがかかると芸術にドタマでイカし、戦略論にウエイトがかかると革命にドタマでイカす。「思想」とは即、アカの思想のことであると戦前の検閲官のようにかたく信じ、革命思想こそが観念の華であると度胸をきめていることがドタマでイカすということである。

足立正生かドタマでイカして真赤になった道筋は、あれやこれやのパレスチナ文献を探さずとも彼の作品にくっきりと出ているではないか。たとえば足立脚本、若松孝二監督の『死にたい女』は三島由紀夫と森田必勝の自衛隊本部での割腹事件に即座に応じて、右翼の建軍思想の鼻面を叩いたものである。

三島と森田の市ヶ谷自衛隊本部での割腹は一九七〇年十一月二十五日である。

足立正生が『死にたい女』の脚本執筆したのは七〇年十一月二十七日〜二十九日の三日間である。

若松孝二が水上温泉で撮影したのは同十二月三日から九日の七日間である。

三島割腹事件半年後に、事件をパロディ化した映画ができた。この速度は、大坂曾根崎の森で実際にあった心中事件に取材して、近松門左衛門が『曾根崎心中』を一週間後に芝居小屋にかけていた速度に匹敵する。

若松・足立組は、三島楯の会事件の前夜、女と寝ていたために蹶起に間にあわず死にそこねた青年がいる、と設定する。

同様に、楯の会事件前夜自分の肉体を通過して行った男たちがみんな死んでしまった少女がいる。

十年前、心中をしそこなって、女を斬っただけで逃げた男がいる。

十年前、胸に刀傷を受けた女がいる。

この四人の死にぞこないが、事件ののち、北国に逃げて雪深い温泉郷で一堂に会す。数日前の過去と十年前の大過去に傷をもった四人の美男美女が温泉宿に会するのだから性の饗宴になることはピンク映画だから当然だが、なぜそれが右翼の建軍思想をピシャリと鼻先で叩くのかを解く前に、その後のことを二つ指摘しておこう。

角川映画に『戦国自衛隊』（原作半村良）が出来た。この映画は三島由紀夫楯の会の蹶起から洩れた者の悲哀を描いているようにも見える。角川春樹の心情は楯の会に近いように見えた。藤沢周の芥川賞受賞作『ブエノスアイレス午前零時』は、過去を喪った連中が雪深い温泉郷のホテル広間に集ってタンゴを踊る光景が若松映画『死にたい女』の輪舞を思わせるものだった。藤沢周のコメントでは若松映画の影響はないとのことだったが。

死にそこなった四人はなぜ北へ向ったのか。トンネルの先に三島由紀夫の師匠川端康成の雪国があったのか。もっと先に北一輝の出た、佐渡があるからか。

若松孝二と足立正生は三島事件の沈降地点をはかっていたのである。自衛隊を軍隊に公然化することをもって右からの国民的結集環とする三島由紀夫の建軍論は、北海道上空でソ連機と緊急発進《スクランブル》のかけあいをする航空自衛隊の教官隈太茂津の発言にリアリティーを持っていた。ソ連機が領空侵犯をすれば自衛隊機が緊急発進する。自衛隊機がソ連領に入りこめばソ連機がスクランブルをかけてくる。ジェット機の速力をもってすれば国境線突破は一瞬である。そのたびに緊急発進する戦闘機乗りは、戦闘状態に至らないだけで、実質的に戦争状態にある。北海道上空では戦争が日常化されている。それなのに自分たち自衛官は日陰者であり、足の遅い民間機に気がねしいしい訓練をつづけている現状では、国防の義務を完うすることができません、と訓練生のミスで全日空機と岩手県雫石上空で空中衝突し、乗客全員を殺してしまった教官隈太茂津一尉は、いかにも職業軍人らしい悪びれない態度で声明した。

民間右翼が心情的に北方でのソ連の脅威を語るのと現役の戦闘機乗りが語るのとではわけがちがう。北海道自衛官の危機意識こそ、右の先端で右を割ること、すなわちクーデタの前段の契機になる。二・二六反乱がリアリティーをもちえたのは東北農民の疲弊があったからだ。農民出身の日本の兵士は東北を襲う飢餓を座視できなかった。

三島事件の衝撃波が北国に沈むときが危険である。雪崩をおこしかねない。したがって沈降地点の雪をパロディーで溶かしてしまう。それが『死にたい女』という若松・足立組の回答であった。

足立正生が『赤P』に至る道筋は永山則夫映画、『略称・連続射殺魔』の風景論にある。『赤P』上映運動の露払いとして、というより防衛線として、布川徹郎NDU主催の四日間連続シンポジウムが一九七一年九月二十六日から行なわれ、竹中労の司会で、大島渚、太田竜、白井佳夫、布川徹郎、松田政男、平岡がパネラーに立ち、布川徹郎ドキュメント作品『モトシンカカランヌー』、『倭奴へ』、大島渚『ユンボギの日記』、亀井文夫『上海』の四本が上映された。強力な作品、強力なパネラーである。これで盛り上げ、九月三十日、マイクロバスによる『赤P』の全国上映隊運動柿落しとして新宿京王名画座で『赤軍—PFLP・世界戦争宣言』が上映された。

シンポジウム席上、白井佳夫が戦前の亀井文夫のドキュメント映画『上海』は、足立・佐々木守・松田らによる『略称・連続射殺魔』に似ていると発言した。そのとおりだった。『上海』は幻のフィルムであり、白井佳夫でさえも初見であった。それのみか、四日後に初公開された『赤P』も『上海』そっくりだった。三者の関係はこうである。

一九三七年の暮に製作された亀井文夫『上海』は、帝国主義戦争における雨の上海の風景である。

一九六九年暮に制作された『略称・連続射殺魔』は、永山則夫が足跡を印した地点の風景のみを写すことによって、流浪するプロレタリアートが見たものは資本主義が現出する均質化された風景である。

一九七一年夏に制作された『赤P』は、革命戦争における礫漠地帯の風景である。

4　ハンニバル

上州高崎の宿だ。日が傾いていた。獄卒にひかれて唐丸籠が通る。日本一の旅人《たびにん》が御用弁になって、江戸に送られて打首になるんだ、という町の衆のささやきを耳にした忠治は、もしや、と唐丸籠に近づいた。日光今市旅人大天狗覚太郎と書かれた札と網うたれた唐丸籠の中に座していた男が顔を上げて、光る眼が、忠治とあった。やはりあのおかただ……見送る忠治の目に、押送の一行は「梅鉢」と看板の出た宿にはいった。梅鉢屋ならよく知っている。今夜、救出しよう。

忠治は小料理屋に入って夜まで待つ。ほろ酔い機嫌に座布団三枚並べてゴロリと横になっていたが、九ツの鐘を聞いて起き、外に出る。按摩の笛の音がする。仕舞の灯を落とそうとする夜鷹ソバ屋台がある。犬が吠える。スルスルッと忠治は梅鉢屋の庭に忍び入った。六尺棒をかいこんで番卒が居眠りしている。恩人を救うためとはいいながら、人を斬りたくねえ。思案した忠治の目に廊下のはずれの厠が見えた。しめた！　帯を解き、脱いだ着物で長脇差をつつんで松の枝に結びつけ、褌一丁に短刀一本持って、汲取口から忍びこんだ。待つこと久し、ペタッ、ペタッ、番卒につきそわれて囚人が用を足しに廊下を渡る冷飯草履の音がする。

卒「寝入りばなに起こしやがって、さっさと用を済ませろ」

賊「やかましいやい。おれァ江戸に着けばいのちのねえ身体だ。罪人には窓からの風に当るのが楽しみ。小便くらいゆっくりさせろい」

怒鳴り返しておいて、一人ごとしてつぶやく。ああ情ない。未練じゃあないが、あと二つか三つ、おれには娑婆に仕残したことがある。ここで当て節一つの名調子。〽ため息は、いのちを削る鉋という。

忠治の頭に生暖かいものがかかった。かまわず、チンコの濡をきる大天狗覚太郎の左手をつかんだ。いきなり便所の穴から出てきた手に覚太郎は驚いた。ひっこんでからまた短刀をさし出す手が来た。これで縄を切って逃げろと言うんだな。ためらわず短刀を受けとって縄を切った。キンカクシのはめ板をこじってはずして穴をひろげた。もぐりこんだ。背中があった。おぶされというんだな。唐丸籠の押送に足が萎えている。忠治は大の男を背に、松の木の枝に結びつけた着物と長脇差しをかかえこみ、裏木戸をあけて、夜の街道を、逃げた、逃げた。

褌一本、夜目に生白い男の肌と、背負われて逃げるやつれた囚人の息づかいがきこえるような名演である。

やがて一宇の地蔵堂、忠治は覚太郎をひとまずそこにかくまうと、裏手の小川で全身の糞尿を洗い流し、着物をまとい、颯爽とした男前をとりもどすと、男の前にピタリとすわって言った。

「親分さん、おなつかしい。高崎の宿で姿をお見かけしたとき、受けた恩を思い出してお救い申しやした」

覚太郎はしばらく忠治の顔を見ていたが、「お若いの。おれァお前の顔と声を思い出せねえ。わかられねえ。」そこで忠治は語る。「今から六年前、あっしが馬子をしていたとき、木崎街道三杉のところで、客がなく、ぼんやり空馬を曳いて帰るところを親分さんが声をかけて乗ってくれたうえ、あっしの顔をつくづく見て、小僧、やくざにゃなるなと五両の金を下さった。あれから六年、わけあってやくざ渡世に入っちまったが、親分さんの意見をおぼえていた」しばし絶句して覚太郎は言う。「それだけの恩で、おまえは生命を張っておれを助けてくれたのか」。ちょうど時間となりました。このつづきはまた口演。

虎造節国定忠治伝「唐丸籠破り」の段である。世界一の牢破りだ！　先代虎造は次郎長伝が十八番だが、国定忠治を語らせてもごらんのとおりである。この段は「義侠」の原型に近い。ほんらいの義は代償を求めないものだ。忠治に覚太郎を救出させたのは衝動的とも言える原始の火で、このことがあって覚太郎は若き国定忠治に惚れこみ、名を日光の円蔵とあらためて忠治と義兄弟の縁を結び、国定一家を上州にその人ありと知らしめるようになるのだが、それは後の話であって、義の原始的、盲目的な力が、ぷーんと糞のにおう関東美学の中に貫徹するような一段を、うどんを食いながら足立正生と聴いてみたいものだ。

革命運動には牢破りは不可欠である。一七八九年七月十四日、パリの民衆がバスチーユ監獄の牢破りに行ったときにフランス革命は始まっている。

俺は牢破りの物語が好きだ。国家権力が犯人を監獄という腹中につっこんで、あとは密殺するなり、裁判という国家の劇にひきずり出して改悛させる過程が、権力勝利と反権力壊滅のショーになるという敵の時刻表をひき裂く牢破りというのは痛快である。

赤軍派は牢破りのやりかたで日本左翼の枠を超えた。外国大使館で人質をとって、戦争捕虜交換の論理で同志奪還をするというのは反戦平和左翼の発想ではない。かれらはあまくないと思わせたのは人選である。中に坂東国男、浴田由紀子、泉水博三人がいたことがそれだ。坂東国男はあさま山荘銃撃戦で逮捕された連合赤軍兵士である。アラブ赤軍は連赤の同志殺しを、革命をけがしたものとして厳しく批判した。重信房子は永田洋子をゆるしがたいものと思っていただろう。しかし心情をこえて坂東の戦闘力を買って脱獄者に指名した。

うちのものではない、という論理で、どれほど多くの行動者が組織から切り捨てられたか。義侠の徒は自ら籍をぬくが、鉄砲玉にしたてられたものは、維新期にあっては相楽総三の赤報隊が明治権力確立後に斬られ、やくざは破門され、党は除名をもって放り出し、戦後革命運動では朝鮮戦争時の在日朝鮮人共産主義者祖防隊が日本共産党の平和ボケ路線へ転換で切り捨てられた。あれはうちのものではない。

浴田由紀子の献身性は疑いない。第二次テック闘争で彼女は支援共闘に加わり、またポナペ決死隊遺児ダニエル・ロペス・ドサルアの日米両政府への太平洋島民の戦時賠償要求闘争では、「知られざる皇軍」ポナペ島民決死隊を通じての太平洋戦争の正体をつぶさに知って、日米両帝国の戦争にまきこまれたミクロネシア人の悲劇に涙した。「テック闘争」にしろ「ポナペ決死隊」にしろ説明するのに一晩かかる。そういう複雑な闘争のなかで、なにが正義でだれが戦う者であるか見ぬく眼をもったのだと俺は思う。しばらく姿を見せないでいると思ったが、反日武装戦線事件で姿を見た。刑事が彼女を逮捕しにきた日、彼女の眼前で斎藤和が青酸カリを嚥下し自殺した。殺人者は自殺しなければならないという古典的な刺客の姿である。彼女は反日武装戦線のメンバーである。その「うちのものではない」浴田由紀子をアラブ赤軍は指名した。目の前で斎藤和の自殺を見た浴田由紀子を指名したのも重信房子だろうと俺は思っている。彼女も奥平を失っている。浴田由紀子は看護婦（臨床検査技師）である。彼女を指名したのは心情だけではない。チンペイ、と浴田由紀子は綽名があるのだが、奪還される兵士として指名されたとき、「チンペイ、行ってきます」というような調子で飛び立った彼女を見て、俺はまいった。スゲエ……。

そして泉水博だ。泉水博と仁平……名を忘れた、その二人の一般徒刑囚をアラブ赤軍は指名した。仁平という人は忘れたが、泉水博はやくざである。服役中の、仲間をかばい、権力に屈しない態度をかわれて指名されたという。彼は一九三七年、横浜戸部の生れだ。戦後闇市時代に、テキヤの親分に、弱い者いじめはするな、と教えられて生成した。泉水博の話は野毛に残っている。横浜市中区野毛、横浜らしくない横浜、闇市上りの庶民の町、大道芸の町、俺が好きなその野毛の衆は、アラブ赤軍が泉水を指名したとき、さすが赤軍は目が高いと言った。日本人、朝鮮人、中国人混成チームの伝馬船が官憲の目を出しぬいて密貿易船から闇物資（砂糖とか、バナナとか、米軍の医療品とか）を陸揚げしたという武勇伝が昨日のことのように語りつがれているのである。

松下竜一『怒りていう、逃亡には非ず——日本赤軍コマンド泉水博の流転』といういい本がある。泉水に対して流されたデマをうちやぶった本だ。泉水は他の赤軍コマンドとちがってやくざの出のために、身もちが悪く、革命戦士の規律にたえられなくて酒に溺れてダカー高原を追放され、フィリッピンに流れて殿様気分の生活をしていたところを逮捕されて日本送還されたというデマをだ。

事実に反する。肥後親分が泉水に「弱きを扶う」ことを教え、アラブ革命が「強きをくじく」ことを教えた。泉水のコマンドとしての生き方は松下竜一の本を読んでいただきたいが、かりに泉水がフィリッピンで殿様生活していたとしてもそれがどうした。赤色鼠小僧なんていうのはカッコいいではないか。

泉水をやくざ上りだからと他のコマンドと差別するような論潮は気に入らない。三島由紀夫の首をはねた介錯人森田必勝はその場で自決したが、三島だけ葬式を出し、森田を棺の外に置いた文壇文士同様に気にいらない。

水滸伝は教える。三教九流を合して哥弟となす、と。イデオロギーがちがい、系統がちがっても、生死をともにした者は兄弟である。

三人から推して、脱獄した他のメンバーも全部、優秀な連中が選ばれたのだろう。アラブ赤軍はベイルートの根拠地から発して、各地に飛んでいる。逮捕された地点を見るとわかるのだが、丸岡修が一九八七年に東京で、同年六月フィリッピンのマニラで泉水博が、浴田由紀子が一九九五年にルーマニアで、翌年吉村和江がペルーで、城崎勉がネパールで逮捕された。リストは松田政男文責「越境へのクロニクル」(『映画芸術』二〇〇〇年三月増刊号『足立正生零年』)による。リストの示すように、アラブ赤軍は逃亡して穴にひそんでいたのではない。国際根拠地から撃って出ている。そして一九九七年二月、足立正生、岡本公三、戸平和夫、山本萬里子、和光晴生の「ベイルート5」がベイルートでレバノン右派に逮捕され、岡本公三のみ亡命者と認められ、他の四人は日本送還。同年七月、西川純がボリビアで逮捕され、二〇〇〇年十一月、重信房子が大阪で逮捕された。

この日、米大統領夫人ヒラリー・クリントンがニューヨーク州で上院議員当選。にこやかに手を振る五十三歳の腰のあたりには色香さえあった。地味な服装で護送される重信房子と対比して同じ年頃の二人の女闘士に運命というものを感じる論潮もあったが、勝敗は兵家の常。

逆になる可能性も歴史にはあるのだ。運命好きの世論のために俺が占ってあげるか、ヒラリーは米国初の女大統領になるだろうよ。理由は「ヒラリー」という名前だ。エベレスト初登頂は英人ヒラリー卿だったから、男のヒラリーが山を「征服」したのなら、あたしだってヒラリ、ヒラリと女の大統領になってみせる。権力の分析なんて、人相見、手相見、姓名判断で十分だ。

アラブ赤軍は金嬉老を脱獄指名する考えはなかったか。

金嬉老こそ天才である。寸又峡ふじみ屋旅館に立て籠った金嬉老の戦術配置は、自殺用青酸カリ、六人の屈強な建築労働者をふくむ人質と人質ごと爆死する腹に巻いたダイナマイト、遠距離を狙撃できるライフル銃、というように自分の肉体を中心に置いて、同心円的に、前方へ前方へと構築されていた。ダイナマイトとライフルの間には、金嬉老自身が予期できなかったことだが、報道陣がはさまれていた。報道陣は事件のネタを提供しつづけるかぎり、金嬉老の味方だった。遠景は中景、中景は近景の人質となって、金嬉老に手を出せなくなった。その中心にあって金嬉老は、かつて自分をいためつけた小泉という刑事に「あやまれ」と要求した。単純なのか複雑なのか、具体的なのか抽象的なのか、つかみどころのない要求である。

不思議なのは旅館の女将をふくめた人質たちで、屈強な労働者たちはその気になれば隙を見て金嬉老に襲いかかる機会はいくらでもあった。彼らにそのつもりはなかった。金嬉老はライフルを風呂場の鏡に立てかけたまま悠然と入浴し、人質たちはまるで金嬉老を守るかのように一団となり、女将はいそいそと世話をする仕末だった。

金嬉老は銃をつきつけることによって人質を解放したのである。ひらたく言えば、金嬉老の人質になった数日間はかれらの生涯でいちばん華やかな時間だった。人質たちは労働者も旅館の女将も、金嬉老のしつらえた舞台で傍役を演じればよかった。自分たちが反抗すれば金さんは青酸カリを噛んで自殺するから、と男たちはおびえてみせ、お客さんに万一のことがあったら私は宿の女将として面目がない、と女主人は日本女の健気さを演じた。必死の抵抗者が銃をつきつけて向きなおったときに、銃をつきつけられた多数派の方が解放される、という逆理が実現することを金嬉老は証明した。これは賊の論理ではなく、革命の論理ではなかろうか。金嬉老は、警官隊が突入する気配を見せたなら、人質を盾にするのではなく、彼らにダイナマイトを警官隊に投げつけさせることも考えていたのではなかろうか。宿の女将を縛りあげ、浴衣の胸元をちょっとはだけさせるなどという日本浪漫派的ＳＭの演出をこらしてさ。女に刃物をつきつけて、おれの命令に従わなければこの女の生命がないとでも言えばいいだろう。

俺は金嬉老に自決の意志はなかったと思っている。「謝れ」という要求のしかたがそうだ。この要求は、「金さん、すまなかったな」から、「旧日本帝国の朝鮮支配と戦後過程での朝鮮人差別を謝罪し、あわせて朝鮮戦争特需で立ち直って日帝の復活をゆるし、ふたたび東南アジアを経済侵略する日本国民の一人である自分を恥じる」まで、どのレベルでの謝罪も成立する。刑事は金嬉老に謝罪した。一刑事が日本国民を代表して謝罪したわけではあるまい。人質の生命を守る警察官の責務として謝るふりをした、と刑事は言えるし、そのように刑事の逃げ道を金嬉老は用意していた。要求はとおった。金嬉老はすきを見せればよかったのである。

無窮花の思想といえるかもしれない。生きられるところまで生きて抵抗し、自殺して楽になったりはしない、という朝鮮民族の美学だと思っている。死のテーマと結びついたとき美学は強いのである。こと宗教ならば、それは殉教になる。

金嬉老によって俺は差別主義者を脱することができた。一九六〇年四月、韓国の学生革命が独裁者李承晩を倒したとき、日本全学連は韓国の学生に続けと呼号して安保闘争を戦ったし、日韓条約反対闘争時には、フランスのアルジェリア、日本の韓国といぅ対応に、OAS（植民者からなるフランス右翼）のクーデタ計画に反対してパリ街頭に出るフランス全学連、日韓条約を第二の対日屈辱条約ととらえて張勉政権反対のデモにソウル街頭に出る韓国学生と呼応して、自分たちも東京街頭でデモをやったが、そのとき俺はマルクス主義者になっていたにもかかわらず、まだ朝鮮人嫌いだった。高校時代に日暮里で朝鮮人高校生と喧嘩したことがしこりになっていたのだ。そのしこりがとれた。

金嬉老の寸又峡蜂起によって、在日朝鮮人・韓国人問題の所在に気づいた日本人は多い。

在日二世の反差別闘争の十年分くらいが、一挙に前進したことも事実である。

金嬉老の天才はふたたび静岡刑務所で発揮された。数年を経ずして彼は牢名主同然になった。新聞雑誌の閲覧自由、散歩も運動も思いのまま。金嬉老は小さな違反を看守に犯させるのである。その罪をほのめかせて次々やらせる。そうして看守たちに自分の犯したミスの数々におびえさせ、自縄自縛に追いこみ、金嬉老の言うがままにさせられるのである。やくざのゆすりのテクニックとは言える。それ以上に金嬉老のカリスマ的呪縛力だ。

「あの人にものを頼まれて、いやだと言えるわけがありません」――金嬉老担当の静岡刑務所の看守の言ではない。セルゲイ・ネチャーエフを担当した帝制ペテルブルグのセントペトロポール要塞監獄の看守の言だ。囚人が看守を支配した例はネチャーエフと金嬉老の二人だ。ネチャーエフが具体的にどのように看守を切り取っていったのかはわからないが、カリスマの意志力だとは言えるだろう。露帝アレクサンドル二世の暗殺を企てる人民の意志党員が獄中のネチャーエフとの連絡に成功した。露帝暗殺を実行するか、ネチャーエフ救出をやるか、と人民の意志党は問うた。二つの同時遂行は不可能。ネチャーエフは言下に答える。皇帝を打倒せよ、ぼくは待てる。

こうして彼は自らの生還の可能性を閉じ、ネヴァ河の湿気に鉄が腐る地下牢獄につながれて、鎖につながれた箇所から壊疽をおこして死ぬ。死ぬ前に彼はとほうもない脱獄プランを立てている。看守に露帝の衣装をさし入れさせ、皇帝に化けて堂々と正面から出て行くというものだ。その実行にかかり、看守に、あの人の頼みを拒めるものではないと言わせている。

成功の可能性はある。これはプガチョフのやり口だからである。コサック反乱者プガチョフは、自分はドイツ女エカテリーナ女帝に毒殺されたロシア皇帝であると名乗って、ロシア農民の火のような支持を得た。捕えられたプガチョフは、自分を悩ませた反乱者の顔を一目見んものと牢獄に忍んできたエカテリーナに、「さらばだ、女房どの」と不敵な笑いを残して刑場に消えた。

ネチャーエフの話はルネ・カナック『セルゲイ・ネチャーエフ』(佐々木孝次訳)の記憶をたどって書いている。現代思潮社から出たあの翻訳書の担当者は松田政男だったはずだ。ついでに松田政男をやっつけよう。「映画芸術」臨時増刊の『足立正生零年』はよく俺なしでできたな。

庄野真代の流行歌に「飛んでイスタンブール」というのがあった。筒美京平の作だ。〽そして出会った人、金嬉老、真昼の夢。俺は椅子からズリ落ちた。ありうる！　イスタンブールの迷路のような舗道。昔は東ローマ帝国ビザンツ帝国の都コンスタンチノープル、今はトルコの首都イスタンブール。東西文明の接点で、近くにトロツキー亡命地プリンキポ島もあった血腥い歴史の町の一角に、ヌっと金嬉老がライフルを構えて出てくるというイメージの鮮烈さに俺は震えた。赤軍コマンド隊長の金嬉老。これほどぴったりの姿があろうか。歌詞カードを読んだ。〽だから出会ったことも、蜃気楼、真昼の夢。

金嬉老を論じたのだから、永山則夫にもふれよう。「黄金の卵」、六〇年代末、独占資本は中学を卒業して集団就職しに上京してきた少年たちをそのように呼んだ。俺は「黄金の卵」という独占の言いぐさに、安保ブンドの怨霊を感じる。若年労働力の枯渇が賃金高騰をひきおこし、日本資本主義の危機を招来するというブンド・プロ通派姫岡玲治の「秋の階級決戦論」は大はずれだったが、六〇年代末の永山則夫の足跡を愚直に、細大あまさずドキュメントした足立正生、松田政男、佐々木守の映画『略称・連続射殺魔』は、日本社会の構造変化をドラスチックに描き出しているのである。六〇年代を通じて、集団就職少年をふくむ底辺労働者の流砂が日本をひんまげんばかりに蓄積されていた。その激発が犯罪である。六〇年代のはじめ、日本の都市人口は農村人口より少く、六四年段階に至って都市人口が農村人口を追いぬくや、高度成長経済期に都市集中化現象が起こり、六〇年代を通じてみた人口移動は概算、農村から都会へ三千万人である。農村は荒廃し、都会は市民社会と都市下層社会の二重構造にいたる。産業構造の変化にともない、単純重労働部門に、かつて朝鮮人徴用工をあてたように、六〇年代には試験的に「企業研修生」という名目でアジア人労働力をあてていたが、やがて3K部門に外国人労働力を密輸入し、好況時には彼等を労働ビザなしで労働させ、不況時には放り出して帰国させるというぐあいに、都市内二重構造はやがて都市内「第三世界」の観を呈すにいたった。

六〇年ブンドの「秋の階級決戦論」は、安保三池と連続して資本と労働の衝突が行なわれたからには、秋に決戦が来なければならないという判断あるいは希望の、経済分析的理由づけをむりに探して若年労働力の枯渇ということを言わざるをえなくなったのであり、就職先がいくらでもある時期に革命的情勢がくるわけはないという常識に逆らった理論家姫岡玲治は気の毒であったが、まさにその若年労働者の都市集中が六〇年代犯罪の激発をひきおこしたのである。

永山則夫の足跡を追って、彼が見ただろう地点をフィルムに収め、風景論が提出された。理論化は主に松田政男が行った。風景、流浪するプロレタリアートが見る帝国主義の客観。風景、帝国主義が出現させた圧倒的に外在的で敵対的なもの。

深刻な考察である。そのように永山映画をもってとらえた風景論だから、戦前に亀井文夫が撮影した『上海』の、大日本帝国軍隊の火薬と鉄によって破壊された風景と、ヨルダン軍の攻撃を受ける直前のジェラシ山中に待機するPFLPコマンドの礫漠の風景の近似を指摘することができた。最初に指摘したのは白井佳夫で、亀井『上海』の撮影日誌を早稲田の演劇博物館で読んで、『略称・連続射殺魔』および『赤P』のシノプシスと綿密につきあわせたのは俺だ。

松田政男は風景の前で立ちどまった。大島渚『絞死刑』のラストシーン。白光のハレーションの前で、不可知論的に髪をかき上げて懐疑する批評のスカシッ屁そっくりに、帝国主義が現出する風景の前で主題を神秘化するなんて、まるで松田はインテリ野郎みたいだ。戦争でぶっこわされたあとの上海の風景と待機するジェラシ山のコマンドの側の風景はちがう。ちがわないでどうする。映画オルガナイザー松田の罪は、風景を見る流浪するプロレタリアートの目という主題の次の主題、原基とは越境するプロレタリアートであるという布川徹郎の記録映画を白眼視したことだ。反戦青年委の記録『鬼っ子』。コザにカメラをすえてコザ暴動の予感をとらえた『モトシンカカランヌー』。佐藤栄作訪韓の鼻先で釜山の在韓被曝者たちがソウルの日本大使館へ原爆後遺症治療のための日本渡航と韓国での医療施設設立を訴える『倭奴へ』。中国国連復帰と台湾の国連議席剝奪の時点で山岳地帯に入って台湾ネイティヴ（いわゆる高砂）が、日本語で「また戦争やりてえなあ」と述懐する『アジアは一つ』。ことにこの作品を右翼映画と罵った松田は、侯孝賢『悲情城市』で、二・二八起義時の国民党軍の入山を防ぐために列車をとめて、ヤミ族の戦闘員が日本語で「どこへ行くか」と誰何する場面を何と見るか。さらに布川映画のその次はポナペ独立運動の記録『太平洋戦争草稿』。一九七六年の建国二百年祭時点のアメリカへ、勝利したベトナム兵の眼と化してカメラを持ちこみ、スー族インディアンの反米戦争を軸に叛アメリカ史をとらえたのが『バスタード・オン・ザ・ボーダー』だ。

足立正生がパレスチナに去った後、革命ドキュメント映画はもっぱら布川徹郎によって撮られているのである。映画批評家松田政男は、布川を嫌い、そして布川に協力する竹中労、平岡の窮民革命論者はもっと嫌いであるために、布川に反目し、時には敵視した。ケツメドの小さい奴だ。

風景論は発展している。岡庭昇の借景論を受けて、上田誉志美・山本教彦『風景論の成立——志賀重昂と日本風景論』(海風社、一九九七年)は、志賀の論がゴルトン、チェンバレンら英人地理学者の著作を下敷にしたことをつきとめた。ということは、自然を征服の対象にする欧米流論理を日本風景論に導入してしまったために、独占資本による山川草木の破壊に抵抗する神道的な論拠も右翼はなくしてしまったということになるだろう。

俺はマイルス最晩年の「ハンニバル」という演奏が好きだ。メロディはブラームス交響曲第四番第一楽章の「騎士の動機」に近い。マイルスは黙っているが、彼は青年時代、クラシック音楽教育の殿堂ジュリヤード音楽院に学んでいて古典の素養がたっぷりあるから、ひょいと、昔耳になじんだブラームスが出たのだと思うが、若きアルトサックス奏者ケニー・ギャレットのラプソディックなメロディとからみあうマイルスのトランペットが、古代英雄の風格を帯びている。この二人のからみを聴いて、ザマの戦いに敗れて斜めの陽ざしの中を単騎落ちてゆくハンニバルにローマの若き武将スキピオが追いすがり、地中海の戦闘を分けた二人の宿敵同士が、くつわを並べて戦場の彼方に去る姿が浮かんでくるのである。二人はカルタゴとローマをふり切ってしまったのではなかろうか。なんでマイルスがこんな曲をつくったのかしらん、マイルス故郷のセントルイス近くに「ハンニバル」という小さな町があって、晩年のマイルスもホームシックにかかったのかと思わないでもないが、そうだ、これは合衆国黒人のブラック・ナショナリズムの一つなのだ。

ハンニバルは十六年にわたってイタリアを蹂躪した。四度ローマ軍を大敗させ、ローマ城外に迫ったが、ローマを屈服させられなかった。逆にローマは若き英雄スキピオをアフリカに遠征させ、根拠地カルタゴを衝いた。カルタゴ元老院はハンニバルを呼び戻した。ローマ軍とカルタゴ軍は現在のリビアの一角、ザマの平原で激突する。この戦いで不敗のハンニバルはついに敗れた。

これでハンニバルの歴戦がおわったわけではない。十六年間、イタリアの地にあってローマをおびやかしたハンニバルは、その先十五年間、中東のセレウコス王朝の地をさまよって、反ローマ同盟軍を結成してはローマ帝国の占領軍守備隊と戦うのである。イタリア再度侵略を夢見ながら、最後は毒杯をあおる。俺はその論をジャズ書『黒い神』に「ハンニバルの遺産」というタイトルで書き下しだのだが、フェニキア（レバノン）に裏切られてセレウコス朝の地を彷徨うハンニバルは日本送還された足立正生を焼きあわせていると見ぬいた友人が三人いた。

島成郎告別式の通知が届いた。大山倍達先生との対談『武道論』を出してくれた先輩が平岡にも出しておけと言ってくれたものだ。十一月十一日の告別式に出ようと、葬儀に皮ジャンでもあるまいから背広の袖に手をとおすと、ムラッと俺の謀叛気が舌を出した。やめた。二千年おわり近くのビンゾロゾロ目の11月11日、ブンド書記長の霊に片手拝みの別れを告げては、敵階級が喜びすぎはすまいか。一九六〇年五月のいく日か、俺が入盟した日の面白い光景がある。隊長Sに逮捕状が出ているおそれがあって、俺は彼を護衛してデモ現場から新橋の雑踏にまぎれた。「夜来香」のネオンが見えた。ここなら刑事をマケそうだと直観した。入るとチャイニーズ・ムード旺溢の店内で、スケスケ・エレベーターに乗って、支那服を着た歌手が扇をゆるゆる舞わせながら「蘇州夜曲」を歌っていた。チャイニーズ・ムードというのはほんとにおたずね者に似合う。気分がよくなった隊長Sは疲れが出て眠った。

その何日か後、彼は入盟書を渡しながら、頭をかいて言った。眠っちまってはずかしかったからこれをきみに渡すのを遠慮した。入れ。あっさり署名して俺は隊長Sに返した。ガリ版刷りの文面には、「生涯を世界革命に捧げることを誓う」とあった。天に誓うとも、人民に誓うともなく、ただ誓うだ。誓い受理の代理人ブンドはつぶれたけどな、誓いは誓いだ。とり消したおぼえはない。

解説

かがやく烏賊と牛たちの自虐

五所純子

――芸術的直観は存在の根へ下向するものであって、それは大衆の実存の深部に反乱の原基を見出す革命の直観に等しい。（平岡正明「赤色残俠伝」）

品川駅構内の奴隷川を歩く。一九九八年に橋上化された品川駅の港南口と高輪口をむすぶ二百五十メートルの通路。「赤色残俠伝」がはじまる東海道線ホームを空中でまたいでいく。正式名称は東西自由通路、通称は公募でレインボーロードに決まったが定着せず、二〇二〇年頃に匿名者たちがTwitterにおいて交わした奴隷川という俗称のほうがいい。由来はダークトーンカラーのオフィスファッションに身を包んだ大量のひとびとが一方通行路のように流れていく通勤ラッシュの光景から。インターネット上では最初の発信者のものらしい投稿を確認することができる。わたしの推測、平岡流にいうと官能が告げるところでは、そのひとは奴隷川を構成する一員だろう。奴隷川とは自嘲だ。自らの境遇を笑おうとする（自嘲よりも自虐といったほうがいま二〇二三年の言語感覚に近い。自分を貶める話題で気を引く〝自虐ネタ〟なる振る舞いが芸人から非芸人にまで浸透したからだ。けれどここは平岡正明著作集。とりわけ異様な書評であり、なんと差別から美を切りだす論考であるところの、「官能の武装　岡庭昇『身体と差別』を読む」への返信としてこれを書いている。自嘲と自虐、自分自身を蔑み笑うことと自分の心身を痛めつけることとは、きつく分けたい)。けれど笑いとして吹っ切れないのは、自称であり蔑称であり愛称であるところの奴隷川に水をさす匿名者たちのおかげで、いわくインフラストラクチャを現場で支える勤労者たちを奴隷などと揶揄するのは下品である云々かんぬん。下へ下へと落ちたい力を、良識が上へ上へと引き上げて無効にしてしまう。いまっぽいね。下品をやるには品性がいる。良識に美意識で刺し違えようか。なんて言ってみそうになるけれど、奴隷川に美はないとわたしは思う。それは自嘲にとどまるから。予定どおりの自嘲にすぎないから。奴隷川の陰鬱さを演出する最大要素はひとびとの一律な流れよりも、それを取り囲むように通路左右で発光する四十四面の七十インチ大型ディスプレイからなるデジタルサイネージであり、〈今日の仕事は楽しみですか〉〈はたらいて、笑おう〉という正体不明の広告コピーが映し出されたときは〈皮肉がキツすぎる〉と奴隷および良民たちの顰蹙を買ってバズった。ねえ、みてみて。奴隷へのいやがらせのような企業活動があからさまに展開されたことよりも、その露悪性もそれに対する顰蹙もいわゆる想定の範囲内であり、むしろ企業側の思惑どおりに広告と奴隷と良民とが手に手をとって宣伝効果を生んだということを。自嘲や良識はあっけなく権力の協力体制に組み込まれているということを。「上から下へ、これが支配秩序の貫徹」であり「上から下へ差別が再生産されてゆくかたちは、独占資本が人民階層を無数に細かく割り、支配と搾取と抑圧を貫徹してゆくかたちの古型」にならえば、被差別民がたがいの階層を包み隠して支配と搾取と抑圧をなまぬるく保存するのが奴隷川である。顰蹙なんて安物だ。安く売りつけられるのだ。そんな安価で痛苦を取り引きしちゃいけない。

港南口から道に出る。東京は全面禁煙。タバコを吸うための物陰を探す。「道は町と町を結び、村と村を結ぶだけのものではなく、道こそ天と地を結ぶ本来のもの」という記憶を探して、目的地と目的地をつなぐ通路でしかなくなりつつある道を歩いてかたわらに探す。樋口一葉「十三夜」のお関は実家にあがってタバコを吸った。ところがわたしの読んだ現代語訳はタバコのくだりがすっぽりと抜けていた。平岡が重視した「烟にまぎらす烟草二三服」に対応する訳語がなく、お関が「それなりの貫禄と張りのある年増女になっているということを意味する」原語が捨てられている。無料版だったから手抜きされたのだろうか。翻訳まで全面禁煙なのか。まさか。おかげでわたしは平岡の論（「樋口一葉『十三夜』の底力」）を読むまで、平岡のご心配どおり、「十三夜」を「権門の人身御供にされた哀れな町娘」の物語としてしか読めていなかった。危ないところだ。親と子ほど年の離れたわたしと彼女をつなぐのはタバコで、星の名をもつ公園になけなしの物陰をみつける。すらりとした袖口に幾筋かの傷痕がちらつき、わたしの視線に気づいた彼女が〈イカ焼きですよ〉と笑う。〈いつから自傷してるの？〉よりも〈イカ焼き食べたことあるの？〉と口を突いて出たのは、十も二十もぷっくりと膨らんだ傷痕がみごとにイカの胴の切り込みにそっくりだったせい。彼女はイカ焼きを食べたことがないという。祭りも露店も行ったことがないという。もはや博徒とテキ屋と露天商の見分けなどつかないけれど、世のなかには〈ガラの良い食物〉と〈ガラの悪い食物〉があって、悪いガラに自分をなぞらえるのは愉しいという。快楽なのだ。悪所の匂いがからだの比喩に継承される。「悪所とは、かぶき精神を加速度的に喪失してゆく近世が、これだけは最後まで占有し続けた、人間回復、人間解放の、牙城であったのだ」（松田修『刺青・性・死』）。さらりと言い放たれたイカ焼きは、イカ焼きを食わずしてイカ焼きを歴史的に経験している。ここに「既視感を原体験にする」（松田修）をわたしはみる。平岡はこれを「体感記憶の優位性」「既視感は「見たことのない、見っこない原体験」」「個体史を超えた原体験」と読みくだし、そこに松田の戦争体験、平岡における関東大震災、岡庭における刺青を読みといた。
イカ焼きこそ刺青の末裔だろう。刺青がもつ反芸術の芸術的価値が自傷痕には認められないにしても。水滸伝や浮世絵や春画といった文学的美術的な受肉が、裸形の列状傷痕には欠けるにしても。職人の技術にたいして、素人の手慰みであるにしても。総身彫りの費用二百万円にたいして（平岡は不当な安さだとこぼした）、自傷の元手はカッターナイフ一本数百円にすぎないにしても。一回性の、回復不能の、不可逆な、恥部となり暗部となり、忌み嫌われ追い立てられ、卑賤で逸脱したものへとみずからを閉じこめる生として。さまよう悲鳴にして、生涯の秘密にして、甘受された刑罰にして、精神の犯罪にして。「バレると病院に送られるから」と彼女がいう。精神科の受診歴《メディカルタトゥー》がつくと就職に不利だというのは嘘か真か、まことしやかな被差別階級にして。「差別と身体の本質的な結合の内に現前する匂い、歴史と現実を官能化するこの匂いこそ、究極の拠点としての身体にほかならぬ」（岡庭昇『身体と差別』）。被差別民たちはときおりスマートフォンでたがいの自傷痕を送りあう。その通信歴をわたしは見せてもらう。輝度の高い画面に映しだされた自傷痕は柔らかにくつろいでいて、かつて目にした刺青写真のうす暗い緊迫とまるでちがう。近世日本にあって刺青は水滸伝の英雄に連帯した。そこには平岡好みの飛躍があった。いま現代、自傷痕はたがいに監獄のようなワンルームから交信する。逼塞なのか、低迷なのか、それとも地道な連帯か。おそらく平岡が奮起させられただろう一節はこうだ。「蜂起のエネルギーは、まず自傷自虐の痛覚を選んだ。それは異端（個）への決意であるとともに、連帯（新たなる全）への認識票である。痛みのかぎり、汚辱のかぎり確実な存在感である。未来へのパスポートである。」（松田修『刺青・性・死』）
血まみれの自傷痕、唾液まみれの電子刺青《デジタルタトゥー》。二〇二三年、まるきり連帯のない刺青がバズった。中部地方の回転寿司チェーン店にて十七歳の少年がレーンを流れる寿司に唾液をつけ共用の湯のみ茶碗や醬油差しやを舐めまわす動画がＳＮＳに投稿された。最初の発信者は少年の友人で、少年は友人知人のささやかな範囲に限った送信を了承していたのだろう。〈おまえ、ヤバいね。バカだね。ヤんでるね〉。愚かさを貶めあい褒めあい競いあうことで存在を慰撫する交信を期待したことだろう。この愚劣さは俗語で厨二病とも呼ばれるが、およそ芸術の初源的な力でもある。動画は少年犯罪の証拠物としてまたたく間に広く拡散され、メディアもそれを騒ぎ立てた。わたしが店舗の管理者などであれば少年たちを殴り飛ばしたくもなったかもしれないが、遅れてきた目撃者に過ぎないわたしに懲罰感情はない。それよりも、親牛が子牛を舐めまわすように唾液で伝えようとする情熱、舐めるという行為の破廉恥への焦燥、目を白黒させて露出と隠匿とをはげしく明滅させる、負の官能に釘づけになった。烏賊の血。牛の唾液。ワンルームの監獄から、チェーン店の死角から、像を走らせて身体が割れる。像ばかり交信しあう現在のひとびとの齟齬が身体をもって露呈する。かつてない輝度でかがやく。「輝く者と餓死する者」という極端な二極化。それは平岡が闇市にみたものであり、闇市とは「第二次世界大戦の敗戦によって国家権力が崩壊したから身体が露呈した」場であった。一発逆転の成功者になるか、再生産される奴隷でいるか。これは経済不況によってほとんどが慢性失業者と化した若いひとびとの人生観である。すでに闇市なのかも。「賤業からの、底辺からの脱出は、なお可能であるはずである。ところが、その可能性を、ただでさえきわめて窄く困難な扉を、かれらは己れの痛覚を代償として、さわやかに閉ざしてしまったのである」（岡庭昇『身体と差別』）。「賤からの離脱の可能性を刺青によってさわやかにとざす今ひとつの美のにない手たち」（平岡正明「官能の武装」）。回転寿司店運営企業は少年にたいして六千七百万円の損害賠償訴訟を起こした。のちに企業が訴訟を取り下げ、両者に和解が成立すると、匿名者たちは「がっかりだ」と企業側に失望の声をあげた。殺せ、殺せ、あいつを殺せ。わたしによく似た奴隷のあいつの息の根をもう止めてしまってくれ。民の民による侮蔑、民の民による不信、民の民による刑罰が、輝度の低い像のあいだで蔓延している。賢しらな民たちは、いわく高度資本主義が発展させ庶民の良識によって維持されてきた回転寿司のシステムは不潔というテロルによって一挙に終焉するかもしれない云々かんぬん、少年には触れない。いまっぽいね。豪華に見せかけ売上を伸ばすためにシャリを小さくした女郎寿司、味よりも格好よりも空腹を満たすためにシャリを大きくした山谷寿司、さて奴隷寿司はどんな姿でひとびとを映すだろう。少年はくしくも「秩序の虚妄をあばき、体制の恥部を抉る神々としての無頼」（岡庭昇『身体と差別』）になったのだ。

平岡につづく。うっとりと溜息をつく。谷川雁の「差別が豊富にあった」、この言葉のなんと美しいことか。差異を包み隠すことを多様性とうたいあげ、規範力学としての差別をなめらかに温存し、ひとつひとつ固有の身体をひとまとまりの像に均しあげ、金子みすゞの「みんなちがって、みんないい」が差別の広告コピーになり果てたいまに。平岡はやはりいうだろう。「差別を豊かにすることで革命の勝利に貢献する」。わたしたちは豊かだ。

（作家）

解題

上巻最後の文章（「レベル3《スリー》＝番外編」）が掲載された連載「石原莞爾試論」の完結以降、平岡は政治思想をそれとして論じることは少なくなり、かわって日韓の歌謡曲を皮切りに、香港歌謡、ソウル、タンゴ、サンバ、レゲエ、ファドなど世界の大衆音楽に聴き入るようになる。これらはその後「国際艶歌」という概念で捉えられ、世界各地の大衆の情動に秘められた「革命」への志向の固有性と普遍性が探られた。また、浪曲、講談、河内音頭、新内など日本の語り物芸能を論じるようになり、後期の落語論へと至る。これは、長谷川伸、山田風太郎、大藪春彦、五木寛之、筒井康隆、そして深く親交のあった梁石日、船戸与一など偏愛する作家へのオマージュと並行し、あわせて朝倉喬司らとともに河内音頭の東京・錦糸町櫓の実現、横浜・野毛での大道芸の復興などの活動も行っていた。しかしこの転換は決して転向やそれに類する日和見や妥協といっさい無縁である。

平岡は、「レベル3＝番外編」で東アジア反日武装戦線一斉逮捕と関連しての自身への弾圧にふれて「東アジア反日武装戦線事件は、過去十数年間の日本国内の左翼事件の最後のあらわれというよりも、反日包囲環の最初の発動と理解する方がより妥当である」と書いていた。同様に平岡にとってもこの事件は、それまでに準備された思想的蓄積が『水滸伝』的に展開する起点となったと見ることができる。平岡にとって『水滸伝』とは「盗賊の賛歌」であり、「窮民の、ルンペンの、浮浪人の流浪するプロレタリアートの前衛的化身であり、攻撃的な転化である」（「あねさん待ちまち水滸伝」上巻所収）。音楽と芸能は大衆の情動の「攻撃的な転化」である。「下方」に降りて「地球そのものの兇暴なエネルギー」を解放する（「昭和元禄水滸伝抒説」、上巻所収）という「革命」の実践を平岡はただのひとときも手放すことはなかった。
上巻では平岡思想の形成と軌跡への導入として重要なテクストを選んだが、下巻では平岡の軌跡の上で欠かせないテクストというだけでなく、その文章の魅力を堪能できるものも選んだ。

「フランツ・ファノンのビーバップ革命理解」

平岡の暴力論、革命論に大きな影響を与えたフランツ・ファノンは現在も第三世界が生み出した最大の思想家として世界的に再評価され続けているが、これが書かれた七〇年代中頃からは半ば忘却されかかっていた。その主著のわずか数行にジャズ革命の鼓動をききとり、一気にその先駆性と世界性をとりあげた見事な文章である。ビーバップ革命というマイナー音楽の爆発的な生成過程に、第二次大戦後のアメリカ黒人意識の覚醒、先進国に迫り出す第三世界革命の予感、さらに世界的規模での西欧的価値観の転覆の予感が、チャーリー・パーカーの自在なフレージングのような文体で書きつけられている。『ジャズ批評』二〇号（一九七五年二月）が初出なので執筆は「レベル３《スリー》＝番外編」以前になるが政治論から歌謡・芸能論への中継を示すテクストとしてここに収録した。清水俊彦編『ジャズ　感性と肉体の祝祭』（青土社）に改訂して収録された後に単著『歌の情勢は素晴らしい』（冬樹社）に収録、さらにそこから三〇年をへて『チャーリー・パーカーの伝説』（毎日新聞社）にも収録された平岡にとってもお気に入りの一編。『歌の情勢はすばらしい』を底本とした。

「山口百恵は菩薩である」

七九年に刊行された『山口百恵は菩薩である』(講談社)は平岡の著作としては異例の、松田修に言わせれば「何かの間違い」のように、一〇万部を超えるベストセラーとなった。八三年には文庫化、没後の二〇一五年には四方田犬彦の編によって『菩薩のリタイア』(秀英書房)などの百恵論も収録した完全版(講談社)が刊行されている。ここにはその冒頭に置かれた「恋文二度三度——菩薩テーゼあわせて一〇八」を収めた。平岡が歌謡曲を論じ始めたのははやい。『ジャズ宣言』(イザラ書房)には「艶歌論」があり、七四年の『歌入り水滸伝』(音楽之友社)では笠置シヅ子、美空ひばり、森進一らが論じられた。「二十五歳を過ぎるまでちっとも歌謡曲を理解できなかった」平岡は「ジャズ理解の延長線上」に、すなわち「ジャズからブルースに下降」するために、「熱気浴に耐えるように歌謡曲を聴きこむうち、ドラ声の底からこんこんとわき出る泉のような艶歌の美しさに気づいた」(『歌入り水滸伝』「引首」)。その平岡が歌謡曲シーンに本格的に斬り込む契機となったのは一九七七年三月に「伊勢崎町のレコード店に流れる李成愛の歌声」であった(自筆年譜による)。歌謡曲の底流に日韓の近現代史の秘匿された部分が見えた時、平岡の歌謡曲論はあらためて『水滸伝』的展望の一翼を担うことになる。この転機を示す『歌の情勢はすばらしい』では韓国歌謡とともに山口百恵が重視されていた。そして本書で韓国—日本を貫く汎アジア的スケールで歌謡曲の全歴史が総括されて、そこに下層社会から歌姫へと飛翔した百恵の革命性が位置付けられた。「山口百恵ふたたび」は『ミュージック・マガジン』一九七八年一一月号初出。「山口百恵みたび」は単行本のための書き下ろし。ここでは完全版を底本とした。

「〈上海一九三〇―横浜一九八〇〉ケイ、黄金時代を夢みなさい」

百恵論の地平に立って、歌謡曲が一九三〇年の段階でクラシック、ジャズ、朝鮮メロディの三層構造に達していたことの考察に始まり、一九三〇年上海のジャズシーンから一九八〇年横浜の石黒ケイへとその論を飛躍させる。石黒ケイは「自分のことが書かれているとは到底思えない」と語ったが、そのような文章こそが歌い手の魂を賦活したことは間違いない。以降、横浜もまた平岡の重要な主題系のひとつとなっていく。『ジュリスト』増刊二〇号（『日本の大衆文化』一九八〇年一〇月）に掲載され、『過渡期時間論　過渡期だよ、おとっつぁんPart3.』（秀英書房、一九八一年四月）に収録された。同書を底本とした。

「官能の武装」

八〇年以降、平岡は文芸同人誌『同時代批評』にコミットする。そこでの書き手たちが平岡の新たな同志であった。その中心にいた批評家・岡庭昇の『身体と差別』（せきた書房）の「書評」として書き下ろされた本編は、平岡の身体論であるとともに大衆芸能論の核心を示す重要な論考である。平岡は「岡庭の本よりも、俺の書評のほうが長くて深い」と嘯いたというが、これを含む『官能武装論』（新泉社）を平岡は自分の著作の中でも最も過激な書物、変態・畸形領域のボルシェヴィズムと称して偏愛していた。そのため長文ではあるが、ここでは「官能の武装」全文を収録した。差別すること、されることに美の根源を見出し、その根拠として闇市とアジアを俯瞰しつつ、後期平岡が畏敬した異端の碩学・松田修の刺青論に導かれながら刺青の美へと至り着く、これ自体、危うさと背中合わせの美をたたえた名作である。江戸の刺青と『水滸伝』をめぐる展開には『水滸伝』研究が昇華され、「権力が崩壊したので身体が露呈された」というテーゼには闇市戦後革命論と六〇年安保闘争、そして犯罪革命論が凝縮されている。

「昭和二十二年歌謡曲論」

山口百恵と同様に平岡が偏愛したのは美空ひばりである。『歌入り水滸伝』では二章がひばりにさかれ、八九年刊行の大著『大歌謡論』(筑摩書房)でも二章がひばりに捧げられ、さらに九〇年には『美空ひばりの芸術』(ネスコ)が、没後には『美空ひばり　歌は海を超えて』(毎日新聞社)が刊行されている。本稿は『大歌謡論』のために書き下ろされ、『美空ひばり　歌は海を超えて』に収録された。ここでは後者を底本とした(収録にあたり小見出しは削除した)。盟友・竹中労の伝記に依拠しながら汎アジア革命の核心としての闇市に美空ひばりの誕生をとらえる。

「How Deep Is The 古賀メロディ」

『大歌謡論』の末尾に置かれた平岡歌謡論の精髄を示す名文。古賀メロディに分け入りながら、六六年の五木寛之「艶歌」と六七年の三波春夫の講演に始まる「艶歌ルネッサンス」を甦らせて、朝鮮民謡から「雨ショポ」、筑豊の炭坑《やま》の唄へとめぐって歌謡曲の最深部へと降りていく論の展開は圧巻である。現在の韓国芸能の世界的な開花、日本における在日コリアン表現者の突出を予感したようなラストも印象的だ(収録にあたり小見出しは削除した)。

「中森明菜、自殺未遂時点での芸術的飛躍の予感」

山口百恵以降も平岡はピンク・レディー、沢田研二、松田聖子など同時代の歌手を論じ続けた。その最後の対象が中森明菜である。本稿は明菜自殺未遂直後に書かれた名文。身分違いの男女が自殺未遂をして共に制外の民に墜ち、水平な関係となって生き延びるという新内論的な思考が芸能民の末裔たる明菜への応援歌となっている。『ミュージック・マガジン』一九八九年一〇月号に掲載、『平民芸術』（三一書房）に収録、その後『中森明菜／歌謡曲の終幕』（作品社）に再録された。『平民芸術』を底本とした。

「品川駅のレコードの謎」

『鞋靼人宣言』に「ドクラマグラ」論を収録以来、平岡は幾度も夢野久作を論じた。このことは久作の父、玄洋社の重要人物・杉山龍丸を通じて右翼研究への足がかりになっていった。この文章は久作の『東京人の堕落時代』読解を通して、久作が関東大震災における朝鮮人虐殺を洞察しながらも、一言もそれに言及することなく殺戮者としての東京人を批判していたことを明らかにした短いながらも重要なテクストである。東学党の乱に際しては義勇兵を送った玄洋社・黒龍会が、関東大震災の朝鮮人虐殺を肯定してしまったことを明らかにし、福岡特有の右翼的気風の鬼っ子として生まれた久作が、それとは異なる人間的な感受性を持っていたことを捉えている。『ユリイカ』一九八九年一月号に掲載、『平民芸術』に収録、これを底本とした。なお冒頭に引用される「品川の盤」は「街頭から見た東京の裏面」所収の一文だが、平岡の依拠した葦書房版著作集では『東京人の堕落時代』の前編として収録されている。

「新内「ぶんやアリラン」」

八二年、河内音頭の再評価と東京進出を賭けての「全関東音楽振興隊」への参加、八四年の三波春夫を中心とした岡庭昇、朝倉喬司との討論などを経て大衆芸能へのコミットを深めていた平岡は八七年一一月岡本文弥の創作新内「次郎吉ざんげ」を聴いて新内にのめり込んでいき、以来、九十歳を超える邦楽の巨匠の演奏と、四十代後半の平岡の批評は異様なスウィングを生み出し、その成果は九〇年刊行の『新内的』（批評社）に集成された。これは『同時代批評』一六号（一九九四年一月）に掲載されたその番外編とも言える一編。娼婦とその客が心中に至る道行きを磨き上げる変態的美学の精華とも言える新内の巨匠が、一九九一年、金学順による旧日本軍の戦時性暴力告発に呼応し、新内的美意識をかなぐり捨ててアジテーションを行ったことを論じている。岡本文弥と平岡正明の共闘の頂点とも言えよう。書籍への収録はこれが最初となる。

「梅雨明けのジゴロ」「「エイブレイサブル・ユー」三題」

右翼思想、あるいは歌謡曲、大衆芸能を論じながらもジャズ批評は一貫して続けられていた。『ジャズ宣言』『ジャズより他に神はなし』の後も七四年には『ジャズ・フィーリング』（アディン書房）、七七年には『戦後日本ジャズ史』（アディン書房）が刊行されている。これは一九九七年に刊行された『ジャズ的』（毎日新聞社）のために書き下ろされた二編だが、ジャズの革命性を表現構造から論じたかつてのスタイルからは変貌し、一曲ずつに思いの丈を込めて物語的に幻視する先に、ジャズの過激な底力を描き出している。平岡の文章の魅力を伝えるものとしてここに収録した。

「長谷川伸の碑」

平岡は八九年に横浜に転居し、以降、野毛の大道芸実行委に深く加わり、これは『横浜的』（青土社）『野毛的』（解放出版社）などの著作にも結実した。鶴見俊輔の勧めにより八七年に「日本の民間学者」の一冊として刊行された『長谷川伸　メリケン波止場の沓掛時次郎』（リブロポート）の執筆もこれを導いたと考えられる。ここに収録したのは九七年に横浜日の出町の文学碑のために書かれた一文。長谷川伸の文学を世界的な義侠の系譜のなかでとらえようとしており、ここにもまた『水滸伝』がある。長谷川伸への共感は横浜だけでなく、その作品世界の土壌ともなった浪曲的な世界とも共振する。浪曲への共感からは『清水次郎長の明治維新』（光文社）、『浪曲的』（青土社）、『清水次郎長伝　第七才子書虎造節』（青土社）などの名著が生まれた。

「マイルス最後の闘い」

ジャズ批評家としての平岡後期を代表する書き下ろしの力編『マイルス・デヴィスの芸術』（毎日新聞社）の末尾を飾る一編。この後、平岡は本書の姉妹編として『チャーリー・パーカーの芸術』を、また続編として『黒い神』（毎日新聞社）、『ウイ・ウォント・マイルス』（河出書房新社）を刊行し、さらにコルトレーン論『毒血と薔薇』（国書刊行会）などジャズ論を書き続けた。これらすべてがそうであるように、このテクストもマイルス論であるとともに世界史の総括であり、黒人解放論でもある。マイルス「ツツ」に、ツツ司教によるスティーヴ・ビーコ追悼の祈りを聴くラストは入神の域であるが、この論考の後に発表されたカサンドラ・ウィルソンの同曲も近似する理解が示されていた。もはや誰の追随も許さない世界を平岡は開いていた。

「ヴードゥ的加速」

『黒い神』（毎日新聞社）のために書き下ろされ、巻頭に置かれた一編。ここで自身が書くとおり、アイラーは平岡的でありながら論じることのなかった一人である。ここではキョンシーやゾンビ伝説をひきながら、アイラー「ゴースト」をハイチ革命に並走するインプロヴィゼーションとして、世界的スケールで『水滸伝』的革命を展望するかのように論じている。驚くべき射程と深さを秘めたカオティックな展開は『ジャズ宣言』にはじまるジャズ批評の極点を示している。

「樋口一葉『十三夜』の底力」

岡本文弥の『十三夜』に触発されながら樋口一葉の『十三夜』をたどり直した一文。文学作品を論じても卓越した読みの深さと鮮やかさが際立つ平岡の文芸批評家としての「底力」を示す名品である。これに「驚かされた」という田中優子によれば「文学論は、その定まったテキストでおこなう、と相場が決まっている。しかし、平岡はこれを脚色しながら語った岡本文弥による新内の語りかたでこの作品を論じたのだ」（「平岡正明の「江戸論」」『『永久男根／平岡正明』彩流社）。『江戸前』（毎日新聞社）のために書き下ろされた。

「大山倍達、東洋の思想家として」

七五年以降、平岡にとって決定的だったのは極真空手のマイスター大山倍達との出会いである。東アジア反日武装戦線逮捕に伴う家宅捜査と若き友人斎藤和の自殺という衝撃から平岡を救ったのは、平岡がその時点で論じていた石原莞爾の弟子であり「用心棒」でもあった大山からの誘いであった。この在日コリアン最大の空手家との奇蹟的な出会いは対談『武道論』（徳間書店）や単著『大山倍達を信じよ』（彩流社）などに結実したが、ここではその総括ともいえる小文を収録した。『大革命論』（河出書房新社）のために書き下ろされた一編。

「落語、新内、冬の虎退治馬退治」

平岡がその最後に心血を注いだのが落語である。二〇〇五年の『大落語』（上下、法政大学出版会局）に始まり『哲学的落語家！』（筑摩書房）、『志ん生的、文楽的』（講談社）、『シュルレアリスム落語宣言』（白夜書房）が相次いで刊行され、没後も『快楽亭ブラックの毒落語』（彩流社）などが刊行されている。「落語、新内、冬の虎退治馬退治」はその『大落語』の巻頭に置かれた一編で、落語との関わりを回顧して落語論の扉を開けるものとしてここに収録した。

「赤色残侠伝」

この著作集はほぼ執筆・発表年月に準じて配列されているが、これは二〇〇一年の執筆なので、ここは前後することとなる。しかし「犯罪の擁護」に始まるこの著作集の末尾にはこれがふさわしい。

平岡の盟友であった足立正生は一九七四年アラブに渡り日本赤軍に合流していたが、九七年にレバノンで逮捕されて、二〇〇〇年三月に強制送還される。同年一一月には日本赤軍の指導者と目されていた重信房子が日本で逮捕された。「赤色残侠伝」はそれを機に刊行された『文藝別冊　赤軍1969↓2021』（河出書房新社）のために書かれたものであり、『大革命論』に収録され、その後、『戦後事件ファイル』（マガジン・ファイブ）に再録された。ここでは『大革命論』を底本とした。足立と平岡は本稿執筆後に再会を果たし、平岡は足立の監督復帰作『幽閉者　テロリスト』に出演した。

この文章はこう結ばれる。「ガリ版刷りの文面には、「生涯を世界革命に捧げることを誓う」とあった。天に誓うとも、人民に誓うともなく、ただ誓うだ。誓い受理の代理人ブンドはつぶれたけどな、誓いは誓いだ。とり消したおぼえはない」。平岡のすべてはこの「誓い」に捧げられた。事実、平岡は八三年の時点でそれまでの著作を振り返って書いている。「この四〇冊はすべて革命思想の形成を目的に書かれた」（『お兄さんと呼んでくれ』情報センター出版局）。この姿勢に以降も変わりはなく、この著作集はそれをあきらかにするために編まれた（付記・校了の間際、東アジア反日武装戦線「さそり」部隊メンバーであった桐島聡氏死去の報が届いた。この解題の冒頭に記したように一九七五年の東アジア反日武装戦線一斉逮捕が平岡の転機であった。平岡の「革命」は終わっていない）。

年譜

1941年

1月31日、東京本郷区湯島新花町に、父義之、母節の長男として生まれる。

1945年（4歳）

6月、5月に空襲をへて小田原酒匂町の妙蓮寺の車庫裏に避難。

1947年（6歳）

4月、酒匂町立小学校入学。

1949年（9歳）

7月、東京に帰還、文京区立汐見小学校に転入。

1953年（12歳）

4月、私立京華中学入学。

1956年（15歳）

4月、京華高校に入学。

1958年（17歳）

4月、警職法に反対するためメーデーのデモに参加、法政大の隊列に加わる。

1959年（18歳）

7月、京華高校卒業。6月、日ソ学院に入る。

1960年（19歳）

4月、早稲田大学第二文学部露文科入学、5月、共産主義者同盟加盟。6月18日、安保闘争敗北。秋、革通派に属し分派闘争。箱根奥湯本に転居。10月、早大二文自治会執行部、革共同に奪わる。

1961年（20歳）

11月、犯罪者同盟結成。

1962年（21歳）

4月下旬、機関紙『犯罪者の赤い風船』ガリ版で発行。第一章「犯罪の擁護」第二章「黄昏からのあいさつ」。5月下旬、『白夜評論』現代思潮社から創刊。6月、反の会、最初は新宿エンマ寺で、二度目は谷川雁が筑豊から来りて東京コンミューン、東京行動隊、自立学校を提案。『白夜評論』7月号に「選挙ボイコットの檄」をペンネーム「ばらの奇蹟」で掲載。9月号に「犯罪の擁護」、10月号に「黄昏からの挨拶」。7月1日衆院選挙日、犯罪者同盟、新宿で寝ころびデモ。7

月、筑豊の炭坑を歩く。8月、早稲田観音寺で自立学校運営グループに参加。10月14日、大正行動隊から25人の炭鉱夫選抜隊、坑底にすわりこみ。

一963年（22歳）

8月15日、猥褻書『赤い風船あるいは牝狼の夜』刊行。『近代文学』11・12月合併号に「韃靼人キリーロフの古典に平岡正明が鼻薬を効かせたシャルル・フーリエに献げる犯罪革命戦術またの名を犯人当てクイズ付偏執狂的傲慢の叙説（上）」埴谷雄高の推薦で掲載。（下）の載った次号で『近代文学』終刊。11月下旬、山口健二、森秀人と京大学園祭に招ばれる。京都で谷川雁と合流。12月4日、『赤い風船』事件。犯罪者同盟一網打尽。

一964年（23歳）

6月、『韃靼人宣言』出版。

一965年（24歳）

3月、結婚、妻秀子。小田原市入生田長興山に新居。9月、「梁山泊」結社。東京行動戦線に呼応して「洛中党」が京大学園評論社から機関誌発行。2号から参加。

一966年（25歳）

1月、長女蘭子生れる。4月15日、「梁山泊政論・ワセダに熱きキスを！」で早大闘争へ檄。同月、株式会社テック入社。5月、「ピットイン」で相倉久人に会う。日本ジャズ革命が始まっていた。10月下旬、ベトナム直接行動委員会の八人の青年、米軍に武器を提供している田無の武器製造工場「日特金属」を襲撃し、反戦闘争の有効な方向を示す。12月、大麻容疑でとめおかれたエルビン・ジョーンズvs.武田和命、山下洋輔、吉沢元治のセッションを報じて「あさひのようにさわやかに」。これが最初のジャズ論。町田市森野に転居。

一967年（26歳）

2月、山口健二、松田政男、太田竜、太田昌国ら『世界革命運動情報』創刊。第三世界革命論赤色宣伝基地。同月、『梁山泊』終刊。5号「梁山泊縁起紅衛兵之巻」は文革へのもっともはやい呼応の一つ。6月、『ジャズ批評』創刊。オーナーは銀座松屋裏のジャズ喫茶「オレオ」のママ松坂比呂。巻頭論文が「ジャズ宣言」。7月16日、ニューアーク黒人暴動。7月17日、ジョン・コルトレーン死亡。8月、第二評論集『犯罪あるいは革命に関する諸章』刊行。8—9—10月、状況劇場『月笛お仙』、於花園神社。9月15—17日、「ジャズ会議」、相倉が任されていた新宿のクラブ「ジハンナ」で開催。11月27日、テック・グループ労働組合結成。初代委員長。谷川雁支配への反乱。11月、大和屋竺『荒野のダッチワイフ』封切、若松プロを知る。

1968年（27歳）

2月23日、テック労組年次大会。2月24日、金嬉老、寸又峡の抵抗と逮捕。谷川、社内放送で金嬉老にくらべれば労組はあまいと演説。8月、労使激闘。10月、新賃金体系に抗ってスト突入。「谷川雁の不愉快な非転向」を『現代の眼』11月号に発表。11月26日、スト43日で労組敗北。クビ。この期の政治論文・労働運動は『地獄系24』に収録。

1969年（28歳）

『映画評論』『ジャズ批評』『日本読書新聞』『現代の眼』に執筆活動に入る。2月、講談社女性週刊誌『ヤングレディ』のアンカーになる。同2月、神彰アート・フレンド出版部天声出版に入社し、雑誌『血と薔薇』4号の敗戦処理。雁のカリスマ性に呪縛された半端左翼の反労働者性にくらべて、トップ屋、呼び屋の人間がよい。3月、青山デザイン専門学校の自主講座講師になる。竹中労、石子順造、上野昂志らを知る。同3月、日本読書新聞労働争議発生。執筆者共闘に加わり、最後は労組に迷惑がられた。7月、「批評戦線」結成。佐々木守、足立正生、松田政男、岩淵進らロケバスで永山則夫の足跡を追う。10月21日、小雨の国際反戦デー、長尺のジャズ論「ジャズにとって日本六〇年代思想とはなにか」を書き上げ、新宿で反戦デモを眺め、生原稿を持っていて恐くなり、電車ストップ下、暗がりを「ジャズ批評」社のある高田馬場まで歩く。12月19日、映画組は香港ロケから帰国、六本木あおいスタジオで『略称・連続射殺魔』の音録り。演奏は富樫雅彦と高木元輝。風景論を提示して七〇年代へ。

1970年（29歳）

1月、「自立的言辞による自立小僧のものほしさ」『ニューミュージック・マガジン』に発表。対自立派論争のはじまり。3月、創価学会系『週刊言論』に「NOW！」を連載はじめる。写真家浦充伸とコンビで連続134週。3月31日、赤軍派よど号ハイジャック。「天祐侠とハイジャッ鬼」『三田新聞』4月28日号（『あねさん待ちまちルサンチマン――西郷降盛における永久革命』収録）。夏、足立正生と若松孝二、ベイルートおよびヨルダンのジェラシ山のPFLPキャンプで『赤軍・PFLP――世界戦争宣言』を制作。11月25日、三島由紀夫割腹、於市ヶ谷自衛隊。「反面同志の死」を『一橋新聞』1月1日号（『永久男根16』収録）。10月、『映画批評』創刊。10月22日、コザ反乱。

1971年（30歳）

2月、世田谷区代田一丁目に転居。第二次テック闘争始まる。4月、KKテック、四人の組合員を渋谷署につき出す。斎藤和、朝倉喬司らと共闘会議結成。5月29日、大島渚『儀式』をめぐる徹夜シンポジウム、新宿文化で開催、『映画批評』と『読書人』の共同主催。盛夏、テック社員高橋愿、ハチ公前で21日間のハンスト。「日本人は中国で何をしたか」入稿して、高橋を社屋内にかつぎ込み、乱闘。そのまま第二波ハンストに入る。11日目、社屋に突入して、平岡、北川、渋谷署に逮捕。北川、獄中で第三波ハンスト。「日本人は中国で何をしたか」『季刊・日本の将来・秋季号』に掲載。9月26日―28日、農協ホールでNDU主催四日連続の記録映画上映会とシンポジウム。パネラーは大島渚、太田、布川徹郎、白井佳夫、松田、平岡、司会竹中。布川『モトシンカカランヌー』『倭奴へ』、大島『ユンボギの日記』、戦前の亀井文夫作品『上海』の四本を上映。28日、シンポジウム「日中は再戦するか」で竹中と平岡、石原莞爾「最終戦争論」を論ず。このころ、竹中、太田、平岡で三バカを形成。30日、『赤P』、新宿京王名画座で上映成功後、マイクロバスで上映隊出発。10月18日、テック支援共闘「即興的ショー・怪物が成長する」、於渋谷山手教会。出演者、五木寛之、筒井康隆、大島渚、今野勉、矢崎泰久、三上寛、山下洋輔トリオ、司会平岡。

1972年（31歳）

中国人強制連行事件調査を石飛仁らと続行。2月、連合赤軍浅間山荘事件。5月、沖縄返還。同5月、テルアビブ空港事件。同5月、梅内恒夫論文「共産同赤軍派より日帝打倒を志すすべての人々へ」地下から出来。竹中労個人誌『蝶恋花通信』6月号に印刷。同月、竹中労に連れられて琉球へ。6月19日、早大映研による足立正生作品上映会とシンポジウム。足立、アラブの重信房子からのメッセージを朗読、於中野公会堂。8月、広島の友人道原良司と韓国へ。11月7日、楊明雄《ようあきお》闘争開始。台湾大軍属楊明雄、スマトラ在留戦友たちを代表して戦時郵便貯金支払を求めて来日し、郵政省これを門前払い。布川作品『アジアは一つ』上映と楊明雄報告によるシンポジウムを草月ホールで開催、弁士楊明雄、台湾独な運動家郭幸裕、竹中、平岡。12月で天象儀館座付作者、上杉清文、『月刊ペン』誌上で平岡へラヴレター。

1973年（32歳）

1月6日、竹中労の汎アジア一〇八日間幻視行出発前日、太田竜の背信。『東洋大学新聞』12月15日号に「極右翼日本民族主義のイヌ、竹中労、平岡正明を撃滅せよ」。2月、コザ市闘牛場でジェームズ・ブラウン公演。5月、『「水滸伝」窮民革命のための序説』

刊行。竹中、平岡共著。梅内論文を併載し、太田竜は追い出した。同5月、長男延安生れる。7月、ロペス闘争開始。ダニエル・ロペス・ドサルアはポナペ決死隊遺児。知られざる皇軍の一つで、日本軍軍属として、ニューギニアで戦死。その遺族補償を求めに来日。ロペス、7月の炎天下外務省門前に立って抗議。7月31日、正門前でポナペ決死隊英霊十七柱追悼の葬式。8月4日、朝鮮人宋斗会、法務省前で外国人登録証を燃やし、渋谷山手教会玄関で樺太在留朝鮮人の救済を訴えて二週間のハンストに入る。ハンスト防衛陣中でロペス闘争、ミクロネシア独立運動に成長。パラオのF・ウルドング、テニアンのF・メンディオラ、ハワイのK・ヤンらが加わる。9月、豊浦志朗、前田哲男、朝倉、伊達政保らポナペへ発つ。10月、布川映画隊、ポナペで現闘団形成。

1974年（33歳）

春、荒戸源二郎、上杉清文らの天象儀館の芝居に加わる。6—7月、ミクロネシアに出発。マジュロ環礁でブルース・リー映画『ドラゴンへの道』観る。12月、ソンコ・マージュ対談集をまとめる。

1975年（34歳）

5月19日、反日武装戦線メンバー八人一斉逮捕の日、六人の刑事による家宅捜査。俺を黒幕視していた。

『「水滸伝」　窮民革命のための序説』押収さる。同日、斎藤和、青酸カリ服毒自殺。5月下旬、大山倍達から食事に誘われる。築地「すえひろ」で入門を請う。7月末、神奈川県葉山町長柄へ転居。11月、極真カラテの第一回世界選手権。

1976年（35歳）

3月—6月、目黒のジャズ喫茶「ちゃばん」でDJ。水曜夜九時の壮年部カラテ稽古終了後、池袋本部道場から日黒にまわり、10時過ぎから朝方までを七回。布川宅に泊ったり、朝一番で帰ったり。司会進行布川。このDJ記録が『一番電車まで』。3月、オナニズム雑誌『New Self』編集人末井昭が道場にたずねてきて原稿依頼さる。末井変態雑誌とのつきあいのはじまり。4月、『世界日報』に小説「ゴッドハンドの伝説」連載開始170回完結。8月、全国冷し中華愛好会結成とともにオナニー雑誌『New Self』中に独立して全冷中の頁が登場、連載化さる。

1977年（36歳）

3月、伊勢佐木町のレコード店店頭に流れる李成愛の歌声をきっかけに、歌謡曲シーンの分析に着手。8月—9月、電通主催「南太平洋裸足の旅」に加わり、横尾忠則、池田満寿夫、浅井慎平、阿久悠らとサモア、フィジー、タヒチへ。

1978年（37歳）

1月―6月、四谷四丁目の酒場「ホワイト」でDJ13回。やりかたは目黒「ちゃばん」に準じる。13回中7回をピックアップして『クロスオーバー音楽塾』。3月、DJを一週休んで香港ゴールデン・ハーベスト社の招待でブルース・リーの遺作『死亡遊戯』を観に行く。マカオ行きフェリー波止場の夜店レコード露店で許冠傑のLP『天才與白痴』『半斤半両』を見つけ、香港喜劇黄金時代到来近しを、3月22日のDJで語る。10月、黒帯取得。11月、父死去。

1979年（38歳）

1月　欧日協会でジャズ講座、杉浦富美子、鈴木一誌と知り合う。10月、『山口百恵は菩薩である』出版。

1980年（39歳）

4月　上杉清文VS平岡の「差別対談」、末井雑誌『ウィークエンド・スーパー』ではじまる。5月、岡庭昇『同時代批評』グループ創刊号「黄金の1930年代」で発足。5月24日、韓国ソウルで戒厳令下のMBCテレビ主催の歌謡祭。十五ヶ国参加。日本代表歌手は宮本典子。戒厳令下の人通りの絶えた大都会夜景をホテルのカーテンを細目にひらいて見る。8月、新宿アルタで「上海一九三〇―横浜一九八〇」ショー。ジミー原田ら戦前派上海ジャズメンが加わった自由劇場当り狂言斎藤憐作『上海バンスキング』に、成長いちぢるしい石黒ケイの現在横浜音楽シーンをかみあわせて東アジアジャズ50年史を描き出す。9月、タンゴ歌手阿保郁夫活動再開、ノスタルジーの永久革命化。10月、上杉清文、南伸坊、末井昭、秋山道男ら「総合商社Haed-Joe」結成、面白主義の牙城になる。国際障害者年の核の部分としてトッド・ブラウニング『フリークス』の上映運動開始。

1981年（40歳）

3月、松田政男を誤爆する。5月、ヒカシュー、ブラウニング影響下のアルバム『うわさの人類』を出す。6月、インドネシアでひらかれた極真カラテの第一回アジア選手権に館長代理で行く。8月、第二回本牧ジャズ祭で実行委員長。9月、筒井康隆原作・内藤誠監督『俗物図鑑』に出演。10月、『午後の死』のフラメンコ舞踏手小島章司を杉浦夫人を介して知る。

1982年（41歳）

7月、全関東河内音頭振興隊、三音家浅丸追善「東京殴り込みコンサート」、於渋谷。こののち歌人大衆演劇研究橋本正樹、浪曲研究芦川淳平、作曲家ルベ・エマニュエルらとの交流生ず。10月、『団鬼六・暗黒文学の世界』岡庭昇、平岡編で出版。この年、エディ藩とR&Bの横浜、音頭の河内、タンゴとフラメンコの舞台づくりに行った広島の三都市を渡って、大晦日の除夜の鐘がわりの氷川丸の汽笛吹鳴を聴きながら幕。なし。

ー983年（42歳）

2月と10月の二回、三波春夫を中心に岡庭、朝倉、平岡が日本の歌芸を徹底討論。翌年『遠くちらちら灯りがゆれる』として出版。6月、石飛仁、世界最小劇団「エリトゲ」を創出。演目は「中国人強制連行の記録」朗読劇、俳優として参加。

ー984年（43歳）

1月、谷川雁を誤爆する。3月30日、新宿区役所戸籍係伊達政保抗議割腹。6月、団鬼六を介してくらやみ坂の名人刺青師三代目彫よしを知る。8月、ロンドンからフランク・チキンズ・二人組帰国公演し、四方田犬彦、平岡『電撃フランク・チキンズ』を出版。

ー985年（44歳）

3月、母死去。小説『皇帝円舞曲』に集中する。

ー986年（45歳）

『皇帝円舞曲』に集中する。11月、岡本文弥創作新内「次郎吉ざんげ」を聞いて新内にのめりこむ。

ー987年（46歳）

書き下ろし『大歌謡論』に集中する。3月、前年暮に出版した『香港喜劇大序説』を原作に香港に渡ってTBS深夜番組『B級倶楽部第1回、キョンシー的香港探検』を制作。同月、末井雑誌『写真時代』発禁。戦えず実質廃刊。4月、ジャーナリスト専門学校講師になる。11月、ワセダ南門わきのコーヒー店「パピヨン」で天田五郎『東海遊侠伝』をテキストに虎造節清水次郎長伝を聴くポケットDJ。

ー988年（47歳）

3月、横浜市保土ヶ谷区瀬戸ヶ谷町に転居。餃子屋「萬里」主人福田豊を知って野毛大道芸実行委員に加わる。野毛の水になじみ、以後『横浜的』『大道芸および場末の自由』『横浜中華街謎解き』『ヨコハマB級譚』『野毛的』とヨコハマ本を出す。8月『大歌謡論』を刊行。

ー989年（48歳）

3月、『大歌謡論』で第四回大衆文学賞研究部門を受賞。11月17日、梁石日、岡庭、福原圭一と結義兄弟。

ー990年（49歳）

3月、五木寛之「論楽会」鈴鹿公演に同行し、伊勢の文人たちから伊勢平岡氏の事蹟を知る。4月、野毛宮川町会館で水滸伝研究会発足。田中優子と共同主宰し、講師に黄成武を得て金聖嘆七十回本の一字一句を吟味。

ー99ー年（50歳）

ー992年（51歳）

3月、B級タウン誌『ハマ野毛』創刊、季刊で六冊出す。4月、野毛大道芸に「大道文豪一座」の旗を出して。口上芸自著叩き売り。以来田中優子、大月隆寛、荻野アンナ、梁石日、種村季弘（大雨で湘南電車立往生）、伊達政保、横尾和博、山崎洋子、高秀秀信横浜市長ら参加。5月、スペイン大道芸事情視察行。9月15日、野毛敬老会に井筒家小石丸出演、老人たちのために「唄入観音経」を歌ったのが、一代の河内音頭名人の最後から二番目の舞台。最終舞台は12月20日、原宿ラフォーレの「吉原百人斬」、主催者がサーカスとロシア革命研究の大島幹雄。FM東京小針俊郎プロデューサーと組んで異形DJを6回放送し、12月、『オン・エア／耳の快楽』として出版。

1993年（52歳）

3月、『浪曲的』が第一回斎藤緑雨賞を四方田犬彦『月島物語』と同時受賞。9月4日、台風19号下、野毛大道芸活動の綱領的町内シンポジウム。パネラーはドイツ文学種村季弘、戯曲家斎藤憐、作家荻野アンナ、大道芸プロデューサー橋本隆雄、女優吉田日出子、火吹き芸園部志郎、現代音楽ルベ・エマニュエル、司会平岡。9月7日、筒井康隆断筆宣言。

1994年（53歳）

2月、拙速を重んじ、六論客プラス3による『筒井康隆の逆襲』を刊行。4月1日、派出さを重んじ、山下洋輔を軸に、ジャズマン、芸能人が競って「断筆祭」のドンチャン騒ぎ、於中野サンプラザ。5月、第一回野毛大道芝居「花のウエストサイド一木刀土俵入物語」。朴慶南の駒形茂兵衛役。以後、大道芝居は俳優高橋長英を座長に、例年五〇人を越す出演者を擁する横浜一の村芝居に。6月―7月、NHK『わが心の旅』で中国山東省梁山に行き『水滸伝・任侠の夢』を制作。10月26日、NHK横浜局主催「美空ひばりのふるさと」実況公開、於パシフィコ・メインホール、ひばりの実妹佐藤勢津子、オペラ歌手中島啓江、シャンソン元次郎が立って、町の襞にひばりがしみこんでいることを証明す。司会平岡。

1995年（54歳）

10月―11月、NHK『すばらしき地球の旅・三国志紀行』で魏蜀呉を歩く。12月、『梁石日は世界文学である』を出版。

1996年（55歳）

8月、『皇帝円舞曲』刊行、10月、パーフェクTV『ドキュメントスペシャル虎造節　平成の清水次郎長伝』を、三波春夫、荻野アンナ、芝清之、虎造の孫の岸本弘光ディレクターらで制作。

1997年（56歳）

4月6日、野毛町づくり会、長谷川伸生誕の地、大岡川長行橋左岸をちょっと上った川っ淵、生家「駿河屋」跡に高札型の文学碑を建てる。碑文起草。除幕式後、大岡川に船を浮かべて花見。7月1日、香港返還記念にあてこんだ餃子屋「萬里・放題亭」開店祝いのドンチャン騒ぎ。

1999年（57歳）

3月、荻野アンナ作、吉行和子、長谷川きよし、フェビアン・レザ・パネ出演、女刺青師おさらばお小夜「くらやみ坂の女」身延初演に演出のまねごと。10月、ベイスターズ38年ぶり優勝のドンチャヤン騒ぎ。12月16日、心筋梗塞で入院。

1999年（58歳）

1月7日、退院。マイルス論『黒い神』刊行。10月、レストラン「コンコルド」主人佐久間駿と組んだDJ「メシ食ってます!」衛星デジタル放送で開始。

2000年（59歳）

12月、『チャーリー・パーカーの芸術』出版。97年『ジャズ的』、98年『マイルス・デヴィスの芸術』、99年『黒い神』、2000年『チャーリー・パーカーの芸術』はすべて書き下ろし。四年連続書き下ろしのジャズ論を出して、最大のライバル、パーカー論千枚を出版して還暦。その朝、目をさますと俺は一頭の巨大な甲虫になっていなかった。

2001年（60歳）

1月、『文藝別冊・赤軍1969―2001』に「赤色残侠伝」。7月、四方田犬彦編『ザ・グレーテスト・ヒッツ・オブ・平岡正明』刊行。

2002年（61歳）

3月、『大革命論』刊行。『現代思想』で40年ぶりに再会した足立正生と対談。

2003年（62歳）

『Studio Voice』10月号でイシュメール・リードにインタビュー。

2004年（63歳）

落語論に集中する。6月、横浜にぎわい座で「うま野毛寄席」スタート、案内役平岡。2月、平岡プロデュースにより、にぎわい座で「ジャズ落語の宴」、金原亭馬治＋渡辺展保（Sax）。

2005年（64歳）

1月、『大落語』（上下）刊行、紀伊國屋ホールで刊行記念イベント「闇市派落語者の弁明」金原亭馬治、田中優子。10月、法政大学で公開講座「平岡正明のDJ寄席」開催、2006年10月『平岡正明のDJ寄席』として書籍化。11月、横浜にぎわい座で「第一回、落語とショーロ&サンバの宴」。

２００６年（65歳）

7月、横浜有隣堂で『日本ジャズ者伝説』、『志ん生的、文楽的』刊行記念「大サイン会」（平凡社、講談社共催）。中野「planB」で「下流芸術の華」冗談思想３人会と称して、平井玄、酒井隆史と共演、8月、公開講座「平岡正明のＤＪ寄席」第二弾興行。

２００７年（66歳）

7月、『毒血と薔薇』刊行記念イベント「コルトレーン、マイルス、あるいは牝狼の夜」で菊地成孔と対談、於東京堂書店。

２００８年（67歳）

2月、『シュルレアリスム落語宣言』刊行。

２００９年

2月、不整脈で入院。3月、『昭和マンガ家伝説』刊行。『国文学』5月号より「立川談志論」連載スタート。6月、心臓手術のため、入院。術後に脳梗塞を併発し、7月9日、死去、12、13日、保土ヶ谷一休庵久保山式場で葬儀。静岡県富士市の本國寺に埋葬された。

＊本年譜は四方田犬彦編『ザ・グレーテスト・ヒッツ・オブ・平岡正明』所収の本人編の年譜（１９６０年から２００１年まで）を『人之初』（彩流社）の記述と『同時代批評』17「平岡正明という思想」（岡庭昇事務所）所収の年譜で補ったものである。

著作一覧

1963年

『赤い風船あるいは牝狼の夜』（共著、犯罪者同盟）

1964年

『韃靼人宣言』（現代思潮社）

1967年

『犯罪あるいは革命に関する諸章』（現代思潮社）

1969年

『ジャズ宣言』（イザラ書房）

1970年

『地獄系24』（芳賀書店）

1971年

『永久男根16』（イザラ書房）

『ジャズより他に神はなし』（三一書房）

1972年

『日本人は中国で何をしたか　中国人大量虐殺の記録』（潮出版社）

『あらゆる犯罪は革命的である』（現代評論社）

『韃靼人宣言』（新版、ユー・エンタプライズ出版局）

1973年

『中国人は日本で何をされたか　中国人強制連行の記録』（編著、潮出版仕）

『犯罪・海を渡る』（現代評論社）

『犯罪あるいは革命に関する諸章』（新版、大和書房）

『西郷隆盛における永久革命　あねさん待ちまちルサンチマン』（新人物往来社）

『闇市水滸伝』（第三文明社）

『マリリン・モンローはプロパガンダである』（イザラ書房）

『海を見ていた座頭市』（イザラ書房）

『「水滸伝」　窮民革命のための序説』（竹中労との共著、三一書房）

1974年

『ジャズ・フィーリング』（アディン書房）

『歌入り水滸伝』（音楽之友社）

1975年

『ヒトラー学入門　革命を志す諸君へ』（潮出版社）

『南方侵略論』（アディン書房）
『死にざまの研究　死に方の美学とは何か？』（奥成達との共著、アロー出版社）
―1976年
『スラップスティック快人伝』（白川書院）
―1977年
『魔界転生　クロスオーバー作家論』（TBデザイン）
『戦後日本ジャズ史』（アディン書房）
『石原莞爾試論』（白川書院）
『一番電車まで』（ブロンズ社）
『私家版・日本ジャズ伝』（清水俊彦、奥成達との共著、エイプリル・ミュージック）
―1978年
『歌の情勢はすばらしい』（冬樹社）
『クロスオーバー音楽塾』（講談社）
―1979年
『ジャズ宣言』（二版、アディン書房）
『山口百恵は菩薩である』（講談社）
―1980年
『菩薩のリタイア』（秀英書房）
『日本の歌が変わる』（秀英書房）
『韃靼人ふうきんたまのにぎりかた』（仮面社）
―1981年
『ボディ&ソウル』（秀英書房）
『筒井康降はこう統め』（CBSソニー出版）
『過渡期時間論　過渡期だよ、おとっつぁんpart3［ちょっと左翼的］』（秀英書房）
『他人の穴の中で』（秀英書房）
『エンターテインメントなんちゃって　過渡期だよ、おとっつぁんpart1［美学篇］』（秀英書房）
『大山倍達を信じよ！　過渡期だよ、おとっつぁんpart2［喧嘩論集・格闘技篇］』（秀英潛房）
『タモリだよ！』（CBSソニー出版）
『どーもすいません　平岡正明・上杉清文対談集』（白夜書房）
―1982年
『歌謡曲見えたっ』（ニューミュージック・マガジン社）
『団鬼六・暗黒文学の世界』（岡庭昇との共著、三一書房）
―1983年
『お兄さんと呼んでくれ　つっぱりオジサン、一年間の夜想曲』（情報センター出版局）
『おい、友よ』（PHP研究所）
『山口百恵は菩薩である』（文庫版、講談社）
『天覧思想大相撲　平岡正明・上杉清文対談集　拡大

差◯別篇』（秀英書房）
『筒井康隆はこう読めの逆襲』（ＣＢＳソニー出版）

１９８４年

『河内音頭・ゆれる』（朝日出版社）

１９８５年

『遠くちらちら灯りがゆれる　放浪芸の彼方に転形期をみる』（三波春夫、岡庭昇、朝倉喬司との共著、らむぶ舎）
『電撃フランク・チキンズ』（四方田犬彦との共著、朝日出版社）

１９８７年

『長谷川伸　メリケン波止場の沓掛時次郎』（リブロポート）
『マッカーサーが帰ってきた日　テレビはアメリカ占領軍が埋めた地雷か』（青豹書房）
『香港喜劇大序説』（政界往来社）
『三七全伝南柯の夢：現代語訳』（滝沢馬琴作、創樹社）

１９８８年

『国際艶歌主義』（時事通信社）

１９８９年

『官能武装論』（新泉社）
『清水次郎長の明治維新』（光文社）
『大歌謡論』（筑摩書房）

１９９０年

『美空ひばりの芸術』（ネスコ）
『新内的』（批評社）
『筒井康隆はこう読めの報復』（大陸書房）
『ジャズ宣言』（三版、現代企画室）

１９９１年

『ジャズより他に神はなし』（三一書房）

１９９２年

『浪曲的』（青土社）
『武道論』（大山倍達との共著、徳間書店）
『風太郎はこう読め　山田風太郎全体論』（図書新聞）
『オン・エア／耳の快楽』（毎日新聞社）

１９９３年

『平民芸術』（三一書房）
『横浜的　芸術都市創世論』（青土社）

１９９４年

『大山倍達を信じよ』（秀英書房）
『筒井康隆断筆をめぐるケンカ論集』（ビレッジセンター出版局）
『筒井康隆の逆襲　言論の自由を圧殺しているのは誰か』（編著、現代書林）

１９９５年

『ヨコハマB級譚』（編著、ビレッジセンター出版局）
『大道芸および場末の自由』（解放出版吐）
『改訂新版　筒井康隆はこう読め』（ビレッジセンター出版局）
『横浜中華街謎解き』（朝日新聞社）
『梁石日は世界文学である』（ビレッジセンター出版局）
『プレンティ・プレンティ・ソウル』（平凡社）

1996年

『清水次郎長伝　第七才子書虎造節』（青土社）
『変態的』（ビレッジセンター出版局）
『中森明菜／歌謡曲の終幕』（作品社）
『三波春夫という永久革命』（作品社）
『皇帝円舞曲［第1部］』（ビレッジセンター出版局）
『皇帝円舞曲［第2部］』（ビレッジセンター出版局）
『皇帝円舞曲［第3部］』（ビレッジセンター出版局）
『中国水滸伝・任侠の夢』（黄波との共著、日本放送出版協会）

1997年

『皇帝円舞曲［第4部］』（ビレッジセンター出版局）
『皇帝円舞曲［第5部］』（ビレッジセンター出版局）
『ジャズ的』（毎日新聞社）
『野毛的　横浜文藝復興』（解放出版社）

1998年

『座頭市　勝新太郎全体論』（河出書房新社）
『マイルス・デヴィスの芸術』（毎日新聞社）

1999年

『黒い神』（毎日新聞社）

2000年

『江戸前』（ビレッジセンター出版局）
『チャーリー・パーカーの芸術』（毎日新聞社）

2001年

『キネマ三國志』（アートン）
『ザ・グレーテスト・ヒッツ・オブ・平岡正明』（四方田犬彦編、芳賀書店）

2002年

『大革命論』（河出書房新社）
『ウイ・ウォント・マイルス』（河出書房新社）

2005年

『昭和ジャズ喫茶伝説』（平凡社）
『大落語』上下（法政大学出版局）
『哲学的落語家！』（筑摩書房）

2006年

『戦後事件ファイル　平岡正明コレクション』（マガジン・ファイブ）
『志ん生的、文楽的』（講談社）

『日本ジャズ者伝説』（平凡社）
『平岡正明のDJ寄席』（愛育社）
2007年
『アングラ機関説　闇の表現者列伝　平岡正明コレクション』（マガジン・ファイブ）
『毒血と薔薇　コルトレーンに捧ぐ』（国書刊行会）
『ヨコハマ浄夜』（愛育社）
2008年
『シュルレアリスム落語宣言』（白夜書房）
『若松ブロ　夜の三銃士』（愛育社）
『黒人大統領誕生をサッチモで祝福する』（愛育社）
『昭和マンガ家伝説』（平凡社）
2009年
『快楽亭ブラックの毒落語』（彩流社）
2010年
『文庫はこう読め！』（彩流社）
『美空ひばり　歌は海を越えて』（毎日新聞社）
『立川談志と落語の想像力』（七つ森書館）
『志ん生的、文楽的』（文庫版、講談社）
『芸能の秘蹟』（七つ森書館）
2011年
『長谷川伸はこう読め！　メリケン波止場の沓掛時次郎』（新版、彩流社）
2012年
『人之初』（彩流社）
2015年
『完全版 山口百恵は菩薩である』（講談社）
〔原則として多数の著者による著作は除いた〕

上巻目次

平岡正明（ひらおか・まさあき）

一九四一年東京に生まれる。一九六〇年の安保闘争に共産主義者同盟員として参加、六一年、犯罪者同盟結成、この機関紙に「犯罪の擁護」などを執筆したのを端緒に著作活動を開始。谷川雁とわたりあったテック闘争や、ミクロネシアのポナペ（ポンペイ）独立運動、横浜・野毛の大道芸イベントなどに積極的にかかわりながら、革命論、犯罪論からジャズ、歌謡曲、浪曲、落語まで、多数のジャンルを横断的に論じ、その全てにおいて新たな世界を開いた。二〇〇九年没。著作は生前だけで一二〇冊余に及ぶ。

【詳細は年譜を参照】

平岡正明《ひらおかまさあき》著作集《ちょさくしゅう》 下

著者　平岡正明

編者　平岡正明著作集編集委員会
（向井徹＋阿部晴政）

二〇二四年三月三〇日　第一刷発行

発行者　神林豊
発行所　有限会社月曜社
〒一八二-〇〇〇六　東京都調布市西つつじヶ丘四-四七-三
電話〇三-三九三五-〇五一五（営業）〇四二-四八一-二五五七（編集）
ファクス〇四二-四八一-二五六一
http://getsuyosha.jp/

装幀　中島浩
印刷・製本　モリモト印刷株式会社

ISBN978-4-86503-185-0

間章著作集 全3巻

あらゆる知の領野を踏破して批評言語に清新な息吹を吹き込み、
時代の感性と知性を深く動揺させた音楽批評家／オルガナイザー
の集大成。

I

時代の未明から来たるべきものへ

ジャズの“死滅”へ向けて――音楽を取り巻く「制度」への闘争を宣言する、著者畢生の大著。　本体価格4,600円

II

〈なしくずしの死〉への覚書と断片

彼方への意志と覚醒をめぐって――即興をめぐる新しい価値観を開示し、演奏の本質を追求したジャズ論集。即興をめぐる新しい価値観を開示し、演奏の本質を追求したジャズ論集。デレク・ベイリー、スティーヴ・レイシー、ミルフォード・グレイヴスらとの対話、ドルフィ、コルトレーン、セシル・テイラー、オーネット・コールマン論ほか、単行本未収録原稿多数収録。著作集第II巻。　本体価格5,600円

III

さらに冬へ旅立つために

ジャズ、シャンソン、プログ・ロック、パンク、現代音楽、瞽女唄……あらゆる音楽に耳を傾け、その根源を問い続け、その実践は審美的なだけではなく、そのまま言語との闘争だった。デビュー原稿から思想論、絶筆までを網羅。講演、初期文集など、未発表原稿多数収録。　本体価格6,400円